Grundsätze ordnungsmäßiger Abschreibungen auf abnutzbare Anlagegegenstände

Grundsätze ordnungsmäßiger Abschreibungen auf abnutzbare Anlagegegenstände

von
Dipl.-Kffr. Dr. Ulrike Breidert

IDW-VERLAG GMBH
DÜSSELDORF 1994

Die Deutsche Bibliothek –
CIP-Einheitsaufnahme

Breidert, Ulrike:
Grundsätze ordnungsmäßiger Abschreibun-
gen auf abnutzbare Anlagegegenstände / von
Ulrike Breidert. – Düsseldorf: IDW-Verl.,
1994
ISBN 3-8021-0604-0

ISBN 3-8021-0604-0

Gesamtherstellung: Boss-Druck, Kleve

Geleitwort

"In bunten Bildern wenig Klarheit": diesen Eindruck vermittelt die Literatur zur handels- und steuerrechtlichen Bewertung abnutzbarer Anlagegegenstände. Im Grunde kann das nicht überraschen; nach dem Zurücktreten der dynamischen Bilanzauffassung fehlte eine überzeugende gedankliche Basis zur Ableitung derartiger Bewertungsregeln, und das von der höchstrichterlichen Rechtsprechung anstelle der Dynamik mittlerweile entwickelte statische Bilanzrechtssystem ist in seinen Konsequenzen für die Bewertung abnutzbarer Anlagegegenstände noch weitgehend unbekannt. Es ist das Verdienst der Verfasserin, diese Konsequenzen in allen wichtigen Einzelheiten herausgearbeitet und damit (normative) Grundsätze ordnungsmäßiger Abschreibung abnutzbarer Anlagegegenstände konkretisiert zu haben. Die Gründlichkeit des Vorgehens wird nur noch übertroffen von der Klarheit, der Anschaulichkeit der Darstellung; die stilistische Sorgfalt der Verfasserin, auf einem heute weitgehend abhandengekommenen Respekt vor dem Leser basierend, erinnert an die (unübersetzbare) Maxime Buffons (aus seiner Antrittsrede an der Académie Française): "Bien écrire, c'est tout à la fois bien penser, bien sentir et bien rendre; c'est avoir en même temps de l'esprit, de l'âme et du goût."

Prof. Dr. Dr. h. c. Dr. h. c. Adolf Moxter

Vorwort

Die Ermittlung der Abschreibungen - insbesondere der Teilwertabschreibungen - ist in Literatur und Rechtsprechung nach wie vor umstritten. Das Ziel der vorliegenden Arbeit besteht darin, einen bilanzrechtstheoretisch fundierten Beitrag zur Entwicklung und Vertiefung von Grundsätzen ordnungsmäßiger Abschreibungen auf abnutzbare Anlagegegenstände zu leisten.

An dieser Stelle möchte ich meinem Doktorvater Herrn Prof. Dr. Dr. h. c. Dr. h. c. Adolf Moxter sehr herzlich für die umfassende Förderung danken, die er mir zuteil werden ließ; das unermüdliche Interesse, mit dem er die Entstehung dieser Arbeit begleitet hat, und sein persönliches Engagement waren mir stets Ansporn und Verpflichtung zugleich. Mein Dank gilt ferner Herrn Prof. Dr. Winfried Mellwig für die Übernahme des Zweitgutachtens sowie allen Kolleginnen und Kollegen am Treuhandseminar für ihre Diskussionsbereitschaft und die gute Zusammenarbeit, insbesondere Herrn Prof. Dr. Hans-Joachim Böcking, Herrn Dr. Roland Euler, Herrn Dr. Michael Hommel und Herrn Dipl.-Kfm. Rainer Jäger, die mir darüber hinaus in der Endphase meiner Dissertation wertvolle Hilfe leisteten. Zu Dank verpflichtet bin ich auch Herrn Rainer von Büchau für die Veröffentlichung der Arbeit im IDW-Verlag, Herrn Reinhart Meyer für die vielfältige technische Hilfe sowie der Dr. Max E. Pribilla-Stiftung Frankfurt am Main, die mich in so großzügiger Weise unterstützte. Meinen Eltern danke ich dafür, daß ich ihres bedingungslosen Rückhalts stets sicher sein konnte.

Der Fachbereich Wirtschaftswissenschaften der Johann Wolfgang Goethe-Universität in Frankfurt am Main hat die vorliegende Arbeit - in leicht veränderter Form - im Juli 1993 als Dissertation angenommen.

Ulrike Breidert

INHALTSVERZEICHNIS

X

XIII

ABKÜRZUNGSVERZEICHNIS; HINWEISE ZUR ZITIERTECHNIK

Im folgenden Abkürzungsverzeichnis sind neben den üblichen Abkürzungen für Periodika auch Abkürzungen für häufig zitierte Kommentare u.ä. enthalten. Die Seitenangaben in den Fußnoten zu Entscheidungen der Rechtsprechung beziehen sich auf die zuerst genannte Fundstelle im Urteilsverzeichnis.

a.A.	anderer Auffassung
Abb.	Abbildung
Abs.	Absatz
Abschn.	Abschnitt
Abt.	Abteilung
ADS	Adler/Düring/Schmaltz, Rechnungslegung und Prüfung der Unternehmen, Kommentar, bearb. von Karl-Heinz Forster u. a. 5. Aufl., Stuttgart 1987, Loseblatt-Sammlung
a.F.	alter Fassung
AfA	Absetzung für Abnutzung
AfaA	Absetzung für außergewöhnliche Abnutzung
AG	Aktiengesellschaft oder Die Aktiengesellschaft
AktG	Aktiengesetz
ALR	Allgemeines Landrecht der Preußischen Staaten
Anm.	Anmerkung
AO	Abgabenordnung
Aufl.	Auflage
BB	Betriebs-Berater
Bd.	Band
BdF	Bundesminister der Finanzen
Bearb.	Bearbeiter
bearb.	bearbeitet
Beck'sches HdR	Beck'sches Handbuch der Rechnungslegung
Begr.	Begründer
BewG	Bewertungsgesetz
BFH	Bundesfinanzhof
BFHE	Sammlung der Entscheidungen des Bundesfinanzhofes
BFH/NV	Sammlung amtlich nicht veröffentlichter Entscheidungen des Bundesfinanzhofes
BFuP	Betriebswirtschaftliche Forschung und Praxis
BGBl.	Bundesgesetzblatt

BMF	Bundesminister der Finanzen
BoHR	Bonner Handbuch Rechnungslegung
BStBl	Bundessteuerblatt
bzw.	beziehungsweise
DB	Der Betrieb
d.h.	das heißt
DStR	Deutsches Steuerrecht
DStZ	Deutsche Steuerzeitung
DStZ/A	Deutsche Steuerzeitung/Ausgabe A
EFG	Entscheidungen der Finanzgerichte
EG	Europäische Gemeinschaft
EinkStG	Einkommensteuergesetz (vom RFH gebrauchte Abkürzung)
EStG	Einkommensteuergesetz
EStR	Einkommensteuerrichtlinien
etc.	et cetera
evtl.	eventuell
FG	Finanzgericht
Fn.	Fußnote
FR	Finanz-Rundschau
GE	Geldeinheiten
GenG	Genossenschaftsgesetz
GewStG	Gewerbesteuergesetz
ggf.	gegebenenfalls
gl.A.	gleicher Ansicht
GmbH	Gesellschaft mit beschränkter Haftung
GmbHG	GmbH-Gesetz
GmbHR	GmbH-Rundschau
GoB	Grundsätze ordnungsmäßiger Buchführung bzw. Bilanzierung
GoU	Grundsätze ordnungsmäßiger Unternehmensbewertung
GrS	Großer Senat
GVR	Gewinn- und Verlustrechnung(en)
HdJ	Handbuch des Jahresabschlusses in Einzeldarstellungen
HdR	Handbuch der Rechnungslegung
HFR	Höchstrichterliche Finanzrechtsprechung
HGB	Handelsgesetzbuch
h.M.	herrschende Meinung

XXII

hrsg.	herausgegeben
Hrsg.	Herausgeber
HWB	Handwörterbuch der Betriebswirtschaft
HWR	Handwörterbuch des Rechnungswesens
HwStR	Handwörterbuch des Steuerrechts
i.d.R.	in der Regel
incl.	inclusive
Inf.	Die Information über Steuer und Wirtschaft
i.S.d.	im Sinne des
i.S.e.	im Sinne eines (einer)
i.S.v.	im Sinne von
i.V.m.	in Verbindung mit
JbFfSt	Jahrbuch der Fachanwälte für Steuerrecht
Jg.	Jahrgang
KStG	Körperschaftsteuergesetz
Lkw	Lastkraftwagen
lt.	laut
m.a.W.	mit anderen Worten
m.E.	meines Erachtens
NF	Neue Folge
Nr.	Nummer
NWB	Neue Wirtschafts-Briefe für Steuer- und Wirtschaftsrecht (Loseblatt-Sammlung)
o.ä.	oder ähnliches
OFH	Oberster Finanzhof
o.g.	oben genannt
o.V.	ohne Verfasser
Pkw	Personenkraftwagen
PrOVG	Preußisches Oberverwaltungsgericht
PrOVGSt	Entscheidungen des Preußischen Oberverwaltungsgerichtes in Steuersachen
PublG	Publizitätsgesetz
RAP	Rechnungsabgrenzungsposten
Rdnr.	Randnummer(n)
RFH	Reichsfinanzhof
RFHE	Sammlung der Entscheidungen des Reichsfinanzhofes
RFM	Reichsminister der Finanzen
RGBl.	Reichsgesetzblatt
Rn.	Randnote

ROHG	Reichsoberhandelsgericht
ROHGE	Sammlung der Entscheidungen des Reichsoberhandelsgerichts
RStBl	Reichssteuerblatt
Rz.	Randziffer
S.	Seite
sog.	sogenannt
Sp.	Spalte
Stbg	Die Steuerberatung
StbJb	Steuerberater-Jahrbuch
StBp	Die steuerliche Betriebsprüfung
StuW	Steuer und Wirtschaft
StVj	Steuerliche Vierteljahresschrift
Tz.	Textziffer(n)
u.	und
u.a.	unter anderem / und andere
u.ä.	und ähnliches
unveränd.	unverändert
u.U.	unter Umständen
v.	vom
vgl.	vergleiche
VStR	Vermögensteuerrichtlinien
WISU	Das Wirtschaftsstudium
WPg	Die Wirtschaftsprüfung
z.B.	zum Beispiel
ZfB	Zeitschrift für Betriebswirtschaft
ZfbF	Zeitschrift für betriebswirtschaftliche Forschung (bis 1963 ZfhF)
ZfhF	Zeitschrift für handelswissenschaftliche Forschung (ab 1964 ZfbF)
ZGR	Zeitschrift für Unternehmens- und Gesellschaftsrecht
z.T.	zum Teil

Problemstellung

1. Für die Zugangsbewertung abnutzbarer Anlagegegenstände gelten in der Handelsbilanz wie in der Steuerbilanz die Anschaffungs- oder Herstellungskosten; für die Folgebewertung sind handelsrechtlich planmäßige und außerplanmäßige Abschreibungen maßgeblich, steuerrechtlich dagegen AfA, AfaA und Teilwertabschreibungen (§ 253 Abs. 2 HGB, § 7 und § 6 Abs. 1 Nr. 1 EStG).[1] Da sich die steuerrechtlichen Folgebewertungsarten sowohl begrifflich als auch in ihrer Anzahl von den handelsrechtlichen unterscheiden, ist zu klären, ob bilanzsteuerrechtlich insoweit ausschließlich steuerspezifische - d.h. GoB-fremde - Gesichtspunkte zu beachten sind oder ob und wenn ja in welchem Ausmaß neben den Steuerspezifika auch die handelsrechtlichen GoB eine Rolle spielen. Das setzt eine sorgfältige Analyse der in Literatur und Rechtsprechung diskutierten Folgebewertungsprobleme voraus.

Bei den (handelsrechtlichen) planmäßigen Abschreibungen ist insbesondere zu prüfen, ob sie gemäß statischem Verständnis den Vermögenswertverzehr einer Periode erfassen[2] oder der Ermittlung des der dynamischen Bilanzauffassung entsprechenden vergleichbaren Gewinns dienen sollen.[3] Mag dieser theoretische Unterschied zunächst nur wenig bedeutsam erscheinen, weil er sich in der Bemessung der planmäßigen Abschreibungen kaum erkennbar niederschlägt, so gewinnt er doch für die Interpretation der außerplanmäßigen Abschreibungen praktische Bedeutung: Nur die statische Bilanzkonzeption mißt der außerplanmäßigen Abschreibung eine vollwertige Korrekturfunktion bei, die neben der Nachholung bislang zu niedrig bemessener planmäßiger Abschreibungen eine Änderung des Abschreibungsplans umfaßt.[4]

Ähnliche Probleme ergeben sich im Steuerbilanzrecht bei den AfA und den AfaA. Die Aufwandsverteilungs- und die Wertverzehrthese, die beide in der Rechtsprechung vertreten werden[5], beeinflussen zwar nicht die Bemessung

---

1   Zu einem speziellen Abschreibungsproblem vgl. *Mellwig/Hastedt* (Gewinnrealisation, 1992), S. 1592; zum Überblick über die steuerrechtliche Folgebewertung vgl. *Moxter* (Bilanzrechtsprechung, 1993), S. 183-251.
2   Vgl. *Moxter* (Bilanzlehre, 1974), S. 80.
3   Vgl. z.B. *Döring* (in: HdR, 1990), Tz. 110 zu § 253 HGB.
4   Vgl. *Moxter* (Bilanzrecht, 1986), S. 55.
5   Im Sinne der Aufwandsverteilungsthese vgl. z.B. BFH-Urteil v. 28. Oktober 1982, S. 108; im Sinne der Wertverzehrthese vgl. z.B. BFH-Urteil v. 2. Dezember 1977, S. 165.

1

der (strikt normierten) AfA, wirken sich aber auf die Ermittlung der AfaA unterschiedlich aus: Während die Wertverzehrthese eine vollständige AfA-Nachholung gebietet[6], erfolgt nach der Verteilungsthese eine sukzessive AfA-Nachholung während der gesamten Restnutzungsdauer.[7] Die AfaA ist jedoch nicht nur der Höhe nach umstritten; auch ihr Verhältnis zur Teilwertabschreibung wird kontrovers diskutiert. Dabei geht es insbesondere um die Frage, inwiefern sich die Anwendungsbereiche dieser beiden Varianten außerplanmäßiger Folgebewertung sinnvoll voneinander abgrenzen lassen. Welche Kriterien für eine Abgrenzung herangezogen werden können, hängt u.a. vom Sinn und Zweck der Teilwertabschreibung ab, der durch die Entstehungsgeschichte des Teilwerts und die Entwicklung der zum Teilwert ergangenen Rechtsprechung konkretisiert wird.

Bei der Interpretation des Teilwertbegriffs spielt die gute bzw. schlechte Unternehmensrentierlichkeit eine besondere Rolle. Zwar herrscht Einigkeit darüber, daß sich die gute Unternehmensrentierlichkeit nicht im Wertansatz der einzelnen Wirtschaftsgüter, sondern im Geschäfts- oder Firmenwert niederschlägt[8], doch ist unklar, in welchem Maße die Teilwertabschreibung dieses immateriellen Anlagewertes nach wie vor durch die sog. Einheitstheorie beschränkt wird. Wesentlich komplexer stellen sich die Bilanzierungsprobleme indes bei schlechter Unternehmensrentierlichkeit dar: Hier ist zunächst zu klären, ob ein Wertabschlag von den einzelnen Wirtschaftsgütern vorgenommen oder ein selbständiges Passivum gebildet werden sollte; je nachdem zu welchem Ergebnis man gelangt, muß anschließend entweder der Modus, nach dem der Unrentierlichkeitsbetrag auf die Wirtschaftsgüter verteilt wird, oder die Folgebewertung des Passivums erörtert werden.

Allen angesprochenen Streitfragen ist gemeinsam, daß sie in Rechtsprechung und Literatur mit Hilfe von Argumenten gewürdigt werden, die - jeweils für sich betrachtet - überzeugend wirken mögen, sich aber mangels erkennbarer Grundüberlegungen nicht zu einem homogenen Ganzen zusammenfügen lassen. Es fehlt der Bezug zu einem Bilanzrechtssystem, das einerseits den Rahmen für die Auslegung aller gesetzlichen Vorschriften bildet sowie Kriterien für die Prüfung und Gewichtung der einzelnen Argumente bereithält und das

---

6   So im Ergebnis *Werndl* (in: *Kirchhof/Söhn*), Rdnr. B 166 zu § 7 EStG.
7   Vgl. BFH-Urteil v. 21. Februar 1967, S. 387.
8   Vgl. z.B. BFH-Urteil v. 11. Oktober 1955, S. 12 u. *Ehmcke* (in: *Blümich*), Tz. 690 zu § 6 EStG.

andererseits selbst durch die Auslegung dieser Vorschriften konkretisiert und weiterentwickelt wird (sog. offenes System[9]). In dieser Arbeit soll versucht werden, die gerade skizzierten Probleme auf der Grundlage eines solchen Bilanzrechtsgefüges systematisch zu lösen.

2. Das geltende Bilanzrechtssystem wird durch zwei große Gruppen von Bilanzrechtsprinzipien, die Vermögensermittlungs- und die Gewinnermittlungsprinzipien, geprägt. Das Vermögensermittlungsprinzip ergibt sich für die Handelsbilanz aus § 242 Abs. 1 HGB, der die Bilanz als Gegenüberstellung von Vermögensgegenständen und Schulden beschreibt, für die Steuerbilanz aus § 4 Abs. 2 EStG, der die Bilanz als Vermögensübersicht definiert. In seinem Kern besagt das Vermögensermittlungsprinzip, daß bloße Verrechnungsposten nicht in die Bilanz aufgenommen werden dürfen[10], die Bilanz mithin mehr ist als nur ein Speicher von noch nicht erfolgswirksam gewordenen Ausgaben und Einnahmen.[11] Die Art der Vermögensermittlung wird durch zwei Unterprinzipien konkretisiert, die in § 252 Abs. 1 Nr. 2 und 3 HGB kodifiziert sind und über das Maßgeblichkeitsprinzip auch für die Steuerbilanz gelten: Der Grundsatz der Unternehmensfortführung definiert den Bilanzinhalt als Fortführungsvermögen (im Unterschied zum Zerschlagungsvermögen)[12], während das Einzelbewertungsprinzip klarstellt, daß es sich um ein Buchvermögen, kein Effektivvermögen handelt.[13] Dieses fortführungsgeprägte Buchvermögen kann entweder ausgaben- oder einnahmenorientiert bestimmt werden.[14] Bei ausgabenorientierter Sichtweise beruht der Wertansatz der einzelnen Vermögensgegenstände und Schulden auf der Überlegung, welcher Betrag bei Unternehmensreproduktion für sie aufgewendet werden müßte[15], während es bei einnahmenorientierter Sichtweise darum geht, den Wert des aus dem Unternehmen Herausholbaren festzustellen.[16] Der Reproduktionsgedanke weist auf die Wiederbeschaffungskosten, die Entnahmevorstellung hingegen auf die künftigen Einnahmenüberschüsse, die Nettoeinnahmen, als zentralen Wert-

---

9   Zu den Möglichkeiten und Grenzen eines offenen Systems vgl. *Canaris* (Systemdenken, 1983), S. 61-73; *Larenz* (Methodenlehre, 1991), S. 486-490.

10   Vgl. *Moxter* (Bilanztheorie, 1984), S. 156; *Beisse* (Rechtsfragen, 1990), S. 501 u. 505.

11   Zur Speicherfunktion der Bilanz vgl. *Schmalenbach* (Dynamische Bilanz, 1962), S. 74.

12   Vgl. *Moxter* (Wirtschaftliche Gewinnermittlung, 1983), S. 302.

13   Vgl. *Moxter* (Jahresabschlußaufgaben, 1979), S. 143; *Moxter* (Wirtschaftliche Gewinnermittlung, 1983), Fn. 13 S. 302.

14   Vgl. *Moxter* (Betriebswirtschaftslehre, 1992), S. 23.

15   Vgl. *Moxter* (GoU, 1983), S. 41.

16   In diesem Sinne vgl. *Schneider* (Problematik, 1969), S. 306.

maßstab der Vermögensermittlung hin.[17] Im geltenden Bilanzrecht dominiert die einnahmenorientierte Sichtweise, denn die grundlegenden Gewinnermittlungsprinzipien Realisations- und Imparitätsprinzip stellen auf die Erzielung künftiger Einnahmenüberschüsse ab.[18]

Gemäß § 252 Abs. 1 Nr. 4 HGB "ist vorsichtig zu bewerten", nur realisierte Gewinne dürfen bilanziell berücksichtigt werden. Unter Beachtung des Vorsichtsprinzips gilt der Gewinn erst mit vollzogenem Umsatz als realisiert, weil erst der Umsatz die eingetretene Werterhöhung hinreichend objektiviert[19] und verbliebene Risiken ab diesem Zeitpunkt einzeln erfaßt werden können.[20] Da das Realisationsprinzip im Rahmen der Gewinnrealisierung festlegt, wann und in welcher Höhe die GVR berührt wird, wirkt es zugleich als grundlegendes Ansatz- und Bewertungsprinzip[21], das den Inhalt des Buchvermögens näher bestimmt: Neben den Zahlungsmittelbeständen definiert es nur solche Größen als Vermögensgegenstände, die entweder durch einen Umsatzakt in der Periode zugegangen sind (wie z.b. Forderungen aus Lieferungen und Leistungen) oder mit Umsätzen künftiger Perioden zusammenhängen (wie z.b. unbebaute Grundstücke, Maschinen und Vorräte).[22] Die Forderung aus Lieferungen und Leistungen verkörpert unmittelbar Einnahmenüberschüsse (d.h. um etwaige Ausgaben geminderte Umsatzerlöse), während unbebaute Grundstücke, Maschinen und Vorräte zur Erzielung künftiger Einnahmenüberschüsse beitragen.[23] Der Wertansatz des in späteren Geschäftsjahren verwendbaren Einnahmenüberschußpotentials wird nach den Gewinnermittlungsprinzipien durch die Anschaffungs- oder Herstellungskosten nach oben begrenzt. Falls die erwarteten Einnahmenüberschüsse unter die Anschaffungs- oder Herstellungskosten sinken, droht ein Verlust im Sinne eines Aufwandsüberschusses, der

---

17 Vgl. *Moxter* (Betriebswirtschaftslehre, 1992), S. 23.
18 Vgl. *Ordelheide* (Periodengewinn, 1988), S. 281-282.
19 Vgl. *Moxter* (Fremdkapitalbewertung, 1984), S. 398; *Moxter* (System, 1985), S. 23;
    Moxter (*Ulrich Leffson*, 1986), S. 174; *Moxter* (Sinn, 1987), S. 365.
20 Vgl. *Hommel* (Grundsätze, 1992), S. 29.
21 Vgl. *Moxter* (Bilanzauffassungen, 1993), Sp. 505-506.
22 Vgl. *Moxter* (Wirtschaftliche Gewinnermittlung, 1983), S. 304; *Moxter* (Sinn, 1987),
    S. 365-366.
23 Vgl. *Moxter* (Betriebswirtschaftslehre, 1992), S. 24-25; zur Bedeutung von Zahlungs-
    strömen für das Bilanzrecht vgl. *Ordelheide* (Kapital, 1988), S. 25.

gemäß dem Imparitätsprinzip schon im Entstehungs-, nicht erst im Realisierungszeitpunkt berücksichtigt werden muß, um künftige GVR zu entlasten.[24]

Vermögensermittlungs-, Realisations- und Imparitätsprinzip weisen in ihrer Gesamtheit auf einen vorsichtsbetonten Jahresabschlußzweck hin: Sie sollen dem Gläubigerschutz dienen[25], der als oberstes Rechnungslegungsziel durch im Strafgesetzbuch verankerte Sanktionen geschützt wird.[26] In Eröffnungsbilanzen sowie bei Einlagevorgängen in Folgebilanzen besteht der gläubigerschützende Primärzweck in einer zeitwertorientierten Vermögensermittlung, die Anhaltspunkte über die Schuldendeckungsmöglichkeiten bei Unternehmensfortführung geben soll.[27] Die zeitwertorientierte Vermögensermittlung wird jedoch zurückgedrängt, wenn - wie im Bilanzierungsregelfall, der Erstellung von Folgebilanzen, grundsätzlich geboten - auch die Gewinnermittlungsprinzipien berücksichtigt werden müssen;[28] denn das Realisationsprinzip verhindert den Ansatz eines die Anschaffungs- oder Herstellungskosten überschreitenden Zeitwertes[29], und das Prinzip des entgeltlichen Erwerbs sorgt dafür, daß selbsterstellte immaterielle Anlagewerte nicht in die Vermögensübersicht eingehen.

Statt der Schuldendeckungskontrolle stellt nunmehr die Gewinnermittlung den Primärzweck dar. Dabei kann es sich jedoch nicht um die Bemessung eines vergleichbaren, die Unternehmensentwicklung abbildenden Gewinns im Sinne *Schmalenbachs* handeln, denn der mit ihr verbundenen Dominanz des Periodisierungsprinzips stehen die hohen Vorsichts- und Objektivierungsanforderungen[30] sowie das Ansatzverbot für Verrechnungsposten im geltenden Handelsbilanzrecht entgegen. Es geht vielmehr darum, einen als Vermögensüberschuß

24 Vgl. *Moxter* (*Ulrich Leffson*, 1986), S. 174; *Moxter* (Teilwertverständnis, 1991), S. 478-479. Nach *Ordelheide* (Kapital, 1988), S. 29 berücksichtigt das Imparitätsprinzip verminderte Einzahlungserwartungen.
25 Vgl. *Beisse* (Verhältnis, 1984), S. 7; *Beisse* (Rechtsfragen, 1990), S. 500-501 u. 507.
26 Vgl. *Moxter* (Wirtschaftliche Betrachtungsweise, 1989), S. 233.
27 Zu den Möglichkeiten und Grenzen einer bilanziellen Schuldendeckungskontrolle vgl. *Moxter* (Bilanztheorie, 1984), S. 87-89.
28 Vgl. *Moxter* (Wirtschaftliche Betrachtungsweise, 1989), S. 237; *Moxter* (Bilanzauffassungen, 1993), Sp. 506; in diesem Sinne auch *Euler, R.* (Grundsätze, 1989), S. 60-61.
29 Zur Unvereinbarkeit des Anschaffungswertprinzips mit der Schuldendeckungskontrolle vgl. *Böcking* (Bilanzrechtstheorie, 1988), S. 117 u. *Moxter* (Wirtschaftliche Betrachtungsweise, 1989), S. 233.
30 Vgl. *Moxter* (Realisationsprinzip, 1984), S. 1782; *Moxter* (*Ulrich Leffson*, 1986), S. 176; *Moxter* (Gewinnkonzeption, 1987), S. 273 u. 275; *Moxter* (Bilanzauffassungen, 1993), Sp. 506-507.

konzipierten Gewinn zu bestimmen, der - geprägt von Vorsichts- und Objektivierungsprinzip - nur als Ausschüttungsrichtgröße fungieren kann (moderne Statik).[31] Dieser Zweck gilt sowohl für die Handels- als auch für die Steuerbilanz.[32] In der Handelsbilanz soll der unter Gläubigerschutzgesichtspunkten unbedenklich entziehbare Gewinn bestimmt werden;[33] betriebswirtschaftlich anspruchsvollere Informationsaufgaben können allenfalls rudimentär durch Erstellen eines Anhangs erfüllt werden.[34] In der Steuerbilanz tritt die Zahlungsbemessungsfunktion klar zutage: Besteuert werden soll der Gewinn, der die wirtschaftliche Leistungsfähigkeit widerspiegelt[35] und dem Unternehmen entzogen werden kann, ohne die Steuereinnahmequelle zu gefährden.[36] Im Hinblick auf seinen Gewinnanspruch wird der Fiskus wie ein Anteilseigner des Unternehmens behandelt.[37]

Die Übereinstimmung des Primärzwecks von Handels- und Steuerbilanz aufgrund wichtiger Bilanzrechtsprinzipien korrespondiert mit der Absicht des Bilanzrichtlinien-Gesetzes, das Maßgeblichkeitsprinzip beizubehalten sowie beide Bilanzrechtsgebiete durch eine entsprechende Gestaltung von Einzelnormen stärker einander anzugleichen.[38] Die Angleichungsgrenzen liegen dort, wo steuerspezifische Vorschriften von den entsprechenden handelsrechtlichen Regelungen abweichen, wie etwa im Rahmen der Folgebewertung. Abweichungen vom Handelsrecht wurden in der Vergangenheit damit begründet, daß das Einkommensteuergesetz handelsrechtliche Unterbewertungsspiel-

---

31 Vgl. *Moxter* (Realisationsprinzip, 1984), S. 1783; *Moxter* (Wirtschaftliche Betrachtungsweise, 1989), S. 236-237.
32 Vgl. *Mellwig* (Laudatio, 1983), S. 10.
33 Zur Bedeutung dieses Zwecks in der Handelsbilanz vgl. *Döllerer* (Grundsätze, 1959), S. 1219 u. *Döllerer* (Maßgeblichkeit, 1969), S. 502.
34 Zu Einzelheiten vgl. *Wölk* (Generalnorm, 1992), S. 107-110 u. 157-161; die Grenzen des "true and fair view" werden auch von *Moxter* (Jahresabschlußaufgaben, 1979, S. 143-144; Bilanzrecht, 1986, S. 64-68; Sinn, 1987, S. 371-373) und *Beisse* (Verhältnis, 1984, S. 7; Maßgeblichkeitsprinzip, 1988, S. 7; Generalnorm, 1988, S. 25-44; Bedeutung, 1989, S. 297; Grundsatzfragen, 1990, S. 2008) betont.
35 Vgl. *Döllerer* (Gefahr, 1971), S. 1334; *Schneider* (Gewinnermittlung, 1971), S. 355; *Eibelshäuser* (Anlagewerte, 1983), S. 16; *Moxter* (Bilanztheorie, 1984), S. 108-109.
36 Vgl. *Böcking* (Bilanzrechtstheorie, 1988), S. 132; ähnlich *Mellwig* (Maßgeblichkeitsprinzip, 1989), S. 163.
37 Vgl. *Döllerer* (Gefahr, 1971), S. 1334; *Döllerer* (Steuerbilanz, 1988), S. 238; *Streim* (Plädoyer, 1990), S. 534; zu den Möglichkeiten und Grenzen der "Teilhaberthese" vgl. *Stobbe* (Ausübung, 1991), S. 26.
38 Vgl. Bundestags-Drucksache 10/317, S. 68; Bundestags-Drucksache 10/4268, S. 90, 101 u. 147.

räume nicht übernehmen dürfe[39], weil es tendenziell den vollen Gewinn ermitteln wolle.[40] In seinem Beschluß vom 12. Juni 1978 koppelte der Große Senat beide Bilanzrechtsgebiete noch stärker voneinander ab, indem er eine Maßgeblichkeit der handelsrechtlichen GoB für die Steuerbilanz in Bewertungsfragen grundsätzlich ablehnte.[41] Diese Auffassung kann nach Umsetzung der Vierten EG-Richtlinie in nationales Recht nicht mehr aufrechterhalten werden[42]: Sowohl die Primärzweckidentität von Handels- und Steuerbilanz als auch die Gesetzgebungsmaterialien weisen darauf hin, daß die handelsrechtlichen Bewertungsvorschriften "auch bei der steuerrechtlichen Gewinnermittlung zu beachten" sind, "soweit das Steuerrecht keine abweichenden Regelungen enthält."[43] Folglich müssen die unbestimmten Rechtsbegriffe des Einkommensteuergesetzes ebenfalls mit Hilfe der handelsrechtlichen GoB ausgelegt werden. Das Spannungsverhältnis, das im geltenden Recht zwischen der Tendenz zur Einheitsbilanz auf der einen und den traditionell unterschiedlichen Folgebewertungsvorschriften beider Bilanzrechtsgebiete auf der anderen Seite besteht, läßt sich dadurch lösen, daß man das enger gefaßte Steuerbilanzrecht als Teilmenge des weiter gefaßten Handelsbilanzrechts versteht; das Steuerrecht darf demnach "in seinen bilanziellen Anforderungen nicht weiter" gehen, "als das Handelsbilanzrecht eben noch zuläßt."[44]

---

39 Vgl. so bereits Begründung zum Einkommensteuergesetz 1934, S. 37.
40 Vgl. BFH GrS-Beschluß v. 3. Februar 1969, S. 293.
41 Vgl. BFH GrS-Beschluß v. 12. Juni 1978, S. 625.
42 Gl.A. *Beisse* (Bedeutung, 1989), S. 300; für die Bewertungsmaßgeblichkeit vgl. auch *Ballwieser* (Maßgeblichkeitsprinzip, 1990), S. 488.
43 Bundestags-Drucksache 10/4268, S. 99 (beide Zitate).
44 *Beisse* (Bedeutung, 1989), S. 299 (beide Zitate).

Erstes Kapitel

Die Folgebewertung abnutzbarer Einzelvermögensgegenstände in Handels- und Steuerbilanz

A. Die Folgebewertung im Handelsrecht

I. Planmäßige Abschreibungen

1. Sinn und Zweck der planmäßigen Abschreibungen

Gemäß § 253 Abs. 2 Satz 1 und 2 HGB sind die Anschaffungs- oder Herstellungskosten "bei Vermögensgegenständen des Anlagevermögens, deren Nutzung zeitlich begrenzt ist, ... um planmäßige Abschreibungen zu vermindern. Der Plan muß die Anschaffungs- oder Herstellungskosten auf die Geschäftsjahre verteilen, in denen der Vermögensgegenstand voraussichtlich genutzt werden kann." Welcher Sinn und Zweck dieser Verteilung von Zugangswerten mit Hilfe planmäßiger Abschreibungen zugrunde liegt, erhellt aus der Aufgabe der Zugangsbewertung. Wie bereits erwähnt[1], bildet nur Vermögen, was direkt oder indirekt mit der Erzielung von Nettoeinnahmen verbunden ist. Aktiviert wird nicht die Ausgabe, sondern der Ausgabengegenwert, das für die Ausgabe Erlangte.[2] Mit den restriktiven Aktivierungsvoraussetzungen korrespondiert ein restriktiver Wertansatz: Die Anschaffungs- oder Herstellungskosten umfassen nicht etwa alle mit dem Zugang eines Vermögensgegenstandes verbundenen Kosten, vielmehr nimmt der Gesetzgeber bestimmte Kostenbestandteile, deren Gegenwertigkeit zweifelhaft ist, wie z.B. Anschaffungsgemeinkosten und unangemessene Herstellungskosten[3], von vornherein nicht in den Zugangswert auf.[4] Aus dieser unwiderlegbaren Vermutung der fehlenden Gegenwertigkeit einzelner Kostenbestandteile folgt ein typisierter, vorsichtiger Wertansatz, der gemäß dem Investitionskalkül im Zugangszeitpunkt durch künftige Einnahmenüberschüsse amortisiert wird.[5] Das ihn prägende Realisationsprinzip regelt auch die planmäßige Abschreibung. Ihr Zweck

---

1 Vgl. oben Problemstellung.
2 Vgl. *Ballwieser* (Maßgeblichkeitsprinzip, 1990), S. 482.
3 Vgl. § 255 Abs. 1 Satz 1 u. Abs. 2 Satz 3 HGB.
4 Vgl. *Moxter* (Betriebswirtschaftslehre, 1992), S. 25.
5 Vgl. *Moxter* (Betriebswirtschaftslehre, 1992), S. 25; nach *Ordelheide* (Periodengewinn, 1988), S. 281 entsprechen die Anschaffungs- oder Herstellungskosten einem Kapitalwert von Null.

9

besteht darin, das im Anschaffungswert verkörperte Einnahmenüberschußpotential in den einzelnen Nutzungsjahren so abzubauen, daß der mit Hilfe des
abnutzbaren Anlagegegenstandes erwirtschaftete Gewinn in Abhängigkeit
vom Umsatz realisiert und an den jeweiligen Abschlußstichtagen ein Vermögenswert erreicht wird, der als vorsichtig bemessener Indikator des verbliebenen Einnahmenüberschußpotentials angesehen werden kann. Die planmäßige Abschreibung spiegelt folglich den durch umsatzadäquate Aufwandszuordnung ermittelten Vermögenswertverzehr einer Periode wider.

Da die planmäßige Abschreibung von den Erwartungen über die künftig erzielbaren Umsätze und die mit ihrer Erzielung verbundenen Ausgaben abhängt, stellt sie eine stark ermessensbehaftete, manipulationsanfällige Größe
dar. Im Interesse der Rechtssicherheit läßt das Gesetz nur eine einmalige
Schätzung der künftigen Umsätze und Ausgaben zu, indem es die Erstellung
eines Abschreibungsplans im Zugangszeitpunkt vorschreibt, der die jährlichen
Abschreibungsbeträge nach den dem Investitionskalkül zugrunde liegenden
Umsatz- und Ausgabenerwartungen festlegt. Die Verpflichtung, sich an die
dokumentierten Abschreibungsbeträge zu halten, entspricht dem Stetigkeitsprinzip[6], das auf diese Weise eine vom Unternehmensergebnis abhängige Va-
riation der Abschreibungshöhe unterbindet.[7] Folglich kann die früher mitunter
vertretene Ansicht, planmäßige Abschreibungen dienten vorrangig der Bilanz-
politik[8], nach geltendem Bilanzrecht nicht aufrechterhalten werden.[9] Ermessensspielräume bestehen nur bei Erstellung des Abschreibungsplans, wenn die
Nutzungsdauer des Anlagegegenstandes sowie die durch seinen Einsatz verursachten Umsätze und Ausgaben bestimmt werden müssen. Die Ausübung dieser Ermessensspielräume wird bilanzrechtlich durch das Objektivierungs- und
das allgemeine Vorsichtsprinzip[10] reglementiert. Das Objektivierungsprinzip
gebietet, bei der Nutzungsdauerermittlung eine durch objektive Anhaltspunkte
nachvollziehbare Bandbreite gleichwahrscheinlicher Werte festzulegen, aus
deren unterem Bereich gemäß dem allgemeinen Vorsichtsprinzip der Wert zu
ermitteln ist, der in den Abschreibungsplan eingeht.[11] Als objektive Anhalts-

---

6   Vgl. § 252 Abs. 1 Nr. 6 HGB.
7   Vgl. *Müller, J.* (Stetigkeitsprinzip, 1989), S. 83.
8   Vgl. *Piechotta* (Teilwertabschreibung, 1964), S. 6.
9   A.A. vgl. *Döring* (in: HdR, 1990), Tz. 111 zu § 253 HGB u. *Federmann* (Bilanzie-
    rung, 1990), S. 306.
10 Zur Bedeutung des allgemeinen Vorsichtsprinzips vgl. *Moxter* (Gewinnkonzeption,
    1987), S. 273-274.
11 Vgl. *Moxter* (Bilanzrecht, 1986), S. 54.

punkte für die Nutzungsdauerbandbreite können Erfahrungen mit vergleichbaren Anlagegegenständen dienen, die z.B. im Unternehmen selbst gemacht wurden oder unternehmensübergreifend in den AfA-Tabellen[12] veröffentlicht sind. In den Schaubildern 1-5 beträgt die dem unteren Bandbreitenbereich entnommene Nutzungsdauer annahmegemäß fünf Jahre.[13]

Ausgeprägte Prognoseprobleme treten bei den Umsatzerwartungen auf, denn eine betragsmäßig exakte Umsatzschätzung mag bei verleasten Pkw oder vermieteten Gebäuden anhand der vertraglich vereinbarten Leasing- bzw. Mietraten möglich sein, erweist sich aber bei der Mehrzahl der abnutzbaren Anlagegegenstände, den im Produktionsverbund eingesetzten Maschinen, als nicht durchführbar[14]: Eine solche Maschine trägt zwar zur Umsatzerzielung bei, doch können die aus dem Verkauf der Fertigerzeugnisse stammenden Umsatzerlöse nicht verursachungsgerecht den einzelnen an der Herstellung beteiligten Anlagen zugeordnet werden. Eine Umsatzprognose, die dem Gebot der Rechtssicherheit genügt, wird sich in diesen Fällen darauf beschränken, mit Hilfe verschiedener Indizien, wie z.B. der Beanspruchung einer Maschine und der voraussichtlichen Absatzentwicklung der auf ihr gefertigten Produkte, den Umsatzverlauf ohne Angabe absoluter Beträge zu bestimmen. Gemäß dem Vorsichtsprinzip wird im Regelfall mit einem linearen oder degressiven Umsatzverlauf gerechnet; die Annahme einer Umsatzprogression scheitert meist daran, daß die hohen Anforderungen, die im Interesse der Zahlungsbemessungsfunktion an die Konkretisierung steigender Umsätze zu stellen sind, nicht erfüllt werden können. Von linearen Umsätzen wird man beispielsweise bei einem Patent ausgehen, wenn der Verkauf der mit seiner Hilfe gefertigten Produkte über die gesamte Nutzungsdauer des Patents voraussichtlich konstant bleibt; degressive Umsätze sind hingegen zu erwarten, wenn eine Maschine aufgrund des technischen Verschleißes in späteren Nutzungsjahren mehr Ausschuß produziert, so daß die Erlöse bei gleichbleibenden Preisen sinken. In Schaubild 1 wird die planmäßige Abschreibung bei linearen, in Schaubild 2 bei degressiven Umsätzen ermittelt.[15]

---

12 Zu Einzelheiten vgl. unten Erstes Kapitel B.I.3.
13 Vgl. die Schaubilder 1-5 im Anhang.
14 Vgl. *Schneider* (Abschreibungsverfahren, 1974), S. 372; *Euler, R.* (Verlustantizipation, 1991), S. 194.
15 Vgl. die Schaubilder 1 und 2 im Anhang.

Zu den Ausgaben, die bei der Umsatzerzielung anfallen, gehören z.B. Instandhaltungsaufwendungen, Löhne und Zinsen. Die wichtigste Ausgabenkategorie bilden die Instandhaltungen, weil sie im Regelfall den mit Hilfe eines abnutzbaren Anlagegutes erwirtschafteten Umsätzen objektiviert zugerechnet werden können; Zinsen und Löhne genügen diesen Anforderungen seltener und bleiben deshalb oft unberücksichtigt, um Zurechnungswillkür zu vermeiden. Sofern Instandhaltungen regelmäßig in Form von Wartungskosten auftreten, verlaufen sie typischerweise linear oder - bei steigender Reparaturbedürftigkeit des Anlagegutes - progressiv und werden ggf. durch Wartungsverträge objektiviert. Wie ein linearer bzw. progressiver Ausgabenverlauf die Bemessung planmäßiger Abschreibungen beeinflußt, zeigt Schaubild 1 bzw. 3 im Anhang.

Die Abbildungen 1-3 veranschaulichen am Beispiel verschiedener Umsatz- und Ausgabenverläufe, wie die planmäßige Abschreibung bei fünfjähriger Nutzungsdauer gesetzeszweckadäquat ermittelt wird. In allen Fällen werden die Anschaffungs- oder Herstellungskosten des abnutzbaren Anlagegegenstandes zur Summe der (Instandhaltungs- und ähnlichen) Ausgaben addiert und die daraus resultierenden Gesamtaufwendungen im Verhältnis der Umsätze auf die Nutzungsdauer verteilt.[16] Die Differenz zwischen den periodisierten Gesamtaufwendungen und den betragsmäßig festgelegten Geschäftsjahresausgaben nimmt die planmäßige Abschreibung auf. Durch die Ermittlung der planmäßigen Abschreibung wird zugleich der Vermögenswertverlauf des abnutzbaren Anlagegegenstandes bestimmt, denn die Summe der Abschreibungsbeträge entspricht den Anschaffungs- oder Herstellungskosten und ihre Verteilung auf die Perioden legt den an den einzelnen Abschlußstichtagen erreichten Restbuchwert fest.

Diese in den Abbildungen 1-3 dargestellte Form der Folgebewertung beruht auf dem Realisationsprinzip, das den Gewinn an den Umsatz bindet und - weil Gewinn als (positiver) Saldo aus Erträgen und Aufwendungen definiert ist - damit zugleich die Aufwendungen umsatzabhängig konzipiert. Erst der Abzug der umsatzproportional bemessenen (Gesamt-)Aufwendungen von den Umsätzen gewährleistet einen umsatzproportionalen Gewinnausweis.[17] Durch die umfassende Zuordnung der Aufwendungen zu den von ihnen alimentierten

---

16 Vgl. *Moxter* (Abschreibungen, 1978), S. 481.
17 Vgl. in jeder Abbildung die Zeilen 1, 5 und 6.

Umsätzen wird nicht nur der ausschüttbare Gewinn, sondern auch der Abschlußstichtagswert des abnutzbaren Anlagegutes vorsichtig bemessen.

Variiert man das dem ersten Schaubild zugrunde liegende Abschreibungsbeispiel so, daß der Vermögensgegenstand nach beendeter Nutzungsdauer noch einen positiven Restverkaufserlös erzielt, dann wird eine realisationsprinzipkonforme Folgebewertung im gerade beschriebenen Sinne nur erreicht, wenn man die um etwaige Abbruch- oder Verschrottungskosten in der sechsten Periode erhöhten Ausgaben zu den Anschaffungs- oder Herstellungskosten addiert und diese Gesamtaufwendungen im Verhältnis der (durch Nutzung bzw. Verkauf erwirtschafteten) Umsätze auf sechs Jahre verteilt.[18] Gegen eine solche Folgebewertung spricht jedoch, daß objektive Anhaltspunkte für die Relation, in der der Restverkaufserlös zu den Nutzungserträgen steht, im Regelfall fehlen: Anders als die Nutzungserträge, die aufgrund von Synergieeffekten nicht exakt beziffert, aber dank einheitlicher wertbestimmender Faktoren wenigstens in eine begründbare Beziehung zueinander gesetzt werden können, läßt sich der Restverkaufserlös im allgemeinen absolut schätzen, weil er den aus dem Unternehmensverbund herausgelösten Vermögensgegenstand betrifft und dadurch bedingt anderen (unternehmensexternen) Werteinflußgrößen unterliegt. Um die Zusammenfassung der auf so unterschiedliche Weise geschätzten Nutzungs- und Verkaufserlöse in einer Umsatzreihe zu vermeiden, liegt es nahe, den Restverkaufserlös (von im Beispiel 21 GE) um die Abbruch- und Verschrottungskosten (die im Beispiel 1 GE betragen) zu mindern, diesen Netto-Restverkaufserlös von der Abschreibungssumme abzuziehen und die verringerte Abschreibungssumme gemeinsam mit den während der Nutzungsdauer anfallenden Ausgaben umsatzproportional auf fünf Jahre zu verteilen.[19]

Dieses Folgebewertungsverfahren ist unvorsichtiger als die in Abbildung 4 veranschaulichte Vorgehensweise, weil der gesamte aus Nutzung und Verkauf zu erwartende Gewinn während der Nutzungsdauer realisiert wird und die Veräußerung des abnutzbaren Anlagegegenstandes am Nutzungsdauerende erfolgsneutral zu dem dem Restbuchwert entsprechenden Netto-Restverkaufserlös erfolgt. Da das Bilanzrechtssystem dem Vorsichtsprinzip große Bedeutung beimißt, erscheint der Ausweis eines positiven Restbuchwertes nach Ablauf

---

18 Vgl. Schaubild 4 im Anhang.
19 Vgl. Schaubild 5 im Anhang; auf den Sonderfall einer den Restverkaufserlös übersteigenden Ausgabe im sechsten Jahr und die dabei entstehenden Rückstellungsmöglichkeiten soll hier aus Platzgründen nicht näher eingegangen werden.

der Nutzungsdauer nur dann vertretbar, wenn ausnahmsweise mit einem Verkaufserlös in dieser Höhe so gut wie sicher gerechnet werden darf. In allen anderen Fällen wird man den Netto-Restverkaufserlös, der als ein oft erst in ferner Zukunft erzielbarer Betrag besonders schwer zu prognostizieren ist, bei der Abschreibungsbemessung vernachlässigen[20], d.h. die planmäßige Abschreibung gemäß Abbildung 1 sowohl vorsichtig als auch objektiviert ermitteln.

2. Die Abgrenzung gegenüber einem dynamischen Abschreibungsverständnis

Die bisherigen Ausführungen haben ergeben, daß der Sinn und Zweck planmäßiger Abschreibungen in der modernen Statik darin besteht, den durch Realisations-, Vorsichts- und Objektivierungsprinzip geprägten Verzehr des Vermögenswertes (i.S.e. Einnahmenüberschußpotentials) wiederzugeben. Die Literatur zum geltenden Handelsbilanzrecht interpretiert den Zweck planmäßiger Abschreibungen im Regelfall ganz anders: Sie vertritt nahezu einhellig die Ansicht, daß planmäßige Abschreibungen die Anschaffungs- oder Herstellungskosten unabhängig von etwaigen tatsächlich eingetretenen Wertminderungen des abnutzbaren Anlagegegenstandes auf die Nutzungsdauer verteilen.[21] ADS und Döring sehen die Aufgabe der so verstandenen Verteilungsabschreibung darin, einen vergleichbaren Gewinn zu ermitteln und damit ein Stück dynamischer Bilanzauffassung im geltenden Recht durchzusetzen.[22] Wie bereits erwähnt[23], ist Schmalenbachs dynamische Bilanzkonzeption, die den Gewinn so bemessen will, daß er im Vergleich mit früheren und späteren Periodengewinnen die Unternehmensentwicklung erkennen läßt[24], mit den handelsrechtlich kodifizierten Grundprinzipien nicht vereinbar. Wenn aber der handelsrechtliche Jahresabschlußzweck nicht der Dynamik entspricht, dann

---

20 Vgl. in diesem Sinne *Böcking* (Grundsatz, 1989), S. 497-498.
21 Vgl. *ADS* (Rechnungslegung, 1987), Tz. 311-312 zu § 253 HGB; *Pankow/Lienau/ Feyel* (in: Beck'scher Bilanzkommentar, 1990), Tz. 206 zu § 253 HGB; *Döring* (in: HdR, 1990), Tz. 110 zu § 253 HGB; *Glanegger/Niedner/Renkl/Ruß* (HGB, 1990), Tz. 9 zu § 253 HGB; *Baumbach/Duden/Hopt* (HGB, 1989), S. 694; a.A. offenbar *Federmann* (Bilanzierung, 1990), S. 300.
22 Vgl. *ADS* (Rechnungslegung, 1987), Tz. 309 i.V.m. Tz. 295 zu § 253 HGB; *Döring* (in: HdR, 1990), Tz. 110 zu § 253 HGB.
23 Vgl. oben Problemstellung.
24 Vgl. *Schmalenbach* (Grundlagen, 1919), S. 9-10; *Schmalenbach* (Dynamische Bilanz, 1962), S. 49-52.

kann auch die Vorschrift über die planmäßige Abschreibung nicht im dynamischen Sinne interpretiert werden.

Die Abgrenzung der dynamischen Abschreibungsinterpretation gegenüber der modernen statischen mag auf den ersten Blick als nur theoretisch bedeutsam erscheinen, da bestehende konzeptionelle Unterschiede bei der praktischen Durchführung planmäßiger Abschreibungen nivelliert werden; beispielsweise akzeptiert die moderne Statik das für die Dynamik grundlegende Periodisierungsprinzip, wenn sie die Gesamtaufwendungen umsatzproportional auf die Nutzungsdauer verteilt, während die Dynamik Schätzprobleme mit Hilfe des Vorsichtsprinzips löst.[25] Praktische Bedeutung erlangt die Abgrenzung jedoch im Hinblick auf den unterschiedlichen Stellenwert, den beide Bilanzauffassungen der außerplanmäßigen Abschreibung beimessen. In der modernen Statik erfüllen außerplanmäßige Abschreibungen eine wichtige Funktion, denn sie verhindern eine Überbewertung abnutzbarer Anlagegegenstände, die durch den Eintritt unvorhergesehener Entwicklungen droht. In der Dynamik gelten sie hingegen als zweckwidrig, weil sie die Vergleichbarkeit der Periodengewinne stören.[26] Da sich Prognoseirrtümer, die die außerplanmäßige Abschreibung beim abnutzbaren Anlagevermögen verursachen, nicht vermeiden lassen, will *Schmalenbach* die planmäßigen Abschreibungen reichlich bemessen und auf diese Weise außerplanmäßige Abschreibungen überflüssig machen.[27] Er nimmt folglich eine vergleichsweise geringfügige Verzerrung der Ergebnisse mehrerer Geschäftsjahre in Kauf, um nicht einen einzelnen, völlig aus dem Rahmen fallenden Periodengewinn ausweisen zu müssen.[28] Als logische Fortführung dieses Gedankengangs mag es zu verstehen sein, daß die aktuelle Handelsbilanzrechtsliteratur anstelle der außerplanmäßigen Abschreibungen in einem Geschäftsjahr die Verteilung des außerplanmäßigen Abschreibungsbetrages auf mehrere Jahre mit Hilfe einer sog. Planänderung propagiert.[29]

---

25 Vgl. *Schmalenbach* (Dynamische Bilanz, 1962), S. 172 i.V.m. S. 142.
26 Vgl. *Schmalenbach* (Dynamische Bilanz, 1962), S. 142.
27 Vgl. *Schmalenbach* (Dynamische Bilanz, 1962), S. 141-142.
28 Vgl. *Moxter* (Bilanztheorie, 1984), S. 40-41.
29 Vgl. in diesem Sinne *Euler, R.* (Verlustantizipation, 1991), Fn. 39 S. 195; *Schmalenbach* selbst hat seine Argumentation allerdings nicht immer konsequent fortgeführt. In seinem Aufsatz (Abschreibungen, 1949), S. 50-51 bezeichnet er die außerplanmäßigen Abschreibungen als GoB-adäquates Verfahren und zieht sie gegenüber einer Verteilung dieses Betrages auf künftige Geschäftsjahre vor, freilich ohne die (fatalen) Auswirkungen dieser Bilanzierungsweise auf die Gewinnvergleichbarkeit zu erörtern.

II. Planänderungen und außerplanmäßige Abschreibungen - ihre Bedeutung nach Ansicht des Schrifttums

1. Abschreibungsplanänderungen gemäß § 252 Abs. 2 HGB

a) Umfangreiche Änderungsmöglichkeiten

Nach übereinstimmender Ansicht im Schrifttum dokumentiert der Abschreibungsplan die Eckdaten für die Berechnung der planmäßigen Abschreibungen eines abnutzbaren Vermögensgegenstandes[30], also insbesondere den Abschreibungsausgangsbetrag, die Nutzungsdauer und die Abschreibungsmethode; er gilt als spezielle Ausprägung des Stetigkeitsprinzips[31], weil er den Bilanzierenden während der gesamten Nutzungsdauer an die festgelegten Berechnungsgrundlagen bindet. Da vom Stetigkeitsprinzip - und damit vom Abschreibungsplan - gemäß § 252 Abs. 2 HGB "nur in begründeten Ausnahmefällen abgewichen werden" darf[32], muß geklärt werden, welche Tatbestände dieses Kriterium erfüllen. Einigkeit besteht im Schrifttum darüber, daß das Stetigkeitsprinzip Unterbrechungen der planmäßigen Abschreibung und willkürliche Planänderungen unterbinden will; Stetigkeitsdurchbrechungen, die diesen Zweck konterkarieren, können folglich nicht geduldet werden.[33] Darüber hinaus wird dem Stetigkeitsprinzip jedoch von vielen Autoren keine an den Abschreibungsplan bindende Wirkung beigemessen, denn sogar freiwillige Planänderungen gelten als zulässig.[34] Begründete Ausnahmefälle im Sinne des § 252 Abs. 2 HGB liegen nach dieser Interpretation immer dann vor, wenn sich die Erwartungen über die Entwicklung der Abschreibungsplandeterminanten im Zeitablauf ändern und infolgedessen die Nutzungsdauer, die Ab-

---

30 Vgl. z.B. *ADS* (Rechnungslegung, 1987), Tz. 313 zu § 253 HGB; *Döring* (in: HdR, 1990), Tz. 112 zu § 253 HGB; *Knobbe-Keuk* (Unternehmenssteuerrecht, 1993), S. 188.

31 Vgl. *Pankow/Lienau/Feyel* (in: Beck'scher Bilanzkommentar, 1990), Tz. 220 zu § 253 HGB; *ADS* (Rechnungslegung, 1987), Tz. 303 zu § 253 HGB; *Thiel* (Bilanzrecht, 1990), Tz. 571.

32 Vgl. *Döring* (in: HdR, 1990), Tz. 129 zu § 253 HGB. Dieser Ansicht haben sich nun auch *Pankow/Lienau/Feyel* (in: Beck'scher Bilanzkommentar, 1990), Tz. 271 zu § 253 HGB angeschlossen; a.A. *Pankow/Lienau* (in: Beck'scher Bilanzkommentar, 1986), Tz. 279 zu § 253 HGB.

33 Vgl. *ADS* (Rechnungslegung, 1987), Tz. 371 zu § 253 HGB; *Döring* (in: HdR, 1990), Tz. 129 zu § 253 HGB.

34 Vgl. *Schildbach* (Jahresabschluß, 1992), S. 218; *ADS* (Rechnungslegung, 1987), Tz. 386 zu § 253 HGB; *Pankow/Lienau/Feyel* (in: Beck'scher Bilanzkommentar, 1990), Tz. 272 zu § 253 HGB; *Hofbauer* (in: BoHR), Tz. 128 zu § 253 HGB.

schreibungsmethode oder die Bezugsgröße planmäßiger Abschreibungen korrekturbedürftig wird.[35]

b) Gründe der Planänderung

aa) Nutzungsdauerverkürzung bzw. -verlängerung

Nach verbreiteter Schrifttumsmeinung besteht eine Pflicht zur Planänderung, wenn sich die Nutzungsdauer nicht unwesentlich verkürzt;[36] als Wesentlichkeitskriterien ziehen *ADS* das Ausmaß der Nutzungsdauerverkürzung und dessen Verhältnis zur Restnutzungsdauer heran.[37] Gilt die Abweichung nach diesen Maßstäben als unwesentlich, dann plädieren *ADS* angesichts der geringen bilanziellen Auswirkungen sowie der Schätzrisiken, die mit der Ermittlung der neuen Nutzungsdauer verbunden sind, nur für ein Planänderungswahlrecht.[38] Die Gefahr, daß der abnutzbare Anlagegegenstand dauerhaft überbewertet sei, wenn der ursprüngliche Abschreibungsplan trotz geringfügiger Nutzungsdauerverkürzung beibehalten werde, bestehe nicht, weil bei Überbewertung die Ansatzpflicht des niedrigeren beizulegenden Wertes gemäß § 253 Abs. 2 Satz 3 HGB greife, deren Voraussetzungen stets ergänzend zu den Planänderungsmöglichkeiten geprüft werden müssen.[39]

Planänderungen beschränken sich jedoch nicht darauf, negative Abweichungen von den im Abschreibungsplan dokumentierten Werten zu erfassen; sie können auch verbesserten Erwartungen, wie z.B. einer Nutzungsdauerverlängerung, Rechnung tragen.[40] *ADS* befürworten bei verlängerter Nutzungsdauer eine Planänderungspflicht, wenn der Abschreibungszeitraum im Planerstellungszeitpunkt "willkürlich oder bewußt zu kurz"[41] geschätzt wurde. Nach *Döring* muß vom Abschreibungsplan abgewichen werden, wenn die Beibehaltung der ursprünglichen, kürzer geschätzten Nutzungsdauer "ein völlig fal-

35 Vgl. *Baetge* (Bilanzen, 1992), S. 233; *Schildbach* (Jahresabschluß, 1992), S. 218; *ADS* (Rechnungslegung, 1987), Tz. 373 zu § 253 HGB.
36 Vgl. *Döring* (in: HdR, 1990), Tz. 132 zu § 253 HGB; *ADS* (Rechnungslegung, 1987), Tz. 374 zu § 253 HGB; *Schildbach* (Jahresabschluß, 1992), S. 218.
37 Vgl. *ADS* (Rechnungslegung, 1987), Tz. 374 zu § 253 HGB.
38 Vgl. *ADS* (Rechnungslegung, 1987), Tz. 374 zu § 253 HGB.
39 Vgl. *ADS* (Rechnungslegung, 1987), Tz. 374 zu § 253 HGB.
40 Vgl. *Hofbauer* (in: BoHR), Tz. 131 zu § 253 HGB; *Brönner/Bareis* (Bilanz, 1991), S. 203, Tz. 395; *Baetge* (Bilanzen, 1992), S. 233.
41 *ADS* (Rechnungslegung, 1987), Tz. 375 zu § 253 HGB.

sches Bild von der Lage des Unternehmens"[42] vermitteln würde. In allen übrigen Fällen der Nutzungsdauerverlängerung ist nur ein Wahlrecht zur Plankorrektur vorgesehen, um dem Bilanzierenden die Beibehaltung der kürzeren Nutzungsdauer und damit eine vorsichtigere Bemessung der Restbuchwerte zu ermöglichen.[43] Wird der Abschreibungsplan aufgrund einer verlängerten Nutzungsdauer korrigiert, so muß das Vorsichtsprinzip zumindest im Rahmen der Nutzungsdauerschätzung beachtet werden.[44] Die Schaubilder 6 und 7 zeigen, wie der Abschreibungsplan bei annahmegemäß linearer Abschreibung durch Verteilung des Restbuchwertes auf die neu geschätzte Restnutzungsdauer geändert wird.[45]

bb) Wechsel der Abschreibungsmethoden

Eine Korrektur des Abschreibungsplans kommt ferner in Frage, wenn eine andere als die ihm zugrunde liegende Abschreibungsmethode dem voraussichtlichen Nutzungs- bzw. Entwertungsverlauf des abnutzbaren Anlagegegenstandes besser entspricht.[46] Der Restbuchwert wird dann gemäß dem neuen Abschreibungsverfahren auf die Restnutzungsdauer verteilt.[47]

Ein Methodenwechsel gilt als zwingend notwendig, wenn der abnutzbare Anlagegegenstand andernfalls dauerhaft überbewertet wäre.[48] *Döring* möchte die Pflicht zum Methodenwechsel darüber hinaus auf die Fälle ausdehnen, in denen die Vermögens- und Ertragslage des Unternehmens durch die Beibehaltung der ursprünglichen Abschreibungsmethode falsch dargestellt werden würde.[49] Damit soll sicher nicht einer laufenden Anpassung der Abschreibungsmethode an eine sich ständig verändernde Ertragslage das Wort geredet

---

42   *Döring* (in: HdR, 1990), Tz. 132 zu § 253 HGB.
43   Vgl. *Döring* (in: HdR, 1990), Tz. 132 zu § 253 HGB.
44   Vgl. in diesem Sinne noch zur Rechtslage des Aktiengesetzes 1965 *Rose/Telkamp* (Abschreibung, 1977), S. 431-432.
45   Vgl. die Schaubilder 6 u. 7 im Anhang; vgl. auch das Zahlenbeispiel von *Döring* (in: HdR, 1990), Tz. 131 zu § 253 HGB, *ADS* (Rechnungslegung, 1987), Tz. 376 zu § 253 HGB u. *Wörner* (Steuerbilanz, 1991), Tz. 452.
46   Vgl. *Döring* (in: HdR, 1990), Tz. 134 u. 139 zu § 253 HGB; *ADS* (Rechnungslegung, 1987), Tz. 387 zu § 253 HGB; *Pankow/Lienau/Feyel* (in: Beck'scher Bilanzkommentar, 1990), Tz. 260 zu § 253 HGB.
47   Vgl. *ADS* (Rechnungslegung, 1987), Tz. 380 u. 389 zu § 253 HGB sowie die Abb. 8 u. 9 im Anhang.
48   Vgl. *Döring* (in: HdR, 1990), Tz. 134 zu § 253 HGB; *ADS* (Rechnungslegung, 1987), Tz. 379 zu § 253 HGB.
49   Vgl. *Döring* (in: HdR, 1990), Tz. 139 zu § 253 HGB.

werden, denn sie würde im Ergebnis zu einer gewinnabhängigen Abschreibung führen und das Stetigkeitsprinzip aushöhlen;[50] vielmehr geht es darum, die Erfassung deutlicher Abweichungen von der alten Abschreibungsmethode im Interesse der Informationsfunktion des Jahresabschlusses zu sichern. Das erhellt auch aus *Dörings* Äußerung, wonach bei geringfügigen Abweichungen zwischen altem und neuem Abschreibungsverfahren nur ein Planänderungswahlrecht besteht.[51] Bei welchem Abweichungsgrad das Wahlrecht zur Pflicht wird, hängt seines Erachtens von der Richtung der Methodenänderung ab: Beispielsweise müsse zu einer vorsichtigeren Abschreibungsmethode schon bei verhältnismäßig geringem Unterschied übergegangen werden.[52]

Pankow/Lienau/Feyel halten eine Beschränkung der Planänderungspflicht auf erhebliche Abweichungen für überflüssig, weil sich ihrer Ansicht nach geringfügige Abweichungen aufgrund des jeder Planerstellung innewohnenden Ermessensspielraums gar nicht feststellen lassen.[53] Nach dieser Auffassung muß immer dann ein Methodenwechsel stattfinden, wenn sich die Schätzgrundlagen erkennbar verändert haben; eine freiwillige Plankorrektur kommt dann nur aus bilanzpolitischen Gründen, z.B. bei gleichzeitiger Zulässigkeit verschiedener Abschreibungsmethoden, in Frage.[54]

cc) Änderung der Bezugsgröße planmäßiger Abschreibungen

Eine Planänderung kann schließlich auch an dem Betrag ansetzen, von dem die künftigen planmäßigen Abschreibungen abgezogen werden. Das sind im Zugangszeitpunkt die Anschaffungs- oder Herstellungskosten und an den Abschlußstichtagen die jeweiligen Restbuchwerte. Die Bezugsgröße planmäßiger Abschreibungen sinkt unter den aus dem Abschreibungsplan ableitbaren Wert, "wenn die Anschaffungs- oder Herstellungskosten nachträglich ermäßigt"[55]

---

50 Vgl. *ADS* (Rechnungslegung, 1987), Tz. 388 zu § 253 HGB; *Pankow/Lienau/Feyel* (in: Beck'scher Bilanzkommentar, 1990), Tz. 272 zu § 253 HGB.
51 Vgl. *Döring* (in: HdR, 1990), Tz. 139 zu § 253 HGB; zum Planänderungswahlrecht bei unwesentlichen Abweichungen vgl. *ADS* (Rechnungslegung, 1987), Tz. 374 zu § 253 HGB.
52 Vgl. *Döring* (in: HdR, 1990), Tz. 139 zu § 253 HGB.
53 Vgl. *Pankow/Lienau/Feyel* (in: Beck'scher Bilanzkommentar, 1990), Tz. 260 zu § 253 HGB.
54 Vgl. *Pankow/Lienau/Feyel* (in: Beck'scher Bilanzkommentar, 1990), Tz. 272 zu § 253 HGB; ein Wahlrecht zwischen zwei zulässigen Abschreibungsmethoden erkennen auch *ADS* (Rechnungslegung, 1987), Tz. 386 zu § 253 HGB an.
55 *ADS* (Rechnungslegung, 1987), Tz. 382 zu § 253 HGB.

oder außerplanmäßige Abschreibungen erforderlich werden; der niedrigere Restbuchwert, der sich nach Berücksichtigung dieser Ereignisse ergibt, wird dann planmäßig über die Restnutzungsdauer abgeschrieben.[56] Abbildung 10 veranschaulicht die Planänderung am Beispiel einer außerplanmäßigen Abschreibung in Höhe von 20 GE, die den Restbuchwert am ersten Abschlußstichtag von 80 auf 60 GE verringert, so daß die künftige lineare Abschreibung nur noch 15 GE pro Periode beträgt.[57] Hingegen steigt die Bezugsgröße planmäßiger Abschreibungen, wenn der Restbuchwert der Vorperiode zugeschrieben wird oder nachträgliche Anschaffungs- oder Herstellungskosten anfallen.[58] Sofern die nachträglichen Anschaffungs- oder Herstellungskosten nicht zusätzlich die Nutzungsdauer verlängern, wird der gestiegene Wert unter Beibehaltung der übrigen Plandeterminanten abgeschrieben.[59] In Schaubild 11 erhöhen nachträgliche Anschaffungs- oder Herstellungskosten von 20 GE den Restbuchwert am ersten Abschlußstichtag auf 100 GE und damit die künftigen linearen Abschreibungen auf 25 GE.[60] Bei Bezugsgrößenänderungen besteht nach einhelliger Meinung im Schrifttum stets eine Pflicht zur Plankorrektur.[61] Der Einfluß von Restverkaufserlösminderungen auf den Abschreibungsausgangsbetrag[62] wird von der aktuellen Handelsbilanzrechtsliteratur vernachlässigt.

2. Außerplanmäßige Abschreibungen gemäß § 253 Abs. 2 Satz 3 HGB

a) Das Verhältnis der Planänderungen zu den außerplanmäßigen Abschreibungen

Im Zusammenhang mit den erörterten Planänderungsgründen werden stets auch die außerplanmäßigen Abschreibungen auf den niedrigeren beizulegenden Wert erwähnt. Nach *Dörings* Ansicht haben außerplanmäßige Abschreibungen die Aufgabe, eine am Abschlußstichtag eingetretene Wertminderung des abnutzbaren Anlagegegenstandes zu erfassen[63], während Planänderungen

---

56 Vgl. *ADS* (Rechnungslegung, 1987), Tz. 381 zu § 253 HGB; *Schildbach* (Jahresabschluß, 1992), S. 218.
57 Vgl. Abb. 10 im Anhang.
58 Vgl. *ADS* (Rechnungslegung, 1987), Tz. 383-384 zu § 253 HGB.
59 Vgl. *ADS* (Rechnungslegung, 1987), Tz. 383-384 zu § 253 HGB.
60 Vgl. Abb. 11 im Anhang.
61 Vgl. *ADS* (Rechnungslegung, 1987), Tz. 374 zu § 253 HGB; *Schildbach* (Jahresabschluß, 1992), S. 218; *Döring* (in: HdR, 1990), Tz. 140 zu § 253 HGB.
62 Vgl. *Schneider* (Nutzungsdauer, 1961), S. 112-113 zum alten Handelsbilanzrecht.
63 Vgl. *Döring* (in: HdR, 1990), Tz. 146 i.V.m. Tz. 130 zu § 253 HGB.

"eine künftig drohende Überbewertung ... verhindern" und "eine außerplanmäßige Abschreibung, deren Notwendigkeit sich bereits heute für einen späteren Zeitpunkt abzeichnet, ... überflüssig"[64] machen sollen. *Döring* weist jedoch darauf hin, daß eine vollzogene Planänderung den Bilanzierenden nicht von der Notwendigkeit entbindet, den beizulegenden Wert am Abschlußstichtag zu prüfen und außerplanmäßig auf ihn abzuschreiben, sofern er niedriger ist.[65] Insbesondere die Nutzungsdauerverkürzung wird im Schrifttum nicht nur als Ursache einer Plankorrektur, sondern auch als Grund einer außerplanmäßigen Abschreibung genannt.[66] *Döring* erklärt das mit dem niedrigeren Restbuchwert, den der Vermögensgegenstand bei von vornherein richtiger Nutzungsdauerschätzung am Abschlußstichtag erreicht hätte; seines Erachtens mindert die Nutzungsdauerverkürzung den Wert des Aktivums und beeinflußt meist auch den beizulegenden Wert.[67] Diese Kausalität wird von *ADS* bestritten: Sie betonen zunächst die Unabhängigkeit der Abschreibungsplankorrektur von der Überlegung, welcher Restbuchwert bei von Anfang an richtiger Nutzungsdauerschätzung am Abschlußstichtag vorliegen würde; diese Überlegung fließe lediglich in die außerplanmäßige Abschreibung ein, die jedoch nur durchgeführt werden dürfe, "wenn und soweit"[68] ein niedrigerer Abschlußstichtagswert gegeben sei. Auch beim Übergang zu einer vorsichtigeren Abschreibungsmethode messen *ADS* dem Restbuchwert, der bei zutreffender Methodenwahl im Zugangszeitpunkt am Abschlußstichtag erreicht wäre, nur im Ausnahmefall der außerplanmäßigen Abschreibung Bedeutung bei.[69] Nach ihrer Auffassung wird die Höhe des beizulegenden Wertes offenbar nicht von den Planänderungsdeterminanten, sondern von abschreibungsplanfremden Einflußfaktoren bestimmt. Nur so ist es zu erklären, daß die Literatur mitunter in einem ersten Bewertungsschritt zwar eine außerplanmäßige Abschreibung, aber keine Plankorrektur vornimmt und eine Plankorrektur erst im zweiten Bewertungsschritt für erforderlich hält, weil sich die Bezugsgröße der planmäßigen Abschreibungen durch die außerplanmäßige Abschreibung vermindert hat.[70] Um Planänderungen und außerplanmäßige Abschreibungen inhalt-

64 *Döring* (in: HdR, 1990), Tz. 130 zu § 253 HGB (beide Zitate).
65 Vgl. *Döring* (in: HdR, 1990), Tz. 133 zu § 253 HGB; ähnlich *Schildbach* (Jahresabschluß, 1992), S. 218.
66 Vgl. *Pankow/Lienau/Feyel* (in: Beck'scher Bilanzkommentar, 1990), Tz. 260 u. 324 zu § 253 HGB; *Schildbach* (Jahresabschluß, 1992), S. 218.
67 Vgl. *Döring* (in: HdR, 1990), Tz. 133 zu § 253 HGB.
68 *ADS* (Rechnungslegung, 1987), Tz. 377 zu § 253 HGB.
69 Vgl. *ADS* (Rechnungslegung, 1987), Tz. 389 zu § 253 HGB.
70 Vgl. oben Erstes Kapitel A.II.1.b)cc).

lich voneinander abgrenzen zu können, muß nach Darstellung der Planänderungsursachen nun untersucht werden, welche Tatbestände den Ansatz eines niedrigeren beizulegenden Wertes begründen.

b) Der Begriff des niedrigeren beizulegenden Wertes

Gemäß § 253 Abs. 2 Satz 3 HGB müssen Anlagegegenstände bei dauerhafter Wertminderung außerplanmäßig auf den niedrigeren beizulegenden Stichtagswert abgeschrieben werden; bei vorübergehender Wertminderung besteht nur ein Wahlrecht zur außerplanmäßigen Abschreibung. Diese (für abnutzbare und nicht abnutzbare Anlagegüter geltende) Vorschrift wird in der Literatur als "gemildertes Niederstwertprinzip" bezeichnet[71] und oft als spezielle Ausprägung des Imparitätsprinzips verstanden.[72] Die Interpretation dieser Vorschrift setzt am Begriff des niedrigeren beizulegenden Wertes sowie der Abgrenzung zwischen dauerhafter und vorübergehender Wertminderung an.

Der niedrigere beizulegende Wert, im Schrifttum auch niedrigerer Zeit-[73] oder Stichtagswert[74] genannt, ist gesetzlich nicht definiert, möglicherweise mit dem Ziel, ihm ein möglichst breites Anwendungsspektrum zu eröffnen.[75] Da kein bestimmtes Verfahren für die Ermittlung des niedrigeren beizulegenden Wertes vorgegeben ist, schlagen *Pankow/Lienau/Feyel* vor, sich bei der Wertfindung am Zweck außerplanmäßiger Abschreibungen sowie am Vorsichts- und Einzelbewertungsprinzip zu orientieren.[76] *ADS* knüpfen für die Interpretation an den beizulegenden Wert im Sinne des § 40 Abs. 2 HGB a.F. an, der nach h.M. "keinen selbständigen Wertbegriff" enthielt, sondern einen "zu einer fachgerechten Bilanzierung"[77] führenden Wertansatz verlangte. Entsprechend

---

71 Vgl. *ADS* (Rechnungslegung, 1987), Tz. 402 zu § 253 HGB; *Pankow/Lienau/Feyel* (in: Beck'scher Bilanzkommentar, 1990), Tz. 280 zu § 253 HGB; *Crezelius* (Bilanzrecht, 1988), S. 91; *Baumbach/Duden/Hopt* (Handelsgesetzbuch, 1989), S. 695.

72 Vgl. *Schildbach* (Zeitwert, 1990/91), S. 32-33; *Döring* (in: HdR, 1990), Tz. 146 zu § 253 HGB; *Baetge* (Bilanzen, 1992), S. 239; a.A. *Burkhardt* (Grundsätze, 1988), S. 53.

73 Vgl. *Knobbe-Keuk* (Unternehmenssteuerrecht, 1993), S. 197-198; *Glade* (Rechnungslegung, 1986), Tz. 38-39 zu § 253 HGB; *Schildbach* (Zeitwert, 1990/91), S. 31-32; *Thiel* (Bilanzrecht, 1990), Tz. 499; *Jung* (in: Handelsgesetzbuch, 1989), Tz. 47 zu § 253 HGB.

74 Vgl. *Döring* (in: HdR, 1990), Tz. 146 zu § 253 HGB.

75 Vgl. *Selchert* (Beurteilung, 1986), S. 284.

76 Vgl. *Pankow/Lienau/Feyel* (in: Beck'scher Bilanzkommentar, 1990), Tz. 287 zu § 253 HGB.

77 *ADS* (Rechnungslegung, 1987), Tz. 409 zu § 253 HGB (beide Zitate).

definieren sie den niedrigeren beizulegenden Wert als den zur "Verhütung eines zu hohen Bilanzansatzes ... unter Berücksichtigung der Verhältnisse des Einzelfalles ... sinnvollsten Wert"[78]. Zur Erfüllung dieses Zwecks kommen nach Ansicht der aktuellen Handelsbilanzrechtsliteratur grundsätzlich drei Wertmaßstäbe in Frage: der Einzelveräußerungspreis, die Wiederbeschaffungskosten und der Ertragswert.[79]

c) *Die Bestimmung des niedrigeren beizulegenden Wertes durch Hilfswerte*

aa) *Einzelveräußerungspreise*

Die Auslegung des § 253 Abs. 2 Satz 3 HGB nach dem Imparitätsprinzip legt es zunächst nahe, auf den Einzelveräußerungspreis als niedrigeren beizulegenden Wert des abnutzbaren Vermögensgegenstandes abzustellen[80], denn der Ansatz des den Restbuchwert unterschreitenden Einzelveräußerungspreises beugt einer Verlustrealisierung im Veräußerungsfall vor. Gleichwohl hält das Schrifttum den Einzelveräußerungspreis grundsätzlich nicht für einen zweckadäquaten Wertmaßstab abnutzbarer Anlagegegenstände[81], weil das Anlagevermögen definitionsgemäß langfristig dem Unternehmen dient und sein Stichtagswert bei Unternehmensfortführung deshalb eher die künftige Nutzung als die künftige Veräußerung berücksichtigen sollte. Nur wenn abnutzbare Anlagegüter ausnahmsweise zur Veräußerung bestimmt sind, wie z.B. stillgelegte oder unrentierliche Anlagen, werden sie mit dem Einzelveräußerungspreis angesetzt.[82] Da solche Anlagen im allgemeinen nicht marktgängig sind, wird ihr potentieller Verkaufserlös meist nur in Höhe des Material- oder

78   *ADS* (Rechnungslegung, 1987), Tz. 409 zu § 253 HGB (Flexion geändert).
79   Vgl. z.B. *ADS* (Rechnungslegung, 1987), Tz. 411-419 zu § 253 HGB; *Döring* (in: HdR, 1990), Tz. 149-151 zu § 253 HGB; *Pankow/Lienau/Feyel* (in: Beck'scher Bilanzkommentar, 1990), Tz. 288-290 zu § 253 HGB; *Glade* (Rechnungslegung, 1986), Tz. 39-42 zu § 253 HGB; *Schildbach* (Jahresabschluß, 1992), S. 194; *Hofbauer* (in: BoHR), Tz. 142 zu § 253 HGB; *Glanegger/Niedner/Renkl/Ruß* (HGB, 1990), Tz. 23 zu § 253 HGB; *Baumbach/Duden/Hopt* (Handelsgesetzbuch, 1989), S. 695.
80   Zur Bedeutung des Einzelveräußerungspreises für das Imparitätsprinzip vgl. *Schildbach* (Zeitwert, 1990/91), S. 33 und für das alte Recht *Brunnengräber* (Problematik, 1959), S. 54.
81   Vgl. *ADS* (Rechnungslegung, 1987), Tz. 414 zu § 253 HGB; *Jung* (in: Handelsgesetzbuch, 1989), Tz. 58 zu § 253 HGB; *Knobbe-Keuk* (Unternehmenssteuerrecht, 1993), S. 199; *Glanegger/Niedner/Renkl/Ruß* (HGB, 1990), Tz. 26 zu § 253 HGB.
82   Vgl. *Thiel* (Bilanzrecht, 1990), Tz. 501; *Glade* (Rechnungslegung, 1986), Tz. 39 zu § 253 HGB; *Pankow/Lienau/Feyel* (in: Beck'scher Bilanzkommentar, 1990), Tz. 289 zu § 253 HGB; *ADS* (Rechnungslegung, 1987), Tz. 415 zu § 253 HGB; *Wörner* (Steuerbilanz, 1991), Tz. 261.

Schrottwertes bemessen; der Einzelveräußerungspreis gilt damit zugleich als Untergrenze des niedrigeren beizulegenden Wertes.[83]

bb) Wiederbeschaffungskosten

Da es sich beim abnutzbaren Anlagevermögen in der Regel um betriebsnotwendige - d.h. für die Nutzung im Unternehmen benötigte - Vermögensgegenstände handelt, gelten die Wiederbeschaffungskosten nach h.m. als relevanter Stichtagswert.[84] Nach *Schildbachs* Ansicht besteht allerdings eine Diskrepanz zwischen der Gleichsetzung des niedrigeren beizulegenden Wertes mit den Wiederbeschaffungskosten einerseits und der Bezeichnung des § 253 Abs. 2 Satz 3 HGB als gemildertes Niederstwertprinzip andererseits; denn das Niederstwertprinzip verlange die Antizipation drohender Verluste, während die außerplanmäßige Abschreibung auf gesunkene Wiederbeschaffungskosten entgehende Gewinne berücksichtige und dadurch Scheingefahren vorbeuge.[85] Viele Autoren teilen die Ansicht, daß eine an den Wiederbeschaffungskosten orientierte Abschreibung tendenziell übervorsichtig ist, offenbar nicht. Sie betonen vielmehr, welche Beeinträchtigung die Wettbewerbsfähigkeit des Unternehmens erleide, wenn Konkurrenzunternehmen infolge gesunkener Wiederbeschaffungskosten die abnutzbaren Anlagegüter billiger erwerben, dadurch bedingt niedrigere Abschreibungen in die Preiskalkulation einrechnen und die auf den Anlagegütern gefertigten Produkte preiswerter verkaufen könnten.[86]

Neben der inhaltlichen Begründung spielt die Ermittlung der Wiederbeschaffungskosten eine besondere Rolle. Übereinstimmend bezeichnet das Schrifttum den sog. Wiederbeschaffungszeitwert als maßgeblichen Stichtagswert[87], weil es sich bei ihm um die Wiederbeschaffungskosten gebrauchter Vermö-

83   Vgl. *ADS* (Rechnungslegung, 1987), Tz. 416-417 zu § 253 HGB; *Döring* (in: HdR, 1990), Tz. 150 zu § 253 HGB; *Pankow/Lienau/Feyel* (in: Beck'scher Bilanzkommentar, 1990), Tz. 288 zu § 253 HGB.

84   Vgl. *Thiel* (Bilanzrecht, 1990), Tz. 503; *Döring* (in: HdR, 1990), Tz. 149 zu § 253 HGB; *Pankow/Lienau/Feyel* (in: Beck'scher Bilanzkommentar, 1990), Tz. 288 zu § 253 HGB.

85   Vgl. *Schildbach* (Zeitwert, 1990/91), S. 33-34; zum alten Recht vgl. *Schulte* (Imparitätsprinzip, 1979), S. 507.

86   Vgl. *ADS* (Rechnungslegung, 1987), Tz. 411 zu § 253 HGB; *Glade* (Rechnungslegung, 1986), Tz. 40 zu § 253 HGB; gl.A. schon *Helpenstein* (Erfolgsbilanz, 1932), S. 310 zum Steuerbilanzrecht und *Groh* (Verluste, 1976), S. 37 zum alten Handelsbilanzrecht.

87   Vgl. *Döring* (in: HdR, 1990), Tz. 149 zu § 253 HGB; *Glanegger/Niedner/Renkl/ Ruß* (HGB, 1990), Tz. 24 zu § 253 HGB.

gensgegenstände handelt, die dem Bewertungsobjekt hinsichtlich Alter und Beschaffenheit vergleichbar sind.[88] Da ein Handel mit gebrauchten abnutzbaren Anlagegegenständen - abgesehen vom Gebrauchtwagenhandel - kaum stattfindet[89], lassen sich Wiederbeschaffungszeitwerte in der Regel nicht objektiviert ermitteln. Hilfsweise werden deshalb Wiederbeschaffungsneuwerte herangezogen und um planmäßige Abschreibungen gemindert[90], damit ein dem Restbuchwert des Bewertungsobjektes im Hinblick auf das Alter vergleichbarer fiktiver Restbuchwert entsteht; falls die Wiederbeschaffungsneuwerte nicht für gleichartige, sondern für technisch verbesserte Anlagegegenstände gelten, ist eine weitere wertmäßige Anpassung erforderlich.[91] *Schildbach* weist angesichts dieser Ermittlungsprobleme darauf hin, daß Wiederbeschaffungskosten keine "voll nachprüfbaren Werte"[92] sind.

cc) Ertragswert

Der Ertragswert wird als Stichtagswert herangezogen, wenn abnutzbare Anlagegegenstände selbständig, d.h. unabhängig von anderen im Unternehmen eingesetzten Produktionsfaktoren, Erträge erzielen, wie z.B. vermietete Gebäude.[93] Darüber hinaus bildet er einen Hilfsmaßstab für solche Vermögensgegenstände, die nicht veräußert werden und aufgrund ihrer Einmaligkeit auch nicht wiederbeschaffbar sind, für die also weder Einzelveräußerungspreise noch Wiederbeschaffungskosten existieren[94], wie z.B. immaterielle Anlagewerte. *Glade* hält den Ertragswert für einen bedeutsamen niedrigeren beizulegenden Wert, "wenn er einigermaßen sicher ermittelt werden kann."[95] Gerade die Möglichkeit einer einigermaßen sicheren Ertragswertermittlung wird jedoch von einigen Autoren bezweifelt: Nach *Dörings* Ansicht ist der Ertragswert aufgrund seiner Zukunftsbezogenheit und der Anforderung, einem in den

---

88   Vgl. *ADS* (Rechnungslegung, 1987), Tz. 412 zu § 253 HGB.
89   Vgl. *Pankow/Lienau/Feyel* (in: Beck'scher Bilanzkommentar, 1990), Tz. 288 zu § 253 HGB; *Wohlgemuth* (in: HdJ Abt. I/11, 1990), Rn. 18.
90   Vgl. in diesem Sinne auch Abschn. 52 VStR 1989.
91   Vgl. *ADS* (Rechnungslegung, 1987), Tz. 412 zu § 253 HGB; *Wohlgemuth* (in: HdJ Abt. I/11, 1990), Rn. 19.
92   *Schildbach* (Zeitwert, 1990/91), S. 34 (Flexion geändert).
93   Vgl. *Pankow/Lienau/Feyel* (in: Beck'scher Bilanzkommentar, 1990), Tz. 290 zu § 253 HGB; zum alten Recht vgl. *Döllerer* (Grenzen, 1977/78), S. 133.
94   Vgl. *Knobbe-Keuk* (Unternehmenssteuerrecht, 1993), S. 199; *Baumbach/Duden/Hopt* (Handelsgesetzbuch, 1989), S. 695; *Döring* (in: HdR, 1990), Tz. 151 zu § 253 HGB; *Glade* (Rechnungslegung, 1986), Tz. 42 zu § 253 HGB.
95   *Glade* (Rechnungslegung, 1986), Tz. 42 zu § 253 HGB.

Produktionsprozeß integrierten Anlagegut isoliert Erträge zuzurechnen, eine so unsichere Größe, daß seine Verwendbarkeit als Stichtagswert dadurch in Frage gestellt wird.[96] *ADS* weisen ebenfalls auf den Ermessensspielraum hin, den die Bestimmung des Ertragswertes auf der Basis der "abgezinsten künftigen Einnahmenüberschüsse" und "sonstigen konkreten Nutzenerwartungen"[97] mit sich bringt, allerdings ohne den Ertragswertansatz dadurch bedingt nennenswert einzuschränken.

d) Die Abgrenzung zwischen dauerhafter und vorübergehender Wertminderung

Da das Niederstwertprinzip einer vorsichtigen Bewertung dienen soll, werden Abgrenzungsprobleme zwischen vorübergehender und dauerhafter Wertminderung im Schrifttum grundsätzlich nach dem Vorsichtsprinzip gelöst.[98] *Döring* warnt in diesem Zusammenhang allerdings vor einer Überbetonung des Vorsichtsprinzips: Solange die eingetretene Wertminderung durch künftige planmäßige Abschreibungen sukzessive erfaßt werde, drohe kein Verlust, eine gleichwohl durchgeführte, mit allgemeinen Vorsichtserwägungen begründete außerplanmäßige Abschreibung beeinträchtige jedoch das Stetigkeitsprinzip und die Vergleichbarkeit aufeinanderfolgender Jahresabschlüsse.[99] Als Beispiel einer Wertminderung, die durch planmäßige Abschreibungen aufgefangen wird und deshalb keiner außerplanmäßigen Abschreibung bedarf, erwähnt *Glade* den Tatbestand, daß die Inbetriebnahme den Stichtagswert eines abnutzbaren Anlagegegenstandes oft erheblich herabsetzt.[100] *Pankow/Lienau/Feyel* geben zu bedenken, daß eine konsequente Anwendung dieses Arguments außerplanmäßige Abschreibungen auf das abnutzbare Anlagevermögen - entgegen dem Gesetzeswortlaut - überflüssig mache, weil spätestens am Nutzungsdauerende jegliche Wertminderung durch eine planmäßige Abschreibung kompensiert sei.[101] So konsequent scheinen indes *Döring* und *Glade* ihr Kompensationsargument nicht durchhalten zu wollen, bejahen sie doch im

---

96 Vgl. *Döring* (in: HdR, 1990), Tz. 151 zu § 253 HGB.
97 *ADS* (Rechnungslegung, 1987), Tz. 418 zu § 253 HGB (beide Zitate, Flexion z.T. geändert).
98 Vgl. *Döring* (in: HdR, 1990), Tz. 154 zu § 253 HGB; ähnlich *ADS* (Rechnungslegung, 1987), Tz. 425 zu § 253 HGB u. *Glade* (Rechnungslegung, 1986), Tz. 35 zu § 253 HGB.
99 Vgl. *Döring* (in: HdR, 1990), Tz. 154 zu § 253 HGB.
100 Vgl. *Glade* (Rechnungslegung, 1986), Tz. 36 zu § 253 HGB.
101 Vgl. *Pankow/Lienau/Feyel* (in: Beck'scher Bilanzkommentar, 1990), Tz. 295 zu § 253 HGB.

Einklang mit anderen Autoren eine Pflicht zu außerplanmäßiger Abschreibung, wenn die Wertminderung voraussichtlich "während eines erheblichen Teils der Restnutzungsdauer"[102] fortbesteht. Als Faustregel für die eine Abschreibungspflicht begründende Wertminderungsdauer nennt *Döring* eine Zeitspanne von über 50 % der erwarteten Restnutzungsdauer oder mehr als 5 Jahren.[103] *Pankow/Lienau/Feyel* ergänzen das zeitliche Merkmal um ein inhaltliches, indem sie am Abschlußstichtag eine dauerhafte Wertminderung unterstellen, sofern keine konkreten Anhaltspunkte für eine künftige Werterhöhung vorliegen.[104] Ihres Erachtens korrespondiert nur eine enge Auslegung des Begriffs "vorübergehende Wertminderung" mit dem Zweck des Wahlrechts, eine laufende Anpassung des Abschreibungsplans an einen nur vorübergehend unter den Restbuchwert gesunkenen Stichtagswert zu vermeiden.[105]

III. Planänderungen und außerplanmäßige Abschreibungen - kritische Würdigung der Literaturmeinungen im Rahmen des GoB-Systems

1. Beschränkte Planänderungsmöglichkeiten

In der modernen (Ausschüttungs-)Statik erklärt sich die Verbindlichkeit des Abschreibungsplans aus der Rangordnung der GoB, wie sie in § 253 Abs. 2 Satz 1 und 2 HGB ihren Ausdruck findet. Da planmäßige Abschreibungen einer von den Umsatzerwartungen abhängigen, vorsichtigen und objektivierten Ermittlung des an den einzelnen Abschlußstichtagen noch vorhandenen Einnahmenüberschußpotentials dienen, erfüllt der Abschreibungsplan mit der Festlegung der künftigen Abschreibungsbeträge eine wichtige Ermessensbeschränkungsfunktion. Daraus folgt unmittelbar, daß willkürliche Planänderungen, die das Schrifttum übereinstimmend ablehnt[106], auch gemäß zweckadäquater GoB-Auslegung unzulässig sind. Im geltenden Bilanzrechtssystem darf der Abschreibungsplan durchbrochen werden, um eine Überbewertung des

---

102 *Döring* (in: HdR, 1990), Tz. 154 zu § 253 HGB; vgl. ähnlich *Glade* (Rechnungslegung, 1986), Tz. 36 zu § 253 HGB; *Pankow/Lienau/Feyel* (in: Beck'scher Bilanzkommentar, 1990), Tz. 295 zu § 253 HGB; *ADS* (Rechnungslegung, 1987), Tz. 431 zu § 253 HGB; *Schildbach* (Jahresabschluß, 1992), S. 196.
103 Vgl. *Döring* (in: HdR, 1990), Tz. 154 zu § 253 HGB.
104 Vgl. *Pankow/Lienau/Feyel* (in: Beck'scher Bilanzkommentar, 1990), Tz. 295 zu § 253 HGB; ähnlich *Schildbach* (Jahresabschluß, 1992), S. 196.
105 Vgl. *Pankow/Lienau/Feyel* (in: Beck'scher Bilanzkommentar, 1990), Tz. 295 zu § 253 HGB.
106 Vgl. oben Erstes Kapitel A.II.1.a).

Vermögensgegenstandes zu vermeiden; denn falls unvorhergesehene Ereignisse den nach planmäßiger Abschreibung erreichten Wertansatz eines abnutzbaren Anlagegutes überhöht erscheinen lassen, wird die planmäßige Abschreibung ihrer Aufgabe, den Vermögenswertverzehr nach dem vorsichtsbetonten Prinzip umsatzproportionaler Aufwandszuordnung zu bestimmen, nicht mehr gerecht. Der handelsrechtliche Jahresabschlußzweck erfordert dann eine (zusätzliche) Herabsetzung des Restbuchwertes, die sich an objektiven Anhaltspunkten orientieren muß, damit auch bei Durchbrechung des Abschreibungsplans ein gewisses Maß an Rechtssicherheit gewährleistet ist. Sofern die Handelsbilanzrechtsliteratur vorsichtsbedingt vom Abschreibungsplan abweicht[107], bewegt sie sich demnach im Rahmen des modernen statischen GoB-Systems.

Unterschiede zwischen der Literaturmeinung und dem Bilanzrechtsgefüge ergeben sich jedoch, wenn Planänderungen mit einem verbesserten Einblick in die Vermögens- und Ertragslage begründet werden und zu höheren Restbuchwerten führen als ursprünglich vorgesehen.[108] Da die Ansatz- und Bewertungsvorschriften des geltenden Handelsbilanzrechts von Vorsichts- und Objektivierungserwägungen dominiert werden, können sie in ihrer Gesamtheit keinen zuverlässigen Einblick in die Unternehmenslage vermitteln; das Informationsdefizit in Bilanz und GVR ist so groß, daß es nicht durch einzelne Modifikationen der Folgebewertung, sondern allenfalls durch Berichterstattung in einem dritten Jahresabschlußinstrument, dem Anhang, (partiell) verringert werden kann. Sofern unvorhergesehene Ereignisse die Abschreibungsplandeterminanten negativ beeinflussen, z.B. die Nutzungsdauer verkürzen, entspricht es dem Wunsch nach Informationsverbesserung, auf einen neuen Abschreibungsplan überzugehen, der an den folgenden Abschlußstichtagen zu niedrigeren Restbuchwerten führt.[109] Da sich die Beachtung der Informationsfunktion in diesem Fall mit den Anforderungen einer vorsichtigen und objektivierten Gewinnermittlung deckt, darf der Planmäßigkeitsgrundsatz durchbrochen werden. Anders verhält es sich bei unerwartet günstigerer Entwicklung der Abschreibungsplandeterminanten, z.B. bei Nutzungsdauerverlängerung: Hier würde der Einblick in die Unternehmenslage nach Ansicht des Schrifttums durch den Übergang zu einem Abschreibungsplan mit höheren Rest-

---

107 Vgl. oben Erstes Kapitel A.II.1.b)aa) und A.II.1.b)bb).
108 Vgl. oben Erstes Kapitel A.II.1.b)aa) und A.II.1.b)bb).
109 Vgl. den Restbuchwertverlauf bei ursprünglicher u. geänderter planmäßiger Abschreibung in Abb. 6 im Anhang.

28

buchwerten verbessert werden.[110] Eine solche Planänderung scheitert jedoch am Vorsichtsprinzip[111], das das Risiko einer Fehleinschätzung betont und den neu ermittelten Abschreibungsverlauf für nicht hinreichend objektiviert hält, um den Verlust an Rechtssicherheit zu kompensieren, der mit einer Durchbrechung des Stetigkeitsprinzips einhergeht. Wenn der ursprüngliche Abschreibungsplan beibehalten wird und sich die Neuschätzung im nachhinein als richtig erweist, dann wird zwar vorsichtiger als nach dem Realisationsprinzip erforderlich abgeschrieben, der handelsrechtliche Primärzweck, die Ermittlung des ausschüttbaren Reinvermögensüberschusses, wird jedoch nicht beeinträchtigt; aus dieser Bilanzierungsweise resultierende Informationsdefizite können durch entsprechende Hinweise im Anhang behoben werden. Wird der Abschreibungsplan hingegen geändert und die Änderungsgrundlage stellt sich später als Fehleinschätzung heraus, so werden die Grundsätze vorsichtiger Ausschüttungsbemessung verletzt, ohne daß die Information über die Unternehmenslage verbessert werden konnte.

Mit dem geltenden Bilanzrechtssystem läßt sich folglich nur eine vorsichtsbedingte Planänderung vereinbaren. Die außerplanmäßige Abschreibung auf das abnutzbare Anlagevermögen gemäß § 253 Abs. 2 Satz 3 HGB stellt eine kodifizierte Durchbrechung des Grundsatzes planmäßiger Abschreibungen dar. Es bleibt zu prüfen, welchen Zweck außerplanmäßige Abschreibungen im Rahmen vorsichtiger und objektivierter Gewinnermittlung verfolgen und in welchem Verhältnis diese zweckadäquate Auslegung zur Interpretation im Schrifttum steht.

---

110 Vgl. den Restbuchwertverlauf bei ursprünglicher u. geänderter planmäßiger Abschreibung in Abb. 7 im Anhang.
111 Vgl. *Moxter* (Bilanzrecht, 1986), S. 55.

2. Außerplanmäßige Abschreibungen nach Maßgabe einer außergewöhnlichen Abnutzung des Vermögens

a) Nutzungsdauerverkürzung

aa) Die GoB-adäquate Bilanzierung

Außerplanmäßige Abschreibungen haben die Aufgabe, planmäßige Abschreibungen, die den Vermögenswertverzehr umsatzproportional nach Maßgabe der Umsatz- und Ausgabenerwartungen im Zugangszeitpunkt erfassen, im Interesse vorsichtiger Gewinnermittlung zu korrigieren, wenn sich der Vermögenswert (d.h. die Fähigkeit, künftige Umsätze zu alimentieren) stärker abnutzt als ursprünglich erwartet. Ursache einer so verstandenen außergewöhnlichen Abnutzung des Vermögensgegenstandes kann z.B. eine Nutzungsdauerverkürzung sein.

Abbildung 12 veranschaulicht die bilanzielle Berücksichtigung einer von fünf auf vier Jahre verkürzten Nutzungsdauer.[112] Teil a) der Abbildung stellt die ursprüngliche planmäßige Abschreibung über fünf Jahre dar. Wenn neue Erkenntnisse eine Nutzungsdauer von vier Jahren angemessen erscheinen lassen, dann stellt sich die Frage, wie die planmäßige Abschreibung bemessen worden wäre, hätte man über diese Information schon im Zugangszeitpunkt des Vermögensgegenstandes verfügt.[113] Teil b) des Schaubildes gibt die Informationen eines von vornherein auf vier Jahre ausgerichteten Abschreibungsplans wieder. Aus den verfügbaren Daten kann nunmehr die GoB-adäquate Folgebewertung bei im zweiten Geschäftsjahr erkannter Nutzungsdauerverkürzung abgeleitet werden. Da der abnutzbare Anlagegegenstand bei von Anfang an richtiger Nutzungsdauerschätzung am Ende der zweiten Periode nur noch mit 50 GE zu Buche stehen würde, begrenzt das Realisationsprinzip den Wertansatz bei verkürzter Nutzungsdauer ebenfalls auf diesen Betrag; denn bei vierjähriger Nutzungsdauer ist nach Ablauf von zwei Jahren - linearer Verlauf der Umsätze und Ausgaben vorausgesetzt - die Hälfte des Einnahmenüberschußpotentials verbraucht, so daß auch der das Einnahmenüberschußpotential verkörpernde Vermögenswert auf die Hälfte des ursprünglichen Betrages sinkt. Um den gesunkenen Vermögenswert zu erreichen, muß die zweite Periode au-

---

112 Vgl. Abb. 12 im Anhang.
113 Zur Anpassung des Abschreibungsplans an veränderte Gegebenheiten mit Hilfe außerplanmäßiger Abschreibungen vgl. *Ballwieser* (Abschreibung, 1986), S. 37-38.

ßer der neuen planmäßigen Abschreibung von 25 GE, die einer Nutzungsdauer von vier Jahren angemessen ist, eine außerplanmäßige Abschreibung tragen, mit der die im nachhinein betrachtet zu niedrige planmäßige Abschreibung des ersten Jahres nachgeholt wird. Nachdem außerplanmäßig abgeschrieben wurde, werden in den einzelnen GVR der Restnutzungsdauer die gleichen planmäßigen Abschreibungsbeträge und in den beiden Bilanzen am Ende der dritten und vierten Periode die gleichen Vermögenswerte ausgewiesen wie bei von Anfang an richtiger Nutzungsdauerschätzung.

Die tatsächliche Folgebewertung des abnutzbaren Anlagegegenstandes und der aus ihr resultierende Gewinn ist Abbildung 12c) zu entnehmen. Der Vergleich des tatsächlichen Gewinns mit dem Gewinn bei von vornherein richtiger Nutzungsdauerschätzung[114] zeigt, daß der überhöhte Ausschüttungsbetrag der ersten Periode durch die außerplanmäßige Abschreibung in der zweiten Periode kompensiert wird und dadurch bedingt der Gewinn während der Restnutzungsdauer wieder die gleiche Verlaufsform aufweisen kann wie die Umsätze und die Gesamtaufwendungen. Die außerplanmäßige Abschreibung bei Nutzungsdauerverkürzung lehnt sich folglich eng an den Gedankengang der planmäßigen Abschreibung an: Wichtigster Grundsatz ist das Realisationsprinzip, welches den (planmäßigen und außerplanmäßigen) Vermögenswertverzehr im Zugangszeitpunkt der neuen Information so bemißt, daß wenigstens die künftigen Periodengewinne zu den während der tatsächlichen Nutzungsdauer erzielbaren Umsätzen proportional ermittelt werden können. Durch die außerplanmäßige Abschreibung muß der Vermögenswert auf den Betrag herabgesetzt werden, der bei von Anfang an zutreffender Nutzungsdauerschätzung durch eine umsatzadäquate Verteilung der Gesamtaufwendungen erreicht worden wäre.

bb) *Kritische Würdigung der bilanziellen Berücksichtigungsmöglichkeiten im Schrifttum*

Der Gedanke, die außerplanmäßige Abschreibung bei verkürzter Nutzungsdauer als eine nach dem GoB-System erforderliche Nachholabschreibung zu interpretieren, ist nicht neu; er wurde z.B. 1960 von *Koch*[115] erläutert und seit-

---

114 Vgl. Abb. 12c) Zeile 5 mit Abb. 12b) Zeile 6.
115 Vgl. *Koch* (Problematik, 1960), S. 333-334.

her verschiedentlich wieder aufgegriffen.[116] Gleichwohl hat er sich im handelsbilanzrechtlichen Schrifttum nicht durchgesetzt, denn die meisten Autoren schreiben bei Nutzungsdauerverkürzung nicht außerplanmäßig ab, sondern ändern nur den Abschreibungsplan, indem sie den vorhandenen Restbuchwert auf die nunmehr kürzere Restnutzungsdauer verteilen.[117] Vergleicht man diese Bilanzierungsweise (in Schaubild 6) mit der aus dem Bilanzrechtssystem abgeleiteten außerplanmäßigen Abschreibung (in Schaubild 12), so stellt man fest, daß nach dem Verteilungsverfahren der Literatur vom Planänderungszeitpunkt bis zum Nutzungsdauerende höhere Restbuchwerte ausgewiesen werden als nach der GoB-adäquaten Methode. Aus der Sicht des Realisationsprinzips sind diese Restbuchwerte überhöht, weil bei linearen Umsätzen und Ausgaben sowie einer Gesamtnutzungsdauer von vier Jahren am Ende der zweiten Periode nur noch 50 % und am Ende der dritten Periode nur noch 25 % der von den Anschaffungs- oder Herstellungskosten verkörperten Umsatzalimentierungsfähigkeit vorhanden ist. Die zu niedrige planmäßige Abschreibung des ersten Geschäftsjahrs gleicht sich dagegen nach dem von der Literatur präferierten Verteilungsverfahren erst am Nutzungsdauerende durch die Summe der höheren planmäßigen Abschreibungen aus mit der Folge, daß auch der zu hoch ausgewiesene Gewinn des ersten Geschäftsjahrs erst pro rata temporis wieder hereingeholt wird. Eine solche Bilanzierungsweise ist mit dem handelsrechtlichen Primärzweck, der vorsichtigen Ermittlung eines ausschüttbaren Betrages, nicht vereinbar, fordert er doch, den aufgrund falscher Annahmen zu hoch bemessenen Vermögensüberschuß einer Periode schnellstmöglich, d.h. im Erkenntniszeitpunkt, durch eine entsprechende Gewinnminderung zu kompensieren.[118] Dem geltenden Bilanzrechtssystem genügt es demnach nicht, wenn eine verkürzte Nutzungsdauer durch Planänderung berücksichtigt wird; vielmehr muß zunächst eine außerplanmäßige Abschreibung durchgeführt und im Anschluß daran ein anderer, der neu ermittelten Gesamtnutzungsdauer angemessener Abschreibungsplan gewählt werden.

Eine Kombination von Planänderung und außerplanmäßiger Abschreibung befürwortet die aktuelle Handelsbilanzrechtsliteratur nur in den Fällen, in denen eine Planänderung nicht ausreicht, um eine Überbewertung des abnutzbaren

---

116 Vgl. *Dietz* (Normierung, 1971), S. 167 u. 172-173; *Moxter* (Bilanzlehre, 1974), S. 81-82; *Moxter* (Bilanzrecht, 1986), S. 55; *Euler, R.* (Verlustantizipation, 1991), S. 195.
117 Vgl. oben Erstes Kapitel A.II.1.b)aa).
118 Vgl. ähnlich *Koch* (Problematik, 1960), S. 334.

Anlagegegenstandes zu verhindern.[119] Eine durch außerplanmäßige Abschreibungen behebbare Überbewertung droht ihrer Ansicht nach, wenn der beizulegende Stichtagswert des Vermögensgegenstandes den Restbuchwert unterschreitet. Da das Schrifttum den niedrigeren beizulegenden Wert je nach Bewertungssituation entweder dem Einzelveräußerungspreis, den Wiederbeschaffungskosten oder dem Ertragswert gleichsetzt[120] und die Höhe dieser Werte von vielen verschiedenen Faktoren abhängt, wird verständlich, daß eine Nutzungsdauerverkürzung den beizulegenden Wert mindern kann, aber nicht muß.[121] Anders verhält es sich hingegen, wenn § 253 Abs. 2 Satz 3 HGB aus dem Bilanzrechtssystem heraus als Ergänzung der planmäßigen Abschreibung interpretiert wird: Die außerplanmäßige Abschreibung erfaßt dann unmittelbar die durch die Nutzungsdauerverkürzung hervorgerufene außergewöhnliche Abnutzung des Anlagegegenstandes, und der niedrigere beizulegende Wert wird nicht an Marktwerten orientiert, sondern unternehmensintern als "Abschreibungskorrekturwert"[122] bestimmt, d.h. als der Restbuchwert, der bei zutreffender Nutzungsdauerschätzung im Zugangszeitpunkt am Abschlußstichtag erreicht sein müßte. Da der so verstandene beizulegende Wert bei verkürzter Nutzungsdauer stets den nach planmäßiger Abschreibung erreichten Restbuchwert unterschreitet, liegt regelmäßig eine Überbewertung vor, die durch eine außerplanmäßige Abschreibung beseitigt werden muß.

Aus der Überbewertungsgefahr erklärt es sich auch, daß nach dem geltenden Bilanzrechtssystem bei Nutzungsdauerverkürzung immer eine Pflicht zur außerplanmäßigen Abschreibung besteht. Das Wesentlichkeitskriterium, mit dessen Hilfe *ADS* zwischen freiwilliger und erzwungener außerplanmäßiger Abschreibung differenzieren[123], greift bereits auf einer vorgelagerten Stufe, nämlich bei der Frage, ob die Nutzungsdauer verkürzt ist oder nicht: Da nur eine wesentliche Veränderung der Überlegungen, die in die planmäßigen Abschreibungen einfließen, bei vollkommener Voraussicht im Planerstellungszeitpunkt zu einer vorsichtigeren Nutzungsdauerbemessung geführt hätte[124], kann nur sie an einem späteren Abschlußstichtag die für die Annahme einer verkürzten Nutzungsdauer erforderlichen objektiven Anhaltspunkte liefern.

---

119 Vgl. oben Erstes Kapitel A.II.1.b)aa) u. A.II.2.a).
120 Vgl. oben Erstes Kapitel A.II.2.c)aa)-cc).
121 Vgl. oben Erstes Kapitel A.II.2.a).
122 *Moxter* (Bilanzlehre, 1974), S. 445.
123 Vgl. oben Erstes Kapitel A.II.1.b)aa).
124 Vgl. *Moxter* (Bilanzlehre, 1974), S. 440.

Sofern objektive Anhaltspunkte auf eine Nutzungsdauerverkürzung hinweisen, muß unabhängig vom Ausmaß der Verkürzung außerplanmäßig abgeschrieben werden.

b) Verschlechterte Umsatz- bzw. Ausgabenerwartungen

aa) Die Bedeutung des Abschreibungsmethodenwechsels im geltenden Bilanzrechtssystem

Im Schrifttum wird als zweiter Planänderungsgrund der Wechsel zu einer anderen Abschreibungsmethode genannt, wenn diese dem voraussichtlichen Nutzungs- bzw. Entwertungsverlauf besser entspricht als die bisher angewandte Methode.[125] Offen bleibt indes, woran der "Nutzungs-" bzw. "Entwertungsverlauf" gemessen werden soll, d.h. bei welcher der in den Abschreibungsplan eingeflossenen Größen am Abschlußstichtag mit einer anderen Entwicklung gerechnet wird als im Planerstellungszeitpunkt. Im geltenden Bilanzrechtssystem wird die Verlaufsform der planmäßigen Abschreibungen durch die erwarteten Umsätze und Ausgaben bestimmt. Ob das Schrifttum den Nutzungs- bzw. Entwertungsverlauf implizit an den Umsatzerwartungen mißt, kann nicht sicher festgestellt werden. Dagegen spricht jedoch, daß einige Autoren verschiedene Abschreibungsmethoden gleichzeitig für zulässig halten[126], während der Grundsatz umsatzproportionaler Aufwandsbemessung jedem Umsatzverlauf eine korrespondierende Aufwandsreihe zuordnet, die bei gegebenen Ausgaben stets zu einer bestimmten Abschreibungsmethode führt.

Mit dem GoB-System ist es ferner nicht vereinbar, wenn die Handelsbilanzrechtsliteratur im Interesse einer zutreffenden Darstellung des Nutzungsverlaufs auch den Übergang zu einer weniger vorsichtigen Abschreibungsmethode gestattet.[127] Aus Vorsichts- und Objektivierungsgründen darf von der einmal gewählten Abschreibungsmethode nur dann abgewichen werden, wenn die neuen Umsatz- bzw. Ausgabenerwartungen an den künftigen Abschlußstichtagen zu niedrigeren Vermögenswerten im oben definierten Sinne führen und ihre zeitliche Verteilung auf die Restnutzungsdauer die Wahl einer anderen Abschreibungsmethode erforderlich macht. Die Abbildungen 13 und 14 veranschaulichen den Übergang von der linearen zur degressiven Abschrei-

---

125 Vgl. oben Erstes Kapitel A.II.1.b)bb).
126 Vgl. oben Erstes Kapitel A.II.1.b)bb).
127 Vgl. oben Erstes Kapitel A.II.1.b)bb).

bungsmethode, wobei die neue Abnutzungsprognose im einen Fall auf geänderten Umsatzerwartungen, im anderen Fall auf revidierten Ausgabenerwartungen beruht.[128] Für eine außerplanmäßige Abschreibung besteht in beiden Fällen kein Anlaß, weil sich nur der Verlauf, nicht aber die Summe der erwarteten Umsätze bzw. Ausgaben geändert hat und auch bei von Anfang an richtiger Prognose im ersten Geschäftsjahr nur 20 GE planmäßig abgeschrieben worden wären. Der Methodenwechsel ohne außerplanmäßige Abschreibung - im Schrifttum offenbar als Regelfall angesehen[129] - dürfte jedoch angesichts der Schätzprobleme, die mit der Festlegung der Abschreibungsdeterminanten verbunden sind, sowie der Bedeutung des Vorsichtsprinzips im geltenden Bilanzrechtssystem relativ selten vorkommen. Im allgemeinen wird man damit rechnen müssen, daß unvorhergesehen auftretende Ereignisse, wie z.B. Absatzschwierigkeiten oder eine erhöhte Reparaturanfälligkeit des abnutzbaren Anlagegegenstandes, die die an künftigen Abschlußstichtagen auszuweisenden Vermögenswerte deutlich mindern, darüber hinaus den Gesamtbetrag der Umsätze schmälern bzw. die Summe der Ausgaben erhöhen und damit eine außerplanmäßige Abschreibung erforderlich machen.

bb) Dauerhafte Verminderung des Umsatzverlaufs

Abbildung 15 stellt eine Kombination von außerplanmäßiger Abschreibung und Methodenwechsel dar, der folgender Sachverhalt zugrunde liegt[130]: Im Planerstellungszeitpunkt wird aufgrund linearer Umsatz- und Ausgabenerwartungen die lineare Abschreibungsmethode gewählt. In der zweiten Periode erkennt man jedoch, daß die Umsätze gesunken sind und daß sich dieser Trend während der Restnutzungsdauer wahrscheinlich fortsetzen wird. Bei vollkommener Information im Zugangszeitpunkt des Vermögensgegenstandes hätte man folglich statt der linearen die degressive Abschreibungsmethode gewählt. Ebenso wie bei Nutzungsdauerverkürzung bilden auch bei verminderten Umsatzerwartungen die Restbuchwerte, die bei von Anfang an zutreffender Prognose des Umsatzverlaufs an den einzelnen Abschlußstichtagen erreicht worden wären, den Bezugspunkt der neuen planmäßigen Abschreibungen sowie der außerplanmäßigen Abschreibung im zweiten Nutzungsjahr. Zur Interpretation des tatsächlichen Restbuchwert- und Gewinnverlaufs kann auf die Aus-

---

128 Vgl. die Abb. 13 u. 14 im Anhang.
129 Vgl. z.B. *ADS* (Rechnungslegung, 1987), Tz. 389 zu § 253 HGB u. *Pankow/Lienau/Feyel* (in: Beck'scher Bilanzkommentar, 1990), Tz. 270-273 zu § 253 HGB.
130 Vgl. Abb. 15 im Anhang.

führungen im Zusammenhang mit der Nutzungsdauerverkürzung verwiesen werden.[131]

Nachhaltige Umsatzminderungen können aber auch eine außerplanmäßige Abschreibung erforderlich machen, ohne daß die Abschreibungsmethode gewechselt werden muß. Ein solcher Fall liegt vor, wenn die Umsätze in einer Periode sinken und voraussichtlich während der ganzen Restnutzungsdauer auf diesem niedrigen Niveau verharren werden. Wie das geltende Bilanzrechtssystem diesen Sachverhalt behandelt, zeigt Schaubild 16.[132] Die Bilanzierungsweise unterscheidet sich nicht von derjenigen bei außerplanmäßiger Abschreibung mit Methodenwechsel; nach dem GoB-System muß bei beiden Varianten verminderter Umsatzerwartungen außerplanmäßig abgeschrieben und die planmäßige Abschreibung geändert werden. Unterscheidungsbedürftig sind die beiden Fälle jedoch hinsichtlich ihrer Behandlung im Schrifttum: Denn während das Schrifttum beim Übergang von linearen zu degressiven Umsatzerwartungen möglicherweise wenigstens einen Methodenwechsel aufgrund geänderten Nutzungsverlaufs befürworten würde, ist fraglich, ob es bei einmalig gesunkenen, auf dem niedrigen Niveau verharrenden Umsätzen überhaupt einen Handlungsbedarf erkennt. Da in diesem Fall sowohl im Planerstellungszeitpunkt als auch am zweiten Abschlußstichtag mit künftig linearen Umsätzen gerechnet wird, erscheint die lineare Abschreibungsmethode (bei unveränderten Ausgaben) nach dem Wissensstand in den einzelnen Bewertungsmomenten jeweils angemessen, ein Methodenwechsel kommt nicht in Frage. Erst bei Rückbeziehung der im zweiten Nutzungsjahr zugegangenen Informationen auf den ursprünglichen Planerstellungszeitpunkt ergibt sich ein degressiver Umsatzverlauf, der gemäß dem geltenden Bilanzrechtssystem eine höhere Abschreibungsbelastung der ersten Periode bzw. eine schnellstmögliche Nachholung des Mehrbetrages bei Zugang der Information gebietet. Anders als das geltende Bilanzrecht bezieht das Schrifttum bei der Untersuchung von Planänderungsmöglichkeiten keine neu gewonnenen Kenntnisse zurück, sondern richtet seinen Blick nur auf die Zukunft, so daß eine im abgelaufenen Nutzungsjahr eingetretene Umsatzeinbuße nicht berücksichtigt wird. Sofern die Umsatzeinbuße nicht zufällig den nach Literaturmeinung relevanten beizulegenden Wert des abnutzbaren Anlagegegenstandes, z.B. die Wiederbeschaffungskosten, mindert, werden die nach planmäßiger Abschreibung erreichten

---

131 Vgl. oben Erstes Kapitel A.III.2.a)aa).
132 Vgl. Schaubild 16 im Anhang.

Restbuchwerte auch nicht durch eine außerplanmäßige Abschreibung korrigiert, obwohl sie aus der Sicht des GoB-Systems überhöht sind.

Eine dritte Variante verminderter Umsatzerwartungen kann auftreten, wenn sich die künftigen Erträge ausnahmsweise (z.b. bei vermieteten Gebäuden) in absoluter Höhe schätzen lassen und voraussichtlich so niedrig sein werden, daß ihre Summe die Summe der Gesamtaufwendungen unterschreitet. In diesem Fall genügt eine umsatzproportionale Verteilung der Gesamtaufwendungen nicht, um den Jahresabschlußzweck, die Ermittlung eines unbedenklich entziehbaren Gewinns, zu erfüllen, denn sie würde in dem Schaubild 17b) entnehmbaren Zahlenbeispiel dazu führen, daß sich der Verlust von insgesamt 20 GE sukzessive (d.h. im Verhältnis der Umsätze auf die Nutzungsdauer verteilt) realisiert und dadurch das Vorsichtsprinzip verletzt.[133] Da nach den GoB nur aktiviert werden darf, was mit künftigen Nettoeinnahmen verbunden ist[134], muß der nicht durch Umsätze gedeckte Teil der Gesamtaufwendungen in voller Höhe der ersten Periode belastet und der restliche Gesamtaufwandsbetrag umsatzproportional auf die fünfjährige Nutzungsdauer verteilt werden; diese Vorgehensweise gewährleistet, daß der gesamte, aus der Nutzung des Anlagegegenstandes resultierende Verlust im ersten Jahr ausgewiesen wird und die künftigen GVR nicht berührt.[135] Rechnet der Bilanzierende zunächst mit einem gewinnbringenden Einsatz des Anlagegutes und stellt sich erst später heraus, daß die Umsätze unter den Gesamtaufwendungen liegen, dann muß der bislang zu wenig belastete Abschreibungsbetrag im Erkenntniszeitpunkt nachgeholt werden.[136] Die außerplanmäßige Abschreibung wird folglich in diesem Fall ebenso wie bei verminderten, die Gesamtaufwendungen aber noch überschreitenden Umsätzen mit dem Realisationsprinzip begründet. Man könnte statt dessen erwägen, hier das Imparitätsprinzip zur Begründung heranzuziehen[137], weil die außerplanmäßige Abschreibung auch dazu dient, den in künftigen Perioden drohenden Aufwandsüberschuß von im Beispiel 20 GE zu antizipieren; Realisations- und Imparitätsprinzip bemessen den Abschreibungsumfang in diesem Fall gleich. Dennoch ist dem Realisationsprinzip aus

---

133 Bei umsatzproportionaler Verteilung der Gesamtaufwendungen entfallen auf die erste Periode 67 GE und auf die übrigen Perioden je 33 GE; nach Abzug der Gesamtaufwendungen von den Umsätzen ergibt sich im ersten Jahr ein Verlust von 7 GE und in den Folgejahren jeweils ein Verlust von 3 GE.
134 Vgl. oben Problemstellung.
135 Vgl. Abb. 17b) im Anhang.
136 Vgl. Schaubild 17 im Anhang.
137 Vgl. *Euler, R.* (Verlustantizipation, 1991), S. 197.

zwei Gründen der Vorrang einzuräumen: Erstens steht es in der GoB-Hierarchie vor dem Imparitätsprinzip, so daß eine Beschränkung des Imparitätsprinzips auf die Fälle vorsichtiger Bilanzierung nahe liegt, bei denen das Realisationsprinzip nicht greift; zweitens erlaubt das Realisationsprinzip, den Sachverhalt der unter die Gesamtaufwendungen gesunkenen Umsätze bilanziell genauso zu erfassen wie die anderen bislang erörterten Sachverhalte gesunkener Umsatzerwartungen. Mit dem geltenden Bilanzrechtssystem unvereinbar ist es indes, jegliche Abschreibungsnachholung mit dem Imparitätsprinzip zu begründen[138], denn außer im Fall der die Gesamtaufwendungen unterschreitenden Umsatzsumme droht nie ein Verlust; die Abschreibungsnachholung verfolgt vielmehr das dem Realisationsprinzip entsprechende Ziel, den Vermögenswert so weit herabzusetzen, daß künftig ein den verschlechterten Erwartungen entsprechender umsatzproportionaler Gewinn ermittelt werden kann.

cc) Vorübergehend gesunkene Umsatzerwartungen

In den bisher erörterten Fällen verminderter Umsatzerwartungen besteht ebenso wie bei Nutzungsdauerverkürzung immer eine Pflicht zu außerplanmäßiger Abschreibung, weil eine dauerhafte Wertminderung vorliegt. Dauerhafte Wertminderungen beim abnutzbaren Anlagevermögen sind dadurch gekennzeichnet, daß der nach den revidierten Umsatz- bzw. Ausgabenerwartungen bemessene Vermögenswert im Bewertungszeitpunkt und an den folgenden Abschlußstichtagen unter dem jeweiligen nach dem ursprünglichen Abschreibungsplan ermittelten Restbuchwert liegt. Neben den dauerhaften Wertminderungen gibt es vorübergehende, die gemäß § 253 Abs. 2 Satz 3 HGB durch eine außerplanmäßige Abschreibung berücksichtigt werden dürfen, aber nicht müssen. Bei einer vorübergehenden Wertminderung liegt der neu ermittelte Vermögenswert am Abschlußstichtag ebenfalls unter den Anschaffungs- oder Herstellungskosten abzüglich planmäßiger Abschreibungen, doch ist bereits zu erkennen, daß der Vermögenswert in Zukunft den nach dem ursprünglichen Abschreibungsplan ermittelten Restbuchwert mindestens wieder erreicht. Ein vorübergehendes Absinken des Vermögenswertes kann z.B. darauf zurückzuführen sein, daß ein abnutzbarer Anlagegegenstand wegen eines laufenden Produktionsgenehmigungsverfahrens oder reparaturbedingter Stillstandszeiten anderer Anlagegegenstände eine Periode lang nur sehr geringe Erträge abwirft.

---

138 In diesem Sinne vgl. jedoch *Dietz* (Normierung, 1971), S. 69.

Schaubild 18 zeigt, wie die Ertragseinbuße im dritten Nutzungsjahr berücksichtigt wird, wenn sich ihr Eintritt im Laufe der zweiten Periode abzeichnet.[139] Da der Restbuchwert am Ende des zweiten Nutzungsjahrs bei vollkommener Voraussicht im Zugangszeitpunkt des Vermögensgegenstandes nur noch 53 GE betragen würde, bildet er den niedrigeren beizulegenden Wert gegenüber dem nach dem ursprünglichen Abschreibungsplan ermittelten Restbuchwert von 60 GE. Am Ende der dritten und vierten Periode kehrt sich das Verhältnis jedoch um, der Vermögenswert bei vollkommener Information überschreitet dann denjenigen, der auf dem ursprünglichen Kenntnisstand beruht.[140] Folglich liegt am Abschlußstichtag der zweiten Periode eine vorübergehende Wertminderung im Sinne der o.g. Definition vor. Ihr kann gemäß § 253 Abs. 2 Satz 3 HGB entweder durch Beibehaltung des bisherigen Abschreibungsplans[141] oder durch außerplanmäßige Abschreibung auf den niedrigeren beizulegenden Wert Rechnung getragen werden. Wenn außerplanmäßig abgeschrieben wird, dann stellt sich die Frage, wie in der Folgezeit planmäßig abgeschrieben werden soll. Würde man wie bei dauerhaft verschlechterten Umsatzerwartungen und bei Nutzungsdauerverkürzung die dem neuen Informationsstand entsprechenden planmäßigen Abschreibungen übernehmen, so würde der alte Abschreibungsplan im Zahlenbeispiel zugunsten einer unvorsichtigeren Bewertung im dritten und vierten Nutzungsjahr durchbrochen[142] und damit sowohl das Stetigkeitsprinzip als auch das Vorsichtsprinzip verletzt werden. Um das zu verhindern, verlangt das geltende Bilanzrechtssystem mindestens planmäßige Abschreibungen in Höhe von 13 GE in der dritten und jeweils 20 GE in der vierten und fünften Periode, mit deren Hilfe die Vermögenswerte auf das dem alten Abschreibungsplan entsprechende Niveau zurückgeführt werden.[143] Wenn aber die planmäßige Abschreibung nach Durchführung der außerplanmäßigen Abschreibung wegen des Risikos der Fehleinschätzung ausnahmsweise vorsichtiger bemessen werden muß, als es für eine künftige umsatzproportionale Gewinnermittlung erforderlich wäre, dann besteht auch die Alternative, die ursprüngliche planmäßige Abschreibung im dritten und vierten Jahr aus Vereinfachungsgründen beizubehalten und im fünften Jahr den Restbetrag von 13 GE abzuschreiben.[144] Neben den verschie-

---

139 Vgl. Schaubild 18 im Anhang.
140 Vgl. Abb. 18a) Zeile 4 mit 18b) Zeile 4.
141 Vgl. Schaubild 18e).
142 Vgl. Abb. 18a) Zeile 3-4 mit 18b) Zeile 3-4.
143 Vgl. Schaubild 18c).
144 Vgl. Schaubild 18d).

denen Bilanzierungsvarianten gibt Abbildung 18 außerdem zu erkennen, daß vorübergehend gesunkene Umsatzerwartungen nicht in jedem Fall eine vorübergehende Wertminderung indizieren: Wenn die Umsatzeinbuße im Zahlenbeispiel erst zu Beginn der dritten Periode erkannt wird, dann erweisen sich zwar im nachhinein die an den vorhergehenden Abschlußstichtagen angesetzten Restbuchwerte als zu hoch, ein außerplanmäßiger Abschreibungsbedarf besteht jedoch nicht, weil die Überbewertung im laufenden Jahr schon durch die planmäßige Abschreibung abgebaut wird.

dd) Dauerhaft bzw. vorübergehend gestiegene Ausgabenerwartungen

Ein außerplanmäßiger Abschreibungsbedarf kann ferner durch einen Anstieg der erwarteten Ausgaben begründet werden. Die Variationsmöglichkeiten der Ausgaben, die den Vermögenswert beeinträchtigen, sind genauso vielfältig wie die Formen verminderter Umsatzerwartungen. Schaubild 19 veranschaulicht die bilanziellen Auswirkungen, die sich ergeben, wenn man in der zweiten Periode erkennt, daß anstelle der ursprünglich erwarteten linearen Ausgaben in Höhe von insgesamt 100 GE voraussichtlich progressive Ausgaben von 200 GE anfallen werden.[145] Da die planmäßige Abschreibung bei vollkommener Voraussicht im Planerstellungszeitpunkt degressiv statt linear bemessen worden wäre, kann zur Begründung der außerplanmäßigen Abschreibung auf die Ausführungen zu den insgesamt gesunkenen, degressiv statt linear verlaufenden Umsatzerwartungen verwiesen werden[146], bei denen ebenfalls eine von Anfang an degressive Abschreibung angebracht gewesen wäre.

Der Anstieg der erwarteten Ausgaben kann sich ferner durch den Übergang auf ein höheres absolutes Ausgabenniveau vollziehen, ohne daß sich - aus der Sicht des Abschlußstichtages gesehen - die (im Beispiel lineare) Verlaufsform ändert.[147] Die Auswirkungen dieser Änderung auf die Abschreibungsbeträge entsprechen inhaltlich denjenigen bei linearen Umsatzerwartungen, die dauerhaft auf ein niedrigeres Niveau gefallen sind.[148] Falls die absoluten Ausgaben so stark steigen, daß die Gesamtaufwendungen die Umsätze überschreiten, muß der nicht werthaltige Betrag im Erkenntniszeitpunkt gewinnmindernd berücksichtigt werden, während sich die übrigen Gesamtaufwendungen wie ge-

---

145 Vgl. Schaubild 19 im Anhang.
146 Vgl. oben Erstes Kapitel A.III.2.b)bb) sowie Abb. 15 im Anhang.
147 Vgl. Schaubild 20 im Anhang.
148 Vgl. Schaubild 16 im Anhang.

wöhnlich umsatzproportional auf die Nutzungsdauer verteilen.[149] Die bilanzielle Berücksichtigung dieses Sachverhalts in Schaubild 21 unterscheidet sich inhaltlich nicht von der Vorgehensweise in Schaubild 17, wo die Unterdeckung des Gesamtaufwands durch gesunkene Umsatzerwartungen ausgelöst wurde. Da in beiden Fällen die Kenntnis der absoluten Umsatzhöhe benötigt wird, um die fehlende Gegenwertigkeit der für den abnutzbaren Anlagegegenstand erforderlichen Ausgaben feststellen zu können, tritt diese Variante der Abschreibungsnachholung nur in Sonderfällen auf.

Schließlich können gestiegene Ausgabenerwartungen u.U. ein Wahlrecht zur außerplanmäßigen Abschreibung begründen, etwa wenn am Abschlußstichtag der zweiten Periode die Notwendigkeit einer im nächsten Geschäftsjahr durchzuführenden Großreparatur erkannt wird und ein Vergleich der ursprünglichen Restbuchwerte mit den bei vollkommener Information ermittelten zeigt, daß die in t_2 vorliegende (Vermögens-)Wertminderung vorübergehender Natur ist.[150] Es ergeben sich dann die gleichen Bilanzierungsmöglichkeiten, die schon bei vorübergehend gesunkenen Umsatzerwartungen anhand des Zahlenbeispiels 18 erörtert wurden.

Wie die einzelnen Fallgestaltungen gezeigt haben, tragen Ausgabenerhöhungen in gleichem Maße wie Umsatzminderungen zu einer Beeinträchtigung des Vermögenswertes bei, die eine außerplanmäßige Abschreibung möglich bzw. erforderlich macht. Während die Handelsbilanzrechtsliteratur Ertragserwartungen jedoch wenigstens bei der Bestimmung des niedrigeren beizulegenden Wertes einzelner Vermögensgegenstandsarten explizit erwähnt[151], bezieht sie Ausgabenerwartungen, wie z.B. Reparaturen, nicht ausdrücklich in das Abschreibungskalkül ein. Die Sachverhaltsänderungen, die den Abschreibungsplan revisionsbedürftig machen, werden folglich im Schrifttum nicht vollständig aufgeführt.

---

149 Vgl. Abb. 21 im Anhang.
150 Vgl. Abb. 22 im Anhang.
151 Vgl. oben Erstes Kapitel A.II.2.c)cc).

c) Änderungen des verteilungsbedürftigen Betrages

aa) Die nachträgliche Minderung bzw. Erhöhung der Zugangswerte

Unter die dritte Planänderungskategorie subsumiert das Schrifttum nachträglich ermäßigte bzw. nachträglich anfallende Anschaffungs- oder Herstellungskosten sowie außerplanmäßige Abschreibungen und Zuschreibungen, also Tatbestände, die die Bezugsgröße planmäßiger Abschreibungen verändern. Ihre Würdigung wird dadurch erschwert, daß weder die Sachverhalte, die sich hinter diesen Begriffen verbergen, erläutert noch ihre Auswirkungen auf den Abschreibungsplan näher ausgeführt werden. Insbesondere ist unklar, was *ADS* unter nachträglich ermäßigten Anschaffungs- oder Herstellungskosten verstehen. Das Gesetz erwähnt nur Anschaffungspreisminderungen, die gemäß § 255 Abs. 1 Satz 3 HGB von den Anschaffungskosten abzuziehen sind und dadurch die Bemessungsgrundlage der planmäßigen Abschreibungen verringern. Zu den Anschaffungspreisminderungen gehören außer Rabatten und Skonti auch Preisnachlässe des Veräußerers infolge von Mängelrügen. Falls der Veräußerer z.B. einen Preisnachlaß in Höhe von 20 GE erst in der zweiten Periode gewährt, wird man mit Hilfe eines hypothetischen Abschreibungsplans den Restbuchwert ermitteln, der in t2 erreicht worden wäre, wenn die Anschaffungskosten von vornherein 80 statt 100 GE betragen hätten; er bestimmt als niedrigerer beizulegender Wert am Ende der zweiten Periode den Umfang der außerplanmäßigen Abschreibung.[152] Die Berücksichtigung dieses Sachverhalts unterscheidet sich dann nicht von der Bilanzierungsweise bei Nutzungsdauerverkürzung und verminderten Umsatz- bzw. gestiegenen Ausgabenerwartungen. Fraglich ist jedoch, ob Anschaffungspreisminderungen mit dem Terminus der nachträglich ermäßigten Anschaffungs- oder Herstellungskosten überhaupt gemeint sind: Denn erstens werden Rabatte und Skonti in der Regel im Anschaffungszeitpunkt gewährt, so daß von vornherein nur die verringerten Anschaffungskosten dem Abschreibungsplan zugrunde gelegt werden, und zweitens treten Anschaffungspreisminderungen - wie ihr Name schon sagt - nur bei Fremdbezug des Vermögensgegenstandes auf, so daß die nachträgliche Ermäßigung der Herstellungskosten ungeklärt bleibt. Es muß folglich (noch) einen anderen Grund für die Herabsetzung der Zugangswerte während der Nutzungsdauer geben. Das kann beispielsweise die Entdeckung von Mängeln am Vermögensgegenstand sein, wenn die Kenntnis dieser Män-

---

152 Vgl. Schaubild 23 im Anhang.

gel im Zugangszeitpunkt zur Kalkulation eines niedrigeren Kaufpreises geführt hätte. Um nachweisen zu können, daß die Mängel das in den Anschaffungs- oder Herstellungskosten verkörperte Einnahmenüberschußpotential beeinträchtigen, müssen entweder die mit dem abnutzbaren Anlagegegenstand verbundenen Umsatzerwartungen gesunken oder die Ausgabenerwartungen gestiegen sein. Dann ist eine außerplanmäßige Abschreibung mit anschließender Planänderung schon aufgrund dieser verschlechterten Erwartungen erforderlich;[153] für eine weitere Planänderung, die die nachträgliche Ermäßigung der Zugangswerte wegen Mängeln berücksichtigt, bleibt kein Raum mehr.

Weniger problematisch als die Subsumtion eines Sachverhalts unter den Begriff der nachträglich ermäßigten Zugangswerte erscheint die Interpretation der nachträglich anfallenden Anschaffungs- oder Herstellungskosten. Nachträgliche Herstellungskosten sind gesetzlich definiert als "Aufwendungen, die ... für die ... Erweiterung" eines vorhandenen Vermögensgegenstandes "oder für eine über seinen ursprünglichen Zustand hinausgehende wesentliche Verbesserung entstehen."[154] Diese Definition kann entsprechend auf die nachträglichen Anschaffungskosten übertragen werden, wobei die Besonderheiten des Anschaffungskostenbegriffs, wie z.B. die Beschränkung auf Einzelkosten, beachtet werden müssen.[155] Bei der nachträglichen Erhöhung der Zugangswerte handelt es sich folglich um Aufwendungen, die den Charakter des Vermögensgegenstandes erheblich verändern und in der Regel nicht nur den Abschreibungsausgangsbetrag, sondern auch die Nutzungsdauer und den Umsatz- bzw. Ausgabenverlauf beeinflussen. Sie bewirken, daß an die Stelle des alten Vermögensgegenstandes, z.B. eines einstöckigen Gebäudes, ein neuer selbständiger Vermögensgegenstand, z.B. ein zweistöckiges Gebäude, tritt, dessen Zugangswert sich aus dem Restbuchwert des alten Vermögensgegenstandes und den nachträglichen Anschaffungs- oder Herstellungskosten zusammensetzt und dessen Folgebewertung durch einen individuellen, seine Zusammensetzung berücksichtigenden Abschreibungsplan geregelt wird. Wenn beispielsweise das einstöckige Gebäude eine Restnutzungsdauer von 20 Jahren hat und die Erweiterung zu einer Gesamtnutzungsdauer des zweistöckigen Gebäudes von 30 Jahren führt, dann stellt die Berücksichtigung der längeren Nutzungsdauer keine Änderung des ursprünglichen Abschreibungsplans dar, die zudem wegen des Verstoßes gegen das Vorsichtsprinzip nach den GoB

---

153 Vgl. oben Erstes Kapitel A.III.2.b)bb) u. A.III.2.b)dd).
154 § 255 Abs. 2 Satz 1 HGB (beide Zitate).
155 Vgl. § 255 Abs. 1 Satz 1-2 HGB.

nicht vorgenommen werden dürfte; vielmehr beruht der Zeitraum von 30 Jahren auf der erstmaligen Nutzungsdauerschätzung für den neuen Vermögensgegenstand, die seine planmäßige Abschreibung bestimmt.

Statt die Schätzprobleme einer individuellen Folgebewertung in Kauf zu nehmen, kann aber auch der Abschreibungsplan des noch nicht erweiterten bzw. verbesserten Vermögensgegenstandes beibehalten werden, sofern die Beachtung des Realisationsprinzips sichergestellt ist. In diesem Fall werden die nachträglichen Anschaffungs- oder Herstellungskosten zum vorhandenen Restbuchwert addiert und gemeinsam mit den noch zu erwartenden Ausgaben umsatzproportional auf die Restnutzungsdauer verteilt.[156] Eine Rückbeziehung der nachträglichen Anschaffungs- oder Herstellungskosten auf den Zugangszeitpunkt des alten Vermögensgegenstandes, mit der eine außerplanmäßige Abschreibung in der Periode begründet werden könnte, in der die Kosten tatsächlich anfallen, kommt allerdings nicht in Frage; selbst wenn die künftige Erweiterung bzw. Verbesserung im Zugangszeitpunkt des alten Vermögensgegenstandes abzusehen gewesen wäre, hätte man sie (anders als eine kürzere Nutzungsdauer oder geringere Umsatz- bzw. höhere Ausgabenerwartungen) nicht berücksichtigen dürfen, denn Anschaffungs- oder Herstellungskosten verkörpern - auch wenn sie nachträglich anfallen - das für die Ausgabe Erlangte, das erst in künftigen Perioden realisiert wird.

bb) Zuschreibungen und außerplanmäßige Abschreibungen

Zuschreibungen sind in den HGB-Vorschriften für alle Kaufleute nur implizit geregelt: Aus der Möglichkeit, den nach außerplanmäßiger Abschreibung erreichten niedrigeren Wert beizubehalten, auch wenn die Gründe für seinen Ansatz nicht mehr bestehen[157], kann das Wahlrecht abgeleitet werden, die im nachhinein als überflüssig erkannte außerplanmäßige Abschreibung durch Zuschreibung auf einen höheren Wert wieder rückgängig zu machen. In Schaubild 25 wird der Einfluß einer Zuschreibung auf den Abschreibungsplan wiedergegeben.[158] Der dargestellte Sachverhalt umfaßt eine außerplanmäßige Abschreibung wegen verkürzter Nutzungsdauer im zweiten Nutzungsjahr, die nach den Erkenntnissen der vierten Periode unnötig war, weil der abnutzbare Anlagegegenstand nun doch - wie im ursprünglichen Abschreibungsplan vor-

---

156 Vgl. Schaubild 24 im Anhang.
157 Vgl. § 253 Abs. 5 HGB.
158 Vgl. Schaubild 25 im Anhang.

gesehen - insgesamt fünf Jahre lang lineare Umsätze erwirtschaftet. Die Nutzungsdauerverkürzung wurde durch eine außerplanmäßige Abschreibung von 5 GE und die Erhöhung der jährlichen planmäßigen Abschreibung von 20 auf 25 GE bilanziell berücksichtigt.[159] Maßgebend für die Zuschreibung ist nun der Abschreibungsplan, der bei Rückbeziehung des im vierten Nutzungsjahr erlangten Informationsstandes auf den Anschaffungs- oder Herstellungszeitpunkt erstellt worden wäre. Da sich die außerplanmäßige Abschreibung im Beispiel in vollem Umfang als überflüssig erwiesen hat, entspricht der Vermögenswertverzehr, den der ursprüngliche Abschreibungsplan festlegt, am besten dem tatsächlichen Verlauf des Umsatzes und der Gesamtaufwendungen.[160] Folglich wird der außerplanmäßige Abschreibungsbetrag in der vierten Periode zugeschrieben und die planmäßige Abschreibung für diesen Zeitraum so bemessen, daß am Abschlußstichtag der im ursprünglichen Abschreibungsplan vorgesehene Restbuchwert von 20 GE erreicht wird; für das fünfte Jahr bleibt dann eine planmäßige Abschreibung von 20 GE übrig[161], die mit der ursprünglich für diese Periode vorgesehenen planmäßigen Abschreibung übereinstimmt.

Zuschreibungen heben folglich nicht nur die außerplanmäßige Abschreibung selbst, sondern - entgegen dem Vorsichtsprinzip - auch die mit der außerplanmäßigen Abschreibung verbundene Planänderung auf. Sie bilden demnach eine gesetzlich kodifizierte Abweichung vom Stetigkeitsprinzip, die im Beispiel den Grundsatz vorsichtiger Vermögensermittlung auf die Beachtung des ursprünglichen Abschreibungsplans beschränkt: Die im ursprünglichen Abschreibungsplan ausgewiesenen Restbuchwerte dürfen nicht überschritten werden, weil die Zuschreibung sonst über die außerplanmäßige Abschreibung und deren Auswirkungen auf den Abschreibungsplan hinaus noch die am Nutzungsbeginn gewählte planmäßige Abschreibung rückgängig machen würde; das wäre jedoch weder mit dem Wortlaut des § 253 Abs. 5 HGB noch mit den geltenden Bilanzrechtsprinzipien vereinbar.[162] Der Bilanzierende wird indes nicht gezwungen, das Vorsichtsprinzip in der beschriebenen Weise zurückzudrängen. Da an den Nachweis einer überflüssig gewordenen außerplanmäßigen Abschreibung hohe Anforderungen gestellt werden und für die Zuschrei-

---

159 Vgl. Abb. 25b) Zeile 3-4.
160 Vgl. Abb. 25a) Zeile 3-4.
161 Vgl. Abb. 25c1) Zeile 1-4.
162 Vgl. *Moxter* (Bilanzrecht, 1986), S. 60.

bung nur ein implizit geregeltes Wahlrecht besteht, dürfte ihre Inanspruchnahme eher die Ausnahme als die Regel sein.[163]

Außerplanmäßige Abschreibungen auf den niedrigeren beizulegenden Wert verringern den nach planmäßiger Abschreibung erreichten Restbuchwert und verändern dadurch auch den Abschreibungsplan. Da das Schrifttum die außerplanmäßige Abschreibung i.d.R. mit gesunkenen Marktwerten und nicht mit geänderten Abschreibungsplandeterminanten begründet, unterstellt es zugleich, daß der niedrigere beizulegende Wert nach der bisher verwendeten Abschreibungsmethode auf die Restnutzungsdauer verteilt werden soll.[164] Im geltenden Bilanzrechtssystem stellt die außerplanmäßige Abschreibung hingegen eine Abschreibungsnachholung dar, die sich aus dem Vergleich der tatsächlich durchgeführten mit der nach gegenwärtigem Kenntnisstand richtigen planmäßigen Abschreibung ergibt. Sie wird in ihrem Umfang u.a. durch die den künftigen GVR noch zu belastenden Abschreibungsbeträge bestimmt und macht ihrerseits den Wechsel vom alten zum neuen Abschreibungsplan erst möglich. Aufgrund dieser Interdependenz können die außerplanmäßige Abschreibung und die anschließende Planänderung im Rahmen der Bilanzrechtsprinzipien nicht getrennt voneinander erörtert werden. Die außerplanmäßige Abschreibung ist folglich kein zusätzlicher Planänderungsgrund, weil sie die Bezugsgröße planmäßiger Abschreibungen verändert, sondern - ebenso wie die Planänderung selbst - eine Folge anderer Planänderungsgründe, z.B. einer verkürzten Nutzungsdauer oder verminderter Umsatz- bzw. gestiegener Ausgabenerwartungen.

cc) Die Verminderung des Restverkaufserlöses

Wie schon erwähnt[165], werden die Auswirkungen eines gesunkenen Restverkaufserlöses auf die Bezugsgröße planmäßiger Abschreibungen von der aktuellen Handelsbilanzrechtsliteratur nicht beachtet. Das mag daran liegen, daß der Restverkaufserlös, der am Nutzungsdauerende bei Veräußerung des abnutzbaren Anlagegegenstandes noch erzielt werden kann, eine sehr unsichere, ermessensbehaftete Größe darstellt, die bei der Abschreibungsplanerstellung aus Vorsichts- und Objektivierungsgründen im Regelfall vernachlässigt wird,

---

163 Zur Wertbeibehaltung vgl. Abb. 25c2).
164 Vgl. u.a. das Zahlenbeispiel bei *ADS* (Rechnungslegung, 1987), Tz. 381 zu § 253 HGB.
165 Vgl. oben Erstes Kapitel A.II.1.b)cc).

sofern sie im Verhältnis zu den Anschaffungs- oder Herstellungskosten nicht stark ins Gewicht fällt.[166] Falls die planmäßige Abschreibung jedoch im Einzelfall unter Beachtung des Restverkaufserlöses ermittelt wurde, muß eine Restverkaufserlösminderung während der Nutzungsdauer durch außerplanmäßige Abschreibung berücksichtigt werden. Schaubild 26 zeigt, wie die geltenden Bilanzrechtsprinzipien reagieren, wenn der ursprünglich erwartete Netto-Restverkaufserlös von 20 GE nach den Erkenntnissen in der zweiten Periode voraussichtlich nicht erzielt werden kann.[167] Hätte der Bilanzierende im Zugangszeitpunkt des Vermögensgegenstandes gewußt, daß eine Veräußerung am Nutzungsdauerende nicht möglich ist, dann hätte er die gesamten Anschaffungs- oder Herstellungskosten linear abgeschrieben und am Abschlußstichtag des zweiten Nutzungsjahres einen Restbuchwert von nur noch 60 GE erreicht; dieser Restbuchwert bestimmt nun die außerplanmäßige Abschreibung und den neuen Abschreibungsplan.[168]

3. Außerplanmäßige Abschreibungen nach Maßgabe der im Schrifttum erörterten Hilfswerte

a) Das gemilderte Niederstwertprinzip als Interpretationsgrundlage für die Bewertung des abnutzbaren Anlagevermögens

aa) Die Unvereinbarkeit mit dem Grundsatz der Abschreibungsnachholung

Die Ausführungen zu den außerplanmäßigen Abschreibungen nach Maßgabe einer außergewöhnlichen Abnutzung des Vermögens haben ergeben, daß der niedrigere beizulegende Wert in der modernen (Ausschüttungs-)Statik die Brücke für den Übergang zu einem anderen Abschreibungsplan bildet; außerplanmäßige Abschreibung und Planänderung werden überschneidungsfrei aus dem Realisationsprinzip heraus begründet. Hierin liegt der Vorteil gegenüber den Erörterungen im Schrifttum, die das Anwendungsspektrum der außerplanmäßigen Abschreibung kontrovers diskutieren und es in manchen Fällen nicht klar gegenüber dem Einsatzbereich der Planänderungen abgrenzen.[169] Klä-

---

166 Vgl. *Döring* (in: HdR, 1990), Tz. 114 zu § 253 HGB; *Pankow/Lienau/Feyel* (in: Beck'scher Bilanzkommentar, 1990), Tz. 223 zu § 253 HGB; *ADS* (Rechnungslegung, 1987), Tz. 368-369 zu § 253 HGB.
167 Vgl. Schaubild 26 im Anhang.
168 Vgl. Schaubild 26b) Zeile 3-4 u. 26c) Zeile 1-3.
169 Vgl. oben Erstes Kapitel A.II.2.a).

rungsbedürftig ist nun, inwiefern die Interpretation des § 253 Abs. 2 Satz 3 HGB durch das Schrifttum Anhaltspunkte für eine GoB-konforme Auslegung dieser Vorschrift bieten kann, obwohl die Funktion der außerplanmäßigen Abschreibungen im geltenden Bilanzrechtssystem etwas anders beurteilt wird.

Beispielsweise stellt sich die Frage, ob die Kurzbezeichnung des § 253 Abs. 2 Satz 3 HGB als "gemildertes Niederstwertprinzip" mit der Auslegung der außerplanmäßigen Abschreibung nach dem Realisationsprinzip vereinbart werden kann. Als ein für alle Kaufleute gültiger GoB wird das Niederstwertprinzip seit jeher im Sinne des Imparitätsprinzips verstanden: Durch den Ansatz des niedrigeren beizulegenden Wertes sollen künftige Verluste antizipiert werden.[170] Ein Verlust droht jedoch bei der mit dem Realisationsprinzip begründeten außerplanmäßigen Abschreibung meist gar nicht, denn in der Regel werden die Gesamtaufwendungen trotz verkürzter Nutzungsdauer oder verminderter Umsatz- bzw. gestiegener Ausgabenerwartungen noch durch die Erträge gedeckt. Da das Imparitätsprinzip in diesen Fällen eine außerplanmäßige Abschreibung nicht für erforderlich hält, das geltende Bilanzrechtssystem aber eine außerplanmäßige Abschreibung erzwingt, wird die imparitätsprinzipkonforme Auslegung des gemilderten Niederstwertprinzips den Anforderungen der GoB an die Folgebewertung abnutzbarer Anlagegegenstände nicht gerecht. Das Niederstwertprinzip hat seine Wurzeln jedoch nicht nur im Imparitäts-, sondern auch im Realisationsprinzip: Da der Zeitwert am Ende des 19. Jahrhunderts den grundlegenden Bewertungsmaßstab bildete, sah sich der Gesetzgeber genötigt, für Aktiengesellschaften das Niederstwertprinzip zu kodifizieren, d.h. den Ansatz des gemeinen Wertes nach oben durch die Anschaffungs- oder Herstellungskosten zu beschränken, um den Ausweis unrealisierter Gewinne im Interesse des Gläubigerschutzes zu vermeiden.[171] Bei Aktiengesellschaften kam dem Niederstwertprinzip folglich die Aufgabe zu, den Zugangswert als Obergrenze festzuschreiben. Im geltenden Bilanzrecht wird dieser Zweck schon vom Anschaffungswertprinzip[172] erfüllt, der Vorschrift in § 253 Abs. 2 Satz 3 HGB hätte es dafür folglich nicht bedurft. Die als Abschreibungsnachholung konzipierte außerplanmäßige Abschreibung auf abnutzbare Anlagegegenstände wird demnach durch den Begriff "Niederstwertprinzip" nicht zutreffend beschrieben.

---

170 Vgl. *Koch* (Niederstwertprinzip, 1957), S. 4-5.
171 Vgl. *Brunnengräber* (Problematik, 1959), S. 51; *Koch* (Niederstwertprinzip, 1957), S. 3-4.
172 Vgl. § 253 Abs. 1 Satz 1 HGB.

bb) Der Bezug auf das Abschreibungswahlrecht in § 253 Abs. 2 Satz 3 HGB

Die Handelsbilanzrechtsliteratur greift allerdings nicht auf das Niederstwertprinzip zurück, um den Sinn und Zweck der außerplanmäßigen Abschreibungen auf das abnutzbare Anlagevermögen GoB-adäquat zu bestimmen. Sie verwendet die Bezeichnung "gemildertes Niederstwertprinzip" regelmäßig als Gegensatz zum "strengen Niederstwertprinzip" beim Umlaufvermögen, um auf das Wahlrecht bei vorübergehender Wertminderung hinzuweisen.[173] Dem außerplanmäßigen Abschreibungswahlrecht wird im Rahmen der Bilanzrechtsprinzipien für das abnutzbare Anlagevermögen wenig Bedeutung beigemessen, weil ein vorübergehend gesunkener Abschreibungskorrekturwert allenfalls bei bestimmten Konstellationen vorübergehend geminderter Umsatz- bzw. gestiegener Ausgabenerwartungen auftritt.[174] Das Wahlrecht entschärft in gewissen Grenzen das Problem, die Wertminderungsdauer zu schätzen, das dann entstehen würde, wenn die vorübergehende Wertminderung mit einem Abschreibungsverbot und die dauerhafte Wertminderung mit einer Abschreibungspflicht verbunden wäre. Durch die verschiedenen Bilanzierungsvarianten, die die handelsrechtlichen GoB bei vorübergehender Wertminderung zulassen, wird es dem Bilanzierenden im Rahmen der Ermittlung eines unbedenklich ausschüttbaren Gewinns ermöglicht, das Maß an Vorsicht anzuwenden, das er im Einzelfall für erforderlich hält: Im geltenden Bilanzrechtssystem läßt sich das außerplanmäßige Abschreibungswahlrecht und seine Abgrenzung gegenüber der Abschreibungspflicht folglich ebenso wie im Schrifttum mit allgemeinen Vorsichtserwägungen begründen, freilich ohne daß hierfür eine Verbindung zu dem Begriff "gemildertes Niederstwertprinzip" hergestellt werden muß. Die restriktive Wirkung des Vorsichtsprinzips auf den Umfang der eine vorübergehende Wertminderung bildenden Sachverhalte wird allerdings mitunter anders als im Schrifttum beurteilt: Während einige Autoren eine Wertminderung, die sich voraussichtlich nicht über einen wesentlichen Teil der Restnutzungsdauer erstrecken wird, noch für vorübergehend halten[175], beschränkt der Grundsatz vorsichtiger Gewinnermittlung das Abschreibungswahlrecht auf die Fälle, in denen am Abschlußstichtag der künftige Werterholungszeitpunkt nach objektiven Anhaltspunkten konkret geschätzt werden

---

173 Vgl. *ADS* (Rechnungslegung, 1987), Tz. 402 zu § 253 HGB; *Glanegger/Niedner/Renkl/Ruß* (HGB, 1990), Tz. 22 u. 39 zu § 253 HGB; *Pankow/Lienau/Feyel* (in: Beck'scher Bilanzkommentar, 1990), Tz. 280 zu § 253 HGB.
174 Vgl. oben Erstes Kapitel A.III.2.b)cc) u. dd).
175 Vgl. oben Erstes Kapitel A.II.2.d).

kann; da es für eine Werterholung mit zunehmender zeitlicher Entfernung vom Abschlußstichtag, an dem die Wertminderung erkannt wurde, immer weniger Indizien gibt, wird man den Werterholungszeitraum auch aus Objektivierungsgründen sehr knapp bemessen und im Zweifel eine dauerhafte Wertminderung annehmen.

Unter GoB-Gesichtspunkten ist ferner die Literaturaussage zu prüfen, wonach eine Wertminderung vorübergehend sein soll, wenn sie durch künftige planmäßige Abschreibungen erfaßt wird.[176] Wie *Pankow/Lienau/Feyel* zutreffend bemerken[177], ist diese Definition einer vorübergehenden Wertminderung zu allgemein, da spätestens am Nutzungsdauerende jegliche Wertminderung durch planmäßige Abschreibungen berücksichtigt wurde. Dem Realisationsprinzip genügt eine solche sukzessive Erfassung des Wertverzehrs nicht, wenn an einzelnen Abschlußstichtagen eine außergewöhnliche Abnutzung des Vermögensgegenstandes eingetreten ist, die seine Fähigkeit, künftig Umsätze zu alimentieren, dauerhaft beeinträchtigt. Vielleicht ist die Definition jedoch gar nicht in dem kritisierten allgemeinen Sinn zu verstehen; möglicherweise beschreibt sie (unzulänglich) den in den Abbildungen 18 und 22 dargestellten Sachverhalt, bei dem der Bilanzierende eine (Restbuch-)Wertminderung in der zweiten Periode erkennt, die durch die Beibehaltung des ursprünglichen Abschreibungsplans schon in der dritten Periode kompensiert wird.[178] In diesem engen zeitlichen Zusammenhang kann eine vorübergehende Wertminderung durchaus als "künftig durch planmäßige Abschreibungen erfaßbar" definiert werden, ohne das vorsichtsbetonte Realisationsprinzip zu verletzen.

---

176 Vgl. oben Erstes Kapitel A.II.2.d).
177 Vgl. oben Erstes Kapitel A.II.2.d).
178 Vgl. die Abb. 18 u. 22 im Anhang.

50

b) Die Bedeutung der einzelnen Wertmaßstäbe für die Ermittlung des Abschreibungskorrekturwertes

aa) Der Ertragswert - eine spezielle Form realisationsprinzipkonformer Folgebewertung

Wie die Ausführungen in den beiden vorangegangenen Gliederungspunkten gezeigt haben, paßt die Konzeption des gemilderten Niederstwertprinzips nicht zur Auslegung des § 253 Abs. 2 Satz 3 HGB nach den geltenden Bilanzrechtsprinzipien. Daraus folgt jedoch nicht zwingend, daß sämtliche Aussagen der Handelsbilanzrechtsliteratur zu den außerplanmäßigen Abschreibungen auf abnutzbare Anlagegegenstände für eine GoB-adäquate Folgebewertung irrelevant sind. Gerade in konkreten Auslegungsfragen, wie z.b. der Bestimmung des niedrigeren beizulegenden Wertes, läßt das Schrifttum nämlich eine Abkehr vom Niederstwertprinzip erkennen, indem es neben dem Einzelveräußerungspreis andere, nicht auf dem Imparitätsprinzip beruhende Wertmaßstäbe zuläßt und sie u.U. sogar für vorrangig hält.[179] Hier lohnt es sich zu prüfen, ob diese Wertmaßstäbe auch etwas über die Ermittlung des Abschreibungskorrekturwertes aussagen können.

Von den drei Wertarten, an denen das Schrifttum den Umfang der außerplanmäßigen Abschreibung festmacht, weist der Ertragswert die größte Ähnlichkeit mit dem Abschreibungskorrekturwert auf, weil er ebenfalls durch künftige Erträge - einige Autoren sprechen auch von Nutzenerwartungen - bestimmt wird;[180] da abnutzbares Anlagevermögen definitionsgemäß dazu bestimmt ist, "dauernd dem Geschäftsbetrieb zu dienen"[181], erscheint eine Stichtagsbewertung, die sich an den durch den künftigen Dienst im Geschäftsbetrieb noch erzielbaren Erträgen orientiert, in wirtschaftlicher Betrachtungsweise sinnvoll. Sie wirft allerdings erhebliche Objektivierungsprobleme auf, die nach Ansicht des Schrifttums vor allem in der Zuordnung von Erträgen zu einzelnen Vermögensgegenständen liegen.[182] Eine Möglichkeit, das Ermessen zu beschränken, besteht darin, den Ertragswert nur bei einzelertragsfähigen Anlagegütern (d.h. bei Anlagegütern, die nicht im Produktionsverbund, sondern selbständig

---

179 Vgl. oben Erstes Kapitel A.II.2.c)bb)-cc).
180 Vgl. oben Erstes Kapitel A.II.2.c)cc).
181 § 247 Abs. 2 HGB.
182 Vgl. z.B. *Döring* (in: HdR, 1990), Tz. 151 zu § 253 HGB u. *Baetge* (Bilanzen, 1992), S. 240.

Erträge erwirtschaften) als relevanten Stichtagswert anzuerkennen; diese von *Döllerer* und *Pankow/Lienau/Feyel* vertretene Ansicht[183] hat dann zur Folge, daß für die meisten abnutzbaren Anlagegegenstände ein anderer Maßstab zur Bestimmung der außerplanmäßigen Abschreibungen gesucht werden muß. Falls ein solcher Maßstab nicht existiert, etwa weil bestimmte Vermögensgegenstände weder über Wiederbeschaffungskosten noch über einen Einzelveräußerungspreis verfügen, plädieren die meisten Autoren dafür, den Anwendungsbereich des Ertragswerts auf diese Vermögensgegenstände auszudehnen.[184] Dadurch werden allerdings die Objektivierungsbemühungen, die die Beschränkung des Ertragswertes auf einzelertragsfähige Anlagegüter kennzeichnen, vereitelt. Subtilere Objektivierungsmöglichkeiten, die sich an nachprüfbaren Indizien für die künftige Ertragsentwicklung, wie z.B. dem Auslastungsgrad von Maschinen oder den Absatzmengen bzw. -preisen von Produkten, orientieren[185], werden in der aktuellen Handelsbilanzrechtsliteratur nicht erörtert.

Der Ertragswertbegriff, wie er in Unternehmensbewertung und Kapitaltheorie verwendet wird, eröffnet jedoch nicht nur einen Ermessensspielraum bei der Schätzung künftiger Erträge, sondern auch bei der Wahl des Zinssatzes, mit dessen Hilfe der Wert der künftigen Erträge am Abschlußstichtag ermittelt werden soll. Für die Höhe des Diskontierungssatzes gibt es im Handelsbilanzrecht keine Anhaltspunkte. Angesichts dieser ausgeprägten Entobjektivierung muß es verwundern, daß die Literatur nur die Schätzprobleme im Zähler, bei den Erträgen, und nicht im Nenner, beim Zinssatz, diskutiert. Da der Abzinsungsvorgang von den meisten Autoren gar nicht erwähnt wird, stellt sich die Frage, ob für das Bilanzrecht möglicherweise ein modifizierter Ertragswertbegriff existiert, der nur auf die künftigen Erträge abzielt ohne abzuzinsen. Ein so verstandener Ertragswert würde mit dem geltenden Bilanzrechtssystem harmonieren, das eine Abzinsung aus Objektivierungsgründen ablehnt und den Abzinsungseffekt mit Hilfe des Realisationsprinzips typisiert. Wie bereits erwähnt[186], orientiert sich schon die Zugangsbewertung eines Vermögensgegenstandes an den mit ihm voraussichtlich erzielbaren (durch Abzug etwaiger Ausgaben von den Erträgen ermittelten) Nettoeinnahmen. Allerdings wird gemäß dem Realisationsprinzip vorsichts- und objektivierungsbedingt nicht die

---

183   Vgl. oben Erstes Kapitel A.II.2.c)cc).
184   Vgl. oben Erstes Kapitel A.II.2.c)cc).
185   Zu Einzelheiten vgl. unten Erstes Kapitel B.V.2.c)cc)bbb).
186   Vgl. oben Erstes Kapitel A.I.1.

Summe der erwarteten Einnahmenüberschüsse, das Einnahmenüberschußpotential, angesetzt, sondern die Anschaffungs- oder Herstellungskosten, die in der Regel niedriger sind und nachgeprüft werden können. Bei einem bestimmten Zinssatz lassen sich die Anschaffungs- oder Herstellungskosten als Gegenwartswert (Barwert) der künftigen Einnahmenüberschüsse interpretieren.[187] Diese bilanzrechtsspezifische Form der Abzinsung wird insoweit auf die Folgebewertung übertragen, als das Realisationsprinzip die planmäßigen und außerplanmäßigen Abschreibungen nach den strengen Gewinnrealisierungsgrundsätzen bemißt, so daß der nach Durchführung der Abschreibungen erreichte Restbuchwert das verbliebene Einnahmenüberschußpotential, gemindert um die künftigen Gewinnrealisierungsmöglichkeiten, repräsentiert.

Als Fazit der Würdigung des Ertragswertbegriffs unter GoB-Gesichtspunkten bleibt festzuhalten, daß der Ertragswert zwar ebenso wie das geltende Bilanzrecht auf die künftige Ertragserzielung abstellt, aber aufgrund des ungeklärten Stellenwerts der Abzinsung ein sehr unbestimmter Wertmaßstab bleibt. Falls er als Barwert konzipiert ist, verstößt sein Ansatz gegen die handelsrechtlichen Objektivierungsanforderungen; wird hingegen von einer Abzinsung abgesehen, so ist der Begriff "Ertragswert" mißverständlich und sollte durch die Bezeichnung "Abschreibungskorrekturwert" ersetzt werden.

bb) Die Objektivierungsfunktion der Marktwerte

Mit Ausnahme des Ertragswertes zieht das Schrifttum Marktpreise zur Interpretation des niedrigeren beizulegenden Wertes heran. Allerdings mißt es dem Einzelveräußerungspreis für die Bewertung des abnutzbaren Anlagevermögens zu Recht wenig Bedeutung bei[188], denn in wirtschaftlicher Betrachtungsweise kann ein auf den Verkauf an Dritte gerichteter Wertmaßstab nichts über die Wertentwicklung eines Vermögensgegenstandes aussagen, der zur dauerhaften Nutzung im Unternehmen bestimmt ist.[189] Deshalb ist es gerechtfertigt, nicht außerplanmäßig abzuschreiben, wenn die Inbetriebnahme eines abnutzbaren Anlagegegenstandes - wie im Regelfall - seinen Einzelveräußerungs-

---

187 Zur Interpretation der Anschaffungskosten als Gegenwartswert künftiger Einzahlungen vgl. *Ordelheide* (Periodengewinn, 1988), S. 280.
188 Vgl. oben Erstes Kapitel A.II.2.c)aa).
189 Gl.A. *Dietz* (Normierung, 1971), S. 120.

preis erheblich mindert.[190] Der Wertverzehr, den das Anlagegut durch die Inbetriebnahme hinsichtlich seiner Fähigkeit zur künftigen Umsatzerzielung erfährt, wird durch die planmäßige Abschreibung zutreffend wiedergegeben;
eine regelmäßige Durchbrechung des Abschreibungsplans im ersten Nutzungsjahr mit dem Ziel, die Einzelveräußerungspreisminderung zu erfassen,
kommt nach den geltenden Bilanzrechtsprinzipien nicht in Frage. Wenn das
Schrifttum den Einzelveräußerungspreis bei stillgelegten oder unrentierlichen
Anlagen als niedrigeren beizulegenden Wert anerkennt[191], so ist darin keine
Ausnahme von der eben aufgestellten Regel zu sehen, wonach der Einzelveräußerungspreis abnutzbarer Anlagegegenstände ein irrelevanter Wertmaßstab
ist. Stillgelegte oder unrentierliche Anlagen, für die der Verkauf an Dritte die
lukrativste Verwendungsmöglichkeit darstellt, sollen nicht mehr dauerhaft
dem Unternehmen dienen. Sie gehören deshalb nicht zum Anlage-, sondern
zum Umlaufvermögen, dessen niedrigerer beizulegender Wert in wirtschaftlicher Betrachtungsweise sinnvoll durch den Einzelveräußerungspreis verkörpert wird.

Beim abnutzbaren Anlagevermögen erweist sich der Beschaffungsmarktpreis -
gemessen an den Anforderungen des Realisationsprinzips - als ähnlich be-
deutungslos wie der Absatzmarktpreis, weil der Blickwinkel im geltenden Bilanzrecht auf die bei künftiger Nutzung des Vermögensgegenstandes erzielbaren Erträge und nicht auf die bei seiner potentiellen Wiederbeschaffung anfallenden Ausgaben gerichtet ist. Gesunkene Wiederbeschaffungskosten fließen
allenfalls mittelbar in die Überlegungen des Realisationsprinzips mit ein, beispielsweise wenn sie die erwarteten Umsatzerlöse schmälern, weil die mit
preiswerteren Maschinen arbeitende Konkurrenz die Produkte billiger verkauft und dadurch mehr Nachfrage an sich zieht[192], oder wenn sie die Nutzungsdauer einer Anlage verkürzen, weil die Preissenkung der Nachfolgeanlage den Ersatzzeitpunkt vorverlegt.[193] Dann sind gesunkene Wiederbeschaffungskosten jedoch Bestandteil des außerplanmäßigen Abschreibungsgrundes
"verminderte Umsatzerwartungen" bzw. "Nutzungsdauerverkürzung" und fallen nicht selbständig ins Gewicht.

---

190 Zum Einfluß der Inbetriebnahme eines abnutzbaren Anlagegegenstandes auf seinen
     Einzelveräußerungspreis vgl. *ADS* (Rechnungslegung, 1987), Tz. 431 zu § 253 HGB
     u. *Dietz* (Normierung, 1971), S. 159.
191 Vgl. oben Erstes Kapitel A.II.2.c)aa).
192 Vgl. oben Erstes Kapitel A.II.2.c)bb).
193 Vgl. *Schneider* (Verlustausgleich, 1970), Fn. 3 S. 70.

In wirtschaftlicher Betrachtungsweise begründen folglich weder Einzelveräu-ßerungspreise noch Wiederbeschaffungskosten, die den nach planmäßiger Ab-schreibung erreichten Restbuchwert unterschreiten, eine außerplanmäßige Ab-schreibung. Möglicherweise können sie aber Anhaltspunkte für die Höhe einer außerplanmäßigen Abschreibung bieten, deren Ermittlung nach den im An-hang veranschaulichten Schemata erhebliche Objektivierungsprobleme berei-tet. Um den Abschreibungsnachholungsbetrag GoB-adäquat ermitteln zu kön-nen, müssen - wie bereits erwähnt[194] - einem abnutzbaren Anlagegegenstand die mit seiner künftigen Nutzung voraussichtlich verbundenen Umsätze und Ausgaben zugeordnet werden; die Schätzung muß sowohl die Umsatzrelatio-nen als auch die Ausgabensumme und ihre Verteilung auf die einzelnen Perio-den der Nutzungsdauer umfassen. Fehlt für eine fundierte Prognose der Aus-gaben bzw. der Umsatzrelationen die Basis, dann versagen die bislang ver-wendeten Methoden zur Ermittlung des Abschreibungskorrekturwertes: Zwar läßt sich die außerplanmäßige Abschreibung nach wie vor realisationsprinzip-konform mit gesunkenen Umsatzerwartungen begründen, wenn ein überra-schender Nachfragerückgang die Verkaufschancen schmälert, oder mit gestie-genen Ausgaben, wenn unvorhergesehene Großreparaturen anfallen, doch kann der Umfang der außerplanmäßigen Abschreibung nicht mehr nach dem Realisationsprinzip bemessen werden, weil die rechnerischen Grundlagen feh-len. In diesem Fall werden objektive Anhaltspunkte für die Bewertung benö-tigt, wie sie z.B. Marktpreise bieten können.

Der Einzelveräußerungspreis ist indes auch als Objektivierungshilfe beim ab-nutzbaren Anlagevermögen nur bedingt geeignet. Da abnutzbare Anlagege-genstände in der Regel nicht gehandelt werden - vom Sonderfall des Ge-brauchtwagenhandels sei hier abgesehen -, entspricht der Einzelveräußerungs-preis meist dem Material- oder Schrottwert, der den gesunkenen, an künftigen Erträgen orientierten Abschreibungskorrekturwert im allgemeinen deutlich un-terschreiten dürfte. In wirtschaftlicher Betrachtungsweise bildet der Einzelver-äußerungspreis nur dann den relevanten niedrigeren beizulegenden Wert, wenn der Vermögensgegenstand verkauft werden soll. Wird der Vermögens-gegenstand statt dessen weiter genutzt, dann stellt die Nutzung gegenüber dem Verkauf offenbar die günstigere Alternative dar, woraus man schließen kann, daß der niedrigere beizulegende Wert des Vermögensgegenstandes über dem Einzelveräußerungspreis liegt. Beim abnutzbaren Anlagevermögen kann der

194 Vgl. oben Erstes Kapitel A.I.1.

Einzelveräußerungspreis demnach nur die Untergrenze des niedrigeren beizulegenden Wertes markieren;[195] er ist allemal durch die künftigen Nutzungserträge gedeckt. Wiederbeschaffungskosten sind für eine objektivierte Ermittlung des Abschreibungskorrekturwertes grundsätzlich besser geeignet[196], weil sie den Betrag angeben, der zur Beschaffung eines betriebsnotwendigen Vermögensgegenstandes aufgewendet werden müßte, wenn er nicht vorhanden wäre, und weil es sich bei abnutzbaren Anlagegütern in der Regel um betriebsnotwendige Vermögensgegenstände handelt, die zur Nutzung im Unternehmen benötigt werden und bei Nichtvorhandensein durch ein vergleichbares Gut ersetzt werden müßten. Ebenso wie die Anschaffungs- oder Herstellungskosten im Zugangszeitpunkt verkörpern auch die Wiederbeschaffungskosten eines vergleichbaren Vermögensgegenstandes keine Ausgaben, sondern einen Ausgabengegenwert. Dieser Ausgabengegenwert kann als marktmäßig objektivierter Anhaltspunkt für die künftigen Einnahmenüberschüsse dienen, die den Abschreibungskorrekturwert des zu bewertenden Anlagegutes amortisieren. Wiederbeschaffungskosten sind jedoch mitunter schwierig zu ermitteln. Wiederbeschaffungszeitwerte, auf die es zur objektivierten Ermittlung des niedrigeren beizulegenden Wertes stets ankommt, können in der Regel nicht unmittelbar am Markt abgelesen werden; sie lassen sich aber nach Abzug (realisationsprinzipkonform ermittelter) planmäßiger Abschreibungen aus Wiederbeschaffungsneuwerten herleiten.[197] Fehlen indes auch Wiederbeschaffungsneuwerte, etwa weil die zu bewertende Maschine nicht mehr hergestellt wird, dann stößt die Objektivierungsfunktion der Wiederbeschaffungskosten an ihre Grenzen. Sofern man wieder auf Schätzungen angewiesen ist, wird man sie nicht auf die Objektivierungshilfe, sondern auf die tatsächlich gesuchte Größe, den Abschreibungskorrekturwert, beziehen und zur Objektivierung des außerplanmäßigen Abschreibungsbetrages auf die im Zusammenhang mit dem Ertragswert erwähnten Hilfsmaßstäbe zurückgreifen.

---

195 Vgl. oben Erstes Kapitel A.II.2.c)aa).
196 Gl.A. *Euler, R.* (Verlustantizipation, 1991), S. 198.
197 Ähnlich verfährt die Literatur, vgl. oben Erstes Kapitel A.II.2.c)bb).

B. Die Folgebewertung im Steuerrecht

I. AfA

1. Aufwandsverteilungs- versus Wertverzehrthese

Gemäß § 7 Abs. 1 Satz 1 EStG müssen die Anschaffungs- oder Herstellungskosten abnutzbarer Anlagegegenstände mit Hilfe der AfA gleichmäßig auf die Nutzungsdauer verteilt werden. Der Sinn und Zweck dieser Vorschrift wird von der Rechtsprechung bislang nicht einheitlich beurteilt: Zwar betonen einige höchstrichterliche Entscheidungen - ausgehend vom Gesetzeswortlaut - die Aufwandsverteilungsfunktion der AfA, die sie im Sinne einer von der tatsächlichen Wertentwicklung des Wirtschaftsgutes unabhängigen Belastung der Nutzungsperioden mit anteiligen Anschaffungs- oder Herstellungskosten verstehen;[198] doch gibt es andere Urteile, die der AfA die (meist nicht näher beschriebene) Aufgabe zuweisen, den durch die Nutzung bedingten jährlichen Wertverzehr des abnutzbaren Anlagegegenstandes zu erfassen.[199]

Das Schrifttum hat die beiden Interpretationsmöglichkeiten aufgegriffen: Zugunsten der Aufwandsverteilungsthese wird insbesondere ihre Vereinbarkeit mit dem Grundsatz periodengerechter Gewinnermittlung angeführt.[200] Die Irrelevanz der tatsächlichen Wertentwicklung für die AfA leitet *Drenseck* aus einem BFH-Urteil ab, das trotz erwarteter Wertsteigerung der Antiquitäten eine Absetzung wegen technischer Abnutzung zugelassen hat.[201] Aus der Wahl des Beispiels erhellt, daß *Drenseck* den Stichtagswert eines abnutzbaren Anlagegegenstandes am aktuellen Marktpreis mißt. Er legt den Begriff "Wertverlust", den der BFH in einigen Urteilen als Voraussetzung der AfA ablehnt[202],

---

198 Vgl. RFH-Urteil v. 28. April 1937, S. 956; BFH-Urteil v. 5. Juni 1973, S. 703; BFH-Urteil v. 23. Juni 1977, S. 826; BFH-Urteil v. 14. Februar 1978, S. 344; BFH-Urteil v. 28. Mai 1979, S. 624; BFH-Urteil v. 28. Oktober 1982, S. 108.

199 Vgl. BFH-Urteil v. 11. Februar 1955, S. 171; BFH-Urteil v. 26. August 1958, S. 421; BFH-Urteil v. 23. April 1965, S. 382; BFH GrS-Beschluß v. 7. Dezember 1967, S. 270; BFH-Urteil v. 18. August 1977, S. 836; BFH-Urteil v. 2. Dezember 1977, S. 165.

200 Vgl. *Schellenberger* (Streitfragen, 1980), S. 25; *Tiedtke* (Bilanzsteuerrecht, 1983), S. 292-293; *Jakob/Wittmann* (Zweck, 1988), S. 542.

201 Vgl. *Drenseck* (in: *Schmidt*, 1993), Tz. 1b zu § 7 EStG unter Hinweis auf das BFH-Urteil v. 31. Januar 1986, S. 356.

202 Vgl. z.B. BFH-Urteil v. 23. Oktober 1959, S. 4 u. BFH-Urteil v. 23. Juni 1977, S. 826.

offenbar im Sinne von "Marktwertverlust" aus.[203] Demgegenüber verstehen die Befürworter der Wertverzehrthese unter "Wertverlust" einen "Vermögenswertverlust", d.h. einen Abbau des in den Anschaffungs- oder Herstellungskosten eines abnutzbaren Anlagegegenstandes verkörperten Nutzenpotentials durch die mehrjährige Verwendung im Unternehmen.[204] Die Unterschiede zwischen den beiden Thesen werden allerdings im Rahmen der praktischen AfA-Durchführung nivelliert, weil die schematisierte Bemessung der AfA gemäß § 7 EStG nur eine vereinfachte Ermittlung des jährlichen Wertverzehrs[205] erlaubt bzw. nur zu einer annähernd periodengerechten Gewinnermittlung führt.[206] Vor diesem Hintergrund wird es verständlich, wenn der BFH in seinem Urteil vom 27. Juni 1978 von der Berücksichtigung des Wertverzehrs durch eine periodengerechte Aufwandsverteilung spricht[207] und einige Autoren anstelle der Gegensätze die Gemeinsamkeiten von Aufwandsverteilungs- und Wertverzehrthese hervorheben.[208]

Die geltenden Bilanzrechtsprinzipien bemessen die (handelsrechtliche) planmäßige Abschreibung unzweifelhaft nach dem Wertverzehr in dem oben dargestellten (von der Rechtsprechung und *Knobbe-Keuk* definierten) Sinne, denn die Abschreibungsbelastung einer Periode erfolgt so, daß der aus der Nutzung des abnutzbaren Anlagegegenstandes erzielbare Gewinn umsatzabhängig realisiert wird und die Restbuchwerte an den Abschlußstichtagen die verbliebene Fähigkeit des Vermögensgegenstandes zur künftigen Umsatz- und Gewinnerzielung angeben. Die Ermittlung des Vermögenswertverzehrs wird nur durch das Stetigkeitsprinzip objektiviert, das die ermessensabhängige Schätzung der Abschreibungsdeterminanten auf den Anschaffungs- oder Herstellungszeit-

203 Vgl. ähnlich *Petzoldt* (Grundstücksübertragung, 1975), S. 1432; *Biergans* (Überlegungen, 1984), S. 302; für das Handelsrecht z.B. *Döring* (in: HdR, 1990), Tz. 110 zu § 253 HGB.

204 Vgl. *Knobbe-Keuk* (Einkommensbesteuerung, 1985), S. 146; *Strutz* (Kommentar, 1927), Anm. 25 zu § 16 EStG 1925; BFH-Urteil v. 22. November 1962, S. 156-157 unter Hinweis auf die PrOVG-Urteile v. 27. November 1896, S. 277 u. v. 26. April 1900, S. 88.

205 Vgl. *Knobbe-Keuk* (Einkommensbesteuerung, 1985), S. 147; *Costede* (Grundfragen, 1986), Fn. 9 S. 45.

206 A.A. möglicherweise *Lang* (Bemessungsgrundlage, 1988), S. 420-421.

207 Vgl. BFH-Urteil v. 27. Juni 1978, S. 39; ähnlich BFH-Urteil v. 21. Februar 1967, S. 387.

208 Vgl. *Wassermeyer* (Nießbrauch, 1983), S. 163; *Kessler* (Betrachtung, 1985), S. 1392; *Claßen* (in: Lademann/Söffing/Brockhoff), Anm. 1 zu § 7 EStG; *Herrmann/Heuer/Raupach* (Einkommensteuer), Anm. 9 zu § 7 EStG; *Handzik* (in: Littmann/Bitz/Hellwig), Rz. 17-18 zu § 7 EStG; *Werndl* (in: Kirchhof/Söhn), Rdnr. A14-A15 zu § 7 EStG.

punkt beschränkt. Inwiefern sich diese GoB-adäquate Auslegung planmäßiger Abschreibungen auf das Einkommensteuerrecht übertragen läßt, hängt von ihrer Kompatibilität mit den gesetzlichen AfA-Vorschriften ab.

2. Realisationsprinzipkonforme oder schematisierte AfA-Bemessung?

Anders als bei der planmäßigen Abschreibung sind bei der AfA die Methoden, nach denen die Anschaffungs- oder Herstellungskosten in Aufwendungen umgewandelt werden, gesetzlich detailliert geregelt. Da die progressive Methode im Rahmen dieser ausführlichen Vorschriften nicht erwähnt wird, schließen die meisten Autoren daraus auf ihre Unzulässigkeit in der Steuerbilanz.[209] Das Verbot progressiver AfA entspricht zwar dann nicht den handelsrechtlichen GoB, wenn (z.B. bei Maschinen, die erst nach einer Anlaufphase ihre volle Nutzungsfähigkeit erreichen[210]) mit im Zeitablauf steigenden Umsätzen bei linearen Ausgaben gerechnet wird; da ein solcher Fall jedoch aufgrund der ausgeprägten Vorsichts- und Objektivierungserwägungen, die in die Schätzung einfließen, selten vorkommt, erscheint die steuerrechtliche Abweichung von den Prinzipien in diesem Punkt wenig bedeutsam.

Wichtiger dürfte es indes sein, daß § 7 Abs. 1 Satz 1 EStG die lineare Methode unmittelbar in die AfA-Definition einbindet und ihr damit den Vorrang gegenüber anderen Verfahren einräumt. In Rechtsprechung und Schrifttum wird die lineare AfA - insbesondere wegen ihrer einfachen Durchführbarkeit[211] - als die für Besteuerungszwecke grundsätzlich angemessene Methode akzeptiert.[212] Da die geltenden Bilanzrechtsprinzipien die Wahl der Abschreibungsmethode von den Umsatz- und Ausgabenerwartungen abhängig machen[213], erkennen sie die lineare Abschreibung nur dann als Regelabschreibung an, wenn die Subtraktion der Ausgaben von den umsatzproportionalen Gesamtaufwendungen i.d.R. zu einer gleichmäßigen Abschreibungsbelastung der einzelnen Perioden führt. Das ist der Fall, wenn lineare Umsätze und Ausgaben erwartet werden oder wenn voraussichtlich beide Größen degressiv bzw. progressiv

---

209 Vgl. z.B. *Handzik* (in: *Littmann/Bitz/Hellwig*), Rz. 24 zu § 7 EStG u. *Tiedtke* (Bilanzsteuerrecht, 1983), S. 295; a.A. jedoch *Biergans* (Einkommensteuer, 1992), S. 447-448.
210 Vgl. *Moxter* (Bilanzrecht, 1986), S. 54.
211 Vgl. *Bühler/Scherpf* (Bilanz, 1971), S. 548; *Wolf* (Steuerbilanz, 1988), S. 152.
212 A.A. vgl. *Gübbels* (Abschreibung, 1954), S. 53-54 u. *Gübbels* (Handbuch, 1966), S. 83.
213 Vgl. oben Erstes Kapitel A.I.1.

verlaufen und die Ausgaben exakt einen soviel höheren Degressions- bzw. Progressionsgrad als die Umsätze aufweisen, daß sie zusammen mit den linearen Abschreibungen eine den Umsatzrelationen entsprechende zeitliche Entwicklung der Gesamtaufwendungen gewährleisten.[214]. Schon die enge Voraussetzung, die erfüllt sein muß, damit ein degressiver bzw. progressiver Umsatz- und Ausgabenverlauf GoB-konform lineare Abschreibungen induzieren kann, weist jedoch darauf hin, daß eine solche Fallgestaltung nur ausnahmsweise vorkommt. Auch lineare Umsatz- und Ausgabenerwartungen gelten bei vorsichtiger Schätzung nicht als Regelfall; statt dessen wird man eher mit gleichbleibenden Umsätzen bei steigenden Ausgaben oder mit sinkenden Umsätzen bei konstanten Ausgaben rechnen.[215] Unter diesen Umständen erfüllt die degressive Abschreibung die Anforderungen, die an eine GoB-adäquate Regelabschreibung gestellt werden. Ihre Wirkung auf den Vermögenswert des abnutzbaren Anlagegegenstandes kann allerdings bei entsprechend kürzer veranschlagter Nutzungsdauer tendenziell auch durch die lineare Abschreibung erzielt werden.[216] Die Klassifizierung der linearen AfA als grundlegende Methode entspricht folglich nur dann den handelsrechtlichen GoB, wenn die Nutzungsdauer in dem nach den GoB erforderlichen Umfang variiert werden kann. Ob das möglich ist, kann erst nach Untersuchung der steuerrechtlichen Vorschriften zur Nutzungsdauerfestlegung abschließend beurteilt werden.[217]

(1.) Degressive AfA

Offensichtliche Abweichungen von den Bilanzrechtsprinzipien ergeben sich im Bereich der degressiven AfA, deren einkommensteuerrechtliche Bedeutung gleich in zweifacher Hinsicht eingeschränkt wird: Erstens läßt § 7 Abs. 2 Satz 1 EStG die degressive AfA nur bei beweglichen Anlagegegenständen zu, und zweitens darf die degressive AfA "höchstens das Dreifache des bei der Absetzung für Abnutzung in gleichen Jahresbeträgen in Betracht kommenden Hundertsatzes betragen und 30 vom Hundert nicht übersteigen."[218] Handels- und steuerrechtliche Folgebewertung fallen demnach immer dann auseinander, wenn das Realisationsprinzip eine degressive Abschreibung erfordert, die - sei es wegen der Art des Wirtschaftsgutes oder der erforderlichen Aufwandshöhe

---

214 Vgl. die Abb. 1, 27 u. 28 im Anhang.
215 Vgl. oben Erstes Kapitel A.I.1.
216 Vgl. *Moxter* (Bilanzrecht, 1986), S. 54.
217 Vgl. unten Erstes Kapitel B.I.3.
218 § 7 Abs. 2 Satz 2 EStG.

- nicht in die Steuerbilanz übernommen werden kann. Beispielsweise wird ein zu 100 GE erworbenes Patent, das fünf Jahre genutzt wird, jährliche Ausgaben von 10 GE verursacht und 60 % der zu erwartenden Umsatzerlöse im ersten Nutzungsjahr erwirtschaftet, in der Handelsbilanz degressiv abgeschrieben[219], in der Steuerbilanz jedoch linear abgesetzt, weil es als immaterieller Anlagewert nicht zu den beweglichen Wirtschaftsgütern gehört.[220] Überträgt man die in Schaubild 29 wiedergegebenen Abschreibungsdeterminanten des Patents auf eine Maschine, so darf zwar eine degressive AfA durchgeführt werden, das Einkommensteuerrecht begrenzt die AfA-Belastung der ersten Periode jedoch auf 30 % des Zugangswertes, während die handelsrechtlichen GoB eine 80%ige Abschreibung für erforderlich halten. Die Diskrepanz zwischen dem steuerrechtlich möglichen und dem handelsrechtlich benötigten Degressionsgrad kann nicht nur durch einen deutlichen Umsatzrückgang bei konstanten Ausgaben, sondern auch durch eine starke Ausgabenprogression bei linearen Umsätzen hervorgerufen werden; das veranschaulicht der in Abbildung 30 dargestellte Sachverhalt, der in der Handelsbilanz zu einer planmäßigen Abschreibung von 60 GE im ersten Nutzungsjahr[221] und in der Steuerbilanz nur zu einer degressiven AfA von 30 GE für den gleichen Zeitraum führt.

Wie die Beispiele zeigen, verhindert die gesetzliche Regelung der degressiven AfA eine realisationsprinzipkonforme Folgebewertung, deren Festlegung im Zugangszeitpunkt mit erheblichen, in der Natur der Sache liegenden Ermessensspielräumen verbunden ist. An ihre Stelle tritt eine AfA-Reihe, die unabhängig von Umsatz- und Ausgabenschätzungen nach festgelegten Rechenschritten bemessen wird.[222] Diese Vorgehensweise entspricht den ausgeprägten Vereinfachungs- und Objektivierungserfordernissen steuerlicher Massenverfahren, denn sie entbindet den Steuerpflichtigen von einer mühsamen Schätzarbeit und gewährleistet zugleich die intersubjektive Nachprüfbarkeit der jährlichen AfA-Beträge; Streitigkeiten über eine angemessene AfA-Degression, die bei GoB-adäquater Bestimmung vorprogrammiert wären, werden dadurch ausgeschlossen. Durch die Festlegung einer typisierten Degressionsrate nimmt der Gesetzgeber eine verzerrte Gewinnermittlung im Interesse der Rechtssicherheit in Kauf. Die Typisierung wirkt jedoch nicht nur vorsichtsbe-

---

219 Vgl. Abb. 29 im Anhang.
220 A.A. vgl. *Gübbels* (Handbuch, 1966), S. 190, der § 7 Abs. 2 HGB gegen den Wortlaut auf immaterielle Anlagewerte ausdehnt.
221 Vgl. Abb. 30 im Anhang.
222 Vgl. in diesem Sinne *Gnam* (AfA), Rz. 23.

grenzend, wie man angesichts der obigen Beispiele glauben könnte. Sie führt vielmehr zu einer Loslösung der AfA von Umsatz- und Ausgabenschätzungen, so daß auch bei linearer oder mäßig degressiver Abschreibung in der Handelsbilanz die degressive AfA gemäß § 7 Abs. 2 EStG in Anspruch genommen werden kann.

(2.) Leistungs-AfA

Ähnlich wie die degressive AfA ist auch die Leistungs-AfA an die Erfüllung bestimmter gesetzlich kodifizierter Bedingungen gebunden. Sie darf gemäß § 7 Abs. 1 Satz 4 EStG nur in wirtschaftlich begründeten Fällen bei beweglichen Wirtschaftsgütern des Anlagevermögens angewandt werden und setzt den Nachweis des auf das einzelne Jahr entfallenden Leistungsumfangs voraus.[223] Indem der Gesetzestext die Leistungs-AfA nur bei beweglichen Anlagegütern zuläßt, schränkt er ihren Anwendungsbereich allerdings nicht nennenswert ein; denn anders als Fahrzeuge oder Maschinen geben unbewegliche Wirtschaftsgüter, wie immaterielle Anlagewerte und Gebäude, grundsätzlich keinen in Leistungseinheiten (d.h. in Stundenkilometern, Stückzahlen o.ä.) meßbaren Nutzen ab. Auch die gesetzlich vorgeschriebene Nachweispflicht der jährlichen Leistungsabgabe stellt keine ernstzunehmende Hürde für die Inanspruchnahme des § 7 Abs. 1 Satz 4 EStG dar, weil die Leistungs-AfA ohne Messung der erbrachten Leistung gar nicht durchgeführt werden kann. Strenggenommen bildet nur die wirtschaftliche Begründbarkeit eine erst durch Kodifikation geschaffene, nicht schon der Methode immanente Anwendungsvoraussetzung. Da sie im Einkommensteuergesetz nicht näher erläutert wird, muß ihre Bedeutung mit Hilfe der handelsrechtlichen GoB geklärt werden. Nach den GoB gilt die Leistungs-AfA als wirtschaftlich begründet, wenn sie das in den Anschaffungs- oder Herstellungskosten verkörperte Einnahmenüberschußpotential so abbaut, daß der Gewinn aus der Nutzung des Vermögensgegenstandes umsatzproportional realisiert wird.[224] Da man bei der Leistungs-AfA den jährlichen Absetzungsprozentsatz nach dem Verhältnis der in der Periode verbrauchten Leistungseinheiten zum gesamten Leistungspotential bemißt[225], ist sie nur dann mit den GoB vereinbar, wenn zwei Bedingungen er-

---

223 Zur Bedeutung des Leistungsnachweises vgl. BFH-Urteil v. 7. Februar 1975, S. 480.
224 Zu einer anderen Definition der wirtschaftlichen Begründbarkeit vgl. *Gnam* (AfA), Rz. 21 u. *Gübbels* (Handbuch, 1966), S. 83 unter Hinweis auf die Einkommensteuerrichtlinien.
225 Vgl. z.B. *Brandis* (in: *Blümich*), Tz. 375 zu § 7 EStG.

füllt sind: Erstens müssen die Periodenumsätze in einer linearen Beziehung zum jährlichen Leistungsverbrauch stehen, und zweitens muß die mit Hilfe der Leistungseinheiten hergestellte Umsatzproportionalität der Absetzungen auf eine Umsatzproportionalität der Gesamtaufwendungen und damit des Gewinns schließen lassen. Diese Schlußfolgerung setzt entweder voraus, daß keine Ausgaben anfallen, die Absetzungen also mit den Gesamtaufwendungen identisch sind, oder daß sich die Ausgaben ebenfalls umsatzadäquat entwickeln.[226] Beide Varianten dürften selten vorkommen. Eine umsatzadäquate Entwicklung der Ausgaben erscheint insbesondere deshalb wenig realistisch, weil der die Leistungs-AfA bestimmende Umsatzverlauf nicht im Zugangszeitpunkt des Anlagegegenstandes geschätzt wird, sondern sich (ebenso wie die Nutzungsdauer) erst sukzessive aus dem Leistungsverbrauch in den einzelnen Jahren ergibt. Unter diesen Umständen müßten die Ausgaben ebenso wie die Umsätze in Abhängigkeit vom tatsächlichen Leistungsverbrauch schwanken, um sich umsatzproportional verhalten zu können. Falls jedoch (in Ausnahmefällen) nachgewiesen werden kann, daß die Gesamtaufwendungen genauso verlaufen wie der Leistungsverbrauch, dann ermöglicht § 7 Abs. 1 Satz 4 EStG eine Verteilung der Anschaffungs- oder Herstellungskosten auf die Nutzungsdauer, die den handelsrechtlichen GoB entspricht und durch die intersubjektive Nachprüfbarkeit der jährlichen Leistungsabgabe zugleich den hohen Objektivierungsanforderungen des Steuerrechts genügt.

(3.) Gebäude-AfA

Im Rahmen der gesetzlich kodifizierten AfA-Methoden dürfen die Besonderheiten der Gebäudeabsetzung nicht unerwähnt bleiben. § 7 Abs. 4 Satz 1 EStG regelt die lineare Gebäude-AfA, indem er die Gebäude in drei genau beschriebene Gruppen einordnet und für jede Gruppe einen bestimmten Absetzungsprozentsatz festlegt. Alternativ dazu gestattet § 7 Abs. 5 EStG unter bestimmten Bedingungen die Durchführung einer degressiven AfA: Zur Zeit werden hier ebenfalls drei Gebäudearten unterschieden, deren Unterscheidungsmerkmale von den in Abs. 4 genannten allerdings partiell abweichen; für jede Gebäudeart sind bestimmte, nach Nutzungsjahren gestaffelte AfA-Sätze vorgeschrieben. Sowohl bei linearer als auch bei degressiver Gebäude-AfA bleibt angesichts der detaillierten Regelungen für eine GoB-adäquate Folgebewer-

---

226 Zur umsatzadäquaten Entwicklung der Ausgaben vgl. die Abb. 1, 31 u. 32 im Anhang, wobei Abb. 1 ein Leistungsvolumen von 5 Einheiten, Abb. 31 ein Leistungsvolumen von 4 Einheiten u. Abb. 32 ein Leistungsvolumen von 6 Einheiten unterstellt.

tung kein Raum. § 7 Abs. 4 Satz 2 EStG läßt zwar bei Gebäuden, deren tatsächliche Nutzungsdauer die aus den Prozentangaben in Satz 1 folgenden Absetzungszeiträume unterschreitet, eine Absetzung gemäß der tatsächlichen Nutzungsdauer zu. Wie der Verweis auf die lineare Gebäude-AfA nach festen Prozentsätzen und der dort hergestellte Bezug zur linearen AfA nach § 7 Abs. 1 Satz 1 EStG jedoch andeuten, muß es sich bei der in § 7 Abs. 4 Satz 2 EStG geregelten Methode ebenfalls um eine lineare AfA handeln, so daß ihre nur an den Nachweis einer kürzeren tatsächlichen Nutzungsdauer gekoppelte Inanspruchnahme auch unabhängig vom erwarteten Verlauf der Umsätze und Ausgaben möglich ist.

3. Die Bestimmung der Nutzungsdauer im Steuerbilanzrecht

Bei degressiver und im Regelfall auch bei linearer Gebäude-AfA wird die Nutzungsdauer durch die festgelegten AfA-Sätze implizit vorgegeben; sie beträgt je nach Gebäudeart 25, 40 oder 50 Jahre.[227] Daneben erlaubt § 7 Abs. 4 Satz 2 EStG ausnahmsweise eine lineare AfA über die kürzere "tatsächliche Nutzungsdauer" des Gebäudes. Zur Bestimmung der tatsächlichen Nutzungsdauer muß mangels steuerspezifischer Anhaltspunkte auf die handelsrechtlichen GoB, insbesondere das Objektivierungs- und das allgemeine Vorsichtsprinzip, zurückgegriffen werden.[228]

Bei den übrigen AfA-Methoden, die sich nicht auf Gebäude beziehen, erstreckt sich die Absetzung über die sog. "betriebsgewöhnliche Nutzungsdauer"[229]. Darunter versteht man einen Zeitraum, der sowohl durch betriebsindividuelle Verhältnisse als auch durch gewöhnliche Umstände, die für vergleichbare Anlagegüter unabhängig vom Einsatz in einem bestimmten Unternehmen gelten, beeinflußt wird.[230] Diesen ambivalenten Einflußfaktoren wird durch ein zweistufiges Ermittlungsverfahren Rechnung getragen. Auf der ersten Stufe müssen die Nutzungsdauervorgaben der vom BMF herausgegebenen AfA-Tabellen beachtet werden, die auf Erfahrungswerten verschiedener Branchen beruhen[231] und im Schrifttum als vorsichtig gelten.[232] Obwohl sie keinen

---

227 Vgl. § 7 Abs. 4 Satz 1 und Abs. 5 Satz 1 u. 2 EStG.
228 Vgl. oben Erstes Kapitel A.I.1.
229 § 7 Abs. 1 Satz 2 EStG (Flexion geändert).
230 Vgl. *Moxter* (Bilanzrechtsprechung, 1993), S. 193.
231 Vgl. *Zitzmann/Liebscher* (AfA-Lexikon).
232 Vgl. *Dietz* (Normierung, 1971), S. 152; *Schneider* (Problem, 1974), S. 405; *Pankow/Lienau/Feyel* (in: Beck'scher Bilanzkommentar, 1990), Tz. 231 zu § 253 HGB.

Gesetzesrang haben, wird ihnen grundsätzlich eine bindende Wirkung beigemessen[233], um die Besteuerung praktikabel zu gestalten und Streitigkeiten über eine angemessene Nutzungsdauerschätzung zu vermeiden.[234] Auf der zweiten Stufe darf von den Vorgaben der AfA-Tabellen abgewichen werden, wenn feststeht, daß sie im konkreten Einzelfall der tatsächlichen Nutzungsdauer des Anlagegutes nicht entsprechen.[235] So verwirft der BFH beispielsweise die in der AfA-Tabelle vorgesehene Nutzungsdauer für Pkw von vier Jahren, wenn der abzusetzende Pkw zu einer Fahrzeuggattung gehört, die nach übereinstimmender Schätzung verschiedener Verbände voraussichtlich acht Jahre genutzt werden kann.[236]

Das Steuerbilanzrecht kennt folglich nur die (gesetzlich bzw. durch AfA-Tabellen) festgelegte sowie in Ausnahmefällen die (mit Hilfe der GoB geschätzte) tatsächliche Nutzungsdauer; seine ausgeprägten Normierungsbemühungen lassen die Wahl eines hiervon abweichenden Absetzungszeitraums nicht zu. Deshalb ist es in der Steuerbilanz anders als in der Handelsbilanz nicht möglich, die Nutzungsdauer nach eigener Schätzung so weit zu kürzen, bis sie in Verbindung mit der linearen Methode mindestens den gleichen Wertverzehr abbildet, der bei Anwendung der degressiven Methode über die tatsächliche Nutzungsdauer erfaßt wird. Wenn das Einkommensteuerrecht einerseits die lineare AfA als Regelabsetzung konzipiert, andererseits aber bei der Nutzungsdauerfestlegung nicht genügend Spielraum läßt, um mit der linearen Methode den (typischerweise degressiven) Abbau des Einnahmenüberschußpotentials zuverlässig erfassen zu können, dann muß § 7 Abs. 1 Satz 1 EStG als eine objektivierungs- und vereinfachungsgeprägte Vorschrift interpretiert werden, deren Inanspruchnahme unabhängig von den Umsatz- und Ausgabenerwartungen erfolgt.[237]

---

233 Vgl. *Stuhrmann* (in: *Hartmann/Böttcher/Nissen/Bordewin*), Rz. 58 zu § 7 EStG u. *Thiel* (Bilanzrecht, 1990), Tz. 570 unter Hinweis auf das BFH-Urteil v. 3. Februar 1959, S. 81.
234 Vgl. *Knobbe-Keuk* (Unternehmenssteuerrecht, 1993), S. 189.
235 Vgl. *Knobbe-Keuk* (Unternehmenssteuerrecht, 1993), S. 189; *Stuhrmann* (in: *Hartmann/Böttcher/Nissen/Bordewin*), Rz. 57-58 zu § 7 EStG.
236 Vgl. BFH-Urteil v. 26. Juli 1991, S. 1003-1004; inzwischen hat der BMF die in der AfA-Tabelle festgelegte betriebsgewöhnliche Nutzungsdauer für Pkw auf fünf Jahre angehoben, vgl. *Bundesminister der Finanzen* (AfA, 1992), S. 734.
237 Im Ergebnis gleich *Gnam* (AfA), Rz. 20 u. *Brönner/Bareis* (Bilanz, 1991), S. 531, Tz. 425.

II. Die Beurteilung der Absetzungen für außergewöhnliche technische und wirtschaftliche Abnutzung in Rechtsprechung und Literatur

1. Sinn und Zweck der AfaA

a) Die AfaA als Korrektur der AfA

Gemäß § 7 Abs. 1 Satz 5 EStG sind "Absetzungen für außergewöhnliche technische oder wirtschaftliche Abnutzung ... zulässig"; § 7 Abs. 2 Satz 4 EStG schränkt diese Aussage insofern ein, als dort Absetzungen für außergewöhnliche Abnutzung bei degressiver AfA verboten werden. Um den Sinn und Zweck der AfaA bestimmen zu können, wird im Schrifttum übereinstimmend die AfA als Bezugspunkt gewählt. Bei der AfaA handle es sich um eine "Korrektur"[238], einen "Sonderfall"[239] oder eine "Erweiterung"[240] der AfA, die ebenfalls der Verteilung der Anschaffungs- oder Herstellungskosten auf die Nutzungsdauer diene[241] und deshalb nur im Sinnzusammenhang mit der AfA interpretiert werden könne.[242] Aus der Zielsetzung der AfA, die Ausgaben nach dem bei üblichem Geschäftsbetrieb zu erwartenden Wertverzehr auf die Nutzungsjahre zu verteilen, schließt *Werndl*, daß der Zweck der AfaA in der erfolgsmäßigen Berücksichtigung des "durch außergewöhnliche Umstände und/oder Einwirkungen entstandenen Wertverzehrs"[243] bestehe. Die Aufgabe der AfaA, unvorhergesehene und deshalb durch die AfA nicht abgedeckte Abnutzungsgründe zu erfassen, wird auch von anderen Autoren hervorgehoben.[244] *Piechotta* weist außerdem auf die Bedeutung der AfaA als finanz-, liquiditäts- und abschreibungspolitisches Mittel hin.[245]

---

238 *Piechotta* (Teilwertabschreibung, 1964), S. 16.
239 *Werndl* (in: *Kirchhof/Söhn*), Rdnr. B135 zu § 7 EStG; *Plückebaum* (Bewertung, 1962), S. 1387.
240 *Plückebaum* (Bewertung, 1962), S. 1387.
241 Vgl. *Plückebaum* (Bewertung, 1962), S. 1387; *Piechotta* (Teilwertabschreibung, 1964), S. 21.
242 Vgl. *Werndl* (in: *Kirchhof/Söhn*), Rdnr. B132 zu § 7 EStG; *Plückebaum* (Bewertung, 1962), S. 1387.
243 *Werndl* (in: *Kirchhof/Söhn*), Rdnr. B133 zu § 7 EStG (im Original z.T. hervorgehoben, Flexion geändert).
244 Vgl. *Piechotta* (Teilwertabschreibung, 1964), S. 16; *John* (Bewertung, 1964), S. 44; *Plückebaum* (Bewertung, 1962), S. 1387; *Gnam* (AfA), Rz. 34.
245 Vgl. *Piechotta* (Teilwertabschreibung, 1964), S. 21.

b) Korrekturwahlrecht oder -pflicht?

Umstritten ist jedoch, ob für die AfA-Korrektur mittels AfaA ein Wahlrecht oder eine Pflicht besteht. Da § 7 Abs. 1 Satz 5 EStG nur von der Zulässigkeit der AfaA spricht, liegt nach Ansicht einiger Autoren die Annahme eines Wahlrechts nahe.[246] Daß seine Formulierung nicht unbedacht gewählt wurde, sondern tatsächlich die Inanspruchnahme der AfaA freistellen will, wird mitunter aus der Einkommensteuergesetz-Änderung von 1954 abgeleitet[247], die die AfA-Vorschrift als Pflicht umformulierte, den Wortlaut der AfaA jedoch beibehielt.[248] Die Begründung des Wahlrechts allein mit dem Gesetzestext erscheint *Werndl* allerdings nicht ausreichend: Da die AfA-Vorschrift schon vor der Umformulierung 1954 als Pflicht interpretiert wurde, obwohl der Wortlaut eher auf ein Wahlrecht hindeutete[249], könne mit der AfaA genauso verfahren werden, wenn ihr Zweck und der Regelungszusammenhang, in dem sie stehe, es erforderten.[250] Damit § 7 EStG seine Aufgabe, die Anschaffungs- oder Herstellungskosten gemäß dem eingetretenen Wertverzehr auf die Nutzungsdauer zu verteilen, erfüllen könne, sei es zwingend notwendig, den durch unvorhergesehene Entwicklungen entstandenen außergewöhnlichen Wertverzehr im Jahr seines Auftretens durch eine AfaA zu berücksichtigen.[251] Ähnlich argumentiert *Plückebaum*, wenn er aufgrund der Artverwandtschaft zwischen gewöhnlicher und außergewöhnlicher Absetzung von der Mußvorschrift der AfA auf ein Anwendungsgebot der AfaA schließt.[252] Den auf den Zweck der AfaA bezogenen Argumenten für eine Absetzungspflicht scheinen sich auch die Autoren, die grundsätzlich ein Wahlrecht befürworten, nicht ganz verschließen zu wollen: Sie erkennen § 7 Abs. 1 Satz 5 EStG ausnahmsweise eine verpflichtende Wirkung zu, wenn das abnutzbare Anlagegut aus dem Betriebs-

---

246 Vgl. *Zitzlaff* (Abnutzung, 1948), S. 133; *Stuhrmann* (in: *Hartmann/Böttcher/Nissen/Bordewin*), Rz. 148 zu § 7 EStG; *Tiedtke* (Bilanzsteuerrecht, 1983), S. 302; *Gnam* (AfA), Rz. 35; *Brandis* (in: *Blümich*), Tz. 395 zu § 7 EStG; *Drenseck* (in: *Schmidt*, 1993), Tz. 9d zu § 7 EStG.
247 Vgl. *Herrmann/Heuer/Raupach* (Einkommensteuer), Anm. 230 zu § 7 EStG; so auch FG Rheinland-Pfalz v. 23. April 1975, S. 458.
248 Vgl. Gesetz zur Neuordnung von Steuern, S. 375.
249 Zur AfA-Pflicht vgl. RFH-Urteil v. 30. November 1938, S. 481-482; *Zitzlaff* (Abnutzung, 1950), S. 24.
250 Vgl. *Werndl* (in: *Kirchhof/Söhn*), Rdnr. B157 zu § 7 EStG.
251 Vgl. *Werndl* (in: *Kirchhof/Söhn*), Rdnr. B157 zu § 7 EStG; ähnlich *Glade* (Rechnungslegung, 1986), Tz. 52 zu § 253 HGB.
252 Vgl. *Plückebaum* (Bewertung, 1962), S. 1418.

vermögen ausscheidet[253] oder wenn die Vornahme einer außerplanmäßigen Abschreibung in der Handelsbilanz über das Maßgeblichkeitsprinzip die Durchführung einer AfaA erzwingt.[254]

2. Ursachen einer AfA-Änderung bzw. einer AfaA

a) Nutzungsdauerverkürzung

Im Schrifttum werden die Sachverhalte, die eine außergewöhnliche technische oder wirtschaftliche Abnutzung im Sinne des § 7 Abs. 1 Satz 5 EStG begründen, unter Hinweis auf die umfangreiche Rechtsprechung von Reichs- und Bundesfinanzhof ausführlich dargestellt.[255] Wenn ein solcher Sachverhalt die Nutzungsdauer eines abnutzbaren Anlagegutes verkürzt, erfüllt die Nutzungsdauerverkürzung nach übereinstimmender Literaturmeinung die formalen Voraussetzungen einer AfaA: Da ein unvorhersehbares Ereignis, wie z.B. eine Beschädigung durch Brand oder Sturm, bei der Prognose der betriebsgewöhnlichen Nutzungsdauer und damit bei der Bemessung der AfA nicht berücksichtigt werden könne, löse sein Eintritt einen Korrekturbedarf der Absetzungen aus.[256] Verkürze sich die Nutzungsdauer hingegen, weil bestimmte, schon im Zugangszeitpunkt des Wirtschaftsguts bekannte Einflußgrößen irrtümlich nicht berücksichtigt wurden, so liege keine außergewöhnliche Abnutzung vor; anstelle der AfaA komme eine Erhöhung der AfA in Frage.[257] *Werndl* weist in diesem Zusammenhang auf Abgrenzungsprobleme zwischen AfA und AfaA hin.[258] Das ganze Ausmaß dieser Abgrenzungsprobleme wird erst vor dem Hintergrund der zur Nutzungsdauerverkürzung ergangenen höchstrichterlichen Rechtsprechung erkennbar.

Reichs- und Bundesfinanzhof erörtern die Möglichkeit einer AfaA vorrangig am Beispiel von Gebäudeabbrüchen. Sie erkennen eine AfaA auf den Rest-

---

253 Vgl. *Stuhrmann* (in: *Hartmann/Böttcher/Nissen/Bordewin*), Rz. 87 zu § 7 EStG; *Brandis* (in: *Blümich*), Tz. 395 zu § 7 EStG unter Hinweis auf das BFH-Urteil v. 7. Mai 1969, S. 465; *Drenseck* (in: *Schmidt*, 1993), Tz. 9d zu § 7 EStG.
254 Vgl. *Tiedtke* (Bilanzsteuerrecht, 1983), S. 302; *Brandis* (in: *Blümich*), Tz. 395 zu § 7 EStG; *Gnam* (AfA), Rz. 35.
255 Vgl. z.B. *Brandis* (in: *Blümich*), Tz. 393, 394, 532 u. 533 zu § 7 EStG.
256 Vgl. *Claßen* (in: *Lademann/Söffing/Brockhoff*), Anm. 284 zu § 7 EStG; *Werndl (in: Kirchhof/Söhn*), Rdnr. B134 zu § 7 EStG; *Mittelbach* (Absetzung, 1983), S. 508.
257 Vgl. *Mittelbach* (Absetzung, 1983), S. 508.
258 Vgl. *Werndl* (in: *Kirchhof/Söhn*), Rdnr. B134 zu § 7 EStG.

68

buchwert im Jahr des Abbruchs[259] bzw. der Räumung[260] des Gebäudes an, wenn der Abbruch den (technischen oder wirtschaftlichen) Verbrauch des Gebäudes zum Ausdruck bringt[261] und der Restbuchwert weder im Wert des Grund und Bodens aufgeht[262] noch zu den Anschaffungs- oder Herstellungskosten des Neubaus gehört.[263] Da die Nutzungsdauer in diesen Fällen in dem Jahr endet, für das die Steuerbilanz erstellt wird, erweist sich die Bemessung der AfaA als unproblematisch: Der gesamte Restbuchwert ist abzusetzen. Bei der Analyse der zum Gebäudeabbruch ergangenen Urteile fällt auf, daß die Judikatur bei sofortigem Nutzungsende nicht von Nutzungsdauerverkürzung spricht. Sie verwendet diesen Begriff nur, wenn der abnutzbare Anlagegegenstand voraussichtlich nicht mehr während des gesamten, der AfA-Ermittlung zugrunde gelegten Absetzungszeitraums, aber noch über das in der Bilanz erfaßte Jahr hinaus genutzt werden kann, also z.B. wenn der Unternehmensstandort wegen einer Änderung des Bebauungsplans verlegt und das Produktionsgebäude in zwei Jahren geräumt werden muß[264] oder wenn sich ein Gebäude unerwartet mangelhaft verzinst, so daß am Abschlußstichtag geplant wird, es nur noch zwei statt - wie vorgesehen - 15 Jahre zu nutzen und dann abzureißen.[265] Eine solche Nutzungsdauerverkürzung ist nach Ansicht der Rechtsprechung durch die "Verteilung des ... Restbuchwertes auf die Restnutzungsdauer"[266] bilanziell zu berücksichtigen. Der BFH begründet diese Bilanzierungsanweisung damit, daß sie dem "Prinzip des § 7 EStG" entspreche, das in "der gleichmäßigen Verteilung der Anschaffungskosten auf die Nutzungsdauer"[267] bestehe. Im Schrifttum wird die Restbuchwertverteilung weitgehend akzep-

259 Vgl. RFH-Urteil v. 19. Dezember 1934, Sp. 348; BFH-Urteil v. 6. Oktober 1961, S. 1568; BFH-Urteil v. 3. Dezember 1964, S. 324; BFH GrS-Beschluß v. 12. Juni 1978, S. 624.
260 Vgl. RFH-Urteil v. 2. März 1932, Sp. 1196-1197.
261 Vgl. BFH-Urteil v. 3. Dezember 1964, S. 324; BFH-Urteil v. 2. Juni 1959, S. 60; BFH-Urteil v. 23. März 1964, S. 97; BFH-Urteil v. 6. November 1968, S. 36; BFH-Urteil v. 28. März 1973, S. 679.
262 Vgl. RFH-Urteil v. 15. Februar 1939, S. 394.
263 Vgl. BFH GrS-Beschluß v. 12. Juni 1978, S. 624; BFH-Urteil v. 21. Juni 1963, S. 478-479; BFH-Urteil v. 20. April 1993, S. 505.
264 Vgl. BFH-Urteil v. 25. Juni 1985, S. 23.
265 Vgl. RFH-Urteil v. 19. Dezember 1934, Sp. 345-346.
266 BFH-Urteil v. 3. Juli 1980, S. 257; vgl. ähnlich RFH-Urteil v. 26. Juli 1933, S. 1117; RFH-Urteil v. 19. Dezember 1934, Sp. 346; RFH-Urteil v. 30. März 1938, S. 771; BFH-Urteil v. 22. August 1984, S. 128.
267 BFH-Urteil v. 21. Februar 1967, S. 387 (beide Zitate).

tiert;[268] einige Autoren räumen daneben die Möglichkeit ein, den Unterschiedsbetrag zwischen dem vorhandenen Restbuchwert und dem durch Zugrundelegung der neuen Nutzungsdauer ermittelbaren (fiktiven) Restbuchwert der Periode zu belasten, in der die Information über den verringerten Nutzungszeitraum zugegangen ist.[269] Hingegen halten *Mittelbach* und *Werndl* die Einmalabsetzung für die einzig korrekte Form, einer durch außergewöhnliche wirtschaftliche Abnutzung verkürzten Nutzungsdauer Rechnung zu tragen.[270] *Dietz* präferiert ebenfalls die Belastung der Erkenntnisperiode mit dem gesamten Unterschiedsbetrag, weil dann "wenigstens in den Jahren nach der Änderung richtig gerechnet"[271] werde.

Die Restbuchwertverteilung bei verkürzter Nutzungsdauer wird jedoch nicht nur als Bemessungsvorschrift der künftigen Absetzungen, sondern auch wegen ihres Verhältnisses zur AfaA im Schrifttum kontrovers diskutiert. Anders als bei sofortigem Nutzungsende vermeidet die Rechtsprechung in den o.g. Urteilen zur Nutzungsdauerverkürzung einen expliziten Hinweis auf die AfaA. Statt dessen ist von "Erhöhung der AfA"[272], "erhöhter AfA"[273] oder "höherer Absetzung"[274] die Rede. Aus diesen Formulierungen in Verbindung mit dem Gebot, den Restbuchwert auf die Restnutzungsdauer zu verteilen, schließen einige Autoren offenbar, daß die Rechtsprechung bei verkürzter Nutzungsdauer möglicherweise gar keine AfaA nach § 7 Abs. 1 Satz 5 EStG durchführen, sondern lediglich die AfA ändern will; denn aus dieser Schlußfolgerung heraus läßt es sich erklären, daß *Glanegger, Drenseck, Mittelbach* und *Werndl* eine Nutzungsdauerverkürzung entweder durch eine AfaA oder durch eine Restbuchwertverteilung (erhöhte Absetzung) erfassen[275], statt die Restbuchwertverteilung nur als Bemessungsvorschrift der AfaA zu interpretieren. Bei kon

---

268 Vgl. *Claßen* (in: *Lademann/Söffing/Brockhoff*), Anm. 285 zu § 7 EStG; *Herrmann/ Heuer/Raupach* (Einkommensteuer), Anm. 220 zu § 7 EStG; *Gnam* (AfA), Rz. 78; so schon *Blümich/Schachian* (Einkommensteuergesetz, 1925), Tz. 13 zu § 16 EStG 1925 u. *Strutz* (Einkommensteuergesetz, 1927), Tz. 42 zu § 16 EStG 1925.
269 Vgl. *Brandis* (in: *Blümich*), Tz. 398 zu § 7 EStG; *John* (Bewertung, 1964), S. 163.
270 Vgl. *Mittelbach* (Absetzung, 1983), S. 508; *Werndl* (in: *Kirchhof/Söhn*), Rdnr. B166 zu § 7 EStG.
271 *Dietz* (Normierung, 1971), S. 172.
272 BFH-Urteil v. 8. Juli 1980, S. 744.
273 BFH-Urteil v. 25. Juni 1985, S. 23 (Flexion geändert).
274 RFH-Urteil v. 28. April 1937, S. 956; RFH-Urteil v. 5. März 1929, Sp. 833 (Flexion geändert).
275 Vgl. *Glanegger* (in: *Schmidt*, 1993), Tz. 62 zu § 6 EStG; *Drenseck* (in: *Schmidt*, 1993), Tz. 9b zu § 7 EStG; *Mittelbach* (Absetzung, 1983), S. 508; *Werndl (in: Kirchhof/Söhn)*, Rdnr. B134 i.V.m. Rdnr. B90-91 zu § 7 EStG.

sequenter Weiterentwicklung dieser Ansicht würde man angesichts der Tatsache, daß die Rechtsprechung bei verkürzter Nutzungsdauer stets den Restbuchwert auf die Restnutzungsdauer verteilt, zu dem Ergebnis gelangen, daß die Nutzungsdauerverkürzung höchstrichterlich nicht als Grund einer AfaA (sondern als Grund einer AfA-Änderung) akzeptiert wird. Das Ergebnis stünde freilich im Widerspruch zu den Urteilen vom 30. März 1938 und vom 13. April 1965, die die begehrte AfaA auf ein Gebäude mit der Begründung ablehnen, ihre Inanspruchnahme setze eine Nutzungsdauerverkürzung voraus, die im Sachverhalt nicht gegeben sei.[276] Auf diese Urteile sowie auf ein weites Verständnis des Begriffs "Nutzungsdauerverkürzung", der auch das sofortige Nutzungsende umfaßt, mag es zurückzuführen sein, wenn die Nutzungsdauerverkürzung in der Bilanzrechtsliteratur mitunter als "typischer Anwendungsfall"[277] oder "wesentliche Voraussetzung"[278] einer AfaA bezeichnet wird. Einige Autoren vertreten - zum Teil unter Berufung auf die o.g. Urteile - sogar die Ansicht, § 7 Abs. 1 Satz 5 EStG könne ausschließlich bei Nutzungsdauerverkürzung angewandt werden.[279] Diese Ansicht wird von *John* und *Drenseck* als herrschende Meinung bezeichnet[280] und ist angesichts ihrer restriktiven Wirkung auf den Anwendungsbereich der AfaA umstritten.

b) Nutzungsbeeinträchtigung bei unveränderter Nutzungsdauer

aa) Auslegungsmöglichkeiten und -grenzen des § 7 Abs. 1 Satz 5 EStG

Die Beschränkung der AfaA auf Sachverhalte, die die Nutzungsdauer verkürzen, schließt die Subsumtion eines "sich nicht auf die Nutzungsdauer, sondern nur auf den Nutzungsumfang eines Wirtschaftsguts"[281] auswirkenden außergewöhnlichen Ereignisses unter § 7 Abs. 1 Satz 5 EStG aus. Dagegen wenden einige Autoren ein, daß der Gesetzeswortlaut lediglich eine "außergewöhnliche ... Abnutzung" voraussetze und daß dieser Begriff neben den nutzungsdauerverkürzenden Sachverhalten auch die Fälle umfasse, in denen sich der Nut-

---

276 Vgl. RFH-Urteil v. 30. März 1938, S. 629 u. BFH-Urteil v. 13. April 1965, S. 116.
277 *Moxter* (Bilanzrechtsprechung, 1985), S. 153.
278 *Piechotta* (Teilwertabschreibung, 1964), S. 17; vgl. in diesem Sinne *Wolf* (Steuerbilanz, 1988), S. 146.
279 Vgl. *Offerhaus* (Berücksichtigung, 1967), S. 28; *Gnam* (AfA), Rz. 34.
280 Vgl. *John* (Bewertung, 1964), S. 45; *Drenseck* (in: *Schmidt*, 1993), Tz. 9b zu § 7 EStG.
281 *Offerhaus* (Berücksichtigung, 1967), S. 28.

zenvorrat bei unveränderter Nutzungsdauer verringere.[282] Dieser Auffassung scheint sich der BFH in seinen Urteilen vom 8. Juli und vom 28. Oktober 1980 anzuschließen, in denen er eine AfaA zuläßt, "wenn die wirtschaftliche Nutzbarkeit" oder Verwendungsmöglichkeit "eines Wirtschaftsguts durch außergewöhnliche Umstände gesunken ist"[283]. Dem weit gefaßten Verständnis des Begriffs "außergewöhnliche Abnutzung" entspricht es z.b., wenn *Groh* eine AfaA auf eine überdimensionierte Maschine durchführen will und die Absetzungshöhe so bemißt, daß in Zukunft "nur noch die Abschreibungen der entsprechend kleineren Anlage erwirtschaftet werden müssen."[284] Die unvorhergesehen eintretende mangelhafte Ausnutzung der Maschine ist "ein Ereignis, das den Ertrag, also die ursprüngliche Rentabilität mindert" und deshalb nach *Stuhrmanns* Ansicht eine "außergewöhnliche AfA"[285] rechtfertigt. Demgegenüber hält *Glade* "eine verminderte Ertragsfähigkeit allein ... im allgemeinen"[286] nicht für einen die AfaA begründenden Umstand.

Plückebaum beurteilt die Möglichkeiten, eine AfaA wegen beeinträchtigter Nutzung ohne Nutzungsdauerverkürzung vornehmen zu können, unterschiedlich, je nachdem ob die Nutzungsbeeinträchtigung von einer außergewöhnlichen technischen oder einer außergewöhnlichen wirtschaftlichen Abnutzung herrührt. Bei außergewöhnlicher technischer Abnutzung lehnt er die Nutzungsdauerverkürzung als konstitutives Merkmal der AfaA ab.[287] Die Rechtsprechung stimmt zumindest in den Fällen mit ihm überein, in denen ein Teil der Substanz des abnutzbaren Anlagegutes, z.B. die Heizungsanlage eines Gebäudes, entfernt wird; sie läßt eine AfaA auch dann zu, wenn das Anlagegut (im Beispiel das Gebäude) trotz Einbuße des Bestandteils eine unveränderte Nutzungsdauer aufweist.[288] Bei außergewöhnlicher wirtschaftlicher Abnutzung berechtigt "eine Beeinträchtigung der Nutzung ohne Verkürzung der

282 Vgl. *Plückebaum* (Bewertung, 1962), S. 1387; *Herrmann/Heuer/Raupach* (Einkommensteuer), Anm. 227 zu § 7 EStG; im Ergebnis gleich *Mittelbach* (Teilwertabschreibung, 1959), S. 176; *Piechotta* (Teilwertabschreibung, 1964), S. 39.
283 BFH-Urteil v. 8. Juli 1980, S. 744 (beide Zitate); vgl. ähnlich BFH-Urteil v. 28. Oktober 1980, S. 163.
284 *Groh* (Verluste, 1976), S. 37.
285 *Stuhrmann* (in: *Hartmann/Böttcher/Nissen/Bordewin*), Rz. 146 zu § 7 EStG (beide Zitate).
286 *Glade* (Rechnungslegung, 1986), Tz. 50 zu § 253 HGB.
287 Vgl. *Plückebaum* (Bewertung, 1962), S. 1388-1389.
288 Vgl. RFH-Urteil v. 26. November 1930, Sp. 258-259; RFH-Urteil v. 14. April 1931, Sp. 1059-1060; RFH-Urteil v. 27. Mai 1936, S. 887-888; BFH-Urteil v. 27. August 1953, S. 109; BFH-Urteil v. 23. Juni 1961, S. 402-403; BFH-Urteil v. 1. Februar 1962, S. 273; BFH-Urteil v. 14. Dezember 1962, S. 90 u. 91.

Nutzungsdauer" nach *Plückebaums* Ansicht "nur in Ausnahmefällen"[289] zur Durchführung einer AfaA. Ein solcher Ausnahmefall liegt seines Erachtens vor, wenn ein Gebäude wegen der vom nahegelegenen Fluß ausgehenden Hochwassergefahr unter Inkaufnahme zusätzlicher Kosten höher gelegt wurde und die Hochwassergefahr im Laufe der Nutzungsdauer des Gebäudes durch eine Flußregulierung gebannt wird. Da die Höherlegung nach der Flußregulierung keinen Nutzen mehr stifte, müsse man die dafür aufgewandten Kosten im Wege der AfaA ausbuchen, auch wenn sich die Nutzungsdauer des Gebäudes nicht verkürzt habe.[290] *Plückebaum* kritisiert insofern die RFH-Entscheidung, die die AfaA wegen unveränderter Nutzungsdauer ablehnt und allenfalls eine Teilwertabschreibung auf das Gebäude erwägt.[291] Er geht jedoch nicht auf das Abgrenzungsproblem zwischen AfaA und Teilwertabschreibung[292] ein, das in diesem Fall - ebenso wie bei anderen Sachverhalten einer außergewöhnlichen wirtschaftlichen Abnutzung[293] - auftritt, wenn die AfaA trotz gleich gebliebener Nutzungsdauer vorgenommen werden dürfte. Ist eine außergewöhnliche wirtschaftliche Abnutzung indes mit einer Nutzungsdauerverkürzung verbunden, z.B. wenn neue Erfindungen oder Nachfrageverschiebungen die Ertragserwartungen einer Maschine so stark schmälern, daß ihr Ersatzzeitpunkt vorverlegt wird[294], dann fällt sie nach herrschender Schrifttumsmeinung in den Anwendungsbereich der AfaA; eine Teilwertabschreibung wird bei verkürzter Nutzungsdauer nicht in Erwägung gezogen.[295]

bb) Die Bedeutung unterlassener Reparaturen

Reparaturen bilden die einzige den steuerpflichtigen Gewinn mindernde Aufwandsart, deren Verhältnis zur AfA bzw. AfaA in Bilanzrechtsprechung und Literatur erörtert wird. Sie zählen zu den (nicht aktivierungsfähigen) Erhaltungsaufwendungen[296] und sind in der Regel dadurch gekennzeichnet, daß sie "die Wesensart" des reparaturbedürftigen Wirtschaftsgutes "nicht verändern, es in ordnungsmäßigem Zustand erhalten sollen und regelmäßig in ungefähr

---

289 *Plückebaum* (Bewertung, 1962), S. 1417 (beide Zitate).
290 Vgl. *Plückebaum* (Bewertung, 1962), S. 1418.
291 Vgl. RFH-Urteil v. 30. März 1938, S. 629.
292 Zu Einzelheiten vgl. unten Erstes Kapitel B.II.3.
293 Vgl. die Beispiele bei *Groh* (Verluste, 1976), S. 37.
294 Vgl. *Plückebaum* (Bewertung, 1962), S. 1417.
295 Vgl. *Mayer-Wegelin* (in: *Hartmann/Böttcher/Nissen/Bordewin*), Rz. 201 zu § 6 EStG; *Littmann* (Einkommensteuerrecht, 1978), Rdnr. 112 zu § 7 EStG.
296 Zu Einzelheiten der Abgrenzung zwischen Herstellungs- und Erhaltungsaufwand vgl. die Rechtsprechungshinweise bei *Moxter* (Bilanzrechtsprechung, 1993), S. 160-164.

gleicher Höhe wiederkehren."[297] Schon *Fuisting* und *Strutz* haben die Aufgabe der Instandhaltungskosten darin gesehen, das abnutzbare Anlagegut "möglichst lange in dem zur Erzielung von Einkünften geeigneten Zustande"[298] zu erhalten; eine "dennoch eingetretene Minderung der Gebrauchsfähigkeit"[299] sei im Wege der AfA zu berücksichtigen.[300] Reparaturkosten und AfA bilden dann gemeinsam den dem abnutzbaren Wirtschaftsgut zurechenbaren Periodenaufwand.[301] Da Instandhaltungsmaßnahmen die Nutzungsdauer beeinflussen können, wirken sie mittelbar auf die Festlegung des AfA-Betrages ein.[302]

Werden Reparaturen unterlassen, dann liegt nach Ansicht von Rechtsprechung und Literatur unabhängig vom Unterlassungsgrund (Nachlässigkeit, fehlende Ersatzteile u.ä.) eine außergewöhnliche technische Abnutzung im Sinne des § 7 Abs. 1 Satz 5 EStG vor[303], sofern es sich nicht um reine Schönheitsreparaturen handelt, die das Nutzenpotential unberührt lassen.[304] Ob unterlassene Reparaturen eine AfaA rechtfertigen, hängt - ebenso wie die Berücksichtigungsfähigkeit anderer außergewöhnlicher Abnutzungsgründe - davon ab, wie der Anwendungsbereich des § 7 Abs. 1 Satz 5 EStG definiert wird: Während die oberste Finanzrechtsprechung ihn in den Urteilen vom 2. Juni 1943 und vom 11. Dezember 1953 eng definiert und eine AfaA nur zuläßt, wenn sich die Nutzungsdauer des abnutzbaren Anlagegutes infolge der unterlassenen Reparaturen verkürzt[305], genügt dem Schrifttum in der Regel schon der Nachweis, daß die nicht durchgeführten Instandhaltungsmaßnahmen bei unveränderter Nutzungsdauer die Nutzbarkeit beeinträchtigen, um eine AfaA zu befürworten.[306]

297 *Schneider* (Steuerbilanzen, 1978), S. 156 (beide Zitate).
298 *Strutz* (Einkommensteuergesetz, 1927), Anm. 30 zu § 16 EStG 1925; vgl. ähnlich *Fuisting* (Steuern, 1904), Anm. 19A zu § 9 EStG 1891.
299 *Strutz* (Einkommensteuergesetz, 1927), Anm. 30 zu § 16 EStG 1925.
300 Vgl. *Claßen* (in: *Lademann/Söffing/Brockhoff*), Anm. 210 zu § 7 EStG; BFH-Urteil v. 11. Dezember 1953, S. 75; BFH-Urteil v. 2. März 1954, S. 129.
301 Vgl. BFH-Urteil v. 11. Februar 1955, S. 168; BFH-Urteil v. 15. Februar 1955, S. 173.
302 Vgl. *Fuisting* (Steuern, 1904), Anm. 19A zu § 9 EStG 1891; *Gail* (Fragen, 1982/83), S. 295.
303 Vgl. *Plückebaum* (Bewertung, 1962), S. 1388; *Brandis* (in: *Blümich*), Tz. 393 zu § 7 EStG; *Groh* (Instandhaltung, 1974), S. 136; OFH-Urteil v. 28. Februar 1948, R.4.
304 Vgl. *Werndl* (in: *Kirchhof/Söhn*), Rdnr. B140 zu § 7 EStG; *Plückebaum* (Bewertung, 1962), S. 1389; RFH-Urteil v. 2. Juni 1943, S. 619.
305 Vgl. RFH-Urteil v. 2. Juni 1943, S. 619; BFH-Urteil v. 11. Dezember 1953, S. 75; so schon *Strutz* (Einkommensteuergesetz, 1927), Anm. 38 zu § 16 EStG 1925.
306 Vgl. z.B. *Plückebaum* (Bewertung, 1962), S. 1388-1389; *Mittelbach* (Abgrenzung, 1978), S. 394.

c)   Veränderungen des verteilungsbedürftigen Gesamtbetrages

aa)   Die unterschiedlichen Auswirkungen auf die einzelnen AfA-Vorschriften des § 7 EStG

Im Vordergrund der (die AfA beeinflussenden bzw. mit einer AfaA verbundenen) Änderungen des verteilungsbedürftigen Gesamtbetrages stehen die nachträglichen Anschaffungs- oder Herstellungskosten. Dabei handelt es sich definitionsgemäß um nach dem Anschaffungs- oder Herstellungszeitpunkt anfallende aktivierungspflichtige Ausgaben, die "eine Werterhöhung"[307] des betreffenden Anlagegutes bewirken, indem sie es "in seiner Substanz vermehren, in seinem Wesen verändern oder ... über seinen bisherigen Zustand hinaus erheblich verbessern."[308] Im Einzelfall können Abgrenzungsprobleme gegenüber den sofort abzugsfähigen Erhaltungsaufwendungen auftreten, so z.B. bei kurz nach Erwerb durchgeführten Instandhaltungsmaßnahmen.[309]

Da das Einkommensteuergesetz die steuerrechtliche Behandlung nachträglicher Anschaffungs- oder Herstellungskosten nicht gesondert regelt, bestimmt die Rechtsprechung, daß sich "die Absetzung derartiger Aufwendungen ... nach den gleichen Grundsätzen wie die Absetzung der ursprünglichen Anschaffungs- oder Herstellungskosten"[310] zu richten habe. Demgemäß werden nachträgliche Anschaffungs- oder Herstellungskosten bei immateriellen und beweglichen Anlagegütern sowie bei Gebäuden, die der Absetzung gemäß § 7 Abs. 4 Satz 2 EStG unterliegen, zum Restbuchwert addiert und mit ihm über die ggf. neu zu schätzende (Rest-)Nutzungsdauer verteilt.[311]

Zu anderen Konsequenzen führt das Gleichbehandlungsgebot ursprünglicher und nachträglicher Anschaffungs- oder Herstellungskosten indes bei Gebäuden, die linear nach § 7 Abs. 4 Satz 1 oder degressiv nach § 7 Abs. 5 EStG abgesetzt werden. So schließt der BFH aus dem Wortlaut des § 7 Abs. 4 Satz 1 EStG, der die volle Absetzung der Anschaffungs- oder Herstellungskosten mit einem festgelegten AfA-Satz vorschreibt, daß auch die Summe aus ursprüngli-

---

307   BFH-Urteil v. 12. April 1984, S. 490.
308   BFH GrS-Beschluß v. 22. August 1966, S. 674 (Flexion geändert).
309   Vgl. BFH-Urteil v. 11. August 1989, S. 54.
310   BFH-Urteil v. 7. Juni 1977, S. 606.
311   Vgl. *Drenseck* (in: *Schmidt*, 1993), Tz. 6d zu § 7 EStG; *Zitzmann* (Abschreibungsverbesserungen, 1986), S. 109 unter Hinweis auf die Einkommensteuerrichtlinien; BFH-Urteil v. 25. November 1970, S. 143; BFH-Urteil v. 7. Juni 1977, S. 607.

chen und nachträglichen Anschaffungs- oder Herstellungskosten diesem AfA-Satz unterliege[312] und der fiktive AfA-Zeitraum von 25, 40 bzw. 50 Jahren verlängert werden müsse, um den aktivierten Gebäudewert voll absetzen zu können.[313] Falls der verlängerte AfA-Zeitraum die tatsächliche Nutzungsdauer des Gebäudes überschreite, dürfe der Steuerpflichtige zur Absetzung nach § 7 Abs. 4 Satz 2 EStG übergehen; für die Annahme einer kürzeren tatsächlichen Nutzungsdauer benötige man allerdings "greifbare Anhaltspunkte".[314] Da § 7 Abs. 5 EStG für die Bemessung der degressiven Gebäude-AfA gleichfalls feste Prozentsätze vorsieht, wendet die Rechtsprechung sie ebenso wie bei linearer Gebäude-AfA auf den Gesamtbetrag aus ursprünglichen und nachträglichen Anschaffungs- oder Herstellungskosten an.[315] Hierbei stellt sich allerdings die Frage, mit welchem Satz der am Ende des fiktiven AfA-Zeitraums übrig gebliebene Restbuchwert den künftigen Perioden belastet werden soll. Denn im Unterschied zur linearen Gebäude-AfA, die pro AfA-Zeitraum nur einen (beizubehaltenden) Prozentsatz nennt, enthält jede Variante der degressiven AfA mehrere, jeweils auf einzelne Nutzungsjahre beschränkte Prozentsätze, die erst in ihrer Gesamtheit einen degressiven Absetzungsverlauf gewährleisten. In seinem Urteil vom 20. Januar 1987 wählt der BFH für die Absetzung des Gebäuderestbuchwertes, der nach einer degressiven AfA über 50 Jahre noch vorhanden ist, den bei linearer Gebäude-AfA über 50 Jahre gültigen Satz von 2 %.[316] *Herrmann/Heuer/Raupach* interpretieren das Urteil in dem Sinne, daß nach Ablauf des degressiven Absetzungszeitraums die grundsätzliche Regelung des § 7 Abs. 4 EStG gilt.[317]

Die Ausführungen zu den nachträglichen Anschaffungs- oder Herstellungskosten werden von einigen Autoren sinngemäß auf die Fälle übertragen, in denen eine AfaA oder eine Teilwertabschreibung die AfA-Bemessungsgrundlage

---

312 Vgl. BFH-Urteil v. 20. Februar 1975, S. 414; *Zitzmann* (Abschreibungsverbesserungen, 1986), S. 109 unter Hinweis auf die Einkommensteuerrichtlinien; BFH-Urteil v. 20. Januar 1987, S. 492.

313 Vgl. BFH-Urteil v. 7. Juni 1977, S. 607; BFH-Urteil v. 3. Juli 1984, S. 710; zur Möglichkeit, den AfA-Zeitraum von 40 bzw. 50 Jahren bei Verwendung eines AfA-Satzes von 2,5 bzw. 2 % zu überschreiten, vgl. schon Bundestags-Drucksache IV/2008, S. 10 u. Schriftlicher Bericht zu Bundestags-Drucksache IV/2191, S. 2.

314 BFH-Urteil v. 7. Juni 1977, S. 607; zu den Anforderungen an den Nachweis einer kürzeren Nutzungsdauer vgl. BFH-Urteil v. 28. September 1971, S. 177.

315 Vgl. BFH-Urteil v. 20. Januar 1987, S. 492; so auch *Zitzmann* (Abschreibungsverbesserungen, 1986), S. 110 unter Hinweis auf die Einkommensteuerrichtlinien.

316 Vgl. BFH-Urteil v. 20. Januar 1987, S. 492.

317 Vgl. *Herrmann/Heuer/Raupach* (Einkommensteuer), Anm. 482 zu § 7 EStG.

mindert. Bei beweglichen und immateriellen Anlagegütern sowie bei Gebäuden, die gemäß § 7 Abs. 4 Satz 2 EStG abgesetzt werden, wird dann der niedrigere Restbuchwert über die Restnutzungsdauer verteilt; bei Gebäuden, die der linearen AfA nach § 7 Abs. 4 Satz 1 oder der degressiven AfA nach § 7 Abs. 5 EStG unterliegen, verringert sich dadurch sowohl die Bemessungsgrundlage der AfA-Sätze als auch der Zeitraum, in dessen Verlauf der noch vorhandene Restbuchwert vollständig abgesetzt ist.[318] Wie sich die AfA-Bemessung infolge von Zuschreibungen ändert, wird in Rechtsprechung und Schrifttum nicht erörtert, was darauf zurückzuführen sein dürfte, daß Zuschreibungen auf abnutzbare Anlagegüter erst seit der Einkommensteuergesetz-Änderung vom 22. Dezember 1989[319] zulässig sind.

bb) Zum Saldierungsproblem nachträglicher Anschaffungs- oder Herstellungskosten mit außergewöhnlichen Absetzungen

Bilanzrechtsprechung und -literatur diskutieren die Aktivierungsfähigkeit von Ausgaben für die Nachholung unterlassener Reparaturen sowie von Schadens- oder Mängelbeseitigungskosten vornehmlich im Zusammenhang mit der in einem vergangenen Geschäftsjahr vorgenommenen bzw. im laufenden Geschäftsjahr vorzunehmenden AfaA. Wenn z.B. eine Reparatur, die in der Vergangenheit nicht durchgeführt wurde und deshalb eine AfaA auf das betreffende Wirtschaftsgut begründete, nachgeholt wird, so müssen die Reparaturkosten - obwohl es sich grundsätzlich um sofort abzugsfähige Erhaltungsaufwendungen handelt - nach h.M. "bis zur Höhe der AfaA als Herstellungsaufwand" aktiviert werden[320], "um einen doppelten Abzug zu verhindern."[321]

Bei den Schadensbeseitigungskosten wird ähnlich argumentiert: Sofern der Eintritt des Schadens durch eine AfaA berücksichtigt wurde, gelten die zu seiner Beseitigung aufgewandten Kosten als Herstellungskosten[322], weil sie die

---

318 Vgl. *Drenseck* (in: *Schmidt*, 1993), Tz. 6d zu § 7 EStG; *Herrmann/Heuer/Raupach* (Einkommensteuer), Anm. 474c zu § 7 EStG; zur degressiven Gebäude-AfA *Handzik* (in: *Littmann/Bitz/Hellwig*), Rz. 238 zu § 7 EStG.
319 Vgl. Gesetz zur steuerlichen Förderung des Wohnungsbaus und zur Ergänzung des Steuerreformgesetzes 1990, S. 2408.
320 Vgl. *Groh* (Instandhaltung, 1974), S. 137.
321 *Brandis* (in: *Blümich*), Tz. 402 zu § 7 EStG (beide Zitate); vgl. ähnlich OFH-Urteil v. 28. Februar 1948, R. 4.
322 Vgl. z.B. RFH-Urteil v. 12. März 1930, S. 271.

im Restbuchwert ausgedrückte Substanz des Wirtschaftsgutes vermehren.[323] Da die Herstellungskosten mit dem Ziel aufgewandt werden, die durch den Schaden verursachte außergewöhnliche Abnutzung zu beseitigen, geht die höchstrichterliche Rechtsprechung davon aus, daß sie betragsmäßig in etwa der AfaA entsprechen. In Anbetracht dieser annähernden Betragsgleichheit plädieren Reichs- und Bundesfinanzhof dafür, bei Eintritt und Beseitigung des Schadens im gleichen Geschäftsjahr sowohl auf die AfaA als auch auf die Aktivierung der Schadensbeseitigungskosten zu verzichten und statt dessen die Schadensbeseitigungskosten als Aufwand zu buchen; die Zusammenfassung zweier Geschäftsvorfälle in einen Buchungssatz bei unverändertem Ergebnis diene der Vereinfachung.[324] Diese Ausführungen werden in der Literatur teils akzeptiert[325], teils kritisiert. *Drenseck* wendet ein, daß die vereinfachte Bilanzierung u.U. den Blick auf die den wirtschaftlichen Sachverhalt korrekt wiedergebende Bilanzierung versperre.[326] *Brandis* sieht bei Gebäuden "die Gefahr, daß die bisherige AfA in der Folgezeit unverändert fortgeführt wird, obwohl sich AfaA und nachträgliche Herstellungskosten in unterschiedlicher Weise auf die AfA-Bemessungsgrundlage auswirken."[327]

Sofern die Schadensbeseitigung in einem engen zeitlichen Zusammenhang mit dem Erwerb des abnutzbaren Anlagegutes steht, knüpft der RFH die Saldierungsmöglichkeit an die Bedingung, daß der Verkäufer für die aufgetretenen Mängel nicht haftbar gemacht werden kann[328] und der Kaufpreis unangemessen hoch ist.[329] *Plückebaum* moniert die Voraussetzung eines unangemessen hohen Kaufpreises; seines Erachtens genügt es, wenn der Wert der mangelhaften Wirtschaftsgutsbestandteile im Restbuchwert des abnutzbaren Wirtschaftsgutes enthalten ist und "der gezahlte Kaufpreis bei Kenntnis der Mängel nicht vereinbart worden wäre."[330] Dann könne auch bei einem sehr günstigen Kaufpreis der auf die mangelhaften Teile entfallende Betrag abgesetzt werden.[331]

---

323 Vgl. BFH-Urteil v. 29. Januar 1963, S. 186; *Seitrich* (Wertverluste, 1985), S. 488; *Mittelbach* (Abgrenzung, 1978), S. 394.
324 Vgl. RFH-Urteil v. 8. März 1939, Sp. 528; RFH-Urteil v. 1. März 1939, S. 632; BFH-Urteil v. 31. Januar 1963, S. 327.
325 Vgl. z.B. *Mittelbach* (Absetzung, 1983), S. 511.
326 Vgl. *Drenseck* (in: *Schmidt*, 1993), Tz. 9d zu § 7 EStG.
327 *Brandis* (in: *Blümich*), Tz. 403 zu § 7 EStG.
328 Vgl. RFH-Urteil v. 1. März 1939, S. 632; RFH-Urteil v. 8. März 1939, Sp. 528; RFH-Urteil v. 25. Oktober 1939, S. 354.
329 Vgl. RFH-Urteil v. 25. Oktober 1939, S. 354.
330 *Plückebaum* (Bewertung, 1962), S. 1388.
331 Vgl. *Plückebaum* (Bewertung, 1962), S. 1388.

d) Die Nachholung willkürlich oder versehentlich unterlassener AfA

Von den geschilderten Fällen[332], in denen der Zugang neuer Informationen die Nutzungsdauer des abnutzbaren Anlagegutes verkürzt oder zumindest seine Nutzbarkeit beeinträchtigt, unterscheidet die höchstrichterliche Rechtsprechung den Tatbestand, daß am Abschlußstichtag die den vorangegangenen Perioden belasteten AfA-Beträge ohne neue Informationen als zu niedrig erkannt werden und sich nun die Frage nach der Zulässigkeit einer AfA-Nachholung stellt. Reichs- und Bundesfinanzhof machen die bilanzielle Berücksichtigung der AfA-Nachholung davon abhängig, ob die AfA in den vergangenen Wirtschaftsjahren willkürlich oder versehentlich unterlassen wurde. "Willkür liegt" ihrer Ansicht nach vor, "wenn der Steuerpflichtige bewußt eine nach wirtschaftlichen Grundsätzen gebotene Abschreibung auf spätere Jahre verlagert, um dadurch für die Gesamtheit der Steuerabschnitte unberechtigt zu einer beachtlichen Steuerersparnis zu kommen."[333] Da eine solche Bilanzierungsweise "gegen Treu und Glauben" verstoße, müsse sich der Steuerpflichtige "so behandeln lassen, als ob er die Abschreibungen in den Vorjahren richtig vorgenommen hätte."[334] Diese Behandlung wird bilanztechnisch dadurch erreicht, daß der Restbuchwert in der Eröffnungsbilanz des neuen Geschäftsjahres unter Durchbrechung des Bilanzenzusammenhangs erfolgsneutral auf den Wert herabgesetzt wird, der sich nach angemessener AfA-Berechnung während des abgelaufenen Nutzungszeitraums ergeben hätte.[335] Da diese Form der AfA-Nachholung den Gewinn und damit die Steuerbelastung nicht mindert, vereitelt sie die mit der zu niedrigen AfA-Belastung der Vorperioden beabsichtigte "Manipulierung der ... Jahressteuer"[336].

Sofern die AfA nicht aus Steuerspargründen unterblieben ist, liegt eine versehentlich unterlassene AfA vor, die nach gefestigter Rechtsprechung erfolgswirksam nachgeholt werden darf.[337] Das Spektrum der erfolgswirksam nachholbaren AfA wird vom BFH über die traditionell anerkannten Gründe

---

332 Vgl. oben Erstes Kapitel B.II.2.a) u. b).
333 BFH-Urteil v. 3. Juli 1956, S. 250 (beide Zitate); BFH-Urteil v. 3. Juli 1980, S. 257.
334 BFH-Urteil v. 3. Juli 1956, S. 250 (beide Zitate).
335 Vgl. BFH-Urteil v. 3. Juli 1980, S. 257.
336 BFH-Urteil v. 29. Oktober 1965, S. 89.
337 Vgl. BFH-Urteil v. 3. Juli 1956, S. 250; BFH-Urteil v. 3. Juli 1980, S. 257; RFH-Urteil v. 19. Dezember 1939, S. 603; RFH-Urteil v. 22. Juli 1936, S. 1011, das die Nachholmöglichkeiten auf zu niedrige, aber nicht völlig unterlassene AfA beschränkt.

"Rechtsirrtum" und "unrichtige wirtschaftliche Beurteilung"[338] hinaus auf die Fälle ausgedehnt, in denen der Steuerpflichtige die AfA zwar bewußt nicht durchgeführt hat, hierdurch aber nicht Steuern sparen, sondern außersteuerliche Zwecke, wie z.B. die Erhaltung eines möglichst hohen buchwertabhängigen Entschädigungsanspruchs[339], erreichen wollte. Die bislang unberücksichtigt gebliebenen AfA-Beträge sollen dann gewinn- und steuermindernd "durch Verteilung des (überhöhten) Restbuchwertes auf die Restnutzungsdauer"[340] nachgeholt werden; nur ausnahmsweise erlaubt die Rechtsprechung die Nachholung in einem Betrag durch AfaA, z.B. "bei Geringfügigkeit des Streitbetrags"[341] oder wenn die Nutzungsdauer des Anlagegutes im Streitjahr endet, so daß eine anteilige Belastung künftiger Perioden nicht mehr möglich ist.[342] Da der Nachholungsregelfall, die Verteilung des Restbuchwertes, künftig zu höheren Absetzungen als in der Vergangenheit führt, kollidiert er bei linearer Gebäude-AfA nach § 7 Abs. 4 Satz 1 EStG mit den dort vorgeschriebenen AfA-Prozentsätzen. In seinem Urteil vom 3. Juli 1984 führt der BFH aus, § 7 Abs. 4 Satz 1 EStG lege "keine Gesamtnutzungsdauer für Gebäude fest, in der die AfA - also auch die versehentlich unterlassenen AfA - angesetzt werden müssen", sondern schreibe "gesetzlich typisierte feste Vomhundertsätze"[343] vor. Da von den gesetzlich festgelegten AfA-Sätzen gemäß § 7 Abs. 4 Satz 2 EStG nur bei kürzerer tatsächlicher Nutzungsdauer abgewichen werden dürfe, könne die unterlassene AfA bei unveränderter Nutzungsdauer nur durch Verlängerung des AfA-Zeitraums nachgeholt werden.[344] Wurde statt der linearen die degressive Gebäude-AfA nach § 7 Abs. 5 Satz 1 EStG gewählt, so kann die AfA-Nachholung gemäß BFH-Urteil vom 20. Januar 1987 aufgrund der gesetzlich determinierten, nach einzelnen Nutzungsjahren gestaffelten Prozentsätze ebenfalls nur mit Hilfe einer verlängerten Nutzungsdauer erfolgen.[345]

Die Bilanzrechtsliteratur begnügt sich im allgemeinen damit, die über Jahrzehnte hinweg gefestigte Rechtsprechung zur unterlassenen AfA wiederzuge-

---

338 BFH-Urteil v. 3. Juli 1956, S. 250 (beide Zitate, z.T. Flexion geändert).
339 Vgl. BFH-Urteil v. 3. Juli 1980, S. 257.
340 BFH-Urteil v. 3. Juli 1980, S. 257; vgl. ähnlich RFH-Urteil v. 19. Dezember 1939, S. 603 u. RFH-Urteil v. 26. Juli 1933, S. 1116-1117.
341 BFH-Urteil v. 21. Februar 1967, S. 461.
342 Vgl. BFH-Urteil v. 29. Oktober 1965, S. 89 i.V.m. BFH-Urteil v. 21. Februar 1967, S. 387; für die grundsätzliche Nachholung in einem Betrag vgl. *Gnam* (AfA), Rz. 88.
343 BFH-Urteil v. 3. Juli 1984, S. 710 (beide Zitate) unter Hinweis auf das BFH-Urteil v. 28. September 1971, S. 176-177.
344 Vgl. BFH-Urteil v. 3. Juli 1984, S. 710.
345 Vgl. BFH-Urteil v. 20. Januar 1987, S. 491-492.

ben. Beispielsweise werden die erfolgsneutrale Berücksichtigung willkürlich unterlassener AfA[346], die Restbuchwertverteilung auf die Restnutzungsdauer bei versehentlich unterlassener AfA[347] und die AfA-Nachholung durch Verlängerung der Nutzungsdauer im Geltungsbereich des § 7 Abs. 4 Satz 1 EStG[348] grundsätzlich anerkannt. Sofern Bedenken gegen die Zulässigkeit einer AfA-Nachholung geäußert werden[349], beziehen sie sich auf die unterschiedliche Behandlung von AfA und anderen Werbungskosten im Bereich der Überschußeinkünfte, die für eine Interpretation des § 7 EStG nach dem Steuerbilanzzweck bei Gewinneinkünften nicht von Bedeutung sind und deshalb in dieser Arbeit vernachlässigt werden.

3. Das Verhältnis zur Teilwertabschreibung

Der nach Durchführung der AfA erreichte Wertansatz abnutzbarer Anlagegüter kann im Rahmen der steuerrechtlichen Gewinnermittlung nicht nur durch eine AfaA nach § 7 Abs. 1 Satz 5 EStG, sondern auch durch eine Teilwertabschreibung nach § 6 Abs. 1 Nr. 1 Satz 2 EStG korrigiert werden, wenn außergewöhnliche Ereignisse es erfordern. Es bedarf deshalb der Klärung, in welchem Verhältnis die beiden Varianten außerplanmäßiger Folgebewertung im Steuerrecht zueinander stehen. *Piechottas* Ansicht, der Gesetzgeber habe nicht zwei verschiedene Vorschriften geschaffen, damit sie ein und denselben Sachverhalt erfassen[350], wird offensichtlich von vielen anderen Autoren und der Rechtsprechung geteilt; denn inwiefern sich Teilwertabschreibung und AfaA inhaltlich voneinander abgrenzen lassen, wird kontrovers diskutiert.

Einen frühen Abgrenzungsversuch unternimmt der VI. Senat des RFH in seinem Urteil vom 13. Juli 1932[351], in welchem er die in § 16 Abs. 3 Satz 3 EStG 1925 als "Absetzung für außergewöhnliche Abnutzung" bezeichnete AfaA auf außergewöhnliche technische Abnutzungsgründe beschränkt, um die außer-

---

346 Vgl. *Moxter* (Bilanzrechtsprechung, 1985), S. 169; *Beckermann* (in: *Dankmeyer/Giloy*), Rdnr. 53 zu § 7 EStG.
347 Vgl. *Claßen* (in: *Lademann/Söffing/Brockhoff*), Anm. 158 zu § 7 EStG; *Jung (in:* Handelsgesetzbuch, 1989), Tz. 25 zu § 253 HGB; *Beckermann* (in: *Dankmeyer/ Giloy*), Rdnr. 53 zu § 7 EStG.
348 Vgl. *Claßen* (in: *Lademann/Söffing/Brockhoff*), Anm. 158 zu § 7 EStG; *Drenseck* (in: *Schmidt*, 1993), Tz. 1d zu § 7 EStG.
349 Vgl. *Drenseck* (in: *Schmidt*, 1993), Tz. 1d zu § 7 EStG; *Meyer* (Nachholung, 1981), S. 578; a.A. *Werndl* (in: *Kirchhof/Söhn*), Rdnr. A45 zu § 7 EStG.
350 Vgl. *Piechotta* (Teilwertabschreibung, 1964), S. 36.
351 Vgl. RFH-Urteil v. 13. Juli 1932, Sp. 1791.

gewöhnliche wirtschaftliche Abnutzung als Anwendungsfall des Teilwerts zu definieren. Diese Begründung steht im Widerspruch zu den gleichfalls zum EStG 1925 ergangenen Urteilen vom 14. April 1931 und vom 19. Dezember 1934, in denen der RFH die Ansicht vertritt, ebenso wie die AfA durch ineinandergreifende technische und wirtschaftliche Abnutzungsgründe geprägt sei, könne auch bei der AfaA der Einfluß außergewöhnlicher wirtschaftlicher Abnutzung nicht eliminiert werden.[352] Daß sich diese Meinung durchgesetzt hat, beweist der Wortlaut des heute gültigen § 7 Abs. 1 Satz 5 EStG, der von den "Absetzungen für außergewöhnliche technische und wirtschaftliche Abnutzung" spricht.

In späteren Urteilen lehnt die Rechtsprechung verschiedentlich die Durchführung einer AfaA wegen fehlender Nutzungsdauerverkürzung ab und läßt statt dessen eine Teilwertabschreibung zu.[353] Wie umstritten diese Unterscheidung im Schrifttum ist, wurde schon im Zusammenhang mit den unvorhergesehenen Nutzungsbeeinträchtigungen erörtert.[354] *John* begründet die Kopplung der AfaA an eine Nutzungsdauerverkürzung mit besonders hohen Objektivierungsanforderungen, die seines Erachtens nur an die Folgebewertung nach § 7, nicht an die Folgebewertung nach § 6 EStG gestellt werden.[355] An den unterschiedlichen gesetzlichen Vorschriften orientiert sich auch die Auffassung, wonach außergewöhnliche Umstände, die die Nutzbarkeit des Wirtschaftsguts im Unternehmen vermindern, durch eine AfaA und unvorhergesehene Wertminderungen, die die Nutzung nicht beeinflussen, wie z.B. gesunkene Wiederbeschaffungskosten, durch eine Teilwertabschreibung zu berücksichtigen seien.[356] Mitunter wird die AfaA auch als die auf die Erfassung außergewöhnlicher technischer und wirtschaftlicher Abnutzungen beschränkte Folgebewertungsmethode klassifiziert, während die Teilwertabschreibung als das

---

352 Vgl. RFH-Urteil v. 14. April 1931, Sp. 1059-1060; RFH-Urteil v. 19. Dezember 1934, Sp. 346.
353 Vgl. RFH-Urteil v. 30. März 1938, S. 629; BFH-Urteil v. 13. April 1965, S. 116.
354 Vgl. oben Erstes Kapitel B.II.2.b)aa).
355 Vgl. *John* (Bewertung, 1964), S. 206; ähnlich *Müller, E.* (Einzelbewertung, 1957), S. 975.
356 Vgl. *Zitzlaff* (Nochmals, 1948), S. 22; *Piechotta* (Teilwertabschreibung, 1964), S. 37 u. 39; *Lenzen* (Ersetzung, 1964), S. 347; *Tiedtke* (Bilanzsteuerrecht, 1983), S. 303; *Thiel* (Bilanzrecht, 1990), Tz. 586; *Drenseck* (in: *Schmidt*, 1993), Tz. 9b zu § 7 EStG; *Werndl* (in: *Kirchhof/Söhn*), Rdnr. B135 u. B172 zu § 7 EStG; *Brandis* (in: *Blümich*), Tz. 387 zu § 7 EStG.

umfassendere, unabhängig von den Wertminderungsgründen anwendbare Verfahren gilt.[357]

Keinem der genannten Abgrenzungskriterien ist es bisher gelungen, sowohl § 7 Abs. 1 Satz 5 und § 6 Abs. 1 Nr. 1 Satz 2 EStG überschneidungsfrei anzuwenden als auch von Rechtsprechung und Literatur allgemein akzeptiert zu werden. Daraus schließt *Dietz*, daß die Gemeinsamkeiten von AfaA und Teilwertabschreibung gegenüber etwaigen Unterschieden überwiegen und deshalb eine der beiden Bewertungsmethoden überflüssig sei.[358] Die meisten anderen Autoren ziehen aus dem Abgrenzungsproblem in Übereinstimmung mit RFH und BFH den weniger drastischen Schluß, daß man die beiden außerplanmäßigen Folgebewertungsformen des Steuerrechts inhaltlich nicht eindeutig voneinander trennen könne und daß es eine Reihe von Tatbeständen gebe, die sowohl eine AfaA als auch eine Teilwertabschreibung rechtfertigen.[359] Um auch bei gleichzeitiger Anwendbarkeit von AfaA und Teilwertabschreibung ein systematisches Vorgehen zu gewährleisten, wollen *Plückebaum* und *Werndl* der AfaA den Vorrang einräumen: Sie begründen das mit dem Wortlaut des § 6 Abs. 1 Nr. 1 Satz 1 und 2 EStG, wonach eine Teilwertabschreibung nur zulässig sei, sofern der Teilwert die "Anschaffungs- oder Herstellungskosten, vermindert um die Absetzungen für Abnutzung nach § 7" unterschreite; zu den Absetzungen nach § 7 gehöre auch die AfaA.[360] Als praktisch bedeutsam erweise sich die Rangfolge jedoch nur, wenn Teilwertabschreibung und AfaA zu unterschiedlichen Restbuchwerten führen.[361] *Meincke* wendet dagegen ein, daß sich die Priorität der AfaA weder zwingend aus dem Gesetz ergebe noch der Rechtsprechung entnommen werden könne.[362]

---

357 Vgl. *Plückebaum* (Bewertung, 1962), S. 1420; *Bühler/Scherpf* (Bilanz, 1971), S. 541; *Biergans* (Einkommensteuer, 1992), S. 486.

358 Vgl. *Dietz* (Normierung, 1971), S. 170; ähnlich *Veiel* (Teilwertbegriff, 1944), Sp. 444; a.A. *Bühler* (Teilwert, 1948), S. 287 u. *Wall* (Teilwert, 1957), S. 551.

359 Vgl. *Becker* (Einkommensteuergesetz, 1925), Tz. 228a zu § 19 EStG 1925; *Schnitzler* (Teilwert, 1936), S. 46; *Plückebaum* (Bewertung, 1962), S. 1419; *Littmann* (Einkommensteuerrecht, 1978), Rdnr. 112 zu § 7 EStG; *Claßen* (in: *Lademann/Söffing/Brockhoff*), Anm. 283 zu § 7 EStG; *Brandis* (in: *Blümich*), Tz. 387 zu § 7 EStG; *Glade* (Rechnungslegung, 1986), Tz. 54 zu § 253 HGB; *Werndl* (in: *Kirchhof/Söhn*), Rdnr. B170 zu § 7 EStG; *Herrmann/Heuer/Raupach* (Einkommensteuer), Anm. 215 zu § 7 EStG; *Knobbe-Keuk* (Unternehmenssteuerrecht, 1993), S. 201; RFH-Urteil v. 1. März 1939, S. 632; BFH-Urteil v. 29. Januar 1963, S. 186; *Meincke* (in: *Littmann/Bitz/Hellwig*), Tz. 186 zu § 6 EStG.

360 Vgl. *Plückebaum* (Bewertung, 1962), S. 1385; *Werndl* (in: *Kirchhof/Söhn*), Rdnr. B170 zu § 7 EStG.

361 Vgl. *Plückebaum* (Bewertung, 1962), S. 1385 u. 1419.

362 Vgl. *Meincke* (in: *Littmann/Bitz/Hellwig*), Tz. 186 zu § 6 EStG.

III. Kritische Würdigung der AfaA unter Berücksichtigung handelsrechtlicher GoB und steuerspezifischer Zielsetzungen

1. Die Aufgabe der AfaA im Rahmen der steuerrechtlichen Gewinnermittlung

Der im Schrifttum übereinstimmend betonte enge Zusammenhang zwischen AfA und AfaA folgt unmittelbar aus dem Gesetz: Beide Absetzungsformen werden in der gleichen Vorschrift geregelt und ihre einander ähnelnden Bezeichnungen machen deutlich, daß die Absetzung für außergewöhnliche Abnutzung solche Abnutzungsgründe erfaßt, die in der Absetzung für (gewöhnliche) Abnutzung unberücksichtigt geblieben sind. Insofern wird man der Bilanzrechtsliteratur zustimmen, wenn sie den Zweck der AfaA in der Korrektur der AfA sieht;[363] allerdings bleibt diese Zwecksetzung sehr vage, vor allem weil es noch die Teilwertabschreibung gibt, deren Aufgabe beim abnutzbaren Anlagevermögen darin besteht, einen um die "Absetzungen für Abnutzung nach § 7"[364] verminderten Wertansatz nach unten zu korrigieren. Es bedarf deshalb einer genauen Untersuchung, aus welchem Grund und in welcher Form eine AfaA die AfA korrigieren muß, um den Anforderungen des Steuerbilanzzwecks, der Ermittlung des entziehbaren Gewinns, zu genügen.

Den Ausgangspunkt der Untersuchung bilden die handelsrechtlichen GoB, denn sie interpretieren die in § 253 Abs. 2 HGB kodifizierte Folgebewertung abnutzbarer Anlagegegenstände im Sinne einer vorsichtigen und objektivierten Ausschüttungsbemessung und sind angesichts der Zweckübereinstimmung von Handels- und Steuerbilanz grundsätzlich auch geeignet, Aufschluß über eine ausschüttungsbezogene Anwendung der AfaA zu geben. Die GoB-adäquate Folgebewertung des Handelsrechts kann jedoch nur insoweit auf die AfaA übertragen werden, wie sie sich mit der steuerspezifischen Regelung des § 7 Abs. 1 Satz 5 EStG vereinbaren läßt. An ihre Grenzen stößt die Übertragung schon bei dem Begriff der "Absetzungen für außergewöhnliche ... Abnutzung", der als Steuerspezifikum nicht nach den handelsrechtlichen GoB, sondern in engem Zusammenhang mit den detaillierten Vorschriften zur Absetzung für Abnutzung in § 7 EStG ausgelegt werden muß. Durch die Einbindung der AfaA in die Gesamtheit der Absetzungsvorschriften nach § 7 EStG

---

363 Vgl. oben Erstes Kapitel B.II.1.a)
364 § 6 Abs. 1 Nr. 1 Satz 1 EStG.

84

beeinflußt die die AfA kennzeichnende Dominanz von Objektivierungs- und Vereinfachungserwägungen gegenüber Umsatzschätzungen auch die AfaA[365] und drängt insofern eine GoB-adäquate Auslegung des § 7 Abs. 1 Satz 5 EStG häufig zurück.

2. Die Überprüfung der im Schrifttum genannten Ursachen einer AfA-Änderung bzw. einer AfaA anhand des Steuerbilanzzwecks

a) Nutzungsdauerverkürzung

aa) Die Problematik der Begründung einer AfaA

Wie bereits ausführlich erörtert[366], besteht handelsrechtlich bei verkürzter Nutzungsdauer eine Pflicht zu außerplanmäßiger Abschreibung gemäß dem Realisationsprinzip, um durch die Herabsetzung des Restbuchwertes zu gewährleisten, daß wenigstens die künftigen Periodengewinne proportional zu den während der tatsächlichen Nutzungsdauer erzielbaren Umsätzen verlaufen. Diese Bilanzierungsweise beruht auf der Überlegung, daß die planmäßige Abschreibung bei Kenntnis der kürzeren Nutzungsdauer im Anschaffungs- oder Herstellungszeitpunkt vorsichtiger bemessen worden wäre und die außerplanmäßige Abschreibung nun die falsch bemessene planmäßige Abschreibung korrigiert. Da der Zweck der AfaA in der Korrektur der AfA besteht, ist es naheliegend, bei teleologischer Auslegung im Steuerrecht auf die gleiche Überlegung zurückzugreifen und eine AfaA wegen Nutzungsdauerverkürzung dann vorzunehmen, wenn die kürzere Nutzungsdauer bei vollkommener Information im Zugangszeitpunkt des Wirtschaftsgutes durch eine vorsichtigere Ermittlung der AfA hätte berücksichtigt werden können. Ob diese Voraussetzung erfüllt ist, muß anhand der einzelnen AfA-Vorschriften geprüft werden.

Die in § 7 Abs. 1 Satz 2 EStG geregelte "betriebsgewöhnliche Nutzungsdauer" eines Wirtschaftsgutes, welche die Bemessung der linearen, der degressiven und der Leistungs-AfA wesentlich beeinflußt, orientiert sich im Regelfall an den Nutzungsdauervorgaben der AfA-Tabellen; wird im Anschaffungs- oder Herstellungszeitpunkt aber nachweislich mit einer kürzeren als der den AfA-Tabellen zugrunde liegenden Nutzungsdauer gerechnet, so darf von den Vor-

---

365 Zur schematischen Erfassung von Vermögenswertminderungen durch AfaA vgl. *Moxter* (Vermögensermittlung, 1980), S. 232.
366 Vgl. oben Erstes Kapitel A.III.2.a)aa).

gabewerten abgewichen werden.[367] Ähnlich verhält es sich bei der linearen Gebäude-AfA, deren Absetzungsbeträge gemäß § 7 Abs. 4 Satz 2 EStG ausnahmsweise ohne Rücksicht auf die in Satz 1 kodifizierten Prozentsätze bemessen werden dürfen, wenn die tatsächliche Nutzungsdauer kürzer als der durch die Prozentsätze festgelegte Zeitraum ist.[368] § 7 Abs. 5 EStG läßt zwar bei degressiver Gebäude-AfA keine andere als die in Verbindung mit den Staffelsätzen festgelegte Nutzungsdauer zu; da jedoch bei Gebäuden die lineare Absetzung die grundlegende, als Pflicht geregelte Folgebewertungsmethode bildet, während die degressive Absetzung nur eine unter engen Voraussetzungen wahlweise anwendbare Alternative darstellt, hat der Steuerpflichtige im Anschaffungs- oder Herstellungszeitpunkt stets die Möglichkeit, anstelle der degressiven die lineare AfA über die kürzere tatsächliche Nutzungsdauer wahrzunehmen.

Die Untersuchung der Berücksichtigungsfähigkeit einer kürzeren tatsächlichen Nutzungsdauer im Rahmen der einzelnen AfA-Methoden ergibt folglich, daß die gesetzlichen Vorschriften des § 7 EStG hierfür trotz weitgehender Typisierung einen ausreichenden Schätzspielraum gewähren. Deshalb bestehen keine Bedenken, einer am Abschlußstichtag eingetretenen Nutzungsdauerverkürzung bei linearer AfA (incl. Gebäude-AfA) und - sofern sie das Gesamtleistungspotential mindert - auch bei Leistungs-AfA durch eine AfaA Rechnung zu tragen. Etwas schwieriger liegt der Fall bei den degressiven Absetzungsformen.

Bei degressiver Gebäude-AfA wird die Durchführung einer AfaA weder ausdrücklich erlaubt (wie bei linearer Gebäude-AfA) noch ausdrücklich verboten (wie bei degressiver AfA auf bewegliche Wirtschaftsgüter). Viele Autoren gehen - z.T. unter Hinweis auf die Einkommensteuerrichtlinien - von der Zulässigkeit der AfaA aus[369], stehen aber einem Wechsel von der degressiven zur linearen Gebäude-AfA während der Nutzungsdauer in der Regel ablehnend ge-

367 Vgl. oben Erstes Kapitel B.I.3 sowie *Bundesminister der Finanzen* (Absetzungen, 1993), S. 483 zur Nutzungsdauerschätzung bei Pkw.

368 Vgl. oben Erstes Kapitel B.I.3.

369 Vgl. *Gübbels* (Handbuch, 1966), S. 125; *Moxter* (Bilanzrechtsprechung, 1985), S. 169; *Biergans* (Einkommensteuer, 1992), S. 485; *Drenseck* (in: *Schmidt*, 1993), Tz. 9a zu § 7 EStG; ebenso BFH-Urteil v. 27. Juni 1978, S. 9.

genüber.[370] Wenn man die degressive Gebäude-AfA jedoch als Ausnahmeregelung von der linearen AfA versteht, dann muß man bei Nutzungsdauerverkürzung - ebenso wie bei kürzerer Nutzungsdauer im Anschaffungs- oder Herstellungszeitpunkt - auf § 7 Abs. 4 EStG zurückgreifen; gemäß den in dieser Vorschrift enthaltenen Sätzen 2 und 3 wird eine AfaA durchgeführt und der Restbetrag linear über die Restnutzungsdauer abgesetzt.

Bei degressiver AfA auf bewegliche Wirtschaftsgüter erfordert die bilanzielle Berücksichtigungsfähigkeit einer verkürzten Nutzungsdauer einen ähnlichen Umweg: Da § 7 Abs. 2 Satz 4 EStG die Durchführung einer AfaA verbietet, muß man zunächst auf die lineare Absetzung übergehen, bevor man die AfaA in Anspruch nehmen kann. Der Methodenwechsel stellt kein unzulässiges Verfahren zur Umgehung des AfaA-Verbots dar, sondern eine gesetzlich legitimierte Möglichkeit[371], ab dem Zeitpunkt die lineare AfA anzuwenden, ab dem sie eine vorsichtigere Folgebewertung gewährleistet als die degressive AfA.[372] Das ist aber nicht nur regelmäßig in den letzten Jahren der gewöhnlichen Absetzung der Fall; sofern ein außergewöhnliches Ereignis, z.B. eine Nutzungsdauerverkürzung, eintritt, dessen Auswirkungen nicht schon durch die mit der degressiven Methode verbundene AfA-Vorholung[373] kompensiert werden, muß gleichfalls zur linearen AfA übergegangen und in deren Folge eine AfaA durchgeführt werden, um eine u.U. erhebliche, dauerhafte Überbewertung in der Steuerbilanz zu vermeiden.

Die Nutzungsdauerverkürzung begründet demnach bei allen abnutzbaren Anlagegütern unabhängig von der gewählten AfA-Methode die Notwendigkeit einer AfaA. Dabei spielt es keine Rolle, ob sich die Nutzungsdauer durch den Eintritt eines nicht vorhersehbaren Ereignisses oder durch eine Neueinschätzung der schon im Anschaffungs- oder Herstellungszeitpunkt bestehenden Einflußfaktoren verkürzt. In ihrer Eigenschaft als Korrektur der AfA muß die AfaA jegliche Nutzungsdauerverkürzung berücksichtigen, die bei vollkommener Voraussicht in die Bemessung der AfA eingeflossen wäre.

---

370 Vgl. z.B. *Drenseck* (in: *Schmidt*, 1993), Tz. 15b zu § 7 EStG unter Hinweis auf Abschn. 44 Abs. 8 EStR u. *Beckermann* (in: *Dankmeyer/Giloy*), Rdnr. 126 zu § 7 EStG unter Hinweis auf das BFH-Urteil v. 10. März 1987, S. 620; a.A. *Gnam* (AfA), Rz. 106.
371 Vgl. § 7 Abs. 3 Satz 1 EStG.
372 Vgl. *Drenseck* (in: *Schmidt*, 1993), Tz. 11 zu § 7 EStG.
373 Zum Verhältnis von AfA-Vor- und -Nachholung vgl. *Moxter* (Bilanzrechtsprechung, 1985), S. 168-169; ähnlich *Kolbeck* (Absetzungen, 1958), S. 229.

bb) Die Varianten der AfaA-Bemessung

Nachdem die Nutzungsdauerverkürzung nun als ein dem Steuerbilanzzweck entsprechender Grund der AfaA anerkannt wurde, stellt sich die Frage nach der Art und Weise ihrer bilanziellen Berücksichtigung. Die handelsrechtlichen GoB erzwingen bei verkürzter Nutzungsdauer die Nachholung der bislang zu niedrig bemessenen planmäßigen Abschreibungen am Abschlußstichtag in einem Betrag, denn nur so läßt sich der Restbuchwert ermitteln, der gemäß dem Realisationsprinzip bei von Anfang an richtiger Nutzungsdauerschätzung erreicht worden wäre.[374] Im Einkommensteuerrecht muß hinsichtlich der Bilanzierungsweise zwischen einer sofort beendeten und einer zwar verkürzten, aber noch über das in der Steuerbilanz abgebildete Geschäftsjahr hinausreichenden Nutzungsdauer unterschieden werden. Bei sofortigem Nutzungsdauerende wird das abnutzbare Anlagegut nach übereinstimmender Auffassung in Bilanzrechtsprechung und -literatur vollständig ausgebucht, d.h. in Höhe des noch aktivierten Betrages abgesetzt.[375] Dieses Verfahren entspricht den handelsrechtlichen GoB, denn bei zutreffender Nutzungsdauerschätzung im Anschaffungs- oder Herstellungszeitpunkt wäre der Vermögenswert am Abschlußstichtag ebenfalls aufgezehrt.

Problematischer als das sofortige Nutzungsdauerende erweist sich die Nutzungsdauerverkürzung, weil ihre von der Rechtsprechung festgelegte und im Schrifttum weitgehend gebilligte Berücksichtigungsform, die Restbuchwertverteilung auf die Restnutzungsdauer[376], nicht den handelsrechtlichen GoB entspricht. Hier gilt es zu klären, ob diese Abweichung auf steuerspezifischen Erfordernissen beruht oder unbegründet ist.

Wenn die Rechtsprechung die Restbuchwertverteilung bei verkürzter Nutzungsdauer aus dem der AfA zugrunde liegenden Verteilungsgedanken ableitet und diesen grundsätzlich auch auf die AfaA angewendet wissen will, so weist sie damit zunächst auf den engen Interpretationszusammenhang zwischen AfaA und AfA hin, der auch im Rahmen der steuerbilanzzweckadäquaten Auslegung der AfaA betont wird.[377] Darüber hinaus stärkt sie durch diese Bezugnahme auf die AfA die Aufwandsverteilungsthese; denn die schemati-

---

374 Vgl. oben Erstes Kapitel A.III.2.a)aa).
375 Vgl. oben Erstes Kapitel B.II.2.a).
376 Vgl. oben Erstes Kapitel B.II.2.a).
377 Vgl. oben Erstes Kapitel B.II.2.a) u. B.III.1.

sche Verteilung des Restbuchwertes auf die Restnutzungsdauer dominiert in diesem Fall die Wertverzehrthese, die mit der AfA den Vermögenswertverlust in Abhängigkeit vom verbrauchten Nutzenpotential bestimmen möchte und die AfaA dementsprechend in Höhe des gesamten bei Nutzungsdauerverkürzung verbrauchten und bilanziell noch nicht berücksichtigten Nutzenpotentials bemessen würde.

Der Vorrang der Aufwandsverteilungsthese, auf den sich die Judikatur zur Begründung der Restbuchwertverteilung maßgeblich stützt, wird durch die teleologische Auslegung der AfA-Vorschriften zunächst scheinbar bestätigt. Wie bereits erörtert[378], sind sämtliche AfA-Methoden mit Ausnahme der (selten anwendbaren) Leistungs-AfA durch eine gesetzlich vorgeschriebene, von Umsatz- und Ausgabenerwartungen unabhängige Verteilung der Anschaffungs- oder Herstellungskosten auf die weitgehend normierte Nutzungsdauer gekennzeichnet; im Interesse von Objektivierungs- und Vereinfachungserwägungen wird folglich die Ermittlung eines den Vermögenswertverlust widerspiegelnden Absetzungsbetrages und damit die Idee einer umsatzproportionalen künftigen Gewinnrealisierung zurückgedrängt. Wenn das Realisationsprinzip aber bei der AfA-Bemessung vernachlässigt wird, dann mag es nahe liegen, seine Bedeutung für die Ermittlung der AfaA ebenfalls geringzuschätzen.

Die Übertragung der Aufwandsverteilungsthese auf die AfaA läßt sich allerdings nur formal durch den engen Regelungszusammenhang mit der AfA, aber nicht inhaltlich begründen; denn während die Aufwandsverteilungsthese bei der AfA zur Dominanz der Objektivierungs- und Vereinfachungsprinzipien über das Realisationsprinzip führt, übt sie auf die AfaA keinen zusätzlichen Objektivierungs- und Vereinfachungseffekt aus. Bei einer AfaA wegen Nutzungsdauerverkürzung besteht das Objektivierungsproblem in der Feststellung, ob und wenn ja in welchem Ausmaß sich die Nutzungsdauer verringert hat. Dieses Problem ist jedoch der Bemessung der AfaA vorgelagert und stellt sich sowohl bei Restbuchwertverteilung als auch bei GoB-adäquater Ermittlung des eingetretenen Vermögenswertverzehrs. Die Restbuchwertverteilung vereinfacht die Bilanzierung auch nicht nennenswert: Sie erfordert zwar einen Rechenschritt weniger als die den GoB entsprechende Methode, die zur Bestimmung des durch die Nutzungsdauerverkürzung erlittenen Vermögenswertverlustes hilfsweise auf die Bilanzierung bei von Anfang an richtig geschätz-

---

378 Vgl. oben Erstes Kapitel B.I.2.

ter Nutzungsdauer zurückgreift[379], doch fällt dieser zusätzliche Rechenschritt angesichts seiner ermessensfreien Durchführbarkeit kaum ins Gewicht.

Im Rahmen der AfaA ist der Verteilungsgedanke demnach nicht geeignet, spezielle Praktikabilitätsanforderungen des Steuerrechts zu erfüllen. Seine Anwendung verstößt aber gegen das Realisationsprinzip, weil die - gemessen an der tatsächlichen Nutzungsdauer - zu hohen Gewinnausschüttungen in den ersten Perioden erst am Nutzungsdauerende durch die Summe der während der Restnutzungsdauer ausgewiesenen niedrigeren Gewinne kompensiert und an allen Abschlußstichtagen überhöhte Vermögenswerte bilanziert werden. Bei der AfA erfüllt die schematische Aufwandsverteilung hingegen ihren steuerspezifischen Zweck und beachtet - auch wenn sie den Grundsatz ertragsproportionaler Gewinnrealisierung verletzt - zumindest das Vorsichtsprinzip, denn die ihr zugrunde gelegte normierte Nutzungsdauer ist i.d.R. so knapp bemessen, daß keine Überbewertungsgefahr besteht.[380]

Es entspricht deshalb grundsätzlich dem Steuerbilanzzweck, den Anwendungsbereich des Verteilungsgedankens auf die Ermittlung der AfA zu beschränken und die Höhe der AfaA nach den handelsrechtlichen GoB zu bestimmen. Die Orientierung an den GoB hat den Vorteil, daß Handels- und Steuerbilanzrecht entsprechend ihrer gleichlautenden Zielsetzung, der Feststellung des entziehbaren Gewinns, auch in der Berücksichtigung einer verkürzten Nutzungsdauer übereinstimmen. Darüber hinaus werden die Unklarheiten beseitigt, die in Bilanzrechtsprechung und -literatur hinsichtlich des Verhältnisses der sog. "erhöhten Absetzungen" zur AfaA bestehen[381]: Nach teleologischer Auslegung des § 7 Abs. 1 Satz 5 EStG muß bei verkürzter Nutzungsdauer eine AfaA in Höhe des gesamten noch nicht berücksichtigten Vermögenswertverzehrs durchgeführt und der verbleibende Restbuchwert über die Restnutzungsdauer mit den AfA-Beträgen abgesetzt werden, die bei vollkommener Voraussicht im Anschaffungs- oder Herstellungszeitpunkt zugrunde gelegt worden wären; erhöhte Absetzungen kommen demnach weder als Alternative zur AfaA noch als deren Bemessungsvorschrift in Frage.

---

379 Vgl. oben Erstes Kapitel A.III.2.a)aa).
380 Vgl. Bundestags-Drucksache IV/2008, S. 5 zur vorsichtigen Nutzungsdauerfestlegung in § 7 Abs. 4 EStG sowie die oben in Fn. 232 genannten Autoren zu den vorsichtigen Nutzungsdauervorgaben der AfA-Tabellen.
381 Vgl. oben Erstes Kapitel B.II.2.a).

b) Nutzungsbeeinträchtigungen bei unveränderter Nutzungsdauer

aa) Steuerspezifische Berücksichtigungsgrenzen bei verminderten Umsatzerwartungen

Wenn das Schrifttum die Möglichkeiten einer AfaA bei vermindertem Nutzenvorrat, aber unveränderter Nutzungsdauer eines Anlagegutes erörtert oder von verminderter Rentabilität bzw. Ertragsfähigkeit spricht[382], so umschreibt es den Tatbestand, daß die mit der Nutzung des Wirtschaftsgutes im Unternehmen verbundenen Umsatzerwartungen unvorhergesehenerweise zurückgegangen sind. Darauf weisen auch die Beispiele der überdimensionierten Maschine, der entfernten Gebäudebestandteile sowie der funktionslos gewordenen Höherlegung des Gebäudes hin[383]: In allen Fällen kann das Wirtschaftsgut nicht mehr in dem bei seiner Anschaffung oder Herstellung erhofften Umfang genutzt werden, so daß sich ein Teil des in den Anschaffungs- oder Herstellungskosten verkörperten Einnahmenüberschußpotentials als nicht werthaltig erweist und gemäß den handelsrechtlichen GoB außerplanmäßig abgeschrieben werden muß.[384] Es gilt nun zu prüfen, inwieweit diese der außerplanmäßigen Abschreibung zugrunde liegenden Überlegungen auf die AfaA übertragen werden können. Da verminderte Umsatzerwartungen zu einer außergewöhnlichen Abnutzung i.S.d. § 7 Abs. 1 Satz 5 EStG führen, steht der Gesetzeswortlaut einer solchen Übertragung nicht entgegen. Ob der Umsatzrückgang tatsächlich durch § 7 Abs. 1 Satz 5 EStG erfaßt werden kann, entscheidet jedoch nicht der (recht allgemein gehaltene) Gesetzeswortlaut, sondern der Sinn und Zweck der AfaA als Korrektur der AfA. Nur wenn bei vollkommener Voraussicht des Umsatzverlaufs im Anschaffungs- oder Herstellungszeitpunkt eine andere, vorsichtigere AfA-Methode gewählt worden wäre, muß die AfaA die an einem späteren Abschlußstichtag zugegangene Information über die verminderten Umsatzerwartungen bilanziell berücksichtigen. Wann diese Voraussetzung erfüllt ist, kann wegen der Vielfalt möglicher Alternativen nur anhand ausgewählter Grundfälle erörtert werden.

Erstes Beispiel: Lineare/degressive Gebäude-AfA

Bei einem Gebäude, das der linearen AfA gemäß § 7 Abs. 4 Satz 1 oder 2 EStG unterliegt, sind die Umsatzerwartungen am Abschlußstichtag dauerhaft

---

382 Vgl. oben Erstes Kapitel B.II.2.b)aa).
383 Vgl. oben Erstes Kapitel B.II.2.b)aa).
384 Vgl. oben Erstes Kapitel A.III.2.b)bb).

gesunken, weil es aufgrund einer Produktionsumstellung in Zukunft voraussichtlich nur noch zur Hälfte genutzt werden wird.

Über die gesamte Nutzungsdauer betrachtet, weist das Gebäude nun eine degressive statt der ursprünglich erwarteten linearen Umsatzreihe auf, die zutreffender durch eine degressive als durch eine lineare AfA widergespiegelt werden würde. Wenn aber die kodifizierten Voraussetzungen des § 7 Abs. 5 EStG nicht erfüllt sind, etwa weil der Steuerpflichtige das Gebäude erst zwei Jahre nach Fertigstellung erworben hat, dann hätte er die degressive AfA auch bei degressiven Umsatzerwartungen im Zugangszeitpunkt des Gebäudes nicht in Anspruch nehmen dürfen, so daß es einer Korrektur der ursprünglichen Methodenwahl durch eine AfaA am Abschlußstichtag nicht bedarf.

Sind die im Gesetzeswortlaut genannten Voraussetzungen hingegen erfüllt, so wäre die Inanspruchnahme der degressiven AfA auch bei linearen Umsatzerwartungen möglich gewesen, da § 7 Abs. 5 EStG die Anschaffungs- oder Herstellungskosten unabhängig vom Umsatzverlauf nach festgelegten AfA-Sätzen auf die Nutzungsdauer verteilt. Die Verminderung der Umsatzerwartungen am Abschlußstichtag eröffnet demnach keine neuen Perspektiven, die - wenn sie im Zugangszeitpunkt des Gebäudes bekannt gewesen wären - zu einer anderen Bemessung der AfA geführt hätten; eine AfaA wird in diesem Fall nicht benötigt. Auch wenn das Gebäude ursprünglich degressiv gemäß § 7 Abs. 5 EStG abgesetzt worden wäre und die handelsrechtlichen GoB zur Berücksichtigung des am Abschlußstichtag erwarteten Umsatzrückgangs einen von Anfang an stärkeren Degressionsgrad befürworten würden, käme eine AfaA nicht in Frage, weil die Höhe der degressiven Gebäude-AfA gesetzlich festgelegt ist und nicht in Abhängigkeit von den prognostizierten Umsätzen korrigiert werden kann. Bei Gebäuden können verminderte Umsatzerwartungen folglich nicht durch eine AfaA berücksichtigt werden.[385] Erst wenn die Umsatzeinbußen die Nutzungsdauer des Gebäudes verkürzen, z. B. wenn das nur halb genutzte Gebäude vorzeitig abgerissen und durch einen zweckmäßigeren Bau ersetzt werden soll, muß gemäß § 7 Abs. 4 Satz 3 EStG eine AfaA erfolgen.

---

385 Zur Ablehnung verminderter Umsatzerwartungen als AfaA-Grund wegen der umsatzunabhängigen Bemessung der AfA vgl. auch *o.V.* (Anmerkung, 1981), S. 7; zur Kritik an dieser Auffassung vgl. *Reiche* (Absetzung, 1986), S. 32.

Zweites Beispiel: Lineare/degressive AfA auf immaterielle und bewegliche Wirtschaftsgüter

Das Patent für ein Produktionsverfahren wird nach den Erkenntnissen am Abschlußstichtag künftig in geringerem Maße zur Umsatzerzielung des Unternehmens beitragen, weil die Produktion aufgrund von Absatzschwierigkeiten gedrosselt werden soll; die während der Nutzungsdauer mit dem Patent erzielbaren Erträge verlaufen nicht wie ursprünglich erwartet linear, sondern degressiv.

Die handelsrechtliche Begründung einer außerplanmäßigen Abschreibung, daß bei zutreffender Umsatzprognose im Erwerbszeitpunkt die planmäßige Abschreibung degressiv statt linear bemessen worden wäre und deshalb am Abschlußstichtag eine Abschreibungsnachholung erforderlich ist, kann in diesem Fall nicht auf das Steuerrecht übertragen werden: Da das Patent als immaterielles Wirtschaftsgut die Anwendungsvoraussetzungen der degressiven AfA nicht erfüllt, hätte es selbst bei von Anfang an richtiger Schätzung der erwarteten Umsätze nicht realisationsprinzipkonform abgesetzt werden können; die lineare AfA als die einzige bei immateriellen Anlagegütern zulässige Absetzungsform kann bei verminderten Umsatzerwartungen nicht durch eine AfaA korrigiert werden.

Bei beweglichen Wirtschaftsgütern, wie z.B. Maschinen, sind im Hinblick auf die Erfaßbarkeit durch eine degressive AfA drei Varianten des Umsatzrückgangs zu unterscheiden: (1.) Die erwarteten Umsätze einer linear abgesetzten Maschine gehen nur soweit zurück, daß ihr - über die gesamte Nutzungsdauer betrachtet - fallender Verlauf durch eine von Anfang an degressive AfA innerhalb der gesetzlich kodifizierten Degressionsgrenzen (maximal das Dreifache des linearen Satzes bzw. 30 %) hätte aufgefangen werden können; (2.) man rechnet bei linearer Absetzung der Maschine mit einem sehr starken Umsatzrückgang, dessen Erfassung durch eine degressive AfA über die gesamte Nutzungsdauer ein Überschreiten der Degressionsgrenzen des § 7 Abs. 2 EStG erforderlich gemacht hätte; (3.) für die Folgebewertung der Maschine wird zwar im Zugangszeitpunkt die degressive AfA gemäß § 7 Abs. 2 EStG gewählt, um die an einem späteren Abschlußstichtag erwartete Umsatzminderung im Wege der gewöhnlichen Absetzung zu berücksichtigen, hätte es jedoch eines die gesetzlichen Vorgaben überschreitenden Degressionsgrades bedurft.

Bei der ersten Variante wäre die bilanzielle Berücksichtigung der geringeren Umsatzerwartungen in vollem Umfang, bei der zweiten Variante nur bis zum Erreichen der Degressionsgrenzen durch eine von Anfang an degressive Absetzung möglich gewesen. Ebenso wie für Gebäude gilt allerdings auch für be-

wegliche Wirtschaftsgüter, daß die Rückbeziehung der an einem Abschlußstichtag erlangten Informationen über den fallenden Umsatzverlauf auf den
Anschaffungs- oder Herstellungszeitpunkt keine neuen Perspektiven für die
Wahl der AfA-Methode eröffnet, denn der Steuerpflichtige hätte auch in Erwartung linearer Umsätze von der degressiven AfA gemäß § 7 Abs. 2 EStG
Gebrauch machen können. Da die Kenntnis fallender Umsätze an dem Wahlrecht zwischen linearer und degressiver AfA im Zugangszeitpunkt beweglicher Wirtschaftsgüter nichts geändert hätte, besteht bei späterem Informationszugang am Abschlußstichtag kein Korrekturbedarf der getroffenen Methodenwahl durch eine AfaA. Bei der dritten Variante des Umsatzrückgangs wäre
es - ebenso wie bei dem die Degressionsgrenzen überschreitenden Teilbetrag
der zweiten Variante - im Anschaffungs- oder Herstellungszeitpunkt nicht
möglich gewesen, die Absetzungen von vornherein dem Realisationsprinzip
entsprechend zu bemessen. Die nach dem ursprünglichen Kenntnisstand gewählte AfA-Methode kann demnach nicht durch eine AfaA korrigiert werden.
Verminderte Umsatzerwartungen können bei beweglichen Wirtschaftsgütern,
die linear oder degressiv abgesetzt werden, sowie bei immateriellen Anlagewerten folglich nur dann bilanziell berücksichtigt werden, wenn sie die Nutzungsdauer des betreffenden Gutes verkürzen; in diesem Fall greift die AfaA
in der im vorhergehenden Gliederungspunkt beschriebenen Weise.[386]

Drittes Beispiel: Leistungs-AfA

Eine Maschine, die der Leistungs-AfA unterliegt und keine laufenden Ausgaben verursacht, wird aufgrund von Produktionseinschränkungen künftig seltener genutzt werden, so daß die im Anschaffungs- oder Herstellungszeitpunkt
geschätzte Gesamtleistung innerhalb der Nutzungsdauer von 100.000 auf
75.000 Stück sinkt.

Wenn die wirtschaftliche Begründbarkeit der Leistungs-AfA u.a. eine lineare
Beziehung zwischen dem Leistungspotential des abnutzbaren Anlagegegenstandes und seiner Fähigkeit zur Erzielung künftiger Umsätze voraussetzt[387],
dann führt eine Verringerung der Gesamtleistungsmenge stets zu Umsatzeinbußen. Da die Leistungs-AfA den Zweck verfolgt, die Anschaffungs- oder
Herstellungskosten leistungs- und damit umsatzproportional auf die Nutzungsdauer zu verteilen, wäre sie in den abgelaufenen Nutzungsjahren höher
bemessen worden, hätte man das geringere Leistungspotential und damit die

---

386 Vgl. oben Erstes Kapitel B.III.2.a)bb).
387 Vgl. oben Erstes Kapitel B.I.2.

geringere Umsatzalimentierungsfähigkeit schon im Zugangszeitpunkt der Maschine erkannt. Um die in den vergangenen Perioden zu niedrig berechnete Leistungs-AfA zu korrigieren, muß am Abschlußstichtag eine AfaA durchgeführt werden. Sie muß so hoch sein, daß die nach den neuen Erkenntnissen überhöhte Gewinnausschüttung der Vorjahre kompensiert und künftig eine den geringeren Leistungseinheiten bzw. Umsätzen proportionale Gewinnrealisierung ermöglicht wird.[388] Die Leistungs-AfA als einzige AfA-Methode, deren Beträge umsatzabhängig bestimmt werden, ist auch die einzige AfA-Methode, die bei verminderten Umsatzerwartungen durch eine AfaA korrigiert wird.

bb) Die geringe Bedeutung der Ausgabenerwartungen für AfA und AfaA

Bei der Würdigung außerplanmäßiger Abschreibungsgründe im Handelsrecht wurde moniert, daß das Schrifttum den Anstieg der erwarteten Ausgaben (z.B. für Reparaturen) am Abschlußstichtag nicht berücksichtigt, obwohl er bei zutreffender Schätzung im Zugangszeitpunkt des Anlagegutes durch eine höhere Abschreibungsbelastung der ersten Perioden berücksichtigt worden wäre.[389]

Analog zum Handelsrecht werden im Einkommensteuerrecht die am Abschlußstichtag erwarteten Ausgabenerhöhungen von Rechtsprechung und Literatur nicht als Grund einer AfaA erwähnt. Anders als im Handelsrecht erscheint dies jedoch im Steuerrecht grundsätzlich schlüssig: Da alle AfA-Methoden mit Ausnahme der Leistungs-AfA die Anschaffungs- oder Herstellungskosten unabhängig von den (Umsatz- und) Ausgabenerwartungen auf die Nutzungsdauer verteilen, besteht kein Grund, veränderten Ausgabenerwartungen durch eine AfaA Rechnung zu tragen. Die Leistungs-AfA bezieht zwar u.U. laufende Ausgaben in die AfA-Bemessung ein, doch muß es sich dabei gemäß den Bedingungen der wirtschaftlichen Begründbarkeit um durch den Leistungsverbrauch determinierte Ausgaben handeln, die keine Prognose und damit auch keine Korrektur der Prognose erfordern. Nur wenn die Leistungs-AfA auf der Annahme beruht, daß keine Ausgaben anfallen, und sich diese Annahme im Zeitablauf als falsch erweist, entsteht Handlungsbedarf: Da die Leistungs-AfA in diesem Fall zwar die Absetzungen, nicht aber - wie nach den GoB geboten - die Gesamtaufwendungen umsatzproportional bemißt, hät-

---

388 Vgl. oben Erstes Kapitel B.I.2.
389 Vgl. oben Erstes Kapitel A.III.2.b)dd).

te sie bei zutreffender Information im Zugangszeitpunkt des abnutzbaren Anlagegegenstandes nicht gewählt werden dürfen; nur die lineare oder die degressive AfA wäre zulässig gewesen. Der Steuerpflichtige muß nun von der Leistungs-AfA zur linearen oder degressiven AfA wechseln und zusätzlich eine AfaA durchführen, falls die von ihm gewählte Methode - wäre sie von Anfang an verwendet worden - zu einem niedrigeren Restbuchwert am Abschlußstichtag geführt hätte als die bis dahin angewandte Leistungs-AfA.

Bilanzrechtsprechung und -literatur stellen nur für den Fall einen Zusammenhang zwischen Ausgaben und Absetzungen her, daß notwendige Reparaturen nicht vorgenommen werden und dadurch die Nutzungsdauer des Anlagegutes verkürzen oder zumindest seine Fähigkeit, zur künftigen Umsatzerzielung im Unternehmen beizutragen, beeinträchtigen.[390] Unterlassene Reparaturen bilden somit keinen eigenständigen, noch nicht erörterten Grund einer AfaA, sondern einen Sachverhalt, der je nach Auswirkung auf das Wirtschaftsgut zu den AfaA-Gründen "Nutzungsdauerverkürzung" oder "verminderte Umsatzerwartungen" gehört. Diese Zuordnung entscheidet auch über die bilanzielle Berücksichtigungsfähigkeit der unterlassenen Reparaturen: Falls sie die Nutzungsdauer verkürzen, ist eine AfaA erforderlich, verringern sie jedoch die Umsatzerwartungen, dann kommt eine AfaA nicht in Frage; denn verminderte Umsatzerwartungen begründen nur bei der Leistungs-AfA eine AfaA, und die Leistungs-AfA ist gemäß den handelsrechtlichen GoB nicht anwendbar, wenn mit leistungsunabhängigen Ausgaben, z.B. für Reparaturen, gerechnet wird.

c) *Die gesetzeszweckadäquate Beurteilung der Änderungen des verteilungsbedürftigen Betrages*

aa) *Die Folgen nachträglicher Anschaffungs- oder Herstellungskosten für die Absetzung nach § 7 EStG*

Für die steuerrechtliche Behandlung nachträglicher Anschaffungs- oder Herstellungskosten gilt die teleologische Auslegung im Handelsbilanzrecht analog, sofern die Kosten für abnutzbare Anlagegüter angefallen sind, die nicht der Absetzung nach § 7 Abs. 4 Satz 1 oder Abs. 5 EStG unterliegen. D.h.: Da

---

390 Vgl. oben Erstes Kapitel B.II.2.b)bb). Sofern unterlassene Reparaturen innerhalb von drei Monaten nachgeholt werden, beeinträchtigen sie die Nutzungsfähigkeit des Anlagegutes nicht dauerhaft und lösen statt der Absetzungs- eine Rückstellungspflicht gemäß § 249 Abs. 1 Satz 2 Nr. 1 HGB u. § 5 Abs. 1 Satz 1 EStG aus.

nachträgliche Anschaffungs- oder Herstellungskosten definitionsgemäß den Charakter des Wirtschaftsgutes verändern, müssen Nutzungsdauer und AfA-Methode für das veränderte Gut grundsätzlich unabhängig von den bislang gültigen Folgebewertungsdeterminanten neu festgelegt werden. Insbesondere bei Anlagegütern, die vorher der Leistungs-AfA oder der linearen Gebäude-AfA über die kürzere tatsächliche Nutzungsdauer unterlegen haben, muß geprüft werden, ob die Anwendungsvoraussetzungen der beiden Methoden, die proportionale Beziehung zwischen Leistungsabgaben, Umsätzen und Gesamtaufwendungen bzw. das Unterschreiten des mit Hilfe von Prozentsätzen typisierten Absetzungszeitraums, nach dem Eintritt nachträglicher Anschaffungs- oder Herstellungskosten noch erfüllt sind. Erst wenn die Prüfung die unveränderte Zulässigkeit der zuvor angewandten Methoden ergibt, können die nachträglichen Anschaffungs- oder Herstellungskosten - wie von Steuerrechtsprechung und -literatur vorgesehen[391] - zum Restbuchwert addiert und auf die ggf. neu zu schätzende Restnutzungsdauer verteilt werden. Bei Anlagegütern, die bislang linear oder degressiv abgesetzt wurden, kann eine solche Prüfung regelmäßig entfallen und die Verteilung des erhöhten Restbuchwertes sogleich erfolgen, denn nachträgliche Anschaffungs- oder Herstellungskosten vermögen zwar bestimmte Eigenschaften eines Wirtschaftsgutes, wie z.B. die Umsatzalimentierungsfähigkeit oder die Nutzungsdauer, aber grundsätzlich nicht seine Zuordnung zu den immateriellen oder beweglichen Anlagegütern zu verändern.

Die bilanzielle Berücksichtigung nachträglicher Anschaffungs- oder Herstellungskosten bei Gebäuden, die der Absetzung nach § 7 Abs. 4 Satz 1 oder Abs. 5 EStG unterliegen, weicht insofern von den bisher erörterten Berücksichtigungsformen ab, als die bislang verwendete AfA-Methode beibehalten werden muß. Die Beibehaltungspflicht kann - worauf die Rechtsprechung hinweist[392] - mit dem Gesetzeswortlaut begründet werden und entspricht dem Zweck beider Vorschriften, die jährlichen Absetzungsbeträge ermessensfrei zu ermitteln. Bei linearer Gebäude-AfA führt die Anwendung des schon bisher gebrauchten AfA-Satzes auf die Summe aus ursprünglich und nachträglich angefallenen Anschaffungs- oder Herstellungskosten zu einem objektivierten Absetzungsbetrag, der über den dem AfA-Satz entsprechenden typisierten Zeitraum hinaus bis zur Vollabsetzung des Gebäudes jährlich als Aufwand ge-

---

391 Vgl. oben Erstes Kapitel B.II.2.c)aa).
392 Vgl. oben Erstes Kapitel B.II.2.c)aa).

bucht wird und dadurch auch die erforderliche Nutzungsdauerverlängerung ermessensfrei festlegt.[393] Eine so vollständig objektivierte Absetzung ist nur dann nicht möglich, wenn die tatsächliche Nutzungsdauer des Gebäudes entweder den gesetzlichen AfA-Zeitraum von 25, 40 bzw. 50 Jahren oder die typisierte Verlängerung dieses Zeitraums unterschreitet. Dann muß das Gebäude entweder von dem Zeitpunkt an, in dem die nachträglichen Anschaffungs- oder Herstellungskosten anfallen, oder nach Ablauf des gesetzlichen AfA-Zeitraums linear über die tatsächliche Nutzungsdauer abgesetzt werden, um eine Überbewertung in der Steuerbilanz zu vermeiden.

Bei degressiver Gebäude-AfA kann die angestrebte vollkommene Objektivierung nur erreicht werden, wenn der nach Ablauf des Absetzungszeitraums zu verwendende Prozentsatz dem Ermessen des Steuerpflichtigen entzogen wird. Da § 7 Abs. 5 EStG keine entsprechende Regelung trifft, liegt es nahe, in diesem Fall - ebenso wie bei anderen Regelungsdefiziten[394] - auf § 7 Abs. 4 EStG, die grundlegende Vorschrift zur Gebäude-AfA, zurückzugreifen und denjenigen AfA-Satz zugrunde zu legen, der bei von vornherein linearer Absetzung des Gebäudes gewählt worden wäre. Das bedeutet im einzelnen: Für Gebäude, die degressiv über 25 Jahre abgesetzt werden dürfen, gilt nach Ablauf dieses Zeitraums der lineare AfA-Satz von 4 %, weil sie die Anforderungen (Betriebsvermögenszugehörigkeit, nicht für Wohnzwecke bestimmt, Bauantragstellung nach dem 31. März 1985) erfüllen, die § 7 Abs. 4 Satz 1 Nr. 1 EStG an eine lineare Absetzung in dieser Höhe stellt; bei den über 50 Jahre degressiv abgesetzten Gebäuden wird nach Verstreichen der typisierten Nutzungsdauer entweder eine lineare AfA von 2 oder von 2,5 % zugrunde gelegt, je nachdem ob die Gebäude nach dem 31. Dezember 1924 oder vor dem 1. Januar 1925 fertiggestellt worden sind; Gebäude, die einer degressiven AfA über 40 Jahre unterliegen, müssen schließlich ab dem 41. Nutzungsjahr mit 2 % abgesetzt werden, denn sie gehören regelmäßig in die Rubrik der nach dem 31. Dezember 1924 fertiggestellten Häuser.

---

393 In diesem Sinne äußert sich auch die Rechtsprechung, vgl. oben Erstes Kapitel B.II.2.c)aa).
394 Vgl. oben Erstes Kapitel B.III.2.a)aa).

bb) Die Auswirkungen von AfaA, Teilwertab- und -zuschreibungen auf die Bemessung der AfA

Die Bezugsgröße der jährlichen Absetzungsbeträge kann ferner durch eine AfaA, eine Teilwertabschreibung oder eine Teilwertzuschreibung verändert werden. Da die Teilwertab- bzw. -zuschreibung - anders als die nachträglichen Anschaffungs- oder Herstellungskosten - den Charakter des Wirtschaftsgutes nicht beeinflußt, bleibt der Steuerpflichtige an die gewählte AfA-Methode gebunden und muß den gemäß § 6 Abs. 1 Nr. 1 EStG verminderten bzw. erhöhten Restbuchwert nach dieser Methode auf die Restnutzungsdauer verteilen. Bei Gebäuden, die nach § 7 Abs. 4 Satz 1 oder Abs. 5 EStG abgesetzt werden, wird nicht nur die AfA-Methode, sondern auch der jährliche Absetzungsbetrag, der sich als vorgegebener Prozentsatz der (unveränderten) Anschaffungs- oder Herstellungskosten bemißt, beibehalten, so daß der Ansatz des niedrigeren Teilwerts zu fehlenden Absetzungsbeträgen am Ende des AfA-Zeitraums führt, die sich je nach Ausmaß der Teilwertabschreibung entweder in einer geringeren AfA-Belastung der letzten Periode oder einer Nutzungsdauerverkürzung äußern.[395] Wird die Teilwertabschreibung auf das Gebäude durch eine Zuschreibung während des AfA-Zeitraums wieder rückgängig gemacht, dann bleiben die Absetzungsbeträge ebenfalls unverändert, erstrecken sich aber wieder auf die gesetzlich festgelegte Nutzungsdauer.

Im Unterschied zur Teilwertabschreibung verringert die AfaA nicht nur die Summe des verteilungsbedürftigen Betrages; sie bestimmt darüber hinaus, daß die künftigen AfA-Beträge so zu bemessen sind, wie sie bei vollkommener Information im Zugangszeitpunkt bemessen worden wären. Die AfaA ist folglich kein zusätzlicher AfA-Änderungsgrund, weil sie die Bezugsgröße der AfA vermindert, sondern eine Folge anderer AfA-Änderungsgründe, wie z.B. einer verkürzten Nutzungsdauer.

cc) Das Verhältnis der Reparatur- und Schadensbeseitigungskosten zur AfaA

Gegenläufige Einflüsse auf die Höhe des verteilungsbedürftigen Gesamtbetrages treten z.B. auf, wenn zunächst eine AfaA wegen unterlassener Reparaturen bzw. entstandener Schäden vorgenommen und dann in einem späteren Geschäftsjahr die Reparatur nachgeholt bzw. der Schaden beseitigt wird oder

---

395 Gl.A. *Drenseck* u. *Herrmann/Heuer/Raupach*, vgl. oben Erstes Kapitel B.II.2.c)aa).

wenn Eintritt und Beseitigung des Schadens in das gleiche Geschäftsjahr fallen. Wie dieser Sachverhalt bilanziell zu berücksichtigen ist, entscheiden die handelsrechtlichen GoB, sofern ihnen die steuerspezifischen Zielsetzungen des § 7 EStG nicht entgegenstehen.

Im Handelsbilanzrecht repräsentieren die Anschaffungs- oder Herstellungskosten im Zugangszeitpunkt ebenso wie die nach planmäßiger Abschreibung erreichten Restbuchwerte an späteren Abschlußstichtagen das gemäß dem Realisationsprinzip vorsichtig bemessene Nettoeinnahmenpotential eines voll funktionsfähigen Anlagegegenstandes. Wenn unterlassene Reparaturen bzw. eingetretene Schäden dieses Nettoeinnahmenpotential mindern, indem sie die Umsatzalimentierungsfähigkeit des Anlagegutes beeinträchtigen, dann muß außerplanmäßig auf den niedrigeren beizulegenden Wert abgeschrieben werden; er verkörpert den Vermögenswert des reparaturbedürftigen bzw. beschädigten Anlagegegenstandes, der so auf die restlichen Nutzungsjahre verteilt werden kann, daß die künftigen Gewinne proportional zu den während der tatsächlichen Nutzungsdauer erzielbaren Umsätzen realisiert werden können. Wird die Nettoeinnahmenminderung durch die Reparatur bzw. Schadensbeseitigung später behoben, so bilden die dabei auftretenden Kosten - ebenso wie die Anschaffungs- oder Herstellungskosten im Zugangszeitpunkt - einen objektiven Anhaltspunkt für den Zuwachs an Nettoeinnahmenpotential; sie stellen gemeinsam mit dem Restbuchwert des reparaturbedürftigen bzw. beschädigten Anlagegegenstandes den neuen Vermögenswert dar, der durch die Nutzung in künftigen Perioden verzehrt wird. Die handelsrechtlichen GoB beschränken die Aktivierungsfähigkeit der Reparatur- bzw. Schadensbeseitigungskosten nicht auf die Höhe der zuvor durchgeführten außerplanmäßigen Abschreibung, sondern gehen - solange keine gegenteiligen Anhaltspunkte vorliegen - davon aus, daß die gesamten Kosten durch die künftigen Nettoeinnahmen amortisiert werden.

Wird der Schaden hingegen noch im Eintrittsjahr beseitigt, dann können die dafür anfallenden Kosten nicht aktiviert werden, weil der bilanzierte Restbuchwert das Nettoeinnahmenpotential eines voll funktionsfähigen Anlagegegenstandes verkörpert und die Schadensbeseitigungskosten nur dazu dienen, den Anlagegegenstand in diesem Zustand zu erhalten. Die Kosten erhöhen folglich die dem Anlagegegenstand zurechenbaren Ausgaben in der Schadensbeseitigungsperiode. Da die Ausgabenerwartungen für künftige Perioden in diesem Fall unverändert bleiben, liegt ein vorübergehender Ausgabenanstieg vor, der - wenn er erst im Zeitpunkt seines Eintritts entdeckt wird - i.d.R. nicht zu einem niedrigeren als dem nach planmäßiger Abschreibung erreichten Vermögenswert führt;[396] für eine außerplanmäßige Abschreibung bleibt dann kein Raum.

Diese realisationsprinzipkonforme Betrachtungsweise wird durch die Objektivierungs- und Vereinfachungsdominanz des § 7 EStG insoweit eingeschränkt, als unterlassene Reparaturen nur dann eine AfaA begründen können, wenn sie bei linear oder degressiv abgesetzten Anlagegegenständen die Nutzungsdauer verkürzen; entstandene Schäden können nicht nur bei linearer und degressiver AfA eine AfaA erforderlich machen, sondern auch bei der Leistungs-AfA, vorausgesetzt daß sie das Leistungspotential und damit die Umsatzalimentierungsfähigkeit des Anlagegegenstandes beeinträchtigen. Da die Leistungs-AfA - sofern ihre restriktiven Anwendungsbedingungen erfüllt sind - den handelsrechtlichen GoB entspricht, gelten die obigen, auf das Handelsbilanzrecht bezogenen Ausführungen zur Berücksichtigung des Schadenseintritts und seiner Beseitigung in einem späteren Geschäftsjahr im Steuerbilanzrecht analog. Wird der eingetretene Schaden hingegen im gleichen Geschäftsjahr durch nicht aktivierungsfähige Ausgaben beseitigt, dann greifen steuerspezifische Überlegungen, weil sich die Leistungs-AfA als unzulässig erweist; sie muß dann - ggf. unter Zuhilfenahme einer AfaA - durch die lineare oder die degressive AfA abgelöst werden.[397]

Eine reparatur- bzw. schadensbedingte Nutzungsdauerverkürzung wird zwar in der Steuerbilanz grundsätzlich nicht realisationsprinzipkonform bemessen, weil die AfaA nur den der AfA zugrunde liegenden Zeitraum, nicht aber ihr Informationsdefizit hinsichtlich des Verlaufs der Umsätze und Ausgaben korrigiert;[398] die Nutzungsdauerverkürzung sagt jedoch wenigstens aus, daß sich das Nettoeinnahmepotential schneller als ursprünglich erwartet verzehrt. Führt die Reparaturnachholung bzw. Schadensbeseitigung zu einer längeren Nutzungsdauer, so müssen die dafür aufgewandten Kosten aktiviert werden,

---

396 Vgl. Abb. 22 im Anhang, wenn die vorübergehende Ausgabenerhöhung erst in p_3 erkannt wird, sowie die Ausführungen oben Erstes Kapitel A.III.2.b)cc) u. dd).

397 Vgl. oben Erstes Kapitel B.III.2.b)bb); zu den Möglichkeiten einer Teilwertabschreibung wegen unterlassener Reparaturen oder entstandener Schäden vgl. unten Erstes Kapitel B.V.2.c)cc)aaa).

398 Vgl. oben Erstes Kapitel B.III.2.a)aa).

weil sie ein zusätzliches Nettoeinnahmenpotential geschaffen haben, das im verlängerten Nutzungszeitraum abgebaut wird. Für die Auswirkungen dieser Kosten auf die Bemessung der AfA gelten die Ausführungen zu den nachträglichen Anschaffungs- oder Herstellungskosten.[399] Wenn Schadenseintritt und -beseitigung in dasselbe Geschäftsjahr fallen, dann ermöglichen die Schadensbeseitigungskosten dem Steuerpflichtigen die Beibehaltung der ursprünglich gewählten Nutzungsdauer, so daß kein Grund für eine AfaA besteht.

dd) Die Verminderung des Restverkaufserlöses

Eine weitere Änderungsmöglichkeit des verteilungsbedürftigen Gesamtbetrages liegt vor, wenn der am Nutzungsende für das Wirtschaftsgut voraussichtlich erzielbare Restverkaufserlös während der Nutzungsdauer gesunken ist. Rechtsprechung und Literatur messen ihr - vermutlich aufgrund der Tatsache, daß ein geringer Restverkaufserlös aus Vorsichts- und Vereinfachungserwägungen bei der AfA-Bemessung nicht berücksichtigt wird[400] - keine Bedeutung bei. Dennoch darf die Verminderung des Restverkaufserlöses als Grund einer AfaA nicht völlig vernachlässigt werden: Wenn die Rechtsprechung es zuläßt, einen beträchtlichen Restverkaufserlös von den Anschaffungs- oder Herstellungskosten abzuziehen und nur den danach verbleibenden Betrag per AfA auf die Nutzungsdauer zu verteilen[401], dann entsteht bei sinkendem Restverkaufserlös ein zusätzlicher verteilungsbedürftiger Betrag, der bei vollkommener Information im Anschaffungs- oder Herstellungszeitpunkt durch die AfA erfaßt worden wäre; seine in den Vorperioden unterlassene erfolgswirksame Berücksichtigung muß nun durch eine AfaA nachgeholt werden.

d) Die Nachholung unterlassener AfA - ein spezieller Anwendungsfall der AfaA?

Wenn Bilanzrechtsprechung und -literatur die Nachholung einer unterlassenen AfA als eigenständige Ursache einer AfaA neben anderen Ursachen erwähnen, so kann dies bei teleologischer Auslegung zu Mißverständnissen führen, denn gemäß dem Zweck des § 7 Abs. 1 Satz 5 EStG, der darin besteht, zu niedrig bemessene Absetzungen der Vorperioden zu korrigieren, stellt jede AfaA eine

---

399 Vgl. oben Erstes Kapitel B.III.2.c)aa).
400 Vgl. BFH GrS-Beschluß v. 7. Dezember 1967, S. 270; BFH-Urteil v. 22. Juli 1971, S. 801; BFH-Urteil v. 7. Februar 1975, S. 479-480.
401 Vgl. BFH GrS-Beschluß v. 7. Dezember 1967, S. 270.

AfA-Nachholung dar; "AfA-Nachholung" ist nach diesem Verständnis ein Synonym und nicht Bestandteil der AfaA. Die Rechtsprechung stellt indes klar, daß es ihr bei dem als Nachholung unterlassener Absetzungen bezeichneten Grund einer AfaA nur um die Nachholung solcher AfA-Beträge geht, die man nach den im Anschaffungs- oder Herstellungszeitpunkt verfügbaren Informationen den ersten Nutzungsjahren hätte zuordnen müssen, aber de facto nicht zugeordnet hat, sei es aus Unachtsamkeit, sei es um steuerliche oder sonstige Vorteile zu erlangen.[402] Für die handelsrechtlichen GoB macht es keinen Unterschied, ob im Anschaffungs- oder Herstellungszeitpunkt wißbare, aber nicht beachtete Umstände zur falschen Abschreibungsermittlung geführt haben oder ob sich die planmäßige Abschreibung erst durch den Zugang neuer Informationen als falsch erweist. Ihnen kommt es in beiden Fällen nur darauf an, die überhöhten Gewinnausschüttungen der Vorjahre schnellstmöglich mit Hilfe einer außerplanmäßigen Abschreibung zu neutralisieren, damit in Zukunft wieder umsatzproportionale Gewinne ausgewiesen werden können. Die Differenzierung zwischen nachträglich eingetretenen Nutzungsbeeinträchtigungen einerseits und von vornherein versehentlich oder willkürlich unterlassenen Absetzungen andererseits stellt folglich ein Steuerspezifikum dar.

Wenn die Rechtsprechung den Steuerpflichtigen bei willkürlich unterlassener AfA so behandeln möchte, als hätte er in der Vergangenheit korrekt bilanziert[403], so verlangt sie am Abschlußstichtag einen Bilanzansatz in Höhe des Betrages, der bei kontinuierlicher Anwendung der im Anschaffungs- oder Herstellungszeitpunkt des Wirtschaftsgutes gewählten Absetzungsmethode erreicht worden wäre; die unterlassene AfA wird dadurch in einem Betrag nachgeholt. Allerdings darf diese Form der Nachholung nicht mit der handelsrechtlichen Vorgehensweise gleichgesetzt werden, bei der das Realisationsprinzip den Nachholungsumfang in Abhängigkeit von der Umsatzproportionalität der künftigen Gewinne bestimmt: Da alle AfA-Methoden mit Ausnahme der Leistungs-AfA unabhängig vom Verlauf der den Gewinn determinierenden Umsätze und Ausgaben durchgeführt werden, kann sich selbst ihre ordnungsgemäße Durchführung nicht an Gewinnrealisierungsgrundsätzen orientieren. Nur bei der Leistungs-AfA führt die AfA-Nachholung zu einem dem Realisationsprinzip entsprechenden Wertansatz.

---

402 Vgl. oben Erstes Kapitel B.II.2.d).
403 Vgl. oben Erstes Kapitel B.II.2.d).

Die Gegenbuchung der Aktivenminderung erfolgt nach dem Willen der Rechtsprechung jedoch nicht in der GVR; statt dessen muß die willkürlich unterlassene AfA unter Umgehung des Bilanzenzusammenhangsprinzips erfolgsneutral nachgeholt werden.[404] Das Bilanzenzusammenhangsprinzip, das als handelsrechtlicher GoB in § 252 Abs. 1 Nr. 1 HGB kodifiziert ist und über den Maßgeblichkeitsgrundsatz auch für die Steuerbilanz gilt, knüpft die Wertansätze der Eröffnungsbilanz an die Wertansätze der vorhergehenden Schlußbilanz mit dem Ziel, Gewinnmanipulationen durch beliebige Wertänderungen zu verhindern.[405] Wenn das Bilanzenzusammenhangsprinzip bei der Nachholung willkürlich unterlassener AfA gelten würde, hätte der Steuerpflichtige die Möglichkeit, die Unterlassung an dem unter Steuerspargesichtspunkten günstigsten Abschlußstichtag nachzuweisen und den entsprechenden AfA-Betrag gewinn- und steuermindernd nachzuholen. Das Bilanzenzusammenhangsprinzip würde in diesem Fall entgegen seiner Zielsetzung einer Manipulation des steuerpflichtigen Gewinns Vorschub leisten. Um das zu vermeiden und gleichzeitig den ausgeprägten Objektivierungsbemühungen Rechnung zu tragen, mit denen bilanzpolitische Spielräume im Einkommensteuerrecht weitgehend eingeschränkt werden sollen[406], erscheint es aus Sanktionsgründen gerechtfertigt, eine zwecks Steuerersparnis unterlassene AfA ausnahmsweise erfolgsneutral nachzuholen.

Bei den aus anderen Gründen unterlassenen Absetzungen akzeptiert die Rechtsprechung das Bilanzenzusammenhangsprinzip und läßt eine gewinnmindernde AfA-Nachholung zu.[407] Auf den ersten Blick mag es verwundern, daß sie diese Bilanzierungsweise nicht auf irrtümlich unterlassene Absetzungen begrenzt, sondern auch dann anerkennt, wenn eine AfA absichtlich nicht durchgeführt wurde, um einen zivilrechtlichen Vorteil zu erlangen, und ihre Nachholung erst nach Wegfall des Zivilrechtsanspruchs begehrt wird;[408] der steuerpflichtige Gewinn wird in diesem Fall genauso bewußt manipuliert wie bei beabsichtigter Steuerersparnis. Der Unterschied besteht nach Ansicht der Rechtsprechung darin, daß bei außersteuerlichen Unterlassungsgründen der Grundsatz von Treu und Glauben "im Verhältnis zwischen dem Steuerpflich-

---

404 Vgl. oben Erstes Kapitel B.II.2.d).
405 Vgl. *Moxter* (Bilanzrecht, 1986), S. 33-34.
406 Zur Objektivierungsdominanz im Rahmen der AfA-Vorschriften vgl. oben Erstes Kapitel B.I.2.
407 Vgl. oben Erstes Kapitel B.II.2.d).
408 Vgl. oben Erstes Kapitel B.II.2.d).

tigen und der Finanzverwaltung"[409] nicht verletzt werde. M.a.W.: Um dem Steuerbilanzzweck, der Ermittlung des für Besteuerungszwecke entziehbaren Gewinns, zu genügen, hätten in der Vergangenheit höhere Absetzungen vorgenommen und niedrigere Gewinne versteuert werden müssen. Sofern die erfolgswirksame AfA-Nachholung dazu dient, die überhöhte Steuerlast der Vorjahre auszugleichen, ohne - über die gesamte Nutzungsdauer des Anlagegutes gesehen - zu einer absoluten Steuerersparnis zu führen, steht ihr nach teleologischer Auslegung nichts im Wege; es ist nicht Aufgabe der Steuerbilanz, die ungerechtfertigte Erlangung eines zivilrechtlichen Vorteils zu verhindern.

Die erfolgswirksame AfA-Nachholung fällt in den Anwendungsbereich der AfaA, denn hätte der Steuerpflichtige sich nicht geirrt bzw. nicht einen bestimmten Vorteil erlangen wollen, dann wäre der Nachholbetrag durch die gewählte AfA-Methode in früheren Nutzungsjahren erfaßt worden. Bei abnutzbaren Anlagegütern, die nicht der AfA nach § 7 Abs. 4 Satz 1 oder Abs. 5 EStG unterliegen, will die Rechtsprechung die unterlassene AfA durch die Verteilung des Restbuchwertes auf die Restnutzungsdauer nachholen;[410] dem Sinn und Zweck der AfaA entspricht es jedoch besser, die nicht durchgeführte AfA in einem Betrag nachzuholen[411] und die künftigen Absetzungen so zu bemessen, als wäre die AfA von vornherein richtig durchgeführt worden. Die im Zusammenhang mit der Nutzungsdauerverkürzung erörterten Vorteile einer einmaligen AfA-Korrektur gegenüber der Restbuchwertverteilung auf die Restnutzungsdauer[412] gelten auch bei Nachholung der nicht zu Steuersparzwecken unterlassenen AfA.

Bei Gebäuden, deren lineare oder degressive Absetzung nach den gesetzlich vorgeschriebenen Prozentsätzen erfolgt, steht der Gesetzeswortlaut einer AfA-Nachholung während des typisierten Absetzungszeitraums entgegen; die unterlassene AfA kann nur durch eine Verlängerung der Nutzungsdauer nachgeholt werden.[413]

409 BFH-Urteil v. 3. Juli 1980, S. 257.
410 Vgl. oben Erstes Kapitel B.II.2.d).
411 A.A. vgl. *Grieger* (Anmerkung, 1966), S. 235.
412 Vgl. oben Erstes Kapitel B.III.2.a)bb).
413 Zu Einzelheiten der Nutzungsdauerverlängerung bei Gebäuden, die der AfA nach § 7 Abs. 4 Satz 1 oder Abs. 5 EStG unterliegen, vgl. oben Erstes Kapitel B.III.2.c)aa).

3. Möglichkeiten und Grenzen der AfaA und ihr Verhältnis zur Teilwertabschreibung

Die Untersuchung des Sinn und Zwecks der AfaA hat ergeben, daß sie immer dann angewendet werden muß, wenn die Rückbeziehung der am Abschluß-stichtag vorliegenden Erkenntnisse auf den Anschaffungs- oder Herstellungs-zeitpunkt des abnutzbaren Anlagegutes zu einer anderen Bemessung der Ab-setzungen geführt hätte. Das ist der Fall, wenn (1.) die Nutzungsdauer des Wirtschaftsgutes sich verkürzt, (2.) das Leistungspotential und damit die Um-satzalimentierungsfähigkeit eines beweglichen Wirtschaftsgutes, das der Lei-stungs-AfA unterliegt, sinkt, (3.) das unerwartete Auftreten laufender Ausga-ben die Anwendung der Leistungs-AfA verbietet und die Wahl einer anderen AfA-Methode im Zugangszeitpunkt des Anlagegegenstandes zu einem niedri-geren Restbuchwert am Abschlußstichtag geführt hätte, (4.) der für das Nut-zungsende erwartete Restverkaufserlös des Wirtschaftsgutes sinkt oder (5.) ei-ne nicht aus Steuerspargründen unterlassene Absetzung nachgeholt werden muß. Vergleicht man die Gründe einer AfaA und die nach teleologischer Aus-legung angemessene Form der AfaA-Durchführung mit den Gründen einer au-ßerplanmäßigen Abschreibung und ihrer bilanziellen Berücksichtigung im Rahmen der handelsrechtlichen GoB, so können neben den Gemeinsamkeiten auch einige Abweichungen festgestellt werden. Nur bei gesunkenen Umsatzer-wartungen eines der Leistungs-AfA unterliegenden Wirtschaftsgutes stimmen planmäßige und außerplanmäßige Abschreibung mit AfA und AfaA völlig überein, weil sie alle auf dem Grundsatz umsatzproportionaler Gewinnrealisie-rung beruhen. Die Nutzungsdauerverkürzung wird zwar handels- und steuer-rechtlich in gleicher Weise berücksichtigt, doch kann die gewählte AfA-Me-thode von der realisationsprinzipkonformen planmäßigen Abschreibung ab-weichen. Bei der nicht aus Steuerspargründen unterlassenen AfA entspricht die Vornahme einer AfaA nur dem Grunde nach den handelsrechtlichen GoB, die eine nicht durchgeführte planmäßige Abschreibung am Abschlußstichtag berücksichtigt wissen wollen; der Höhe nach richtet sie sich hingegen nach dem Betrag der unterlassenen AfA, der wiederum von der im Anschaffungs-oder Herstellungszeitpunkt gewählten AfA-Methode abhängt und deshalb nicht mit dem fehlenden Betrag bei planmäßiger Abschreibung übereinstim-men muß. Ähnlich verhält es sich bei unerwartet anfallenden Ausgaben für ein leistungsabhängig abgesetztes Wirtschaftsgut: Die Notwendigkeit des Metho-denwechsels und der AfaA läßt sich mit dem Realisationsprinzip begründen,

das die Kriterien der wirtschaftlichen Begründbarkeit der Leistungs-AfA festlegt und bei Ausgabenprogression eine höhere Abschreibungsbelastung der ersten Nutzungsjahre verlangt; die Höhe der AfaA wird jedoch von dem bei linearer oder degressiver AfA erreichten Restbuchwert unabhängig vom Realisationsprinzip bestimmt. Bei der Berücksichtigung eines sinkenden Restverkaufserlöses lehnt sich die AfaA an die handelsrechtliche Vorgehensweise an,
wobei betragsmäßige Abweichungen zwischen Handels- und Steuerbilanzrecht wieder auf Methodenunterschiede zwischen planmäßiger Abschreibung
und AfA zurückzuführen sind.

Wie der Vergleich zeigt, unterscheidet sich die steuerrechtliche Folgebewertung nach § 7 Abs. 1 Satz 5 EStG von einer GoB-adäquaten Bilanzierungsweise dadurch, daß die Umsatz- und Ausgabenerwartungen von Wirtschaftsgütern, die einer linearen oder degressiven AfA unterliegen, sowohl bei der Begründung als auch bei der Bemessung der AfaA vernachlässigt werden. Da § 7
Abs. 1 Satz 5 EStG somit einen wesentlichen Gesichtspunkt handelsrechtlicher Folgebewertung außer acht läßt, Handels- und Steuerbilanzrecht aber aufgrund ihrer nahezu identischen Zwecksetzung grundsätzlich gleiche Anforderungen an eine zweckadäquate Folgebewertung stellen, liegt der Gedanke nahe, die noch nicht durch eine AfaA abgedeckten Gründe einer außerplanmäßigen Abschreibung auf ihre Erfaßbarkeit durch eine Teilwertabschreibung zu
prüfen. Wenn diese Gründe durch eine Teilwertabschreibung erfaßbar wären,
hätte das gleich zwei Vorteile: Erstens würden Handels- und Steuerbilanzrecht
gemäß ihrer annähernden Zweckidentität auch im Rahmen der Folgebewertung weitgehend übereinstimmen, und zweitens wäre das viel diskutierte Abgrenzungsproblem zwischen AfaA und Teilwertabschreibung[414] schlüssig gelöst. Diese Vorteile können freilich nur eintreten, wenn sich die Teilwertvorschrift des § 6 EStG in das einnahmenorientierte GoB-System einbinden läßt.
Das erscheint allerdings auf den ersten Blick fraglich, gilt der in § 6 Abs. 1
Nr. 1 Satz 3 EStG definierte Teilwert doch als ein steuerspezifischer Wert, der
von der Rechtsprechung durch ein System von Teilwertvermutungen und Entkräftungsmöglichkeiten ausgelegt wird, in deren Mittelpunkt die Wiederbeschaffungskosten stehen; Wiederbeschaffungskosten sind jedoch Bestandteil
einer ausgabenorientierten Sichtweise, die nicht zu dem einnahmenorientierten Blickwinkel der handelsrechtlichen GoB paßt.[415] Um die Teilwertkonzep-

---

414 Vgl. oben Erstes Kapitel B.II.3.
415 Vgl. oben Problemstellung.

tion des BFH und ihr Verhältnis zur Legaldefinition verstehen zu können, muß auf die Entstehungsgeschichte des Teilwerts zurückgegriffen werden. Erst wenn man sieht, wie und warum der Teilwert entwickelt wurde und in welchen Bereichen sich die Rechtsprechung im Laufe von sechs Jahrzehnten gewandelt bzw. gefestigt hat, kann die Teilwertvorschrift nach dem Sinn und Zweck des Einkommensteuergesetzes in Abgrenzung gegenüber der AfaA ausgelegt werden.

IV. Die Teilwertabschreibung auf abnutzbare Einzelwirtschaftsgüter in Rechtsprechung und Literatur

1. Die Konzeption der Abschreibung auf den niedrigeren Teilwert

a) Die Unzulänglichkeiten des gemeinen Werts als Ausgangsbasis der Teilwertentwicklung

Als Rechtsgrundlage, die den Anforderungen des Steuerrechts nicht mehr genügt und dadurch zur Teilwertentwicklung Anlaß gibt, gilt § 33a EStG 1920 in der Fassung vom 24. März 1921, der die Wirtschaftsgüter des Betriebsvermögens mit den Anschaffungs- oder Herstellungskosten (ggf. abzüglich AfA) oder mit dem niedrigeren gemeinen Wert ansetzen will.[416] Die Konzeption des gemeinen Wertes wird im Schrifttum auf das Allgemeine Landrecht der Preußischen Staaten von 1794 zurückgeführt.[417] Danach ist der gemeine Wert der "Nutzen, welchen die Sache einem jeden Besitzer gewähren kann."[418] Im Rahmen der juristischen Bilanzauffassung, die das Handelsrecht und - mangels spezieller steuerlicher Bewertungsvorschriften - auch das Steuerrecht des 19. Jahrhunderts prägt und den Gläubigerschutz im Konkursfall betont, wird dieser "objektive Gebrauchswert"[419] dem Einzelveräußerungspreis bei Unternehmensliquidation gleichgesetzt.[420] In seinem Urteil vom 3. Dezember 1873 weist das Reichsoberhandelsgericht jedoch darauf hin, "daß in Wirklichkeit

---

416 Vgl. Gesetz zur Änderung des Einkommensteuergesetzes v. 29. März 1920, S. 318.
417 Vgl. *Jacob* (Teilwertabschreibung, 1970), S. 63; *Albach* (Bewertung, 1963), S. 625; *Maaßen* (Teilwert, 1968), S. 8; *Schnitzler* (Teilwert, 1936), S. 7; *Euler, W.* (Gemeiner Wert, 1984), S. 160.
418 § 112 ALR.
419 *Boessmann* (Teilwertproblem, 1954), S. 39-40.
420 Vgl. *Koch* (Problematik, 1960), S. 322-323.

nicht die Liquidation, sondern ... der Fortbestand des Geschäftes beabsichtigt" werde und deshalb der besondere Einfluß der Liquidation "bei der Ermittelung ... der einzelnen Werthe ... unberücksichtigt"[421] bleiben müsse. *Koch* schließt daraus, daß das Reichsoberhandelsgericht den gemeinen Wert nicht mehr als Liquidationswert, sondern als Einzelveräußerungspreis bei Unternehmensfortführung interpretieren wollte.[422]

Diese Interpretation des gemeinen Wertes setzt sich im Steuerrecht durch[423] und wird auch der Bewertungsvorschrift des Einkommensteuergesetzes von 1920 zugrunde gelegt. Das führt bei abnutzbaren Anlagegütern, deren Einzelveräußerungspreise kurz nach Inbetriebnahme meist deutlich unter die Anschaffungs- oder Herstellungskosten sinken, regelmäßig zum Ansatz des niedrigeren gemeinen Wertes[424], was weder dem Wortlaut des § 33a EStG 1920, der die Anschaffungs- oder Herstellungskosten als grundlegenden und den niedrigeren gemeinen Wert nur als korrigierenden Wertmaßstab bezeichnet, noch seinem Sinn und Zweck entspricht. Mit der Aufnahme des § 33a in das Einkommensteuergesetz sollte nämlich klargestellt werden, daß "nicht realisierte Gewinne keinesfalls als Einkommen zu betrachten sind", während "Verluste, auch wenn sie noch nicht realisiert sind, bei Berechnung des ... Einkommens bereits berücksichtigt werden"[425] können. Da abnutzbare Anlagegüter bei Unternehmensfortführung aber nicht zur Veräußerung bestimmt sind, besteht grundsätzlich keine Gefahr einer künftigen Verlustrealisierung, so daß es auch keiner Verlustantizipation bedarf.[426] Um eine zweckinadäquate

---

421 ROHG-Urteil v. 3. Dezember 1873, S. 19 (beide Zitate).

422 Vgl. *Koch* (Problematik, 1960), S. 323 u. 344; gl. A. *Bühler/Scherpf* (Bilanz, 1971), S. 508; *Moxter* (Statische Bilanz, 1993), Sp. 1853-1854; a.A. *Zitzlaff* (Entstehung, 1941), Sp. 193-194, *Zitzlaff* (Teilwertfrage, 1949), Sp. 35, *Wall* (Teilwert, 1957), S. 545 und *Doralt* (Teilwert, 1984), S. 143, die das ROHG-Urteil im Sinne einer Abkehr von Veräußerungspreisen jeder Art und einer Hinwendung zum Fortführungswert verstehen.

423 Vgl. PrOVG-Urteil v. 30. Dezember 1905, S. 314; PrOVG-Urteil v. 17. Mai 1897 VI Rep.E.IX. 84/96, S. 32-33; PrOVG-Urteil v. 17. Mai 1897 VI Rep.E. XII.a. 37/96, S. 42-43; PrOVG-Urteil v. 25. November 1899, S. 86-87; PrOVG-Urteil v. 2. Juli 1902, S. 303.

424 Auf diese Problematik verweisen *Zitzlaff* (Teilwertabschreibung, 1947), S. 86, *Schneider* (Steuerbilanzen, 1978), S. 146 u. der Entwurf eines Einkommensteuergesetzes, S. 50.

425 Bericht des 11. Ausschusses über den Entwurf eines Gesetzes zur Änderung des Einkommensteuergesetzes vom 29. März 1920, S. 1382 (beide Zitate).

426 Vgl. *Koch* (Problematik, 1960), S. 329.

Anwendung des Gesetzestextes zu unterbinden, führt der RFH aus, § 33a EStG 1920 definiere den gemeinen Wert eines Gegenstandes zwar als "Verkaufspreis ...", jedoch bemessen unter Berücksichtigung des Umstandes, daß" der Gegenstand "dem Betriebe des Unternehmens" diene. Der Wert des Unternehmens "als Ganzes, der sich in dem Verkaufspreis des Gesamtunternehmens" ausdrücke, wirke "also auf die Bewertung der einzelnen Gegenstände des Betriebsvermögens zurück."[427] Da diese Konzeption des gemeinen Wertes weder durch den Gesetzeswortlaut noch durch das überkommene Verständnis gedeckt wird, in ihrer Zielsetzung aber durchaus den Wünschen der Legislative entspricht[428], sanktioniert der Gesetzgeber sie, indem er § 19 EStG 1925, die Nachfolgevorschrift des § 33a EStG 1920, um eine entsprechende Definition des gemeinen Wertes ergänzt.

b) *Die Stellung des Substitutionswerttheorems in der Rechtsprechung*

aa) *Die Entwicklung des Substitutionsgedankens*

§ 19 Abs. 1 Satz 2 EStG 1925 lautet: "Bei der Ermittlung des gemeinen Wertes von Gegenständen, die nicht zum Verkauf bestimmt sind, ist nicht der bei der Veräußerung jedes Gegenstandes im einzelnen erzielbare Preis zu ermitteln, vielmehr ist davon auszugehen, daß der Gegenstand auch fernerhin der Fortführung des Betriebs dient, dem er zur Zeit der Bewertung angehört."[429] Ausgehend von dieser Gesetzesgrundlage entwickelt der RFH einen eigenständigen Wertmaßstab. In seinem Urteil vom 14. Dezember 1926 trennt er "bei einem zu einer wirtschaftlichen Einheit gehörenden Gegenstand ... scharf ... zwischen dem Werte, den der Gegenstand als Teil der wirtschaftlichen Einheit hat, kurz gesagt dem Teilwert, und dem Werte, den er aus dem Zusammenhange gerissen für sich haben würde, kurz gesagt dem Einzelwerte."[430] Unter Rückgriff auf den von *Mirre*[431] 1913 geprägten Ausdruck "Teilwert" sowie einige Gedanken, die schon *Simons* Konzeption des Betriebswertes[432] zugrunde liegen, baut der RFH in einer Vielzahl von Urteilen seine neue Wertkonzeption aus.

---

427 RFH-Urteil v. 15. Oktober 1924, S. 7 (alle Zitate).
428 Vgl. Entwurf eines Einkommensteuergesetzes, S. 50.
429 Einkommensteuergesetz vom 10. August 1925, S. 193.
430 RFH-Urteil v. 14. Dezember 1926, Sp. 111.
431 Vgl. *Mirre* (Gemeiner Wert, 1913), S. 169.
432 Vgl. *Simon* (Bilanzen, 1899), S. 408-409.

In ihren frühen Urteilen bemüht sich die Rechtsprechung, die Vereinbarkeit der Definition in § 19 Abs. 1 Satz 2 EStG 1925 mit der Beschreibung des gemeinen Wertes in § 138 AO 1919 nachzuweisen; sie kommt dabei zu dem Ergebnis, daß der gemeine Wert im Sinne beider Vorschriften der Betrag ist, der bei angemessener Verteilung des für die wirtschaftliche Einheit erzielbaren Gesamtverkaufspreises auf die einzelnen Teile der Einheit entfallen würde.[433] Die Aufteilung des Gesamtverkaufspreises könne "nur in der Weise geschehen, daß man bei jedem einzelnen Gegenstande zunächst entscheide, um wieviel die Einheit weniger wert wäre, wenn der Gegenstand fehlte." Das könne "nicht mehr sein ..., als die Beschaffung des Gegenstandes oder eines gleichbrauchbaren Gegenstandes den Besitzer der Einheit kosten würde", wobei "eine etwaige Abnutzung des vorhandenen Gegenstandes angemessen zu berücksichtigen" sei. Der gemeine Wert könne folglich "nie höher sein ... als der sogenannte Wiederbeschaffungswert."[434]

Während die Rechtsprechung am Ausgangspunkt ihrer Argumentation noch den für den gemeinen Wert typischen Bezug zum Absatzmarkt aufweist, gelangt sie durch die Überlegung, in welchem Ausmaß das Fehlen eines Gegenstandes den Wert der wirtschaftlichen Einheit mindern würde, zu einer beschaffungsmarktorientierten Sichtweise, die wenig später dazu führt, daß "als gemeiner Wert im Sinne des § 19 Abs. 1 des EinkStG. der Teilwert" genannt und als "der Preis" definiert wird, "den ein Käufer des ganzen Betriebs für den betreffenden Gegenstand bewilligen würde."[435] Damit ist der Wechsel vom Verkäufer- zum Erwerberstandpunkt vollzogen, der es ermöglicht, die Betriebszugehörigkeit eines Gegenstandes als wertbeeinflussenden Umstand zu berücksichtigen.[436] Da der starke Wertverlust abnutzbarer Anlagegüter kurz nach Ingebrauchnahme nur ihren Einzelveräußerungspreis und nicht ihre Brauchbarkeit im Betrieb schmälert[437], kann nunmehr eine Abschreibung auf

---

433 Vgl. RFH-Urteil v. 14. Dezember 1927 VI A 761/27, S. 95; RFH-Urteil v. 14. Dezember 1927 VI A 802/27, Sp. 100.

434 RFH-Urteil v. 14. Dezember 1927 VI A 802/27, Sp. 100 (alle Zitate, Flexion z.T. geändert).

435 RFH-Urteil v. 10. Oktober 1928, Sp. 130 (alle Zitate).

436 Vgl. RFH-Urteil v. 3. Oktober 1928, Sp. 131-132; RFH-Urteil v. 10. Juli 1934, S. 1140; RFH-Urteil v. 25. Juli 1934, Sp. 1283.

437 Vgl. RFH-Urteil v. 14. Dezember 1926, Sp. 111; RFH-Urteil v. 11. Januar 1929, S. 221; RFH-Urteil v. 25. September 1929, Sp. 1710; RFH-Urteil v. 18. Dezember 1929, S. 91; RFH-Urteil v. 30. November 1927, Sp. 73.

den niedrigeren gemeinen Wert mit dem Hinweis auf seine gesetzliche Ausgestaltung als Betriebszugehörigkeitswert abgelehnt werden.

Der gemeine Wert soll nach dem Willen der Rechtsprechung auch in seiner Auslegung als Wert des Gegenstandes für den Betrieb eine objektive Größe bleiben, die für jeden beliebigen Betriebsinhaber unabhängig von seinen persönlichen Verhältnissen gilt.[438] Die Vorgehensweise, den Teilwert eines Wirtschaftsgutes an der Wertminderung zu messen, die die wirtschaftliche Einheit durch sein Fehlen erleiden würde, führt neben der Berücksichtigung der Betriebszugehörigkeit zur Orientierung an den Wiederbeschaffungskosten. Da ein Erwerber des ganzen Unternehmens das fehlende betriebsnotwendige Wirtschaftsgut einzeln am Markt kaufen müßte, werden die Einzelbeschaffungspreise als Substitutionswert[439] des Gutes interpretiert. Sie bilden zugleich die Wertobergrenze des Teilwerts[440], weil kein Erwerber für ein mit dem Unternehmen zugegangenes Wirtschaftsgut einen höheren Preis bewilligen würde, als er für den Kauf des einzelnen Gegenstandes am Markt aufbringen müßte. Als Teilwertuntergrenze gilt der Einzelveräußerungspreis[441], weil er selbst im ungünstigsten Fall, wenn sich die Betriebszugehörigkeit nicht werterhöhend auswirkt, erzielt werden kann.[442]

bb) Die Vereinbarkeit des Substitutionswerttheorems mit der gesetzlichen Teilwertdefinition

1934 wird der vom RFH aus der Definition des gemeinen Wertes in § 19 Abs. 1 Satz 2 EStG 1925 heraus entwickelte Teilwertbegriff in das Einkommensteuergesetz aufgenommen. § 6 Abs. 1 Nr. 1 Satz 3 EStG 1934 beschreibt den Teilwert als "Betrag, den ein Erwerber des ganzen Betriebs im Rahmen des Gesamtkaufpreises für das einzelne Wirtschaftsgut ansetzen würde"[443], wobei von der Unternehmensfortführung durch den Erwerber auszugehen sei.

---

438 Vgl. RFH-Urteil v. 14. Dezember 1927 VI A 802/27, Sp. 100.
439 Zum Begriff des Substitutionswertes vgl. *Moxter* (Teilwertverständnis, 1991), S. 476 u. *Moxter* (Bilanzrechtsprechung, 1993), S. 205-206.
440 Vgl. z.B. RFH-Urteil v. 17. Oktober 1928, Sp. 1445-1446; RFH-Urteil v. 11. Januar 1929, S. 222; RFH-Urteil v. 29. Juni 1934, Sp. 1368; RFH-Urteil v. 17. Oktober 1935, Sp. 1698.
441 Vgl. z.B. RFH-Urteil v. 30. November 1927, Sp. 73.
442 Zur Teilwertober- und -untergrenze gemäß dem Substitutionsgedanken vgl. *Moxter* (Vermögensermittlung, 1980), S. 227.
443 Einkommensteuergesetz v. 16. Oktober 1934, S. 1007.

Diese Definition gilt bis heute ebenso wie die ihr voranstehende Vorschrift, die die Bewertung abnutzbarer Anlagegüter mit den Anschaffungs- oder Herstellungskosten, vermindert um die Absetzungen nach § 7, gebietet und den Ansatz des Teilwertes nur erlaubt, wenn er niedriger ist.[444] Die Begründung zum Einkommensteuergesetz 1934 nennt als Ziel der in § 6 völlig neu gestalteten Bewertungsvorschriften, "sie, soweit mit den fiskalischen Belangen vereinbar, an die kaufmännische Übung anzupassen."[445] Nach Ansicht des Gesetzgebers entspricht auch die grundsätzliche Bewertung der Wirtschaftsgüter des abnutzbaren Anlagevermögens mit den (fortgeführten) Anschaffungs- oder Herstellungskosten sowie die Möglichkeit, statt dessen den niedrigeren Teilwert anzusetzen, "kaufmännischer Übung."[446] Der im Einkommensteuergesetz 1925 noch nicht enthaltene Teilwertbegriff wird mit dem Hinweis auf seine Entwicklung in zahlreichen RFH-Urteilen erklärt.[447]

Diesem Hinweis entnimmt die Rechtsprechung offenbar, daß der Gesetzgeber ihre aus einem spezifischen Verständnis des gemeinen Wertes heraus geschaffene Teilwertkonzeption sanktionieren möchte. Darauf weisen ihre Ausführungen in dem noch zum alten Recht ergangenen Urteil vom 6. Februar 1935 hin, wonach die Substitutionsüberlegung, "welchen Betrag ... jemand, der den ganzen Betrieb kauft und ihn fortführen will, weniger anlegen" würde, wenn der zu bewertende Gegenstand "nicht vorhanden wäre" und die damit verbundene Orientierung an den (Wieder-)Beschaffungskosten den Teilwert bestimmen soll "und zwar ... auch den Teilwert im Sinne des EinkStG. vom 16.X.1934".[448] Mit diesen Worten sowie der Aussage, daß der Teilwert "sich niemals durch die Verteilung des Gesamtwertes eines Betriebes auf die einzelnen Bestandteile des Betriebsvermögens ergeben"[449] könne, stellt der RFH klar, daß er die gesetzliche Teilwertdefinition nicht konkret als Anweisung für die anteilige Zuordnung des Gesamtkaufpreises zu einzelnen Wirtschaftsgütern, sondern abstrakt als Bestätigung des Betriebszugehörigkeitsgedankens interpretiert. In weiteren 1935 und 1936 gefällten Urteilen, die noch den Geltungszeitraum des Einkommensteuergesetzes 1925 betreffen, geht der RFH sofort auf die Teilwertbemessung mit Hilfe der Beschaffungskosten ein,

---

444 Vgl. § 6 Abs. 1 Nr. 1 Satz 1-2 EStG 1934 u. § 6 Abs. 1 Nr. 1 Satz 1-2 EStG 1990.
445 Begründung zum Einkommensteuergesetz vom 16. Oktober 1934, S. 38.
446 Begründung zum Einkommensteuergesetz vom 16. Oktober 1934, S. 38.
447 Vgl. Begründung zum Einkommensteuergesetz vom 16. Oktober 1934, S. 38.
448 RFH-Urteil v. 6. Februar 1935, Sp. 654 (alle Zitate, Flexion z.T. geändert).
449 RFH-Urteil v. 6. Februar 1935, Sp. 654.

ohne die dahinter stehende Überlegung zu erläutern.[450] Das mag darauf zurückzuführen sein, daß die Rechtsprechung ihre Teilwertkonzeption seit der Verabschiedung des Einkommensteuergesetzes 1934 für gesetzlich fundiert und damit nicht mehr für begründungsbedürftig hält.

Die Änderung der Rechtsgrundlage für die Teilwertabschreibung geht demnach mit einer Kontinuität der Rechtsprechung einher. Eine neue Teilwertkonzeption, die explizit auf die Legaldefinition im Einkommensteuergesetz 1934 Bezug nimmt, wird erst in der zweiten Hälfte der 30er Jahre entwickelt und läßt sich besonders gut am Wortlaut des Urteils vom 19. Januar 1938 nachvollziehen. In diesem Urteil bezeichnet der RFH es als Zweck der Teilwertabschreibung, "eine den wirklichen Werten nicht entsprechende zu hohe Ansetzung des Betriebsvermögens" zu verhindern. Gleichzeitig weist er auf die Gefahr einer den Zweck überschreitenden Anwendung der Teilwertabschreibung hin, die durch die Bezugnahme der Teilwertvorschrift auf einzelne Wirtschaftsgüter bestehe und dazu führen könne, "daß einzelne Gegenstände auf den niedrigeren Teilwert abgeschrieben werden", obwohl "die Mehrzahl der Gegenstände ... im Wert gestiegen" sei, das gesamte Betriebsvermögen sich also vermehrt habe und keiner Wertherabsetzung bedürfe. Dieser "zu weiten Ausdehnung der Teilwertabschreibung" könne "die gesetzliche Begriffsbestimmung"[451] entgegentreten. Eine Verteilung des Kaufpreises komme nämlich nur auf Wirtschaftsgüter mit ausgeprägter Selbständigkeit in Frage. Da "der Erwerber eines Grundstücks mit Gebäuden ... den anzulegenden Preis auf Grundstück und Gebäude nicht unterverteilen" könne, stellen beide Wirtschaftsgüter für ihn "eine Einheit dar". "Jede Teilwertabschreibung" müsse "also darlegen, daß der Gesamtwert des Fabrikgrundstücks (Grundstück + Gebäude) niedriger" sei "als die gesamten Buchansätze hierfür." Ferner sei bei der "Bewertung der gesamten Anlagegegenstände" von "Betrieben, die besonders hohe Gewinne abwerfen," "auch der Reingewinn des Unternehmens, der auf die Zeit bis zur Inbetriebsetzung des neu zu erbauenden Unternehmens" entfalle, zu berücksichtigen, "da dieser Gewinn beim Erwerb einer bestehenden Fabrik im allgemeinen mitbezahlt"[452] werde.

---

450 Vgl. RFH-Urteil v. 26. Juni 1935, S. 1496-1497; RFH-Urteil v. 7. Juli 1935, S. 1238; RFH-Urteil v. 6. Mai 1936, S. 849.
451 RFH-Urteil v. 19. Januar 1938, S. 180 (alle Zitate); vgl. ähnlich RFH-Urteil v. 9. Januar 1940, S. 644.
452 RFH-Urteil v. 19. Januar 1938, S. 181 (alle Zitate).

Unter Berufung auf die Legaldefinition des Teilwerts weist der RFH in diesem Urteil auf zwei konzeptionelle Veränderungen hin: Erstens führt die Zusammenfassung des Grund und Bodens mit dem darauf stehenden Gebäude im Regelfall zu einer Kompensation etwaiger Wertminderungen des Gebäudes durch die im Grund und Boden enthaltenen stillen Reserven, so daß einer Teilwertabschreibung auf Gebäude häufig die Grundlage entzogen wird;[453] zweitens setzt die Einrechnung der dem Unternehmenskäufer bis zur Ersatzbeschaffung entgehenden Gewinne in den Wertansatz der Anlagegegenstände die Wiederbeschaffungskosten als Teilwertobergrenze außer Kraft und fängt dadurch in gewissem Umfang eingetretene Wertminderungen auf.[454] Beide Konzeptionsänderungen beschäftigen in den 50er und 60er Jahren auch den BFH. Dieser greift schon in der ersten Hälfte der 50er Jahre auf die frühe RFH-Rechtsprechung zurück und läßt "in Zeiten normaler Wirtschaftsverhältnisse"[455] keinen höheren Wertansatz als die Wiederbeschaffungskosten zu; in späteren Urteilen werden die Wiederbeschaffungskosten dann ohne Einschränkung als Wertobergrenze bezeichnet.[456] Die Behandlung eines bebauten Grundstücks als Bewertungseinheit führt der BFH über einen längeren Zeitraum fort.[457] Sie wird erst durch den Beschluß des Großen Senats vom 16. Juli 1968 aufgegeben, der in Anlehnung an das Handelsrecht klarstellt, daß es sich bei dem Grund und Boden einerseits und dem darauf stehenden Gebäude andererseits schon wegen der unterschiedlichen Folgebewertung um zwei eigenständige Wirtschaftsgüter handeln müsse und daß eine Kompensation der Wertminderungen eines Wirtschaftsgutes durch Werterhöhungen eines anderen Wirtschaftsgutes sowohl gegen das Einzelbewertungs- als auch gegen das Realisationsprinzip verstoße.[458]

---

453 Vgl. RFH-Urteil v. 19. Januar 1938, S. 181; ähnlich RFH-Urteil v. 27. April 1938, Sp. 659; RFH-Urteil v. 2. Juni 1943, S. 619; zu den Grenzen der Zusammenfassung vgl. RFH-Urteil v. 27. April 1938, S. 646.

454 Vgl. RFH-Urteil v. 25. Januar 1939, S. 498; RFH-Urteil v. 30. November 1938, S. 258.

455 BFH-Urteil v. 15. Mai 1952, S. 170; vgl. ähnlich BFH-Urteil v. 16. August 1955, S. 306; BFH-Urteil v. 29. Mai 1956, S. 227.

456 Vgl. BFH-Urteil v. 3. Juli 1956, S. 249; BFH-Urteil v. 30. Oktober 1956, S. 6; BFH-Urteil v. 26. August 1958, S. 422; BFH-Urteil v. 15. Februar 1966, S. 470; BFH-Urteil v. 9. Oktober 1969, S. 207; BFH-Urteil v. 13. Dezember 1979, S. 348; BFH-Urteil v. 4. Dezember 1986, S. 297.

457 Vgl. BFH-Urteil v. 2. Juni 1959, S. 59; BFH-Urteil v. 1. März 1960, S. 199; BFH-Urteil v. 4. Januar 1962, S. 187.

458 Vgl. BFH GrS-Beschluß v. 16. Juli 1968, S. 111.

Mit dem Beschluß des Großen Senats endet die Phase der vom RFH als wortlautspezifisch bezeichneten Teilwertinterpretation. Der BFH beschränkt sich danach im allgemeinen darauf, die Legaldefinition im Sinne der historischen Teilwertentwicklung auszulegen und aus dem Substitutionswerttheorem die Relevanz der Beschaffungsmarktpreise für die Ermittlung des Teilwerts abzuleiten.[459] Dabei muß seines Erachtens der mit dem "Wirtschaftsgut beabsichtigte unternehmerische Zweck und die Funktion des Wirtschaftsgutes im Betriebsorganismus berücksichtigt werden."[460]

c) *Das Verständnis der Teilwertentwicklung im Schrifttum*

aa) *Differenz- versus Zurechnungsmethode*

Das Schrifttum interpretiert die Ausführungen der Rechtsprechung, die die theoretischen Grundlagen für die Interpretation des gemeinen Wertes im Sinne des Teilwerts bilden, z.T. als konkrete Anweisungen für die Teilwertermittlung. Beispielsweise wird die vom RFH häufig verwendete Formulierung, der Teilwert entspreche "demjenigen Betrage, den ein Käufer ... vermutlich - genaue Kalkulation unterstellt - weniger für das Unternehmen geben würde, wenn der betreffende Gegenstand nicht zu dem Unternehmen gehörte"[461], von einigen Autoren als Differenzmethode bezeichnet und so verstanden, daß der Gesamtkaufpreis zunächst mit, dann ohne den betreffenden Gegenstand ermittelt werden und die Differenz zwischen beiden Gesamtkaufpreisen dem Teilwert dieses Gutes entsprechen soll.[462] Diese Form der Teilwertermittlung wird im Schrifttum abgelehnt: Zum einen bestehe die Gefahr, daß der aus der Betriebszugehörigkeit resultierende Mehrwert der einzelnen Wirtschaftsgüter mehrfach verteilt werde, die Teilwertsumme folglich den Gesamtkaufpreis übersteige;[463] zum anderen müsse der Teilwert eines für die Unternehmens-

459 Vgl. BFH-Urteil v. 20. Juli 1973, S. 794-795; BFH-Urteil v. 25. August 1983, S. 34; BFH-Urteil v. 19. Mai 1972, S. 749 zum Bewertungsrecht.
460 BFH-Urteil v. 30. November 1988, S. 118.
461 RFH-Urteil v. 14. Dezember 1926, Sp. 111.
462 Vgl. *Kosiol* (Bilanzreform, 1949), S. 144; *Koch* (Problematik, 1960), S. 320; *John* (Bewertung, 1964), S. 120; *Bühler/Scherpf* (Bilanz, 1971), S. 517; *Horch* (Begriff, 1970), S. 37.
463 Vgl. *Kosiol* (Bilanzreform, 1949), S. 145; *Westhoff* (Teilwert, 1949), S. 39; *Albach* (Bewertung, 1963), S. 627; *John* (Bewertung, 1964), S. 121-122, der am Beispiel einer aus mehreren Maschinen bestehenden Fließstraße aufzeigt, daß der Teilwert jeder einzelnen Maschine den Wert der gesamten Fließstraße enthält, weil diese bei Fehlen einer Maschine nicht mehr genutzt werden könnte.

fortführung unabdingbaren Wirtschaftsgutes nach der Differenzmethode dem Gesamtkaufpreis gleichgesetzt werden, so daß sich für die anderen Wirtschaftsgüter ein (unzutreffender) Wertansatz von Null ergebe.[464] Schließlich enthalte diese Form der Teilwertbestimmung zu viele Subjektivismen, um für Besteuerungszwecke geeignet zu sein.[465] Aus dem Urteil vom 6. März 1935, in dem die Rechtsprechung eine Werterhöhung des einzelnen Wirtschaftsgutes als Ausdruck seiner besonderen Bedeutung für das Unternehmen mit der Begründung ablehnt, dieses Verfahren führe zu einem überhöhten Unternehmenswert[466], schließen *Jacob* und *Albach*, daß der RFH die Unzulänglichkeiten der von ihm geschaffenen Differenzmethode selbst erkannt habe.[467] Diese Schlußfolgerung ist jedoch nicht zwingend: Da die Rechtsprechung in dem Urteil vom 6. März 1935 die Bedeutung der Wiederbeschaffungskosten als Wertobergrenze bekräftigt[468], die sie in zahlreichen früheren Urteilen mit Hilfe des Substitutionswertgedankens erarbeitet hat, können ihre Worte ebenso gut klarstellend gemeint sein in dem Sinne, daß die Überlegung, was ein Unternehmenserwerber bei Fehlen des Gegenstandes weniger aufwenden würde, nie als konkrete Teilwertermittlungsvorschrift (sog. Differenzmethode), sondern immer nur als theoretische Begründung für die Orientierung des Teilwerts an den Wiederbeschaffungskosten (sog. Substitutionswerttheorem) gedacht war.

Nach Ansicht des Schrifttums entwickelt der RFH im Anschluß an das Scheitern der Differenzmethode 1935 die Zurechnungsmethode[469], auch Repartitions- oder Aufteilungsmethode genannt. Darunter versteht man das Verfahren, den Gesamtkaufpreis auf die einzelnen Wirtschaftsgüter zu verteilen.[470] Es wird - soweit ersichtlich - in der Bilanzrechtsliteratur einstimmig abgelehnt mit der Begründung, der für das ganze Unternehmen entrichtete Kaufpreis könne den einzelnen Unternehmensbestandteilen nicht verursachungsgerecht

---

464 Vgl. *Zitzlaff* (Teilwertabschreibung, 1947), S. 86-87 u. das (Schalter-)Beispiel bei *Schneider* (Steuerbilanzen, 1978), S. 147.
465 Vgl. *Schildbach* (Zeitwert, 1990/91), S. 37-38; ähnlich *Westhoff* (Teilwert, 1949), S. 40; *Albach* (Bewertung, 1963), S. 627.
466 Vgl. RFH-Urteil v. 6. März 1935, Sp. 686.
467 Vgl. *Jacob* (Bewertungsproblem, 1961), S. 113; *Albach* (Bewertung, 1963), S. 627.
468 Vgl. RFH-Urteil v. 6. März 1935, Sp. 685.
469 Vgl. *Jacob* (Bewertungsproblem, 1961), S. 112; *Albach* (Bewertung, 1963), S. 627; *Bühler/Scherpf* (Bilanz, 1971), S. 517; *Schneider* (Steuerbilanzen, 1978), S. 147.
470 Vgl. *Albach* (Bewertung, 1963), S. 627; *John* (Bewertung, 1964), S. 123.

zugeordnet werden.[471] Das Aufteilungsproblem lasse sich auch nicht dadurch lösen, daß man zunächst einen Geschäftswert abziehe und dann den restlichen Kaufpreis auf die Wirtschaftsgüter verteile, denn die Höhe des Geschäftswerts könne erst bestimmt werden, wenn die ihrerseits gesuchten Teilwerte aller Wirtschaftsgüter festliegen.[472] Gegen die im Schrifttum beschriebene Ablösung der Differenz- durch die Zurechnungsmethode spricht, daß der RFH in seinem Urteil vom 6. Februar 1935 - also nur einen Monat vor dem Urteil, in dem er angeblich das Scheitern der Differenzmethode erkennt - eine Gesamtkaufpreisverteilung im Sinne der Zurechnungsmethode ablehnt und den Teilwert wie bisher auf der Basis von Substitutionserwägungen ermitteln möchte.[473] Die Rechtsprechung hat demnach die Zurechnungsmethode als eigenständiges Teilwertermittlungsverfahren schon während des Anwendungszeitraums des Substitutionswerttheorems in Erwägung gezogen und verworfen. In ihren frühen Urteilen bezeichnet sie die Verteilung des Unternehmenswertes auf die einzelnen Wirtschaftsgüter nicht als Verfahren, sondern als Ziel der Teilwertermittlung, das sie mit Hilfe des Substitutionsgedankens erreichen möchte.[474] Wenn die Rechtsprechung später im Rahmen der Teilwertermittlung einzelner Wirtschaftsgüter den Geschäftswert aussondert[475], so muß das nicht zwangsläufig als Anerkennung der Zurechnungsmethode gewertet werden; diese Vorgehensweise paßt ebenso gut in die Gedankenwelt des Substitutionswerttheorems, wonach die werterhöhende Wirkung der Betriebszugehörigkeit durch die Wiederbeschaffungskosten begrenzt wird und ein darüber liegender Betrag im Geschäftswert aufgehen muß.[476] Allerdings wird man *John* zustimmen müssen, wenn er auf die besondere Bedeutung der Zurechnungsmethode im Rahmen des Urteils vom 19. Januar 1938 verweist[477], in dem die Rechtsprechung die Zusammenfassung von Grundstück und Gebäude zur Bewertungseinheit damit begründet, daß ein

---

471 Vgl. *Schnitzler* (Teilwert, 1936), S. 41; *Kosiol* (Bilanzreform, 1949), S. 145; *Koch* (Problematik, 1960), S. 320; *Jacob* (Teilwertabschreibung, 1970), S. 64-65; *Knobbe-Keuk* (Unternehmenssteuerrecht, 1993), S. 175; ähnlich schon *Mirre* (Gemeiner Wert, 1913), S. 169.

472 Vgl. *Brönner/Bareis* (Bilanz, 1991), S. 512, Tz. 371; *Schneider* (Steuerbilanzen, 1978), S. 147; ähnlich *John* (Bewertung, 1964), S. 125.

473 Vgl. RFH-Urteil v. 6. Februar 1935, Sp. 654.

474 Vgl. oben Erstes Kapitel B.IV.1.b)aa) sowie den Hinweis bei *John* (Bewertung, 1964), S. 123.

475 Vgl. z.B. RFH-Urteil v. 19. Januar 1938, S. 180.

476 Vgl. *Moxter* (Teilwertverständnis, 1991), S. 475-476.

477 Vgl. in diesem Sinne *John* (Bewertung, 1964), S. 123.

Unternehmenserwerber den Gesamtkaufpreis nur auf voneinander trennbare Wirtschaftsgüter verteilen würde.[478]

bb) Die Kritik an der Teilwertrechtsprechung

Im Schrifttum wird die Bildung einer größeren Bewertungsgruppe, die auf einer spezifischen Auslegung der Teilwertdefinition basiert, als Gruppentheorie bezeichnet. Einige Autoren, die die Gruppentheorie befürworten, stützen ihre Ansicht auf eine parallele Entwicklung im Handelsbilanzrecht, die sie in der Zusammenfassung von Grund und Boden und darauf stehendem Gebäude im Rahmen des aktienrechtlichen Gliederungsschemas zu erkennen glauben.[479] Die meisten Autoren halten diesen Vergleich einer steuerrechtlichen Bewertungs- mit einer handelsrechtlichen Gliederungsvorschrift nicht für aussagefähig und lehnen die Gruppentheorie ab, weil sie sowohl gegen das Realisations-[480] als auch gegen das Einzelbewertungsprinzip[481] verstoße. Gegen die Gruppentheorie wird ferner eingewandt, daß ihre Konsequenz, die weitgehende Verhinderung von Teilwertabschreibungen, einer vom Reichsfinanzministerium in der zweiten Hälfte der 30er Jahre forcierten Denkrichtung entspreche und daß ihre Entwicklung durch die Rechtsprechung möglicherweise auf den Einfluß der Exekutive zurückzuführen sei.[482] Die gleiche Kritik einer rein fiskalisch motivierten Gesetzesauslegung wird an der Einrechnung entgehender Gewinne in den Wertansatz der einzelnen Wirtschaftsgüter geübt[483], denn diese Variante der Teilwertermittlung geht unmittelbar auf die sog. Lehre von den erhöhten Wiederbeschaffungskosten bei betriebsarteigenen Wirtschaftsgütern zurück, die der Reichsfinanzminister *Reinhardt* entwickelt hat.[484]

Angesichts der im Zeitablauf wechselnden Teilwertinterpretation und ihrer häufig als unbefriedigend empfundenen Auswirkungen auf die steuerrechtli-

---

478 Vgl. RFH-Urteil v. 19. Januar 1938, S. 181.
479 Vgl. *Zitzlaff* (Teilwert, 1938), Sp. 1062; *Dornemann* (Abschreibung, 1962), S. 153; *Gottlob* (Abschreibung, 1954), S. 86.
480 Vgl. *Jüngling* (Teilwert, 1947), S. 666; *Kosiol* (Bilanzreform, 1949), S. 152; *Aufermann* (Grundzüge, 1959), S. 158.
481 Vgl. *Kosiol* (Bilanzreform, 1949), S. 151; *John* (Bewertung, 1964), S. 191; *Horch* (Begriff, 1970), S. 13.
482 Vgl. *John* (Bewertung, 1964), S. 173 u. 207.
483 Vgl. *Bühler* (Teilwert, 1948), S. 286; *John* (Bewertung, 1964), S. 175-176.
484 Vgl. *Reinhardt* (Rechnungswesen, 1935), S. 1298-1299; *Reinhardt* (Buchführung, 1936), S. 144-147.

che Folgebewertung haben einige Autoren versucht, ein betriebswirtschaftlich anspruchsvolles Teilwertkonzept oder eine Alternative zur Teilwertabschreibung zu entwickeln.[485] Diese Bemühungen haben sich im Steuerbilanzrecht bislang nicht durchgesetzt. Da betriebswirtschaftlich anspruchsvolle Teilwertkonzepte unter Objektivierungsgesichtspunkten wenig praktikabel sind und Alternativen zur Teilwertabschreibung am Gesetzeswortlaut scheitern, hält der BFH an der vom RFH entwickelten Form der praktischen Teilwertanwendung fest, die auf Teilwertvermutungen und deren Entkräftungsmöglichkeiten basiert.

2. Die praktische Anwendung der Teilwertkonzeption

a) Teilwertvermutungen

aa) Die Teilwertvermutung im Zugangszeitpunkt

Wie bereits erwähnt[486], schlägt das Substitutionswerttheorem die Brücke zwischen der Teilwertkonzeption, die die Betriebszugehörigkeit des einzelnen Wirtschaftsgutes, seinen Anteil am Unternehmenswert, erfassen möchte, und der praktischen Teilwertermittlung, indem sie auf die Wiederbeschaffungskosten als den relevanten Wertmaßstab für die Reproduktion des Unternehmens aus seinen Bestandteilen abstellt. Nach Ansicht des Schrifttums bildet die grundsätzliche Übereinstimmung des Teilwerts mit den Wiederbeschaffungskosten den "Obersatz"[487], aus dem die Rechtsprechung ihr "System von Teilwertvermutungen"[488] ableitet.

Im Anschaffungs- oder Herstellungszeitpunkt eines Wirtschaftsgutes gilt die Vermutung, daß sein Teilwert den Anschaffungs- oder Herstellungskosten entspricht.[489] Sie folgt unmittelbar aus dem Obersatz, denn die "eigenen An-

485 Vgl. *Jacob* (Bewertungsproblem, 1961), S. 260-311; *Albach* (Bewertung, 1963), S. 628-630; *Schneider* (Problematik, 1969), S. 311-313; *Schneider* (Verlustausgleich, 1970), S. 71-72; *Jacob* (Teilwertabschreibung, 1970), S. 65-68; *Luhmer* (Logik, 1985), S. 1057-1061; *Gümbel* (Teilwert, 1987), S. 131-145.
486 Vgl. oben Erstes Kapitel B.IV.1.b).
487 *Piltz* (Bewertung, 1983), S. 44; vgl. ähnlich *Albach* (Bewertung, 1963), S. 628; *Brezing* (in: HdJ Abt. I/12, 1988), Rn. 4.
488 *John* (Teilwert, 1981), S. 1416.
489 Vgl. z.B. RFH-Urteil v. 14. März 1928, S. 182; BFH-Urteil v. 13. August 1957, S. 350; BFH-Urteil v. 20. Mai 1965, S. 504; BFH-Urteil v. 27. Juli 1988, S. 274.

schaffungs- oder Herstellungskosten" des Steuerpflichtigen sind "gleichzeitig die Wiederbeschaffungskosten eines gedachten Betriebserwerbers"[490]; beide Werte stimmen im Anschaffungs- oder Herstellungszeitpunkt überein.[491] Die Rechtsprechung begründet die Gleichsetzung von Teilwert und Zugangswert außerdem damit, daß ein Kaufmann "gewöhnlich für einen Gegenstand nicht mehr" aufwende, "als er ihm für den Betrieb wert"[492] sei, d.h. "als dem Nutzen" entspreche, "den er aus dem Gegenstand zu ziehen"[493] hoffe. Nach Ansicht der Judikatur gelten diese Überlegungen nicht nur für den Anschaffungs- oder Herstellungszeitpunkt selbst, sondern auch für kurz nach ihm liegende Abschlußstichtage.[494]

bb) Die Teilwertvermutung an späteren Abschlußstichtagen

An späteren Abschlußstichtagen setzt die Rechtsprechung den Teilwert eines abnutzbaren Anlagegutes grundsätzlich mit den um die AfA geminderten Anschaffungs- oder Herstellungskosten gleich.[495] In den zum abnutzbaren Anlagevermögen ergangenen Urteilen der letzten Jahre wandelt der BFH die Teilwertvermutung allerdings dahingehend ab, daß der Teilwert an späteren Abschlußstichtagen in der Regel den Wiederbeschaffungskosten entsprechen soll.[496] Die Bilanzrechtsliteratur sieht in diesen beiden Formulierungen offenbar keinen Widerspruch, sondern schließt aus der Gleichsetzung des Teilwerts mit den Wiederbeschaffungskosten und den fortgeführten Anschaffungs- oder

---

490 BFH-Urteil v. 10. Januar 1963, S. 263 (beide Zitate).
491 Vgl. RFH-Urteil v. 27. September 1932, S. 1074; BFH-Urteil v. 25. September 1962, S. 88; BFH-Urteil v. 7. Dezember 1978, S. 730.
492 BFH-Urteil v. 14. Februar 1956, S. 102 (beide Zitate); ähnlich vgl. z.B. RFH-Urteil v. 30. September 1929, S. 94; RFH-Urteil v. 26. April 1930, S. 590; RFH-Urteil v. 10. März 1931, S. 303; RFH-Urteil v. 28. März 1933, S. 1261; RFH-Urteil v. 1. März 1939, S. 632; BFH-Urteil v. 22. April 1964, S. 363.
493 RFH-Urteil v. 4. November 1930, Sp. 745 (beide Zitate); vgl. ähnlich RFH-Urteil v. 7. September 1928, S. 335; RFH-Urteil v. 11. Januar 1929, S. 222; RFH-Urteil v. 17. Juni 1931, Sp. 1349.
494 Vgl. RFH-Urteil v. 11. Januar 1929, S. 222; BFH-Urteil v. 17. Januar 1978, S. 336.
495 Vgl. RFH-Urteil v. 26. November 1930, Sp. 284; RFH-Urteil v. 20. März 1930, S. 360; RFH-Urteil v. 10. Juli 1934, S. 1141; BFH-Urteil v. 11. Februar 1955, S. 169; BFH-Urteil v. 24. Januar 1957, S. 41; BFH-Urteil v. 29. April 1958, S. 68-69; BFH-Urteil v. 26. August 1958, S. 422; BFH-Urteil v. 9. Oktober 1969, S. 206; BFH-Urteil v. 22. März 1973, S. 582; BFH-Urteil v. 17. März 1977, S. 596; zum Bewertungsgesetz BFH-Urteil v. 9. August 1989, S. 52.
496 Vgl. BFH-Urteil v. 19. Oktober 1972, S. 54; BFH-Urteil v. 21. Oktober 1981, S. 2; BFH-Urteil v. 17. September 1987, S. 489; BFH-Urteil v. 20. Mai 1988, S. 270.

Herstellungskosten, daß sich auch diese beiden Wertmaßstäbe entsprechen;[497] in späteren Bewertungszeitpunkten verberge sich nämlich hinter den Wiederbeschaffungskosten der "Reproduktions-Altwert", welcher durch Abzug der "dem Alters- und Abnutzungsgrad der Wirtschaftsgüter" entsprechenden AfA-Beträge "von den Neuwerten"[498] ermittelt werde.

Der BFH hat in einigen Urteilen klargestellt, daß der Gleichsetzung des Teilwerts mit den Wiederbeschaffungskosten bzw. den Anschaffungs- oder Herstellungskosten abzüglich AfA nicht völlig verschiedene Konzeptionen zugrunde liegen: Vielmehr bilde der fortgeführte Zugangswert den "Teilwert gebrauchter Wirtschaftsgüter, die keinen Marktpreis haben, weil sie in ihrer Art einmalig oder nach Größe, technischer Ausstattung und Leistungserwartung auf einen individuellen Produktionsprozeß ausgerichtet sind"[499], während die Wiederbeschaffungskosten als Teilwertmaßstab der abnutzbaren Anlagegüter dienen, für die ein Marktpreis existiert.[500]

Die grundsätzliche Orientierung des Teilwerts an den fortgeführten Anschaffungs- oder Herstellungskosten ist insofern problematisch, als deren Höhe je nach gewählter Absetzungsmethode variiert. Der BFH hat für das Bewertungsrecht entschieden, daß der Teilwert grundsätzlich mit den um die lineare AfA geminderten Anschaffungs- oder Herstellungskosten übereinstimme, während seine Gleichsetzung mit dem nach geometrisch-degressiver Absetzung erreichten Betrag durch entsprechende Erfahrungswerte nachgewiesen werden müsse.[501] Das Schrifttum überträgt dieses Problem auf das Einkommensteuerrecht und vertritt hierzu unterschiedliche Auffassungen: Während *Werndl* die Methode, "die der Wirklichkeit ... am ehesten gerecht wird"[502], für teilwertbestimmend hält, sehen *Herrmann/Heuer/Raupach* den auf der Basis degressiver AfA ermittelten Wert - unabhängig von der tatsächlich gewählten Absetzungsmethode - als Teilwert an.[503]

497 Vgl. z.B. *Glanegger* (in: *Schmidt*, 1993), Tz. 54 zu § 6 EStG; *Ehmcke* (in: *Blümich*), Tz. 608 zu § 6 EStG.
498 *Breitwieser* (Teilwert, 1973), S. 249 (alle Zitate); vgl. ähnlich *Brezing* (in: HdJ Abt. I/12, 1988), Rn. 8.
499 BFH-Urteil v. 30. November 1988, S. 184.
500 Vgl. BFH-Urteil v. 12. April 1989 II R 213/85, S. 546; BFH-Urteil v. 12. April 1989 II R 121/87, S. 547.
501 Vgl. BFH-Urteil v. 30. November 1988, S. 184-185.
502 *Werndl* (in: *Kirchhof/Söhn*), Rdnr. B375 zu § 6 EStG.
503 Vgl. *Herrmann/Heuer/Raupach* (Einkommensteuer), Anm. 591 zu § 6 EStG; ähnlich *Schmidt, E.* (Aktivitäten, 1991), S. 1013.

cc) *Zweck und Grenzen der Teilwertvermutungen*

Im geltenden Steuerbilanzrecht hat sich die Argumentation auf der Basis von Teilwertvermutungen durchgesetzt. Die Rechtsprechung begründet die Verwendung der Teilwertvermutungen damit, daß sie "der Objektivierung" sowie "der erforderlichen Vereinfachung und Vereinheitlichung der Bewertung"[504] dienen, auf den "Erfahrungen des Wirtschaftslebens"[505] beruhen und Anhaltspunkte "für die praktische Anwendbarkeit" der im Gesetzeswortlaut enthaltenen "Veräußerungsfiktion"[506] bieten. Aus diesen Begründungen leitet die Rechtsprechung einen Anscheinsbeweis für die Richtigkeit ihrer Annahmen ab mit der Folge, daß den Steuerpflichtigen, der davon abweichen und einen niedrigeren Teilwert ansetzen will, die Beweislast trifft.[507]

Das Schrifttum erkennt die Teilwertvermutungen im wesentlichen an, wenn auch einige Autoren sie nicht als Hilfsmittel, sondern als Abkehr von der im Gesetzestext angedeuteten Konzeption des Teilwerts als anteiliger Unternehmenswert verstehen.[508] Die Vermutungen werden allgemein als "Erfahrungssätze"[509] bzw. "Interpretationshilfen"[510] akzeptiert, die die Teilwertschätzung praktikabel machen sollen.[511] *Schneider* macht darauf aufmerksam, daß es sich

---

504 BFH-Urteil v. 12. April 1989 II R 213/85, S. 546 (beide Zitate); BFH-Urteil v. 12. April 1989 II R 121/87, S. 547 (beide Zitate).
505 BFH-Urteil v. 26. August 1958, S. 422; BFH-Urteil v. 29. April 1958, S. 69; vgl. ähnlich RFH-Urteil v. 5. November 1930, Sp. 27.
506 BFH-Urteil v. 11. Juli 1961, S. 462 (beide Zitate).
507 Vgl. RFH-Urteil v. 10. November 1932, Sp. 257; RFH-Urteil v. 6. Mai 1936, S. 849; BFH-Urteil v. 11. Juli 1961, S. 462; BFH-Urteil v. 13. Juli 1967, S. 12; BFH-Urteil v. 24. Juni 1976, S. 562; ähnlich schon PrOVG v. 2. Juli 1902, S. 303.
508 Vgl. *John* (Bewertung, 1964), S. 127 u. 128; *Groh* (Verluste, 1976), S. 35; *Euler, W.* (Gemeiner Wert, 1984), S. 162; *Moench* (Bewertungsgesetz, 1989), Tz. 4 zu § 10 BewG; *Knobbe-Keuk* (Unternehmenssteuerrecht, 1993), S. 176; *Schildbach* (Zeitwert, 1990/91), S. 38.
509 *Doralt* (Teilwert, 1984), S. 148; *Pankow/Lienau/Feyel* (in: Beck'scher Bilanzkommentar, 1990), Tz. 307 zu § 253 HGB; vgl. ähnlich *Herrmann/Heuer/Raupach* (Einkommensteuer), Anm. 589 zu § 6 EStG.
510 *Meincke* (in: Littmann/Bitz/Hellwig), Tz. 174 zu § 6 EStG.
511 Vgl. z.B. *Wall* (Teilwert, 1957), S. 546; *John* (Bewertung, 1964), S. 126; *Wöhe* (Bilanzierung, 1980), S. 90; *John* (Teilwert, 1981), S. 1416; *Werndl* (in: Kirchhof/Söhn), Rdnr. B357 zu § 6 EStG; *Herrmann/Heuer/Raupach* (Einkommensteuer), Anm. 569 u. 584 zu § 6 EStG; *Glade* (Rechnungslegung, 1986), Tz. 67 zu § 253 HGB; *Mayer-Wegelin* (in: Hartmann/Böttcher/Nissen/Bordewin), Rz. 138 zu § 6 EStG; *Klocke* (in: Unternehmensbewertung, 1987/88), S. 234; *Söffing, M.* (in: Lademann/Söffing/Brockhoff), Tz. 399 zu § 6 EStG; *Glanegger* (in: Schmidt, 1993), Tz. 56 zu § 6 EStG.

bei den Teilwertvermutungen im Grunde genommen um "Aussagen über ... Wertansätze nach dem Realisations-(Anschaffungswert-)prinzip"[512] handle, von denen im konkreten Einzelfall durch den Ansatz eines niedrigeren Teilwerts abgewichen werden dürfe. Die strengen Nachweispflichten, an die die Rechtsprechung eine Abweichung von den Teilwertvermutungen knüpft, werden im Schrifttum oft kritisch beurteilt: Da der Gesetzeswortlaut kein Regel-Ausnahme-Verhältnis zwischen den (fortgeführten) Anschaffungs- oder Herstellungskosten und dem Teilwert begründe[513], sondern beide Wertmaßstäbe nebeneinander stelle, müsse eine objektivierte, die wirtschaftlichen Gegebenheiten berücksichtigende Entkräftung der Teilwertvermutungen jederzeit möglich sein.[514]

b) Die Entkräftung der Teilwertvermutungen

aa) Fehlmaßnahme

aaa) Begriffsbestimmung

Die Vermutung, daß der Teilwert im Anschaffungs- oder Herstellungszeitpunkt den Anschaffungs- oder Herstellungskosten und an späteren Abschlußstichtagen den Wiederbeschaffungskosten entspricht, kann durch den Nachweis einer Fehlmaßnahme entkräftet werden.[515] Den Begriff "Fehlmaßnahme" hat der RFH im Laufe seiner Rechtsprechung entwickelt. Ende der 20er/Anfang der 30er Jahre läßt er eine Teilwertabschreibung zu, wenn der mit dem Wirtschaftsgut "erstrebte Nutzen nicht oder nicht in voller Höhe eingetreten"[516] bzw. wenn durch das Wirtschaftsgut "kein oder ... nur ein hinter den aufgewendeten Kosten zurückbleibender Vorteil erwachsen"[517] ist. Gleichzeitig bemüht sich der RFH, diesen Sachverhalt in einem Schlagwort zu erfassen: So bezeichnet er einen Neubau als "Fehlschlag", wenn "der Kapitalaufwand für (das) Gebäude im Verhältnis zu dem aus dem Betrieb zu erwar-

---

512 *Schneider* (Steuerbilanzen, 1978), S. 153.
513 A.A. vgl. *Ehmcke* (in: *Blümich*), Tz. 601 zu § 6 EStG.
514 Vgl. *Moxter* (Bilanzrechtsprechung, 1985), S. 177, 189 u. 200; *Mayer-Wegelin* (in: *Hartmann/Böttcher/Nissen/Bordewin*), Rz. 137 zu § 6 EStG; *Meincke* (in: *Littmann/ Bitz/Hellwig*), Tz. 179 zu § 6 EStG.
515 Vgl. BFH-Urteil v. 21. Oktober 1981, S. 2-3; BFH-Urteil v. 17. September 1987, S. 489; BFH-Urteil v. 20. Mai 1988, S. 270.
516 RFH-Urteil v. 23. Januar 1929, S. 197.
517 RFH-Urteil v. 9. Januar 1931, S. 310.

tenden Nutzen unverhältnismäßig hoch"[518] ist, und die Anschaffung einer Maschine als "Fehlgriff..., weil sie nicht das leistet, was der Kaufmann von ihr erwartet."[519] In einigen Urteilen weist die Rechtsprechung nur darauf hin, daß eine "Kapitalfehlleitung"[520], eine "mehr oder minder verfehlte Maßnahme"[521] oder eine "Fehlkonstruktion"[522] zur Teilwertabschreibung berechtige, ohne auszuführen, welche Fallgestaltungen sich hinter diesen Begriffen verbergen. Die u.a. in den RFH-Urteilen vom 22. Juni 1938 und vom 9. Januar 1940 geprägte Bezeichnung "Fehlmaßnahme"[523] wird später vom BFH aufgegriffen und fortgeführt. Der BFH definiert die Anschaffung oder Herstellung eines Anlagegegenstandes als Fehlmaßnahme, "wenn ihr wirtschaftlicher Nutzen bei objektiver Betrachtung deutlich hinter dem für den Erwerb oder die Herstellung getätigten Aufwand zurückbleibt und demgemäß dieser Aufwand so unwirtschaftlich war, daß er von einem gedachten Erwerber des gesamten Betriebs im Kaufpreis nicht honoriert würde"[524].

bbb) Zu hohe Aufwendungen

Eine durch zu hohe Aufwendungen verursachte Fehlmaßnahme liegt z.B. vor, wenn unerwartete zusätzliche Anschaffungs- oder Herstellungskosten anfallen[525], etwa um erst nach Erwerb entdeckte Mängel, für die der Veräußerer nicht haftbar gemacht werden kann, zu beseitigen[526] oder um Bauarbeiten durchzuführen, die im Kostenvoranschlag nicht vorgesehen waren und vom Steuerpflichtigen - wenn er ihre Notwendigkeit früher erkannt hätte - durch eine andere Vorgehensweise vermieden worden wären.[527] In diesen Fällen beruht der Anschaffungs- oder Herstellungsvorgang auf einem Irrtum[528], der dazu führt, daß "mehr aufgewendet" wird, "als bei voller Kenntnis der Sach-

---

518 RFH-Urteil v. 4. November 1930, Sp. 745 (beide Zitate).
519 RFH-Urteil v. 9. Juli 1931, S. 819 (Flexion geändert).
520 RFH-Urteil v. 28. März 1933, S. 1261; RFH-Urteil v. 30. April 1935, S. 860.
521 RFH-Urteil v. 2. März 1932, S. 533.
522 RFH-Urteil v. 15. Februar 1939, S. 394.
523 RFH-Urteil v. 22. Juni 1938, S. 196; RFH-Urteil v. 9. Januar 1940, S. 646.
524 BFH-Urteil v. 17. September 1987, S. 489; BFH-Urteil v. 20. Mai 1988, S. 270.
525 Vgl. RFH-Urteil v. 5. November 1930, Sp. 27.
526 Vgl. RFH-Urteil v. 1. März 1939, S. 632; RFH-Urteil v. 8. März 1939, Sp. 527-528, das in diesem Fall zwar die AfaA vorzieht, die von der Vorinstanz geprüften Voraussetzungen einer Teilwertabschreibung jedoch ebenfalls erörtert.
527 Vgl. RFH-Urteil v. 22. Juni 1938, S. 196; BFH-Urteil v. 13. April 1965, S. 116.
528 Zur Entkräftung der Teilwertvermutung durch Irrtum vgl. z.B. RFH-Urteil v. 18. Februar 1931, Sp. 590; RFH-Urteil v. 4. September 1929, Sp. 157; RFH-Urteil v. 19. Januar 1938, S. 188.

lage bezahlt worden wäre."[529] Der Teil der Aufwendungen, dem kein angemessener Gegenwert gegenübersteht, gilt als verloren[530] und bestimmt die Höhe der Teilwertabschreibung, solange die Teilwertuntergrenze, der Einzelveräußerungspreis, nicht unterschritten wird.[531]

Ein ungewöhnlich hoher, den (evtl. vorhandenen) Marktwert überschreitender Preis allein deutet nach Ansicht der Rechtsprechung allerdings nicht schon auf eine Fehlmaßnahme hin: Vielmehr sei "anzunehmen ..., daß es gerade kaufmännische Erwägungen waren," die dem Kaufmann "bei Abwägung der Bedeutung" des Wirtschaftsguts "für seinen Betrieb einerseits, der hohen Anschaffungskosten andererseits, diesen Preis vom Standpunkt einer sachgemäßen Betriebsführung aus nicht als zu hoch erscheinen ließen."[532] Die Rechtsprechung geht demnach auch bei Zahlung eines ungewöhnlich hohen Preises grundsätzlich von der Überlegung aus, daß "ein Kaufmann ... in der Regel keine Aufwendungen ... mache, von denen er mit einiger Bestimmtheit annehmen müsse, daß sie zu einem Verlust führen."[533] Das Argument des Steuerpflichtigen, er habe aus einer Zwangslage heraus gehandelt[534], die u.U. noch dazu vom Veräußerer ausgenutzt wurde[535], erkennen RFH und BFH so lange nicht an, wie man einen dem Preis entsprechenden Vorteil erkennen oder aus der Nichtwahrnehmung einer bestehenden Handlungsalternative ableiten kann.[536] Es wird unterstellt, daß der Mehraufwand für die Fortführung des betreffenden Unternehmens erforderlich ist[537] und von einem Erwerber des gan-

---

529 *Brezing* (Bewertung, 1972/73), S. 355 (beide Zitate).
530 Vgl. *Mayer-Wegelin* (in: *Hartmann/Böttcher/Nissen/Bordewin*), Rz. 143 zu § 6 EStG; ähnlich *Söffing, M.* (in: *Lademann/Söffing/Brockhoff*), Anm. 403 zu § 6 EStG.
531 Vgl. *Herrmann/Heuer/Raupach* (Einkommensteuer), Anm. 597 zu § 6 EStG; *Ehmcke* (in: *Blümich*), Tz. 628 zu § 6 EStG.
532 RFH-Urteil v. 26. Juni 1935, S. 1497 (alle Zitate); vgl. ähnlich RFH-Urteil v. 16. Dezember 1936, S. 107.
533 RFH-Urteil v. 10. Juli 1934, S. 1141 (Flexion geändert).
534 Vgl. RFH-Urteil v. 26. Juni 1935, S. 1496; BFH-Urteil v. 24. Januar 1957, S. 39.
535 Vgl. RFH-Urteil v. 8. Mai 1928, Sp. 973; RFH-Urteil v. 27. September 1932, S. 1072; BFH-Urteil v. 4. Januar 1962, S. 186; BFH-Urteil v. 10. Dezember 1964, S. 119.
536 Vgl. RFH-Urteil v. 30. August 1932, S. 30; RFH-Urteil v. 27. September 1932, S. 1074; RFH-Urteil v. 10. November 1932, Sp. 257; RFH-Urteil v. 25. Juli 1934, Sp. 1281; RFH-Urteil v. 9. Februar 1938, Sp. 364-365; BFH-Urteil v. 29. April 1958, S. 69; BFH-Urteil v. 4. Januar 1962, S. 187; BFH-Urteil v. 10. Dezember 1964, S. 120.
537 Vgl. RFH-Urteil v. 8. Mai 1928, Sp. 974; RFH-Urteil v. 21. Dezember 1932, Sp. 572.

zen Betriebs vergütet werden würde.[538] Die auf die Legaldefinition abge-
stimmte Argumentationsweise der Teilwertvermutung gilt demnach grundsätzlich auch bei Zahlung ungewöhnlich hoher Preise. Eine Ausnahme von
diesem Grundsatz macht die Rechtsprechung z.b. bei Kosten, die für Auf-
räumarbeiten im Rahmen der Wiederherstellung eines abgebrannten Gebäudes
anfallen: Da diese Kosten als Folge des Brandes nicht vermieden werden können, erkennt der RFH eine Zwangslage und damit den Ansatz eines niedrigeren Teilwertes an.[539]

Des weiteren läßt die Rechtsprechung eine Teilwertabschreibung aufgrund
überhöhter Preise zu, wenn dem Mehraufwand "betriebsfremde, rein persönli-
che Überlegungen"[540] zugrunde liegen, so z.B. "wenn für die Bemessung des
Kaufpreises ... außergeschäftliche Umstände, insbesondere Familienrücksich-
ten maßgebend waren"[541] oder "wenn ... für den Betrieb unwesentliche
Einbauten aus persönlicher Liebhaberei erfolgt sein sollten, die für den Ver-
kehrswert des Unternehmens keine Bedeutung haben"[542]. Da der Kaufmann in
diesen Fällen schon im Anschaffungs- oder Herstellungszeitpunkt die Unvor-
teilhaftigkeit seines Tuns für den Betrieb erkennt, werden sie im Schrifttum
als bewußte Fehlmaßnahmen - im Unterschied zu den auf einem Irrtum beruhenden - bezeichnet.[543]

ccc) Zu niedrige Erträge

Eine Fehlmaßnahme kann jedoch nicht nur durch zu hohe Aufwendungen,
sondern auch durch zu niedrige Erträge entstehen. Die Anschaffung oder Herstellung des abnutzbaren Anlagegutes ist entweder von Anfang an eine Fehlmaßnahme, weil der Steuerpflichtige im Zugangszeitpunkt die Verwendbar-

---

538 Vgl. RFH-Urteil v. 9. September 1930, Sp. 2048-2049; RFH-Urteil v. 22. Juli 1932,
     Sp. 254-255; RFH-Urteil v. 10. Juli 1934, S. 1141; RFH-Urteil v. 19. Dezember 1934,
     Sp. 182; RFH-Urteil v. 26. Juni 1935, S. 1497; BFH-Urteil v. 11. Januar 1966, S. 311.
539 Vgl. RFH-Urteil v. 1. Juli 1931, S. 741-742.
540 BFH GrS-Beschluß v. 25. Oktober 1972, S. 81.
541 RFH-Urteil v. 20. März 1930, S. 349.
542 RFH-Urteil v. 25. September 1929, Sp. 1709.
543 Vgl. *Herrmann/Heuer/Raupach* (Einkommensteuer), Anm. 597 zu § 6 EStG; *Söffing,
     M.* (in: *Lademann/Söffing/Brockhoff*), Anm. 403 zu § 6 EStG; *Meincke* (in: *Littmann/
     Bitz/Hellwig*), Tz. 178 zu § 6 EStG.

keit des Gutes im Unternehmen überschätzt hat[544], oder sie kann im nachhinein zur Fehlmaßnahme werden, weil unvorhergesehene Ereignisse während der Nutzungsdauer die (Aus-)Nutzbarkeit des Wirtschaftsgutes beeinträchtigen.[545] Die Rechtsprechung lehnt eine Fehlmaßnahme von Anfang an bei geringer Ertragsfähigkeit eines im sozialen Wohnungsbau errichteten Gebäudes ab mit der Begründung: da die niedrigen Mieterträge schon im Zeitpunkt der Anschaffungs- oder Herstellungskostenkalkulation bekannt gewesen seien, die Errichtung des Gebäudes aber nicht verhindert hätten, werde ihr wertmindernder Effekt offenbar durch den Zugang anderer Vorteile kompensiert.[546] Nach Ansicht des BFH begründen niedrige Mieterträge selbst dann keine Fehlmaßnahme, wenn sie die im Anschaffungs- oder Herstellungszeitpunkt des Gebäudes gehegten Ertragserwartungen unterschreiten, solange die - trotz ungünstiger Mietentwicklung - anhaltende Bautätigkeit zu der Vermutung Anlaß gebe, daß ein Unternehmenserwerber den um die AfA geminderten Zugangswert vergüten werde.[547] Hingegen erkennt die Rechtsprechung im Fall einer dauerhaft überdimensionierten Maschine eine Fehlmaßnahme an, weil ein Erwerber des ganzen Unternehmens diese Maschine durch ein kleineres, richtig dimensioniertes Anlagegut ersetzen würde, so daß ihr Teilwert nur noch den Wiederbeschaffungskosten des kleineren Anlagegutes entspricht.[548]

bb) Unrentierlichkeit einzelner Wirtschaftsgüter

aaa) Begriffsbestimmung

Eine weitere Ursache der Teilwertabschreibung ist die Unrentierlichkeit einzelner Wirtschaftsgüter, mitunter auch als mangelnde Rentabilität einzelner Wirtschaftsgüter bezeichnet.[549] Sie wird von der Rechtsprechung nicht näher definiert. In Anlehnung an den betriebswirtschaftlichen Sprachgebrauch beschreiben einige Autoren die Unrentierlichkeit eines Gegenstandes als Tatbestand, bei dem die Summe der Erträge, die dem Wirtschaftsgut "in Zukunft voraussichtlich zu verdanken sind, ... auf den Kalkulationszeitpunkt abge-

---

544 Vgl. RFH-Urteil v. 3. Oktober 1928, Sp. 132; RFH-Urteil v. 17. Juli 1930, Sp. 1598; RFH-Urteil v. 5. November 1930, Sp. 27; RFH-Urteil v. 9. Juli 1931, S. 819; RFH-Urteil v. 19. Januar 1938, S. 188; RFH-Urteil v. 27. April 1938, Sp. 659.
545 Vgl. BFH-Urteil v. 17. September 1987, S. 489.
546 Vgl. BFH-Urteil v. 20. September 1960, S. 462.
547 Vgl. BFH-Urteil v. 11. Juli 1961, S. 462.
548 Vgl. BFH-Urteil v. 17. September 1987, S. 489.
549 Vgl. BFH-Urteil v. 25. Juni 1985, S. 24; BFH-Urteil v. 19. Oktober 1972, S. 55.

zinst", kleiner ist "als die Summe der von ihm verursachten ... abgezinsten Aufwendungen"[550]. Die höchstrichterliche Rechtsprechung erwähnt zwar gelegentlich die Bedeutung der "Rente"[551] bzw. "Verzinsung"[552] eines Wirtschaftsgutes für die Höhe des Teilwerts, distanziert sich jedoch von einer betriebswirtschaftlichen Teilwertberechnung: Beispielsweise lehnt der BFH einen auf der nachhaltig erzielbaren Miete basierenden Ertragswert als Teilwert eines Fabrikgebäudes ab mit der Begründung, das Fabrikgebäude diene nicht der Erzielung von Mieterträgen, sondern der Nutzung im Unternehmen, sein Ertragswert entspreche deshalb in der Regel den Anschaffungs- oder Herstellungskosten.[553] Der RFH weist bei "angemessener Betriebsrente"[554] sowie einer bewußt in Kauf genommenen, nicht "den Kosten entsprechenden Rente"[555] ebenfalls auf die Übereinstimmung des Teilwerts mit den Anschaffungs- oder Herstellungskosten hin. Demnach greift die Rechtsprechung auch zur Feststellung der (Un-)Rentierlichkeit eines Wirtschaftsgutes auf die Überlegung zurück, zu welchem Betrag ein Unternehmenserwerber es wiederbeschaffen würde[556], statt eine der betriebswirtschaftlichen Begriffsbestimmung entsprechende Methode der Teilwertermittlung zu wählen. *Maaßen* wendet dagegen ein, daß die Wiederbeschaffung eines Wirtschaftsgutes seine Rentierlichkeit, verstanden als Verhältnis des Kostenaufwands zum Ertrag, nicht verläßlich anzeige: Es sei durchaus denkbar, daß eine rentable Maschine aufgrund des technischen Fortschritts nicht wiederbeschafft werde, während eine unrentable Maschine möglicherweise wiederbeschafft werden müsse, weil ihr Fehlen dem Unternehmen noch größeren Schaden zufügen würde.[557]

Da die höchstrichterliche Rechtsprechung den Teilwert nicht nach finanzmathematischen Verfahren ermittelt und der betriebswirtschaftliche Rentabilitätsbegriff nicht in das Substitutionswerttheorem paßt, verstehen Reichs- und Bundesfinanzhof unter Unrentierlichkeit eines Gegenstandes offenbar etwas anderes als das Verhältnis der abgezinsten Erträge und Aufwendungen zueinander. Welcher Tatbestand sich hinter diesem Begriff verbirgt, kann nur indi-

---

550 *John* (Bewertung, 1964), S. 131 mit Bezug auf *Jacob* (Bewertungsproblem, 1961), S. 155 (beide Zitate); vgl. ähnlich *Maaßen* (Teilwert, 1968), S. 37.
551 RFH-Urteil v. 27. September 1932, S. 1074; RFH-Urteil v. 3. Februar 1938, Sp. 278; RFH-Urteil v. 30. März 1938, S. 771; BFH-Urteil v. 11. Oktober 1955, S. 12.
552 RFH-Urteil v. 19. Dezember 1934, Sp. 347; RFH-Urteil v. 28. Juni 1939, S. 1047.
553 Vgl. BFH-Urteil v. 13. Juli 1967, S. 12.
554 RFH-Urteil v. 28. Juni 1939, S. 1047 (Flexion geändert).
555 RFH-Urteil v. 27. September 1932, S. 1074.
556 Vgl. in diesem Sinne auch RFH-Urteil v. 29. Juni 1934, Sp. 1368.
557 Vgl. *Maaßen* (Teilwert, 1968), S. 38; ähnlich *Westhoff* (Teilwert, 1949), S. 46-47.

rekt aus den zahlreichen zu diesem Problemkreis ergangenen Urteilen abgeleitet werden.

bbb) Mangelnde Ausnutzbarkeit

In seinem grundlegenden Teilwerturteil vom 14. Dezember 1926 bezeichnet der RFH ein Wirtschaftsgut als unrentierlich, wenn es nicht den Nutzen gewährt, der eine Wiederbeschaffung im Verlustfall ratsam erscheinen lasse.[558] Demgemäß erkennt die Rechtsprechung eine Unrentierlichkeit in den Fällen an, in denen das abnutzbare Anlagegut nicht (mehr) voll ausgenutzt werden kann[559] und eine stärkere Auslastung auch in Zukunft nicht zu erwarten ist.[560] Die Teilwerthöhe eines nicht voll ausgenutzten Anlagegutes wird von der Rechtsprechung nicht exakt angegeben; sie begnügt sich damit, den Wertebereich mit dem Hinweis, daß der Teilwert die (fortgeführten) Anschaffungs- oder Herstellungskosten unterschreite und bei völliger Nutzlosigkeit im Unternehmen bis auf den Einzelveräußerungspreis sinke, abzustecken[561] und die konkrete Teilwertermittlung entweder nicht zu erwähnen oder als Tatsachenfeststellung dem Finanzgericht zu überlassen.[562] Im Schrifttum wird mitunter der Rückgang des Beschäftigungsgrades als Maßstab der Teilwertabschreibung bei mangelnder Ausnutzbarkeit eines Wirtschaftsgutes vorgeschlagen.[563] *John* lehnt diese Vorgehensweise ab, weil der unter Zugrundelegung des Beschäftigungsgrades ermittelte niedrigere Teilwert nicht der Teilwertdefinition entspreche und möglicherweise den Einzelveräußerungspreis unterschreite, der im Rahmen der Teilwertvermutungen die Wertuntergrenze bilde; außerdem könne der Beschäftigungsgrad eines Gebäudes im Regelfall nicht ermit-

558 Vgl. RFH-Urteil v. 14. Dezember 1926, Sp. 111; zur Teilwertabschreibung wegen vermindertem Nutzen vgl. auch RFH-Urteil v. 21. September 1927, Sp. 805 u. RFH-Urteil v. 30. März 1938, S. 772.
559 Vgl. RFH-Urteil v. 14. Dezember 1926, Sp. 112; RFH-Urteil v. 11. Januar 1929, S. 222; RFH-Urteil v. 18. Februar 1931, Sp. 590; RFH-Urteil v. 29. Juni 1934, Sp. 1368.
560 Mit der Begründung, ein Erweiterungsbau solle auch den (steigenden) Zukunftsbedarf decken, lehnt der RFH in seinem Urteil vom 25. Juli 1934, Sp. 1282 die Teilwertabschreibung auf das im Bewertungszeitpunkt nicht voll ausgenutzte Betriebsgebäude ab.
561 Vgl. z.B. RFH-Urteil v. 14. Dezember 1926, Sp. 111.
562 Vgl. RFH-Urteil v. 14. Dezember 1926, Sp. 112; BFH-Urteil v. 25. Juni 1985, S. 24.
563 Vgl. *Strobl* (Entwicklungen, 1984/85), S. 314; *Maaßen* (Teilwert, 1968), S. 39; *Herrmann/Heuer/Raupach* (Einkommensteuer), Anm. 613 zu § 6 EStG; Abschn. 51 AbS. 2 VStR.

telt werden.[564] Einen alternativen Hilfsmaßstab für die Bemessung des Teilwerts nicht voll ausgenutzter Wirtschaftsgüter können nach Ansicht einiger Autoren die Wiederbeschaffungskosten der entsprechend kleineren, voll ausgenutzten Wirtschaftsgüter bieten.[565]

ccc) *Zu niedrige Erträge*

Versteht man mit *John* den im Urteil vom 14. Dezember 1926 erwähnten Unrentierlichkeitsindikator "Nutzen" im Sinne von "Ertrag"[566], dann ist ein Wirtschaftsgut nicht nur bei mangelnder Ausnutzbarkeit unrentierlich, sondern auch dann, wenn sich die im Anschaffungs- oder Herstellungszeitpunkt des Gegenstandes gehegten Ertragserwartungen aus anderen Gründen voraussichtlich nicht bzw. nicht in vollem Umfang erfüllen werden. Die Rechtsprechung verhält sich indes gegenüber den nicht durch verminderte Ausnutzung konkretisierten Ertragseinbußen sehr zurückhaltend. Beispielsweise lehnt der RFH die mit zu niedrigen Erträgen begründete Teilwertabschreibung eines Gebäudes ab, weil die Ertragsberechnung von der üblichen Miete ausgehe und den besonderen Wert des Gebäudes für das in ihm betriebene Ladengeschäft des Steuerpflichtigen vernachlässige.[567] Hingegen bezieht er in seinem Urteil vom 28. Juni 1939 hohe Mieterträge in das Folgebewertungskalkül ein und verhindert dadurch den Ansatz eines niedrigeren Teilwerts, den der Steuerpflichtige aufgrund der Minderausnutzung der Grundstücke fordert.[568] Eine Tendenz, Teilwertabschreibungen zu vermeiden, läßt sich auch den Urteilen entnehmen, in denen nach Ansicht der Rechtsprechung die Unrentierlichkeit eines Wirtschaftsgutes durch die gute Rentierlichkeit eines anderen Wirtschaftsgutes[569] oder des ganzen Unternehmens[570] ausgeglichen werden kann. Solche Saldierungen werden in der Literatur teils anerkannt[571], teils als Verstoß gegen das Einzelbewertungsprinzip kritisiert.[572] Von einer kompensierenden Wirkung

564 Vgl. *John* (Bewertung, 1964), S. 162-163.
565 Vgl. *Strobl* (Entwicklungen, 1984/85), S. 315; *Herrmann/Heuer/Raupach* (Einkommensteuer), Anm. 615 zu § 6 EStG; *Brezing* (Einfluß, 1970), S. 51.
566 Vgl. *John* (Bewertung, 1964), S. 131.
567 Vgl. RFH-Urteil v. 8. Mai 1928, Sp. 974-975.
568 Vgl. RFH-Urteil v. 28. Juni 1939, S. 1047.
569 Vgl. RFH-Urteil v. 9. September 1930, Sp. 2049.
570 Vgl. RFH-Urteil v. 4. November 1930, Sp. 746; BFH-Urteil v. 19. Oktober 1972, S. 55; BFH-Urteil v. 19. Juli 1983, S. 58.
571 Vgl. *Suhr* (Auswirkungen, 1973/74), S. 2.
572 Vgl. *Schindele* (Frage, 1966), S. 263; *Woerner* (in: o.V., 1984/85), S. 323; *Moxter* (Bilanzrechtsprechung, 1993), S. 237.

der guten Unternehmensrentierlichkeit auf den Teilwert unrentierlicher Wirtschaftsgüter auszugehen, erscheint insbesondere seit Mitte der 50er Jahre wenig überzeugend, weil der BFH in dieser Zeit die Lehre von den betriebsarteigenen Wirtschaftsgütern nicht mehr anwendet und von da an für die Erfassung einer guten Unternehmensrentierlichkeit im Geschäftswert - statt im Wertansatz einzelner Wirtschaftsgüter - plädiert.[573] Den aus dieser Rechtsprechung folgenden Schluß, die Unrentierlichkeit des einzelnen Wirtschaftsgutes auch in einem rentablen Unternehmen als Teilwertabschreibungsgrund anzuerkennen, hat der BFH allerdings erst in den letzten Jahren gezogen.[574]

Ähnlich wie der Rechtsprechung fällt es auch der Literatur schwer, verminderte Ertragserwartungen einzelner Wirtschaftsgüter durch eine Teilwertabschreibung zu berücksichtigen. Um das Bewertungsproblem zu präzisieren, unterscheiden *Herrmann/Heuer/Raupach* die Wirtschaftsgüter nach dem Gesichtspunkt, ob sie einzeln oder nur gemeinsam mit anderen Wirtschaftsgütern im Unternehmensverbund Erträge erzielen können; Wirtschaftsgüter der erstgenannten Kategorie werden als individuell rentabel, solche der zweiten Kategorie als allgemein rentabel bezeichnet.[575]

Bei den individuell rentablen Wirtschaftsgütern (wie z.B. Wertpapieren, verpachteten Grundstücken[576] und Gebäuden) kann eine bestehende Unrentierlichkeit (z.B. anhand sinkender Zins- oder Mieterträge) problemlos festgestellt und eine Teilwertabschreibung deshalb nach verbreiteter Ansicht im Schrifttum bejaht werden.[577] Da der Teilwert individuell rentabler Wirtschaftsgüter nach Ertragswertgesichtspunkten bestimmt werde, weisen einige Autoren auf die Möglichkeit hin, eine gute Rentierlichkeit des einzelnen Wirtschaftsgutes teilwerterhöhend zu berücksichtigen.[578] Die von ihnen in diesem Zusammenhang herangezogenen Urteile[579] lassen erkennen, daß sie dabei nicht an eine

---

573 Vgl. BFH-Urteil v. 15. Mai 1952, S. 170; BFH-Urteil v. 11. Oktober 1955, S. 12.
574 Vgl. z.B. BFH-Urteil v. 21. Oktober 1981, S. 3; BFH-Urteil v. 25. Juni 1985, S. 24.
575 Vgl. *Herrmann/Heuer/Raupach* (Einkommensteuer), Anm. 610 zu § 6 EStG.
576 Vgl. *Ehmcke* (in: *Blümich*), Tz. 690 zu § 6 EStG.
577 Vgl. *Schindele* (Bewertung, 1956), S. 1138; *Döllerer* (Grenzen, 1977/78), S. 133; *Ehmcke* (in: *Blümich*), Tz. 690 zu § 6 EStG.
578 Vgl. *Ehmcke* (in: *Blümich*), Tz. 690 zu § 6 EStG; ähnlich *Schindele* (Bewertung, 1956), S. 1138; ablehnend *Herrmann/Heuer/Raupach* (Einkommensteuer), Anm. 610 zu § 6 EStG.
579 Vgl. RFH-Urteil v. 28. Juni 1939, S. 1047; BFH-Urteil v. 11. Oktober 1955, S. 12; BFH-Urteil v. 25. September 1962, S. 90, das allerdings einem betrieblich genutzten (d.h. allgemein rentierlichen) Gebäude einzeln erzielbare Erträge zurechnet.

Überschreitung der (fortgeführten) Anschaffungs- oder Herstellungskosten, sondern an eine Kompensation anderer, teilwertmindernder Umstände denken.

Anders als bei den individuell rentablen Wirtschaftsgütern ist es bei den allgemein rentablen Wirtschaftsgütern schwierig, künftige Ertragseinbußen festzustellen.[580] Deshalb verzichtet die Literatur weitgehend darauf, die Unrentierlichkeit solcher Wirtschaftsgüter ertragsorientiert zu begründen und greift statt dessen auf Hilfsmaßstäbe, wie z.b. eine verkürzte Nutzungsdauer[581] oder einen geringeren Auslastungsgrad[582] zurück.

ddd) Zu hohe Aufwendungen

Eine Unrentierlichkeit des einzelnen Wirtschaftsgutes kann ferner durch zu hohe Aufwendungen ausgelöst werden. Beispielsweise entkräftet der RFH die Vermutung, wonach die Firma einen Neubau nur bei erwarteter Rentierlichkeit durchführt, mit dem Hinweis auf die im Kostenvoranschlag enthaltenen "weit geringeren Kosten", die es zweifelhaft erscheinen lassen, ob die Firma "den Bau auch unternommen hätte, wenn sie die tatsächlichen Kosten vorher gekannt hätte."[583] Da der Kostenvoranschlag in dem Sachverhalt, der dem Urteil vom 19. Dezember 1934 zugrunde liegt, nicht überschritten wurde, hält die Rechtsprechung in diesem Fall an der Vermutung fest, daß der Steuerpflichtige "die Aufwendungen für den Neubau an dieser Stelle nicht gemacht hätte, wenn er nicht angenommen hätte", daß sie sich "trotz der Erhöhung um die Abbruchkosten ... im Gesamtbetrieb der Unternehmung rentieren würden"[584].

Auch im Schrifttum wird die Unrentierlichkeit eines Wirtschaftsgutes mitunter anhand der Aufwandshöhe festgestellt. *Westhoff* hält eine Maschine für unrentierlich, "wenn die Kosten der Weiterbenutzung ... zu den Kosten einer rentierlichen Anlage in krassem Mißverhältnis stehen"[585]; nach *Schneider* liegt Unrentierlichkeit vor, wenn der Ersatzzeitpunkt der Maschine vorverlagert

580 Vgl. *Maaßen* (Teilwert, 1968), S. 38; *Schneider* (Problematik, 1969), S. 310; *Groh* (Verluste, 1976), S. 37; *Strobl* (Entwicklungen, 1984/85), S. 314; *Strobl* (in: *o.V.*, 1984/85), S. 321-322.
581 Vgl. *Schneider* (Problematik, 1969), S. 310.
582 Vgl. *Strobl* (in: *o.V.*, 1984/85), S. 321-322.
583 RFH-Urteil v. 14. Dezember 1926, Sp. 113-114 (beide Zitate).
584 RFH-Urteil v. 19. Dezember 1934, Sp. 182 (beide Zitate).
585 *Westhoff* (Teilwert, 1949), S. 138.

werden muß, "weil billiger arbeitende Ersatzanlagen auf dem Markt sind."[586] In beiden Fällen könnte "der gleiche Ertrag mit einem geringeren Aufwand"[587] erzielt werden, d.h. der tatsächliche Aufwand ist im Verhältnis zum Ertrag zu hoch. Dieser Tatbestand wird als Unwirtschaftlichkeit bezeichnet[588]; er steht im Gegensatz zum Prinzip der Wirtschaftlichkeit, das bei gegebenem Ertrag die Kosten minimieren will.[589] Die Unwirtschaftlichkeit gilt im Schrifttum als Auslegungsvariante des schwer faßbaren Begriffs "Unrentierlichkeit des einzelnen Wirtschaftsguts".[590]

eee) *Das Verhältnis zwischen Fehlmaßnahme und Unrentierlichkeit einzelner Wirtschaftsgüter*

Vergleicht man die durch einen geringen Auslastungsgrad oder eine anderweitige Ertragsminderung begründete Unrentierlichkeit des einzelnen Wirtschaftsgutes mit einer Fehlmaßnahme, die durch zu niedrige Erträge hervorgerufen wird, so stimmen beide Teilwertabschreibungsursachen in ihren Grundaussagen überein: Sowohl bei der Unrentierlichkeit des einzelnen Wirtschaftsgutes als auch bei der Fehlmaßnahme wird die mangelnde Ausnutzung eines Anlagegegenstandes teilwertmindernd berücksichtigt, während ein nicht durch verringerte Nutzbarkeit konkretisierter Ertragsrückgang nur selten als Grund für den Ansatz eines niedrigeren Teilwerts akzeptiert wird. Die Rechtsprechung verwendet beide Entkräftungsmöglichkeiten der Teilwertvermutung häufig synonym: Beispielsweise spricht sie im Zusammenhang mit einer unrentierlichen Maschine von einem Fehlgriff[591] und im Zusammenhang mit einem unrentierlichen Neubau von einem Fehlschlag.[592] Ferner weist der BFH in seinem zur Unrentierlichkeit einzelner Wirtschaftsgüter ergangenen Urteil vom 19. Oktober 1972[593] auf seine Entscheidung vom 11. Juli 1961 hin, die sich - wenngleich unter der Bezeichnung "Fehlmaßnahme"[594] - ausführlich mit

---

586 *Schneider* (Problematik, 1969), S. 310.
587 *John* (Bewertung, 1964), S. 158; vgl. ähnlich *Jacob* (Bewertungsproblem, 1961), S. 163.
588 Zum Begriff der Unwirtschaftlichkeit vgl. *John* (Bewertung, 1964), S. 157-158; *Westhoff* (Teilwert, 1949), S. 163.
589 Vgl. *Jacob* (Bewertungsproblem, 1961), S. 160; *Maaßen* (Teilwert, 1968), S. 38; *Höffken* (Gedanken, 1970), S. 618.
590 Vgl. *Jacob* (Bewertungsproblem, 1961), S. 161; *Maaßen* (Teilwert, 1968), S. 38.
591 Vgl. RFH-Urteil v. 9. Juli 1931, S. 819.
592 Vgl. RFH-Urteil v. 4. November 1930, Sp. 745.
593 Vgl. BFH-Urteil v. 19. Oktober 1972, S. 55.
594 Vgl. BFH-Urteil v. 11. Juli 1961, S. 462.

den Folgen rückläufiger Ertragserwartungen für die Teilwerthöhe befaßt.[595]
Einige das Urteil vom 11. Juli 1961 betreffende Stellungnahmen im Schrifttum ordnen den Sachverhalt, bei dem es um den Rückgang der erwarteten Mieterträge geht, ebenfalls in die Rubrik "Unrentierlichkeit einzelner Wirtschaftsgüter" ein[596], obwohl der BFH in diesem Fall von einer Fehlmaßnahme spricht. Bei mangelnder Ausnutzbarkeit eines Wirtschaftsgutes weisen *John* und *Döllerer* auf die Übereinstimmung der beiden Entkräftungsmöglichkeiten der Teilwertvermutungen hin.[597]

Wie die Analyse von Rechtsprechung und Literatur zeigt, bestehen Gemeinsamkeiten zwischen einer Fehlmaßnahme und der Unrentierlichkeit einzelner Wirtschaftsgüter auch dann, wenn die beiden Teilwertabschreibungsursachen durch zu hohe Aufwendungen verursacht werden: In jedem Fall gilt, daß hohe Aufwendungen grundsätzlich die besondere Bedeutung des Wirtschaftsguts für das Unternehmen widerspiegeln und erst dann den Ansatz eines niedrigeren Teilwerts rechtfertigen, wenn der Steuerpflichtige sie bei Rückbeziehung seiner Kenntnisse vom Abschlußstichtag auf den Anschaffungs- oder Herstellungszeitpunkt des Wirtschaftsgutes vermieden hätte.[598] Angesichts der weitgehenden Übereinstimmung von Fehlmaßnahme und Unrentierlichkeit des einzelnen Wirtschaftsgutes bemüht sich die Bilanzrechtsliteratur, das Verhältnis der beiden zueinander sachverhaltsübergreifend zu beschreiben. *John* unterscheidet nach Analyse der Rechtsprechung drei Varianten der Unrentierlichkeit des einzelnen Wirtschaftsgutes: "(1) ein gegebener Ertrag könnte mit einem geringeren Aufwand erwirtschaftet werden ...; (2) der tatsächliche Ertrag ist geringer als der erwartete (Fehlmaßnahme ...); (3) die Aufwendungen ... sind höher als geplant (Fehlmaßnahme)."[599] Seiner Ansicht nach setzt sich die Teilwertabschreibungsursache "Unrentierlichkeit des einzelnen Wirtschaftsgutes" demnach aus den beiden Komponenten "Unwirtschaftlichkeit" und "Fehlmaßnahme" zusammen. Die Fehlmaßnahme wird auch von anderen Autoren als Unterfall der Unrentierlichkeit einzelner Wirtschaftsgüter cha-

---

595 Vgl. oben Erstes Kapitel B.IV.2.b)aa)ccc).
596 Vgl. *Moxter* (Bilanzrechtsprechung, 1993), S. 236-237; *Breitwieser* (Teilwert, 1973), S. 250.
597 Vgl. *John* (Bewertung, 1964), S. 162; *Döllerer* (Grenzen, 1977/78), S. 133-134.
598 Vgl. oben Erstes Kapitel B.IV.2.b)aa)bbb) u. B.IV.2.b)bb)ddd).
599 *John* (Bewertung, 1964), S. 168.

rakterisiert.[600] Hingegen erörtert *Höffken* die Unwirtschaftlichkeit oder Unrentierlichkeit eines Wirtschaftsgutes unter dem Oberbegriff "Fehlmaßnahme".[601]

cc) Gesunkene Wiederbeschaffungskosten

aaa) Ein dem Substitutionswerttheorem immanenter Teilwertabschreibungsgrund

Der Ansatz eines die (fortgeführten) Anschaffungs- oder Herstellungskosten unterschreitenden Teilwerts kann ferner durch gesunkene Wiederbeschaffungskosten begründet werden.[602] Diese Teilwertabschreibungsursache folgt unmittelbar aus dem Substitutionswerttheorem: Da der Teilwert den Betrag repräsentiert, den ein Erwerber am Abschlußstichtag für das zu bewertende Wirtschaftsgut aufwenden würde, wenn es nicht im Unternehmen vorhanden wäre, entspricht er den Wiederbeschaffungskosten - und zwar auch dann, wenn sie den (fortgeführten) Zugangswert unterschreiten.[603] Je nachdem ob man die Teilwertvermutung an den Anschaffungs- oder Herstellungskosten ggf. abzüglich AfA festmacht oder sie unmittelbar an die Wiederbeschaffungskosten bindet, wird man gesunkene Wiederbeschaffungskosten entweder als Entkräftung der Teilwertvermutung[604] oder als einen der Teilwertvermutung entsprechenden Tatbestand[605] einstufen. Aus der engen Beziehung der gesunkenen Wiederbeschaffungskosten zum Substitutionswerttheorem erklärt sich auch das bis heute kontrovers diskutierte Problem der Abschlußstichtagsbewertung von Wirtschaftsgütern des Umlaufvermögens und schwebenden Beschaffungsgeschäften.

---

600 Vgl. *Jacob* (Teilwertabschreibung, 1970), S. 61; *Schneider* (Verlustausgleich, 1970), Fn. 3 S. 70; *Wolf* (Steuerbilanz, 1988), S. 136.
601 Vgl. *Höffken* (Gedanken, 1970), S. 619.
602 Vgl. z.B. RFH-Urteil v. 20. März 1930, S. 360; BFH-Urteil v. 26. August 1958, S. 422; BFH-Urteil v. 13. Juli 1967, S. 12; BFH-Urteil v. 23. September 1969, S. 88; BFH-Urteil v. 19. Oktober 1972, S. 55; BFH-Urteil v. 13. Oktober 1976, S. 541; BFH-Urteil v. 17. Januar 1978, S. 336; BFH-Urteil v. 30. Januar 1980, S. 328; BFH-Urteil v. 21. Oktober 1981, S. 3.
603 Vgl. RFH-Urteil v. 14. Dezember 1926, Sp. 111-112; RFH-Urteil v. 19. September 1928, Sp. 41; RFH-Urteil v. 26. April 1930, S. 590; RFH-Urteil v. 10. Oktober 1928, Sp. 130; RFH-Urteil v. 11. Januar 1929, S. 222.
604 Vgl. z.B. *Werndl* (in: *Kirchhof/Söhn*), Rdnr. B401 zu § 6 EStG.
605 Vgl. *John* (Bewertung, 1964), S. 130.

In seinem Urteil vom 14. Dezember 1927 dehnt der RFH das Substitutionswerttheorem, das er zur Konkretisierung des in § 19 Abs. 1 Satz 2 EStG 1925
geregelten gemeinen Wertes der nicht zum Verkauf bestimmten Gegenstände
entwickelt hat, auf Waren aus. Seine Begründung lautet, daß Waren ebenfalls
"zur wirtschaftlichen Einheit eines Betriebsvermögens gehören"[606] und ihr
Wert am Abschlußstichtag deshalb dem Betrag entspreche, den ein Unternehmenserwerber für sie bezahlen würde. Durch diese Ausdehnung der Teilwertkonzeption über den gesetzlich vorgesehenen Anwendungsbereich hinaus
kann nun auch eine Teilwertabschreibung der zum Verkauf bestimmten Umlaufgegenstände mit gesunkenen Wiederbeschaffungskosten begründet werden.[607] *Helpenstein* befürwortet sie, denn seiner Meinung nach vermindern
rückläufige Einkaufspreise von Waren die innerbetriebliche Wertschätzung
dieser Wirtschaftsgüter; ein solcher innerbetrieblich realisierter Verlust müsse
bilanziell berücksichtigt werden.[608] Nach Ansicht des RFH rechtfertigen gesunkene Wiederbeschaffungskosten den Ansatz des niedrigeren Teilwerts,
weil sie eine ungünstige Konjunktur anzeigen und bei einem einkaufspreisab-
hängigen Gewinnaufschlag in Kürze fallende Einzelveräußerungspreise nach
sich ziehen.[609] Liegt der Einzelveräußerungspreis einer Ware am Abschlußstichtag unter dem Zugangswert, jedoch über den Wiederbeschaffungskosten,
so plädiert die Rechtsprechung für eine Teilwertabschreibung in Höhe des
Differenzbetrages zwischen den Anschaffungs- oder Herstellungskosten und
den gesunkenen Wiederbeschaffungskosten, den sie als unrealisierten Verlust
bezeichnet; zwar hoffe der Kaufmann, diesen Verlust "durch die Spanne zwischen dem gegenwärtigen Einkaufspreis und dem demnächst zu erzielenden
Verkaufspreise ... teilweise wieder auszugleichen"[610], doch handle es sich
dabei um einen unrealisierten Gewinn, der am Abschlußstichtag nicht berücksichtigt werden dürfe.[611]

In seinem Urteil vom 4. November 1925 läßt der RFH die Bildung einer
Drohverlustrückstellung zu mit der Begründung, daß der gemeine Wert der
bestellten, aber noch nicht gelieferten Hölzer die Anschaffungs- oder Herstel-

---

606 RFH-Urteil v. 14. Dezember 1927 VI A 761/27, S. 95 (Flexion geändert).
607 Vgl. z.B. RFH-Urteil v. 14. Dezember 1927 VI A 802/27, Sp. 100-101; RFH-Urteil v.
    10. Oktober 1928, Sp. 130; RFH-Urteil v. 1. März 1939, Sp. 534.
608 Vgl. *Helpenstein* (Erfolgsbilanz, 1932), S. 385.
609 Vgl. RFH-Urteil v. 14. Dezember 1927 VI A 802/27, Sp. 101.
610 RFH-Urteil v. 9. Mai 1928, S. 1191.
611 Gl.A. *Helpenstein* (Erfolgsbilanz, 1932), S. 380-381.

lungskosten unterschreite.[612] Zwar bleibt in diesem Fall unklar, ob der niedrigere gemeine Wert am Beschaffungs- oder am Absatzmarkt ermittelt wird, doch legen die Ausführungen des RFH, wonach die wirtschaftliche Bedeutung des gesunkenen gemeinen Wertes bei noch nicht gelieferten und bei schon vorhandenen Wirtschaftsgütern gleich sei[613], den Schluß nahe, daß die Orientierung des gemeinen Wertes an den Wiederbeschaffungskosten bei der Aktivenbewertung analog für die Bildung einer Drohverlustrückstellung gelten soll.

Der BFH übernimmt die Auffassung des RFH und erkennt infolge gesunkener Wiederbeschaffungskosten sowohl eine Teilwertabschreibung auf Umlaufgegenstände[614] als auch die Bildung einer Drohverlustrückstellung bei schwebenden Beschaffungsgeschäften[615] an. Insbesondere betont er die Zulässigkeit der mit fallenden Einkaufspreisen begründeten Teilwertabschreibung auch für den Fall, daß der Einzelveräußerungspreis nach wie vor die Anschaffungs- oder Herstellungskosten überschreitet: Der Ansatz des niedrigeren Teilwerts am Abschlußstichtag vergrößere die Gewinnspanne und sorge dafür, daß sie in vollem Umfang dem künftigen Geschäftsjahr zugute komme, in dem der Veräußerungsgewinn realisiert werde;[616] selbst wenn die Ware am Abschlußstichtag schon fest zu dem höheren Preis verkauft sei, komme eine Teilwertabschreibung aufgrund gesunkener Wiederbeschaffungskosten in Frage, weil ein unrealisierter Gewinn aus einem schwebenden Veräußerungsgeschäft nicht berücksichtigt werden dürfe.[617] Der BFH behandelt sinkende Ein- und Verkaufspreise von Waren als zwei eigenständige Teilwertabschreibungsursachen.[618] Einige Autoren schließen daraus, daß jeweils der niedrigere der beiden Marktpreise den relevanten Teilwert bilde (sog. doppeltes Niederstwertprinzip).[619]

---

612 Vgl. RFH-Urteil v. 4. November 1925, S. 335.
613 Vgl. RFH-Urteil v. 4. November 1925, S. 335.
614 Vgl. z.B. BFH-Urteil v. 8. Oktober 1957, S. 443; BFH-Urteil v. 13. März 1964, S. 427; BFH-Urteil v. 29. Juli 1965, S. 649; BFH-Urteil v. 22. August 1968, S. 802; BFH-Urteil v. 30. Januar 1980, S. 328.
615 Vgl. BFH-Urteil v. 26. Januar 1956, S. 114; BFH-Urteil v. 17. Juli 1956, S. 379 u. 380; BFH-Urteil v. 3. Juli 1956, S. 249.
616 Vgl. BFH-Urteil v. 8. Oktober 1957, S. 443.
617 Vgl. BFH-Urteil v. 29. Juli 1965, S. 649.
618 Vgl. BFH-Urteil v. 13. März 1964, S. 427.
619 Vgl. z.B. *Glanegger* (in: *Schmidt*, 1993), Tz. 62 zu § 6 EStG; ähnlich *Groh* (Verluste, 1976), S. 37.

Der Teilwertabschreibung von Wirtschaftsgütern des Umlaufvermögens bei gesunkenen Wiederbeschaffungskosten steht die Auffassung entgegen, wonach als niedrigerer Abschlußstichtagswert der zum Verkauf bestimmten Wirtschaftsgüter nur ein Einzelveräußerungspreis in Frage komme, der die Anschaffungs- oder Herstellungskosten unterschreite;[620] denn lediglich bei einer nicht kostendeckenden Veräußerung im künftigen Geschäftsjahr werde ein Verlust realisiert, der gemäß dem der Teilwertvorschrift zugrunde liegenden Imparitätsprinzip am Abschlußstichtag antizipiert werden müsse.[621] Solange der Einzelveräußerungspreis die Anschaffungs- oder Herstellungskosten noch überschreitet, indizieren gesunkene Wiederbeschaffungskosten nach Ansicht einiger Autoren keinen Verlust[622], sondern allenfalls einen niedrigeren Gewinn[623] und scheiden deshalb als Grund einer der Erfassung künftiger Verluste dienenden Teilwertabschreibung aus; für das doppelte Niederstwertprinzip bleibt in dieser Argumentationskette kein Raum.[624] *Koch* verwirft grundsätzlich auch die Möglichkeit, die Höhe der Verlustabschreibung näherungsweise mit Hilfe gesunkener Wiederbeschaffungskosten zu bestimmen, weil die Wiederbeschaffungskosten erheblich von den Veräußerungspreisen abweichen können.[625] *Moxter* erkennt gesunkene Wiederbeschaffungskosten nur bei Roh-, Hilfs- und Betriebsstoffen als Hilfsmaßstab der Verlustabschreibung an mit der Begründung, daß sich Einkaufspreise für diese Wirtschaftsgüter meist einfach und objektiviert ermitteln lassen, während die retrograde Ermittlung ihres anteiligen Verlustbeitrags aus den Veräußerungspreisen der Fertigerzeugnisse schwierig und stark ermessensbehaftet ist.[626]

Entgegen ihrem in anderen Urteilen vertretenen Standpunkt zugunsten der Berücksichtigung gesunkener Wiederbeschaffungskosten plädiert die Rechtsprechung in der Entscheidung vom 17. April 1929 für eine Beibehaltung der Anschaffungs- oder Herstellungskosten trotz fallender Einkaufspreise, solange

---

620 Vgl. so offenbar RFM-Erlaß v. 29. Dezember 1926, erwähnt in BFH-Urteil v. 14. Dezember 1927 VI A 802/27, Sp. 101.
621 Vgl. *Moxter* (Betriebswirtschaftslehre, 1992) S. 25-26.
622 Vgl. *Schneider* (Verlustausgleich, 1970), Fn. 3 S. 70; *Leffson* (GoB, 1987), S. 363; *Koch* (Niederstwertprinzip, 1957), S. 60-61.
623 Vgl. *Moxter* (Teilwertverständnis, 1991), S. 477; *Lehmann* (Teilwert-Konzept, 1990), S. 2481 spricht in diesem Zusammenhang von nicht verwirklichten Einnahmen.
624 Vgl. *Koch* (Niederstwertprinzip, 1957), S. 2.
625 Vgl. *Koch* (Problematik, 1960), S. 349-350.
626 Vgl. *Moxter* (Teilwertverständnis, 1991), S. 479; zur näherungsweisen Verlustantizipation mit Hilfe von Wiederbeschaffungskosten vgl. auch *Moxter* (Gewinnkonzeption, 1987), S. 272.

die Nettoverkaufserlöse den Zugangswert noch übersteigen; denn dadurch werde "vermieden, daß ... in einem Geschäftsjahr ein Verlust entsteht, der sich bei der im nächsten Geschäftsjahr erfolgenden Veräußerung als Gewinn auswirkt, obwohl sich am Bilanzstichtage bereits übersehen läßt, daß im endgültigen Ergebnis aus der Veräußerung der Waren ein Verlust nicht entsteht."[627] Diese Beschränkung der Verlustantizipation ist nach Ansicht des RFH mit dem Gläubigerschutzprinzip vereinbar.[628] "Wenn auf der Absatzseite keine Verluste ... drohen", äußert der BFH auch Bedenken, eine Drohverlustrückstellung für schwebende Beschaffungsgeschäfte zu bilden mit der Begründung, die Rückstellung würde "in bezug auf die Absatzseite keinen Verlust vorwegnehmen, sondern einen entgangenen Gewinn, der zustande gekommen wäre, wenn die Aufwendungen auf der Beschaffungsseite noch geringer gewesen wären als sie tatsächlich anfielen. Eine Rückstellung für Gewinne, die zu entgehen drohen, sei nicht zulässig."[629] Ihre Bildung widerspreche dem Fortführungsprinzip, denn "für den das Unternehmen fortführenden Erwerber sei ... entscheidend, daß die ... Produktionsfaktoren", um deren Beschaffung es gehe, "einen Ertrag bringen."[630] Der BFH beschränkt seine Ausführungen jedoch ausdrücklich auf den zu entscheidenden Sachverhalt, d.h. auf die bilanzielle Behandlung von Dauerrechtsverhältnissen, wie z.B. Arbeitsverträgen, die nicht zum Zugang eines aktivierungsfähigen Wirtschaftsgutes führen. Inwiefern diese Ausführungen auch auf solche schwebenden Beschaffungsgeschäfte übertragen werden können, die aktivierungspflichtige Wirtschaftsgüter betreffen und dadurch einen engen Bezug zur Teilwertabschreibung sowie der zu ihr ergangenen Rechtsprechung aufweisen, läßt er ausdrücklich offen.[631]

bbb) Die Bedeutung gesunkener Wiederbeschaffungskosten beim abnutzbaren Anlagevermögen

Weniger umstritten als beim Umlaufvermögen ist die Teilwertabschreibung aufgrund gesunkener Wiederbeschaffungskosten beim abnutzbaren Anlagevermögen. Sie wird von der höchstrichterlichen Rechtsprechung grundsätzlich

---

627 RFH-Urteil v. 17. April 1929, Sp. 952.
628 Vgl. RFH-Urteil v. 17. April 1929, Sp. 952.
629 BFH-Urteil v. 16. Dezember 1987, S. 339 (beide Zitate, Flexion z.T. geändert).
630 BFH-Urteil v. 16. Dezember 1987, S. 339 (beide Zitate, Flexion z.T. geändert).
631 Vgl. BFH-Urteil v. 16. Dezember 1987, S. 340; zur möglichen Bedeutung dieses Urteils für die Teilwertinterpretation vgl. *Moxter* (Rückstellungen, 1991), S. 9.

anerkannt[632] und z.b. im Fall gesunkener Baukosten damit begründet, daß ein Erwerber des ganzen Unternehmens das Gebäude "mit gleichem Nutzen für das Unternehmen hätte billiger errichten können"[633]. Ist anstelle der konkreten Baukosten für das zu bewertende Gebäude nur der Baukostenindex gefallen, so lehnt die Rechtsprechung den Ansatz eines niedrigeren Teilwerts in der Regel ab[634], weil es sich bei dem Baukostenindex um einen Durchschnittswert handle, der die individuellen Werteinflußgrößen eines Wirtschaftsgutes nicht berücksichtige und mitunter schwer feststellbar sei.[635]

In der Bilanzrechtsliteratur wird eine Teilwertabschreibung abnutzbarer Anlagegegenstände aufgrund gesunkener Wiederbeschaffungskosten vorwiegend als Auswirkung des technischen Fortschritts erörtert.[636] Nach Ansicht von *Helpenstein* bergen gesunkene Wiederbeschaffungskosten von Maschinen die Gefahr, daß Konkurrenten, die mit den billigeren Anlagen arbeiten, ihre Erzeugnisse günstiger fertigen und kalkulieren können; um in dieser Situation konkurrenzfähig zu sein, müsse der mit den teuren Maschinen arbeitende Kaufmann seinen gesamten Mehraufwand der GVR des Jahres belasten, in dem er seinen komparativen Nachteil erkenne.[637] In die gleiche Richtung zielen die Bedenken von *Groh*, wonach die hohen Abschreibungen der vorhandenen Anlagen infolge des Preisrückgangs möglicherweise nicht mehr durch künftige Erträge gedeckt sein könnten.[638] Auch *Vodrazka* weist darauf hin, daß gesunkene Wiederbeschaffungskosten branchentypischer Anlagegüter verminderte Ertragserwartungen der Branche indizieren und somit unter Wirtschaftlichkeitsgesichtspunkten eine Teilwertabschreibung rechtfertigen.[639] *John* sieht die Bedeutung gesunkener Wiederbeschaffungskosten hingegen vor allem darin, den Verlust an investiertem Kapital aufzuzeigen; das investierte Kapital, das durch die (fortgeführten) Anschaffungs- oder Herstellungskosten

---

632 Vgl. RFH-Urteil v. 19. September 1928, Sp. 41; RFH-Urteil v. 25. September 1929, Sp. 1709; RFH-Urteil v. 2. März 1932, S. 533; RFH-Urteil v. 9. Februar 1938, Sp. 366; RFH-Urteil v. 27. April 1938, Sp. 659; BFH-Urteil v. 13. Juli 1967, S. 12; BFH-Urteil v. 17. Januar 1978, S. 336.
633 RFH-Urteil v. 10. Juli 1934, S. 1141; vgl. ähnlich RFH-Urteil v. 22. Juli 1932, Sp. 255.
634 Vgl. RFH-Urteil v. 6. April 1938, Sp. 469; BFH-Urteil v. 15. Mai 1953, S. 62.
635 Vgl. BFH-Urteil v. 14. Februar 1956, S. 102; gl. A. *Kaatz* (Anmerkung, 1958), S. 565.
636 Vgl. z.B. *Mayer-Wegelin* (in: *Hartmann/Böttcher/Nissen/Bordewin*), Rz. 210 zu § 6 EStG; *Söffing, M.* (in: *Lademann/Söffing/Brockhoff*), Anm. 404 zu § 6 EStG.
637 Vgl. *Helpenstein* (Erfolgsbilanz, 1932), S. 310.
638 Vgl. *Groh* (Verluste, 1976), S. 37.
639 Vgl. *Vodrazka* (Wertuntergrenzen, 1968), S. 151.

oder die niedrigeren Wiederbeschaffungskosten repräsentiert werde, bilde den Betriebszugehörigkeitswert der abnutzbaren Anlagegüter im Sinne der Teilwertdefinition.[640] Durch die Interpretation des Teilwerts als Substitutionswert aus der Sicht eines den Betrieb fortführenden Unternehmenserwerbers ist es auch zu erklären, wenn *Lenzen* und *John* die Aufgabe des Teilwerts beim abnutzbaren Anlagevermögen u.a. darin sehen, dem Sinken der Wiederbeschaffungskosten, das von AfA und AfaA nicht erfaßt werde, Rechnung zu tragen.[641]

Es gibt indes auch einige kritische Stellungnahmen im Schrifttum zu den Möglichkeiten und Grenzen einer Teilwertabschreibung abnutzbarer Anlagegüter bei gesunkenen Wiederbeschaffungskosten. Beispielsweise erkennt *Schneider* trotz gesunkener Wiederbeschaffungskosten keinen Abschreibungsbedarf, "solange die auf teurer gekauften Maschinen produzierten Erzeugnisse noch mit Gewinn verkauft werden."[642] *Westhoff* weist darauf hin, daß die von *Helpenstein* geschilderten negativen Auswirkungen gesunkener Wiederbeschaffungskosten von Maschinen auf die Wettbewerbssituation des Unternehmens nur bei Erfüllung sehr restriktiver Bedingungen eintreten.[643] Doch selbst wenn man eine kausale Beziehung zwischen gesunkenen Wiederbeschaffungskosten und künftigen Ertragseinbußen unterstellt, eine Teilwertabschreibung dem Grunde nach also bejaht, ist ein Teilwertansatz zu Wiederbeschaffungskosten nach *John*s Ansicht problematisch, weil das Ausmaß des Beschaffungspreisrückgangs allenfalls zufällig mit dem Umfang der Ertragsminderung übereinstimme.[644]

ccc) Das Verhältnis zu den anderen Teilwertabschreibungsgründen

Die Teilwertabschreibungsursache "gesunkene Wiederbeschaffungskosten" unterscheidet sich von den beiden zuvor behandelten Gründen einer Teilwertabschreibung in zwei Punkten: Erstens ist sie so präzise formuliert, daß sie - anders als die Begriffe "Fehlmaßnahme" und "Unrentierlichkeit des einzelnen Wirtschaftsgutes" - nicht mißverständlich oder mehrdeutig interpretiert wer-

---

640 Vgl. *John* (Bewertung, 1964), S. 146.
641 Vgl. *Lenzen* (Ersetzung, 1964), S. 347; *John* (Bewertung, 1964), S. 45.
642 *Schneider* (Verlustausgleich, 1970), Fn. 3 S. 70; vgl. ähnlich *Seifried* (Verhältnis, 1951), Sp. 259.
643 Vgl. *Westhoff* (Teilwert, 1949), S. 150.
644 Vgl. *John* (Bewertung, 1964), S. 154.

den kann; zweitens bilden gesunkene Wiederbeschaffungskosten eine dem Grunde nach umstrittene Teilwertabschreibungsursache, während bei den Tatbeständen, die das Kriterium "Fehlmaßnahme" oder "Unrentierlichkeit des einzelnen Wirtschaftsgutes" erfüllen, die Zulässigkeit eines niedrigeren Wertansatzes nicht in Frage gestellt wird.

Trotz dieser Unterschiede gibt es auch zwischen gesunkenen Wiederbeschaffungskosten und den beiden anderen Teilwertabschreibungsgründen einen Überschneidungsbereich. Beispielsweise spricht der BFH im Zusammenhang mit den anhand des Baukostenindex nachweisbar gesunkenen Wiederbeschaffungskosten von der Möglichkeit einer Fehlmaßnahme, die er allerdings wegen des unsicheren Wertmaßstabs nur bei "erheblichen und nachhaltigen Abweichungen vom Buchwert"[645] anerkennen will. *Maaßen* hält eine geringere Kapazitätsausnutzung, die von der Rechtsprechung als Fehlmaßnahme oder Unrentierlichkeit des einzelnen Wirtschaftsgutes eingestuft wird[646], für ein Indiz gesunkener Wiederbeschaffungskosten.[647] Ansonsten werden gesunkene Wiederbeschaffungskosten nur in Verbindung mit einer guten Rentierlichkeit des einzelnen Wirtschaftsguts bzw. des ganzen Unternehmens erwähnt mit der Folge, daß ihr teilwertmindernder Effekt durch die anderen teilwerterhöhenden Effekte kompensiert wird.[648] Gesunkene Wiederbeschaffungskosten überschneiden sich jedoch nicht nur mit anderen Teilwertabschreibungsgründen, sondern unter bestimmten Voraussetzungen auch mit den Ursachen einer AfaA: Beispielsweise können gesunkene Wiederbeschaffungskosten den optimalen Ersatzzeitpunkt eines abnutzbaren Anlagegutes vorverlagern, d.h. die Nutzungsdauer des betreffenden Wirtschaftsgutes verkürzen[649], und so einen eine AfaA begründenden Tatbestand herbeiführen. Ferner sieht *John* die Möglichkeit, den Umfang der gesunkenen Wiederbeschaffungskosten - und damit die Höhe der Teilwertabschreibung - eines reparaturbedürftigen Gebäudes hilfsweise anhand der erforderlichen Reparaturkosten zu bemessen;[650] das ist

---

645 BFH-Urteil v. 14. Februar 1956, S. 102 (Flexion geändert).
646 Vgl. oben Erstes Kapitel B.IV.2.b)aa)ccc) u. B.IV.2.b)bb)bbb).
647 Vgl. *Maaßen* (Teilwert, 1968), S. 79.
648 Vgl. RFH-Urteil v. 16. Dezember 1936, S. 503; RFH-Urteil v. 25. Januar 1939, S. 498.
649 Vgl. *Schneider* (Verlustausgleich, 1970), Fn. 3 S. 70; *Moxter* (Bilanzrechtsprechung, 1985), S. 171.
650 Vgl. *John* (Bewertung, 1964), S. 166.

eine Verfahrensweise, die in der Bilanzrechtsprechung auch für die Ermittlung einer AfaA erwogen wird.[651]

3. Fazit

Die Analyse der herrschenden Teilwertlehre hat ergeben, daß die gesetzliche Teilwertdefinition im Sinne des Substitutionswerttheorems ausgelegt und mit Hilfe eines Systems von Teilwertvermutungen und Entkräftungsmöglichkeiten handhabbar gemacht wird. Dieses System stellt insoweit einen Fremdkörper im Bilanzrechtsgefüge dar, als es weder zwingend aus dem Wortlaut des Einkommensteuergesetzes folgt noch explizit aus dem Sinn und Zweck der Steuerbilanz abgeleitet wird. Die Interpretationsweise der Teilwertvorschrift weicht damit ohne erkennbaren Grund von den üblichen juristischen Auslegungsmethoden[652] ab. Sie erweist sich außerdem als problematisch, weil der Rückgriff auf das Substitutionswerttheorem offen läßt, welche Sachverhalte sich im einzelnen hinter den oft schlagwortartig verwendeten Begriffen für die Teilwertabschreibungsursachen verbergen und wie diese Ursachen voneinander abgegrenzt werden können. Zu einem offenen Widerspruch zwischen der Teilwertkonzeption und ihrer praktischen Anwendung kommt es gar, wenn die Zulässigkeit einer Teilwertabschreibung bei gesunkenen Wiederbeschaffungskosten bezweifelt wird, obwohl sie unmittelbar aus dem Substitutionsgedanken resultiert. Angesichts dieser Ungereimtheiten gilt es zu prüfen, welcher Sinn und Zweck der Teilwertvorschrift unter Beachtung ihrer Entstehungsgeschichte im Rahmen der steuerrechtlichen Gewinnermittlung zugrunde gelegt werden kann und welche Konsequenzen sich daraus für ihre praktische Handhabung ergeben.

---

651 Vgl. oben Erstes Kapitel B.II.2.c)bb).
652 Zu den juristischen Auslegungsmethoden vgl. *Tipke* (Auslegung, 1985), S. 135; *Larenz* (Methodenlehre, 1991), S. 343-346; *Naumann* (Fremdwährungsumrechnung, 1992), S. 7-9.

V. Kritische Würdigung des Substitutionswerttheorems und seiner praktischen Anwendung im Lichte gesetzeszweckadäquater Teilwertauslegung

1. Ausgaben- versus einnahmenorientierte Teilwertkonzeption

a) Die Grenzen des Substitutionswerttheorems

Die unmittelbar aus dem Substitutionsgedanken folgende Orientierung des Abschlußstichtagswerts an den Wiederbeschaffungskosten ist eine Auslegungsvariante, die sowohl die Betriebsverbundenheit der nicht zum Verkauf bestimmten Gegenstände berücksichtigt, wie es § 19 Abs. 1 Satz 2 EStG 1925 forderte, als auch den Standpunkt eines Unternehmenserwerbers in das Bewertungskalkül einbezieht, auf den der Gesetzeswortlaut seit 1934 verweist. Beide Gesichtspunkte sind eng miteinander verknüpft: Um zu verhindern, daß als niedrigerer gemeiner Wert der "eben erst in Benutzung" genommenen Anlagegüter der "Altverkaufspreis" angesetzt wird, empfiehlt die Begründung zum Entwurf des EStG 1925, "bei der Bewertung davon auszugehen, daß der Gegenstand auch fernerhin der Fortführung des Betriebs dient, so daß etwa der Preis anzusetzen wäre, den ein Käufer des ganzen Betriebs, der das Unternehmen fortsetzen will, bei Berechnung des Kaufpreises für den ganzen Betrieb für diesen Gegenstand ansetzen würde."[653]

Wenn der RFH aus dieser Formulierung schließt, daß ein Erwerber des ganzen Unternehmens das einzelne Wirtschaftsgut grundsätzlich mit den Wiederbeschaffungskosten bewerten würde[654], so wird man bei der Würdigung dieser These u. a. den Zeitraum ihrer Entstehung berücksichtigen müssen; denn in den 20er Jahren beschäftigt sich auch die Bilanztheorie mit den Möglichkeiten, den Ertragswert eines Unternehmens (annähernd) durch die Addition der einzelnen Unternehmensbestandteile, die mit ihren Ertragswertbeiträgen, den Wiederbeschaffungskosten, angesetzt werden, zu bestimmen.[655] Da die Wiederbeschaffungskosten etwaige seit dem Anschaffungs- oder Herstellungszeitpunkt eingetretene Preissteigerungen berücksichtigen, verhindern sie eine Besteuerung von preissteigerungsbedingten Scheingewinnen und wirken sub-

---

653 Entwurf eines Einkommensteuergesetzes, S. 50 (alle Zitate).
654 Vgl. oben Erstes Kapitel B.IV.1.b)aa).
655 Vgl. *Schmidt, F.* (Bilanz, 1921), S. 124-125; *Schmidt, F.* (Tageswertbilanz, 1929), S. 121.

stanzerhaltend.[656] Dieser Effekt erlangt durch die Inflation 1923 eine besondere Bedeutung. Der Substanzerhaltungszweck entspricht freilich weder in den 20er Jahren noch heute der Zielsetzung des Einkommensteuerrechts, die seit jeher in der Ermittlung des für Besteuerungszwecke entziehbaren Betrages besteht und sich grundsätzlich am Nominalwertprinzip orientiert.[657] Als Wertmaßstab einer der Ausschüttungsbemessung dienenden Bilanz eignen sich Beschaffungsmarktpreise nicht: Sind die Wiederbeschaffungskosten nämlich gestiegen, so wird durch ihren Ansatz ein unrealisierter Gewinn ausgewiesen, der mangels hinreichender Konkretisierung und Liquidisierung dem Unternehmen nicht entzogen werden kann. Sind die Wiederbeschaffungskosten hingegen gesunken, dann indizieren sie zwar einen Vermögensverlust und damit den Gewinnbetrag, der dem Unternehmen entgeht, weil es das Wirtschaftsgut zu einem - aus der Sicht des Abschlußstichtages - überhöhten Preis erworben hat[658], ein Verlust an ausschüttungsfähigem Gewinn entsteht jedoch solange nicht, wie der bilanziell ausgewiesene Wertansatz eines Wirtschaftsgutes unverändert durch die erwarteten Nettoeinnahmen gedeckt wird.[659]

Die Grundsätze, wonach nur realisierte Gewinne besteuert werden dürfen und unrealisierte Verluste den steuerpflichtigen Gewinn mindern, gelten nicht nur allgemein für das Einkommensteuerrecht, sondern liegen, gemäß der Begründung zur EStG-Novelle 1921 und zum Entwurf des EStG 1925, insbesondere der Vorschrift über die Bewertung von Wirtschaftsgütern mit den Zugangswerten ggf. abzüglich AfA oder dem niedrigeren gemeinen Wert zugrunde.[660] Folglich besteht eine Diskrepanz zwischen der an Realisations- und Imparitätsprinzip orientierten Zielsetzung der Bewertungsvorschrift und ihrer Auslegung nach dem Substitutionswerttheorem, die die Wiederbeschaffungskosten in den Vordergrund rückt. Diese Diskrepanz tritt besonders deutlich bei der Folgebewertung des Umlaufvermögens zutage, wenn die Wiederbeschaffungskosten gesunken sind und der Einzelveräußerungspreis nach wie vor die Anschaffungs- oder Herstellungskosten überschreitet, weil dann eine Teilwertabschreibung unter dem Gesichtspunkt der Ersatzbeschaffung notwendig und nach den Nettoeinnahmenerwartungen der handelsrechtlichen GoB überflüssig

---

656 Vgl. *Moxter* (Bilanztheorie, 1984), S. 64 u. 75.
657 Vgl. *Moxter* (Bilanztheorie, 1984), S. 116-117.
658 Vgl. *Moxter* (Teilwertverständnis, 1991), S. 476-477.
659 Vgl. *Moxter* (Teilwertverständnis, 1991), S. 477-478.
660 Vgl. Bericht des 11. Ausschusses über den Entwurf eines Gesetzes zur Änderung des Einkommensteuergesetzes vom 29. März 1920, S. 1382; Entwurf eines Einkommensteuergesetzes, S. 50.

erscheint. Da die Teilwertrechtsprechung - trotz der in dem Urteil vom 16. Dezember 1987 angemeldeten Zweifel[661] - bislang am Primat der Wiederbeschaffungskosten festhält, läßt sie in diesem Fall eine Abschreibung zu mit der Folge, daß das Umlaufvermögen in der Steuerbilanz vorsichtiger bewertet wird als in der Handelsbilanz.[662] Dieses Ergebnis steht jedoch im Widerspruch zu dem Verhältnis zwischen handels- und steuerrechtlichem Jahresabschlußzweck, das allenfalls eine weniger vorsichtige Bilanzierung zugunsten stärkerer Objektivierung in der Steuerbilanz zuläßt.[663] Angesichts der unbefriedigenden Rechtslage, die aus der Anwendung des Substitutionswerttheorems anstelle der teleologischen Gesetzesauslegung resultiert, soll nun geprüft werden, ob der Wortlaut und die Entstehungsgeschichte der Teilwertvorschrift nicht auch in eine dem Sinn und Zweck des Einkommensteuergesetzes entsprechende Interpretation des § 6 Abs. 1 Nr. 1 Satz 1-3 EStG eingebunden werden können.

b)   Die einnahmenorientierte Teilwertkonzeption

Die Legaldefinition des Teilwerts stellt den verbindlichen Ausgangspunkt jeder de lege lata orientierten Teilwertauslegung dar. Aus ihrer Entstehungsgeschichte folgt, daß der Teilwert als wirklicher, die Betriebsverbundenheit berücksichtigender Wertansatz der einzelnen Wirtschaftsgüter in einem fortzuführenden Unternehmen gedacht ist[664]; er soll gemeinsam mit den ggf. um Absetzungen geminderten Anschaffungs- oder Herstellungskosten eine realisations- und imparitätsprinzipkonforme Folgebewertung sicherstellen. Wie bereits erörtert[665], bestimmen Realisations- und Imparitätsprinzip den Wert eines Wirtschaftsgutes in Abhängigkeit von den Nettoeinnahmen, die mit seiner Hilfe voraussichtlich erzielt werden können.

Das Gebot, den Einfluß der Betriebsverbundenheit bei den Nettoeinnahmenerwartungen zu berücksichtigen, entspricht der wirtschaftlichen Betrachtungsweise, die den Verwendungszweck des betreffenden Wirtschaftsgutes im Unternehmen in das Bewertungskalkül einbezieht.[666] Da Anlagegegenstände

---

661 Vgl. oben Erstes Kapitel B.IV.2.b)cc)aaa).
662 Gegen den Ansatz eines den niedrigeren beizulegenden Wert unterschreitenden Teilwerts vgl. *Moxter* (Teilwertverständnis, 1991), S. 479.
663 Vgl. oben Erstes Kapitel B.I.3. u. B.III.3.
664 Vgl. *Moxter* (Teilwertverständnis, 1991), S. 474.
665 Vgl. oben Problemstellung.
666 Vgl. in diesem Sinne *Brönner/Bareis* (Bilanz, 1991), S. 511, Tz. 369.

nicht veräußert, sondern genutzt werden sollen, hängt ihre Werthaltigkeit von den im Rahmen der Nutzung erzielbaren Nettoeinnahmen ab. Würde man statt dessen ihren Wert nach den Nettoeinnahmen bei Veräußerung bestimmen, so erhielte man einen Wertmaßstab, der - wie Rechtsprechung und Gesetzgeber schon in den 20er Jahren erkannt haben - zum einen nichts über den tatsächlichen Wert der Anlagegegenstände für den Betrieb aussagen und dem Steuerpflichtigen zum anderen durch die niedrigen Veräußerungspreise von gebrauchten abnutzbaren Anlagegütern eine Unterbewertung ermöglichen würde, die mit dem Steuerbilanzzweck, der vollen Gewinnermittlung, nicht vereinbar wäre. Die bei Veräußerung erzielbaren Nettoeinnahmen eignen sich aber als Wertmaßstab für das Umlaufvermögen, weil es definitionsgemäß zum baldigen Verkauf bestimmt ist und seine Werthaltigkeit aus der Sicht des bilanzierenden Unternehmens folglich durch den Abgangserlös abzüglich etwaiger Veräußerungskosten konkretisiert wird.

Würde man die mit dem Teilwert auszudrückende Betriebsverbundenheit nicht in dem oben definierten Sinne einer wirtschaftlichen Betrachtungsweise, sondern so verstehen, daß alle Wirtschaftsgüter nach strikt unternehmensinternen Gesichtspunkten bewertet werden müssen, dann käme der Einzelveräußerungspreis auch für das Umlaufvermögen nicht mehr als primärer Teilwertmaßstab in Frage. Ein so eng definierter Teilwert würde dann das gleiche Manko, die universelle Anwendung auf Wirtschaftsgüter mit verschiedenen Verwendungszwecken, aufweisen wie der zu Beginn der 20er Jahre geltende gemeine Wert nur mit dem Unterschied, daß die Bewertungsmängel nun beim Umlaufvermögen auftreten, während sie vorher beim abnutzbaren Anlagevermögen zu beobachten waren. Wie die stereotype Gleichsetzung des Teilwerts mit den (auf einem objektivierten, engen Verständnis der Betriebsverbundenheit beruhenden) Wiederbeschaffungskosten nach geltendem Recht zeigt[667], besteht bei der Verwendung eines inadäquaten Wertmaßstabs für das Umlaufvermögen - ebenso wie beim Ansatz des abnutzbaren Anlagevermögens zum gemeinen Wert - die Gefahr, daß die Wirtschaftsgüter zu niedrig bewertet werden.

Zu einer zweckadäquaten Gesetzesauslegung gelangt man folglich nur, wenn man den Teilwert in einem abstrakten Sinne als den steuerrechtlichen Abschlußstichtagswert versteht, der sich nach den spezifischen Nettoeinnahmen-

---

667 Vgl. oben Erstes Kapitel B.V.1.a).

erwartungen des zu bewertenden Wirtschaftsgutes bemißt. Diese nettoeinnahmenorientierte Sichtweise läßt sich auch mit der gesetzlich vorgeschriebenen Bewertung der einzelnen Wirtschaftsgüter vom Standpunkt eines Erwerbers des ganzen Unternehmens vereinbaren. Hierbei ist davon auszugehen, daß ein Erwerber den Gesamtkaufpreis in Abhängigkeit von den Nettoeinnahmenerwartungen aller Wirtschaftsgüter (und den Nettoausgabenerwartungen aller Verbindlichkeiten) kalkuliert.[668] Der Bezug auf die Nettoeinnahmenerwartungen weist den Teilwert als GoB-adäquaten Wertmaßstab aus, der das Realisations- und das Imparitätsprinzip in die steuerrechtliche Folgebewertung hineinträgt und dadurch den Maßgeblichkeitsgrundsatz stärkt. Inwieweit es der Teilwertkonzeption gelingt, den fundamentalen Gewinnermittlungsgrundsätzen neben den (von AfA und AfaA betonten) Objektivierungs- und Vereinfachungsprinzipien Geltung zu verschaffen, und wie ein so konzipierter Teilwert bemessen werden muß, soll nachfolgend erörtert werden.

2. Die praktische Anwendung des einnahmenorientierten Teilwertverständnisses auf abnutzbare Anlagegegenstände

a) Das Verhältnis des Teilwerts zu den ggf. um AfA geminderten Zugangswerten

§ 6 Abs. 1 Nr. 1 Satz 1 und 2 EStG sieht vor, abnutzbare Anlagegüter grundsätzlich mit den Anschaffungs- oder Herstellungskosten - an späteren Abschlußstichtagen vermindert um Absetzungen für Abnutzung - zu bewerten und diesen Wertansatz ggf. durch eine Abschreibung auf den niedrigeren Teilwert zu korrigieren. Um den Anwendungsbereich der Teilwertabschreibung abstecken zu können, müssen deshalb zunächst die ihm vorgelagerten Bewertungsmaßstäbe erörtert werden. Wie schon im Zusammenhang mit den handelsrechtlichen Bewertungsvorschriften erwähnt[669], bilden die Anschaffungs- oder Herstellungskosten das durch die Ausgabe objektivierte, vorsichtig bemessene Nettoeinnahmenpotential, d.h. den Betrag, der aus der Sicht des Zugangszeitpunktes durch künftige Einnahmenüberschüsse mindestens gedeckt ist. Diese einnahmenorientierte Interpretation des Zugangswertes vertritt auch die Rechtsprechung, wenn sie im Rahmen der zur Teilwertabschreibung ergangenen Urteile darauf hinweist, daß die Anschaffungs- oder Herstellungs-

---

668 Zur ertragsorientierten Sichtweise des Unternehmenserwerbers vgl. auch BFH-Urteil
v. 16. Dezember 1987, S. 339.
669 Vgl. oben Erstes Kapitel A.I.1.

kosten den erhofften Nutzen des abnutzbaren Anlagegutes für das Unternehmen widerspiegeln.[670] Die Rechtsprechung geht freilich noch einen Schritt weiter, indem sie den Teilwert eines Wirtschaftsgutes im Zugangszeitpunkt grundsätzlich mit den Anschaffungs- oder Herstellungskosten gleichsetzt.[671] Während des Geltungszeitraums des EStG 1925 mag diese Gleichsetzung den Sinn gehabt haben, den Gesetzeswortlaut, der den Zugangswert und den gemeinen Wert gleichberechtigt nebeneinander stellt, dahingehend zu präzisieren, daß die Anschaffungs- oder Herstellungskosten im Zugangszeitpunkt den vorrangigen Wertmaßstab bilden.[672] Nach geltendem Bilanzrecht ist die vermutete Übereinstimmung des Teilwerts mit den Anschaffungs- oder Herstellungskosten nicht nur überflüssig, weil sich die Dominanz der Zugangswerte im Zugangszeitpunkt zweifelsfrei aus den handelsrechtlichen GoB ergibt, sondern auch unvereinbar mit dem Wortlaut des § 6 EStG, der nur den niedrigeren Teilwert erwähnt, den Teilwert also ausschließlich als nachgeordneten, korrigierenden Wertmaßstab zuläßt. Die Anschaffungs- oder Herstellungskosten einerseits und der Teilwert andererseits bilden folglich zwei voneinander unabhängige Wertkategorien.

An späteren Abschlußstichtagen soll der Teilwert nicht die ursprünglichen, sondern die um die AfA geminderten Zugangswerte korrigieren. Bei dem nach Abzug der AfA ermittelten Betrag handelt es sich im Regelfall nicht um einen dem Realisationsprinzip adäquaten Wertansatz, weil alle AfA-Methoden mit Ausnahme der Leistungs-AfA unabhängig von den Nettoeinnahmenerwartungen nach Objektivierungs- und Vereinfachungsgesichtspunkten festgelegt werden.[673] Ihre Anwendung führt zu einem typisierten Restbuchwert, der nur näherungsweise die verbliebene Umsatzalimentierungsfähigkeit des Anlagegegenstandes am Abschlußstichtag angibt. Da der Teilwert gemäß der einnahmenorientierten Konzeption den Vermögenswert verkörpert, der unter der Prämisse umsatzproportionaler Gewinnrealisierung am Abschlußstichtag noch für die Erzielung künftiger Umsätze zur Verfügung steht, ist seine Gleichsetzung mit den um die AfA geminderten Anschaffungs- oder Herstellungskosten im Wege der Teilwertvermutung[674] nicht nur sinnentleert und angesichts

---

670 Vgl. oben Erstes Kapitel B.IV.2.a)aa).
671 Vgl. oben Erstes Kapitel B.IV.2.a)aa).
672 Zur kontroversen Diskussion über die Rangordnung der Wertmaßstäbe des § 19 EStG 1925 vgl. *Blümich/Schachian* (Einkommensteuergesetz, 1925), Tz. 2 zu § 19 EStG 1925 u. *Becker* (Einkommensteuergesetz, 1928), Tz. 226 u. 250 zu § 19 EStG 1925.
673 Vgl. oben Erstes Kapitel B.III.3.
674 Vgl. oben Erstes Kapitel B.IV.2.a)bb).

des Gesetzeswortlauts ebenso bedenklich wie die Teilwertvermutung im Zugangszeitpunkt, sondern darüber hinaus grundsätzlich falsch. Indem man die Teilwertermittlung von der Ermittlung des typisierten Restbuchwertes trennt, entfällt das in der Literatur diskutierte Problem, welche AfA-Methode gewählt werden muß, um einen dem Teilwert entsprechenden Restbuchwert zu erhalten.[675]

Von der gewählten AfA-Methode hängt es jedoch ab, ob und wie stark der typisierte Restbuchwert von dem nach den strengen Gewinnrealisierungsgrundsätzen bestimmten Abschlußstichtagswert abweicht. Da auch im Steuerbilanzrecht ein Überbewertungsverbot für alle Aktivpositionen besteht, werden die schematisierten Absetzungen vorsichtig bemessen, so daß der nach ihrem Abzug noch vorhandene Betrag den realisationsprinzipkonformen Abschlußstichtagswert oft unterschreiten dürfte. Falls der typisierte Restbuchwert dennoch einmal geringfügig über dem GoB-adäquaten Wertansatz liegt, so stellt sich die Frage, ob die Teilwertabschreibung in diesem Fall korrigierend eingreifen darf bzw. muß. Eine solche Wertkorrektur setzt voraus, daß an jedem Abschlußstichtag der Betrag, der die Umsatzalimentierungsfähigkeit des abnutzbaren Anlagegegenstandes in Abhängigkeit von den bereits eingetretenen sowie den noch zu erwartenden Umsätzen und Ausgaben wiedergibt, ermittelt und mit dem typisierten Restbuchwert verglichen wird. Das würde allerdings dem Sinn und Zweck der AfA-Vorschriften widersprechen, der gerade darin besteht, den Steuerpflichtigen von der schwierigen, ermessensbehafteten Schätzung der Umsätze und Ausgaben zu entbinden.

Wenn der Teilwert einerseits die Anforderungen des Realisationsprinzips erfüllt, andererseits aber die übrigen Folgebewertungsvorschriften nicht konterkarieren, sondern ergänzen soll, so bleibt ihm nur die Aufgabe, eine am Abschlußstichtag eingetretene signifikante Überschreitung des Wertes, der nach den handelsrechtlichen GoB die Obergrenze bildet, zu erfassen. Signifikant ist die Überschreitung z.B. dann, wenn die im Zugangszeitpunkt des Wirtschaftsgutes erwarteten Umsätze so stark degressiv verlaufen, daß sie den typisierten Restbuchwert zuzüglich etwaiger Ausgaben an einem Abschlußstichtag gegen Ende der Nutzungsdauer nicht mehr decken. In diesem Fall liegt unzweifelhaft ein Verstoß der AfA-Vorschriften gegen das Überbewertungsverbot vor, der zudem leichter nachgewiesen werden kann als ein Tatbestand, bei dem die Ge-

---

675 Vgl. oben Erstes Kapitel B.IV.2.a)bb).

winne zwar unvorsichtiger als nach dem Grundsatz der Umsatzproportionalität geboten realisiert werden, aber noch kein Aufwandsüberschuß droht. Um künftige Perioden verlustfrei zu halten, erzwingt dann auch das Imparitätsprinzip - insoweit über den als Wahlrecht formulierten Gesetzeswortlaut hinausgehend - den Ansatz des niedrigeren Teilwerts.[676]

Der Hauptanwendungsbereich der Teilwertabschreibung dürfte indes verschlechterte Umsatz- bzw. Ausgabenerwartungen betreffen, die durch außergewöhnliche, im Anschaffungs- oder Herstellungszeitpunkt nicht vorhersehbare Ereignisse hervorgerufen werden und anhand dieser Ereignisse nachgewiesen werden können. Da es sich um Sachverhalte handelt, die auch von den handelsrechtlichen GoB nicht schon bei planmäßiger, sondern erst bei außerplanmäßiger Folgebewertung erfaßt werden können, besteht hierbei keine Gefahr, den Objektivierungs- und Vereinfachungszweck der AfA auszuhöhlen. Klärungsbedürftig ist in diesem Zusammenhang aber das Verhältnis des niedrigeren Teilwerts zur AfaA, der zweiten Variante außerplanmäßiger Folgebewertung im Steuerbilanzrecht.

b) Das Verhältnis des Teilwerts zur AfaA

Wie bereits ausführlich erörtert, berücksichtigt auch die AfaA bestimmte Formen verschlechterter Umsatz- bzw. Ausgabenerwartungen und zwar solche, die entweder bei gewählter Leistungs-AfA auftreten oder sich in Form einer verkürzten Nutzungsdauer bzw. eines verminderten Restverkaufserlöses äußern.[677] Da die AfaA den Betrag erfaßt, der bei vollkommener Information im Anschaffungs- oder Herstellungszeitpunkt durch die Summe der bis zum Abschlußstichtag verrechneten Absetzungen für Abnutzung berücksichtigt worden wäre, stimmt sie nur bei verminderten Umsatzerwartungen eines leistungsabhängig abgesetzten Wirtschaftsgutes betragsmäßig mit der außerplanmäßigen Abschreibung des Handelsbilanzrechts überein. Hingegen führt die AfaA bei Nutzungsdauerverkürzung, Restverkaufserlösminderung oder unerwartet anfallenden Ausgaben, die zur Aufgabe der Leistungs-AfA zwingen, sämtliche Abweichungen fort, die die AfA im Vergleich zur planmäßigen Abschreibung aufweist, so daß nur ein typisierter Abschlußstichtagswert ermittelt wird, der u.U. den nach dem Realisationsprinzip angemessenen Wertansatz

---

676 Zur Auswirkung der handelsrechtlichen Abschreibungspflicht auf das Steuerbilanzrecht vgl. *Döllerer* (Klausel, 1991), S. 59.
677 Vgl. oben Erstes Kapitel B.III.3.

überschreitet. Hier könnte der Teilwert als GoB-adäquater Wertmaßstab korrigierend eingreifen. Die Teilwertabschreibung würde dann die gleichen Sachverhalte erfassen wie die AfaA und sich nur betragsmäßig von ihr unterscheiden. In diesem Sinne scheinen *Plückebaum* und *Werndl* die Teilwertvorschrift zu interpretieren, wenn sie die AfaA unter die in § 6 Abs. 1 Nr. 1 Satz 1 EStG erwähnten Absetzungen für Abnutzung subsumieren und den Ansatz des niedrigeren Teilwerts erst zulassen, sobald er die Zugangswerte abzüglich AfA und AfaA unterschreitet.[678]

Gegen diese rein betragsmäßige Korrekturfunktion des Teilwerts gegenüber der AfaA spricht jedoch, daß sie den Sinn und Zweck des § 7 Abs. 1 Satz 5 EStG, verschlechterte Absetzungsdeterminanten in dem von den AfA-Vorschriften gesteckten Rahmen zu berücksichtigen, konterkarieren würde. Würde man die Teilwertvorschrift als Gebot verstehen, jegliche negative Veränderung der erwarteten Umsätze und Ausgaben gemäß den Anforderungen des Realisationsprinzips zu erfassen, dann läge es nahe, die gesamte Differenz zwischen dem durch Abzug der AfA ermittelten typisierten Restbuchwert und dem GoB-adäquaten Abschlußstichtagswert als Teilwertabschreibung zu deklarieren anstatt zunächst eine AfaA und anschließend zur Aufwandserfassung des restlichen Betrages eine Teilwertabschreibung durchzuführen. Die AfaA behält nur dann ihre Existenzberechtigung, wenn man den Vorrang der Objektivierungs- und Vereinfachungserwägungen vor dem Realisationsprinzip bei den durch sie erfaßten Fällen außergewöhnlicher Abnutzung anerkennt und die Korrekturfunktion des Teilwerts - wie schon im Zusammenhang mit der AfA erörtert[679] - auf die Sonderfälle beschränkt, in denen das Überbewertungsverbot erkennbar verletzt wird. Dann greift auch wieder die Teilwertabschreibungspflicht gemäß dem Imparitätsprinzip.

Da die Teilwertabschreibung nur ausnahmsweise dazu dient, den nach Durchführung der AfaA erreichten Wertansatz nach unten zu korrigieren, muß ihr Aufgabenschwerpunkt in der Erfassung von Tatbeständen liegen, die einen außerplanmäßigen Vermögenswertverzehr i.S.d. handelsrechtlichen GoB begründen und nicht schon durch eine AfaA erfaßt werden. Zu diesen Tatbeständen gehören alle Formen verschlechterter Umsatz- bzw. Ausgabenerwartungen, sofern sie nicht zu einer Nutzungsdauerverkürzung führen und die

---

678 Vgl. oben Erstes Kapitel B.II.3.
679 Vgl. oben Erstes Kapitel B.V.2.a).

AfA des abnutzbaren Anlagegutes nicht leistungsabhängig bemessen wird. Die Teilwertabschreibung unterscheidet sich dann nicht nur der Höhe, sondern auch dem Grunde nach von der AfaA.

c) *Die Berücksichtigung verschlechterter Umsatz- bzw. Ausgabenerwartungen durch den Ansatz des niedrigeren Teilwerts*

aa) *Möglichkeiten und Grenzen des Maßgeblichkeitsprinzips*

Da § 6 Abs. 1 Nr. 1 EStG den Teilwert als einnahmenorientierte Größe konzipiert, ohne die Durchführung der Teilwertabschreibung steuerspezifisch zu regeln, muß das Einkommensteuerrecht zur bilanziellen Erfassung der Umsatzeinbußen bzw. Ausgabensteigerungen auf das Handelsrecht zurückgreifen. Zur Beantwortung der Frage, welche Varianten der Umsatzminderung bzw. Ausgabenerhöhung auftreten können und wie in diesen Fällen die Abschreibung zu bemessen ist, kann auf die Ausführungen zur handelsrechtlichen Folgebewertung[680] und die dazugehörigen Schaubilder[681] verwiesen werden. Da der niedrigere Teilwert auf den handelsrechtlichen GoB beruht, gilt auch für ihn über den als Wahlrecht formulierten Gesetzeswortlaut hinaus eine Ansatzpflicht bei dauerhafter Verschlechterung der erwarteten Umsätze und Ausgaben. Im Unterschied dazu berechtigen vorübergehend verschlechterte Erwartungen, die in der Handelsbilanz wertmindernd berücksichtigt werden dürfen, in der Steuerbilanz nicht zur Teilwertabschreibung[682]: Sie lassen zwar die bislang realisierten Gewinne gemessen am Gebot der Umsatzproportionalität zu hoch erscheinen, lösen aber keinen Handlungsbedarf aus, weil sich schon im Bewertungszeitpunkt abzeichnet, daß die überhöhten Gewinnausschüttungen ohne bilanzrechtliche Korrekturmaßnahmen durch die unveränderte Durchführung der planmäßigen Abschreibungen in naher Zukunft wieder mehr als kompensiert werden. Da die handelsrechtlichen GoB in diesem Fall eine außerplanmäßige Abschreibung nicht erzwingen, sondern nur vorsichtsbedingt zulassen, greift im Steuerbilanzrecht der Bewertungsvorbehalt, der handelsrechtliche Unterbewertungsspielräume ausschalten will und deshalb die Inan-

---

680 Vgl. oben Erstes Kapitel A.III.2.b)bb) u. dd).
681 Vgl. Schaubilder 15-17 u. 19-21 im Anhang.
682 A.A. vgl. *Döllerer* (Handelsbilanz, 1987), S. 14 u. *Biergans* (Einkommensteuer, 1992), S. 438, die bei vorübergehender Wertminderung ein Teilwertabschreibungswahlrecht anerkennen, das nur in Übereinstimmung mit dem handelsrechtlichen Wahlrecht zur außerplanmäßigen Abschreibung ausgeübt werden dürfe.

154

spruchnahme der Teilwertabschreibung auf dauerhafte Beeinträchtigungen der Umsatzalimentierungsfähigkeit beschränkt.

bb) *Fehlmaßnahme und Unrentierlichkeit des einzelnen Wirtschaftsgutes bei fehlender Gegenwertigkeit von Ausgaben*

Obwohl sich die Rechtsprechung offiziell am Substitutionswerttheorem orientiert, bezieht auch sie die mit einem abnutzbaren Anlagegut verbundenen Nettoeinnahmenerwartungen in die Teilwertermittlung ein; das zeigen die Sachverhalte, die ihren Ausführungen zur Fehlmaßnahme und zur Unrentierlichkeit einzelner Wirtschaftsgüter zugrunde liegen. Schon die Begriffsbestimmung der Fehlmaßnahme, die von einem den Aufwendungen nicht entsprechenden Nutzen oder einer unerwartet geringen Leistung des Wirtschaftsgutes spricht[683], weist darauf hin, daß es im Rahmen dieser Teilwertabschreibungsursache um Tatbestände geht, bei denen die das Anschaffungswertkalkül prägenden positiven Erwartungen aufgrund neuer Erkenntnisse am Abschlußstichtag revidiert werden müssen.

Im Zugangszeitpunkt des abnutzbaren Anlagegutes und kurz danach erkennt die Rechtsprechung eine Teilwertabschreibung an, wenn der durch die Ausgaben erlangte Gegenwert niedriger ist als im Zeitpunkt der Kaufpreisbemessung erwartet.[684] Sie orientiert sich dabei implizit am Realisationsprinzip, sofern sie an Fälle denkt, in denen die Anschaffungs- oder Herstellungskosten ausnahmsweise nicht die Funktion erfüllen können, das erwartete Einnahmenüberschußpotential vorsichtig zu bemessen, weil ihre Ermittlung von - aus der Sicht des Bewertungszeitpunktes gesehen - falschen Voraussetzungen bezüglich des künftigen Umsatz- bzw. Ausgabenverlaufs ausgeht. Beispielsweise können sich die dem Investitionskalkül zugrunde liegenden Umsatzerwartungen als zu optimistisch erweisen, weil sich der Steuerpflichtige über die Verwendungsmöglichkeiten des abnutzbaren Anlagegutes im Unternehmen getäuscht hat.[685] Muß nun damit gerechnet werden, daß die niedrigeren Umsätze die Gesamtaufwendungen nicht mehr decken, dann ist eine Teilwertabschreibung in Höhe des voraussichtlich nicht gedeckten Betrages erforderlich. Sie entspricht sowohl dem Realisations- als auch dem Imparitätsprinzip, weil sie nicht werthaltige (d.h. keine künftigen Umsätze alimentierende) Ausgaben als

---

683 Vgl. oben Erstes Kapitel B.IV.2.b)aa)aaa).
684 Vgl. oben Erstes Kapitel B.IV.2.b)aa)bbb).
685 Vgl. oben Erstes Kapitel B.IV.2.b)aa)ccc).

Aufwand erfaßt und damit zugleich drohende Verluste antizipiert. Die mangelnde Gegenwertigkeit von Ausgaben kann sich ferner in der Form äußern, daß die im Investitionskalkül veranschlagten Umsätze nur erzielt werden können, wenn der Steuerpflichtige zusätzliche Ausgaben in Kauf nimmt, z.B. um Mängel des Wirtschaftsgutes zu beseitigen oder Schwierigkeiten bei der Gebäudeerstellung zu überwinden.[686] Falls die um die zusätzlichen Ausgaben erhöhten Gesamtaufwendungen die Umsätze übersteigen, muß wiederum eine Teilwertabschreibung durchgeführt werden, die den Anforderungen von Realisations- und Imparitätsprinzip gleichermaßen genügt.

Von den bisher erörterten Sachverhalten, die einen Irrtum über die Höhe des erlangten Ausgabengegenwerts erkennen lassen, unterscheidet sich der Fall, bei dem ein Steuerpflichtiger ungewöhnlich hohe Anschaffungs- oder Herstellungskosten für ein abnutzbares Anlagegut aufwendet und die Differenz zu den gewöhnlichen Anschaffungs- oder Herstellungskosten abschreiben möchte. Sofern es kein Anzeichen dafür gibt, daß die hohen Zugangswerte auf unzutreffenden Nettoeinnahmenerwartungen beruhen, kommt eine Teilwertabschreibung nicht in Frage. Nach dem Realisationsprinzip orientiert sich schon die Kalkulation der Anschaffungs- oder Herstellungskosten an den voraussichtlich erzielbaren Nettoeinnahmen, so daß ungewöhnlich hohe Zugangswerte als Ergebnis dieser Kalkulation grundsätzlich auf ungewöhnlich hohe Nettoeinnahmenerwartungen schließen lassen, die das Unternehmen möglicherweise aufgrund betriebsindividueller Synergieeffekte mit dem Anlagegut zu erzielen hofft. Genauso argumentiert die Rechtsprechung, wenn sie in diesem Fall eine Fehlmaßnahme mit dem Hinweis auf die kaufmännischen Überlegungen des Steuerpflichtigen verneint.[687] Nur wenn die Anschaffungs- oder Herstellungskosten aus betriebsfremden Gründen besonders hoch bemessen und durch die erwarteten Nettoeinnahmen voraussichtlich nicht amortisiert werden, muß eine Teilwertabschreibung erfolgen, um die Realisierung eines Aufwandsüberschusses in künftigen Perioden zu vermeiden. Bilanzrechtsprechung und -literatur erkennen hier eine (bewußt herbeigeführte) Fehlmaßnahme an.[688]

---

686 Vgl. oben Erstes Kapitel B.IV.2.b)aa)bbb); zur Unrentierlichkeit eines Gebäudes infolge unerwartet hoher Kosten vgl. oben Erstes Kapitel B.IV.2.b)bb)ddd).
687 Vgl. oben Erstes Kapitel B.IV.2.b)aa)bbb).
688 Vgl. oben Erstes Kapitel B.IV.2.b)aa)bbb).

cc) *Verminderte Umsatzerwartungen an späteren Abschlußstichtagen*

aaa) *Die Teilwertabschreibung dem Grunde nach*

Geringe Umsatzerwartungen bilden nur dann einen Teilwertabschreibungs-grund, wenn sie - wie gerade geschildert - im Anschaffungs- oder Herstel-lungszeitpunkt die Gesamtaufwendungen unterschreiten oder wenn sie - wie noch zu erörtern ist - an späteren Abschlußstichtagen unvorhergesehen auftre-ten und dann die Gewinnausschüttungen der Vorjahre überhöht erscheinen lassen. Werden hingegen von Anfang an niedrige Umsätze erwartet, wie z.B. bei der Errichtung eines Gebäudes im sozialen Wohnungsbau, dann hat sich die Einschätzung der Gewinndeterminanten am Abschlußstichtag gegenüber den im Investitionskalkül enthaltenen Erwartungen nicht verschlechtert, so daß es einer Korrektur der um die AfA geminderten Anschaffungs- oder Her-stellungskosten durch den niedrigeren Teilwert gemäß dem Realisationsprin-zip nicht bedarf.[689]

Die Möglichkeiten einer Teilwertabschreibung, die durch verminderte Erträge an späteren Abschlußstichtagen begründet wird, werden in Bilanzrechtspre-chung und -literatur zurückhaltend und z.T. widersprüchlich beurteilt.[690] Um die Problematik der Erfassung gesunkener Erträge im Rahmen der steuer-rechtlichen Folgebewertung verstehen zu können, muß zwischen dem Grund und der Bemessung der Teilwertabschreibung differenziert werden. Nach der einnahmenorientierten Teilwertkonzeption rechtfertigt nur die Minderung der Erträge, die gemäß dem wirtschaftlichen Verwendungszweck des Anlagegutes im Unternehmen erzielt werden können, den Ansatz eines niedrigeren Teil-werts. Wird beispielsweise ein Gebäude vermietet, so begründen dauerhaft ge-sunkene Mieterträge nach dem Realisationsprinzip eine Teilwertabschrei-bung.[691] Wenn der BFH in seinem Urteil vom 11. Juli 1961 eine Fehlmaß-nahme wegen rückläufiger Mieterträge bei vermieteten Gebäudeteilen mit der Begründung verneint, die anhaltende Bautätigkeit indiziere die Bezahlung des Gebäudebuchwertes durch einen Unternehmenserwerber[692], so wird man ihm

---

689 In diesem Sinne äußert sich auch die Rechtsprechung, vgl. oben Erstes Kapitel B.IV.2.b)aa)ccc).
690 Vgl. oben Erstes Kapitel B.IV.2.b)bb)ccc).
691 Zum gleichen Ergebnis gelangt das Schrifttum, vgl. oben Erstes Kapitel B.IV.2.b)bb)ccc).
692 Vgl. oben Erstes Kapitel B.IV.2.b)aa)ccc).

entgegenhalten, daß die Werthaltigkeit eines Gebäudes nach seiner Umsatz-alimentierungsfähigkeit und nicht nach den Wiederbeschaffungskosten bemessen wird; das Wirtschaftsgut wäre folglich überbewertet, würde man die gesunkene Ertragskraft am Abschlußstichtag nicht teilwertmindernd berücksichtigen. Wird ein Gebäude hingegen im Unternehmen genutzt, dann scheidet eine Teilwertabschreibung wegen rückläufiger Mietzinsen aus, weil seine Folgebewertung von den Nutzungs- und nicht von den Mieterträgen abhängt. Deshalb wird man den Ausführungen des RFH im Urteil vom 8. Mai 1928 zustimmen, die die übliche Miete als Ertragsmaßstab eines im Unternehmen genutzten Gebäudes ablehnen.[693]

Bei Maschinen werden Ertragsminderungen oft durch eine mangelnde Kapazitätsauslastung angezeigt. Da die ursprünglichen Umsatzschätzungen von einer bestimmten Normalbeschäftigung der Maschine ausgehen, führt eine Unterbeschäftigung, die auf Absatzschwierigkeiten der mit der Maschine gefertigten Erzeugnisse oder auf einem unerwartet schlechten Leistungsvermögen des Anlagegutes beruhen kann, zu geringeren Erträgen, denen durch eine Teilwertabschreibung Rechnung getragen werden muß.[694] Die Rechtsprechung erörtert Ertragsminderungen vorrangig am Beispiel der mangelnden Ausnutzbarkeit von Maschinen und erkennt sie im Regelfall als Ursache einer Fehlmaßnahme bzw. einer Unrentierlichkeit des Anlagegutes an.[695]

RFH und BFH fassen die Rentierlichkeit eines Wirtschaftsgutes offenbar als Eigenschaft auf, die von den verschiedensten (positiven und negativen) Ertragseinflüssen abhängt; denn so läßt es sich erklären, daß die Rechtsprechung die mangelnde Ausnutzbarkeit in den zur Unrentierlichkeit ergangenen Urteilen häufig mit einer positiven Ertragsentwicklung, die dasselbe Wirtschaftsgut, ein anderes Wirtschaftsgut oder das Unternehmen allgemein betrifft, saldiert und dadurch einer Teilwertabschreibung die Grundlage entzieht.[696] Sofern sich die positive Ertragsentwicklung nicht unmittelbar auf das minderausgenutzte Wirtschaftsgut auswirkt, verstößt ihre Berücksichtigung gegen das im Einzelbewertungsprinzip enthaltene Saldierungsverbot, wonach Wertminderungen eines Wirtschaftsgutes im Interesse vorsichtiger Bewertung

---

693 Vgl. oben Erstes Kapitel B.IV.2.b)bb)ccc).
694 Zum Einfluß des Ausnutzungsgrades einer Anlage auf den Umsatz vgl. *Seifried* (Verhältnis, 1951), Sp. 257.
695 Vgl. oben Erstes Kapitel B.IV.2.b)aa)ccc) u. B.IV.2.b)bb)bbb).
696 Vgl. oben Erstes Kapitel B.IV.2.b)bb)ccc).

nicht durch Werterhöhungen eines anderen Wirtschaftsgutes kompensiert werden dürfen.[697] Betrifft der Ertragsanstieg das unterbeschäftigte Anlagegut, so hängt die Kompensationsmöglichkeit davon ab, ob es sich um einen für die einnahmenorientierte Teilwertkonzeption relevanten Ertragsanstieg handelt. Wenn beispielsweise das RFH-Urteil vom 28. Juni 1939 die Teilwertabschreibung eines Grundstücks wegen mangelnder Ausnutzung, die sich in der sinkenden Zahl der vermietbaren Parzellen äußert, mit dem Hinweis auf die zwar geringere, aber nach wie vor gewährleistete Verzinsung der Anschaffungskosten ablehnt[698], so mag diese Argumentation bei nicht abnutzbaren Anlagegütern überzeugen, weil hier mangels nutzungsbedingtem Abbau des Nettoeinnahmenpotentials keine umsatzproportionale, sondern nur eine verlustantizipierende Folgebewertung möglich ist. Überträgt man den Sachverhalt jedoch sinngemäß auf ein Gebäude mit mehreren Mietwohnungen, dann muß - auch wenn die Verzinsung der Anschaffungskosten noch gewährleistet ist - eine Teilwertabschreibung durchgeführt werden, um die aufgrund der Ertragsminderung nun überhöht erscheinenden Gewinnausschüttungen der Vorjahre auszugleichen. Nur wenn die wenigen vermieteten Wohnungen unvorhergesehenerweise einen so hohen Mietertrag abwerfen, daß diese Ertragserhöhung die mit der gesunkenen Mieterzahl verbundene Ertragsminderung ausgleicht, haben sich die relevanten Erträge nicht verschlechtert, so daß es einer Teilwertabschreibung nicht bedarf.

Unterlassene Reparaturen und aufgetretene Mängel werden in Bilanzrechtsprechung und -literatur vornehmlich als Grund einer AfaA, seltener als Grund einer Teilwertabschreibung angesehen.[699] Nach der einnahmenorientierten Teilwertkonzeption muß hingegen eine Teilwertabschreibung erfolgen, wenn unterlassene Reparaturen bzw. aufgetretene Mängel die Umsatzerwartungen des (nicht der Leistungs-AfA unterliegenden) abnutzbaren Anlagegutes dauerhaft beeinträchtigen, so z.B. wenn eine unzureichend gewartete oder mängelbehaftete Maschine mehr Ausschuß produziert oder weniger leistungsfähig ist. Wird die Reparatur in einem späteren Geschäftsjahr nachgeholt bzw. der Mangel behoben, dann erhöhen die dabei anfallenden Ausgaben das Einnahmenüberschußpotential des abnutzbaren Anlagegutes und werden

---

697 Vgl. die ähnliche Argumentation im Schrifttum und in einzelnen BFH-Urteilen, oben Erstes Kapitel B.IV.2.b)bb)ccc).
698 Vgl. oben Erstes Kapitel B.IV.2.b)bb)ccc).
699 Vgl. z.B. RFH-Urteil v. 2. Juni 1943, S. 619 u. *Groh* (Instandhaltung, 1974), S. 136-137.

als nachträgliche Anschaffungs- oder Herstellungskosten zum Restbuchwert addiert.[700]

Als Indizien rückläufiger Ertragserwartungen bei Maschinen führt die Bilanzrechtsliteratur u.a. auch gesunkene Wiederbeschaffungskosten an.[701] Da gesunkene Wiederbeschaffungskosten im Rahmen der einnahmenorientierten Teilwertkonzeption grundsätzlich keinen selbständigen Teilwertabschreibungsgrund bilden, muß ihre Indikatorfunktion für künftig sinkende Erträge durch entsprechende Erfahrungen belegbar sein, um sie ausnahmsweise berücksichtigen zu können. Sofern sich nur vage Aussagen über die Beziehung der am Abschlußstichtag gesunkenen Wiederbeschaffungskosten eines abnutzbaren Anlagegutes zu seiner künftigen Ertragsentwicklung treffen lassen, kommt eine Teilwertabschreibung nicht in Frage.

bbb) Die Bemessung der Teilwertabschreibung

Wenn die Ertragserwartungen am Abschlußstichtag gesunken sind, dann muß der niedrigere Teilwert angesetzt werden, der gemäß dem Realisationsprinzip dafür sorgt, daß die überhöhten Gewinnausschüttungen der Vorjahre kompensiert und künftig dem tatsächlichen Umsatzverlauf entsprechende Gewinne ausgewiesen werden.[702] Seine Ermittlung setzt die Prognose der Umsatzrelationen sowie der Ausgabensumme und ihrer zeitlichen Verteilung auf die künftigen Nutzungsjahre voraus, die gemeinsam mit den entsprechenden Größen aus den vergangenen Nutzungsjahren des Anlagegegenstandes die Informationen bildet, aus denen sich der realisationsprinzipkonforme Abschlußstichtagswert ergibt.

Welche Grenzen dieser Berechnungsmethode gesetzt sind, wenn sich Umsatzrelationen oder absolute Ausgabenbeträge nicht feststellen lassen, wurde schon im Rahmen der handelsrechtlichen Folgebewertung erörtert.[703] Abgesehen von diesen Sonderfällen erweist sich die Teilwertbestimmung gemäß dem Realisationsprinzip jedoch grundsätzlich als problematisch, weil sie durch die Schätzungen bedingt erhebliche Ermessensspielräume bietet, die mit den hohen Objektivierungsanforderungen konfligieren, welche das Steuerbilanzrecht

---

700 Vgl. oben Erstes Kapitel B.III.2.c)cc).
701 Vgl. oben Erstes Kapitel B.IV.2.b)cc)bbb).
702 Vgl. z.B. Abb. 16 im Anhang.
703 Vgl. oben Erstes Kapitel A.III.3.b)bb).

zur Bewältigung der Massenverfahren stellt. Der Bundesfinanzhof löst das Objektivierungsproblem im Fall der mangelnden Ausnutzbarkeit einer Maschine, indem er - unter Berufung auf entsprechende Literaturmeinungen - einen Marktpreis, die Wiederbeschaffungskosten der kleineren, voll ausnutzbaren Maschine, als Wertmaßstab verwendet.[704] Die Wiederbeschaffungskosten des kleineren, für die Nutzung im Unternehmen ausreichenden Anlagegutes stimmen allenfalls zufällig mit dem Betrag überein, der sich bei theoretisch korrekter Bemessung des niedrigeren Teilwerts nach den handelsrechtlichen GoB ergeben würde. Sie eignen sich jedoch als typisierter Vermögenswert, weil die Kalkulation von Anschaffungsausgaben ähnlich wie die realisationsprinzipkonforme Bestimmung des Abschlußstichtagswertes auf der Überlegung beruht, daß nur solche Ausgaben aktiviert werden dürfen, die bei vorsichtiger Schätzung zur Erzielung künftiger Umsätze beitragen.

Niedrigere Wiederbeschaffungskosten spielen folglich auch bei einnahmenorientierter Teilwertkonzeption eine Rolle. Da sie jedoch (im allgemeinen) nicht als Grund, sondern als Maßstab einer Teilwertabschreibung fungieren, haben sie eine andere Bedeutung als im Substitutionswerttheorem. Solange die Maschine voll ausgenutzt wird, sind die niedrigeren Wiederbeschaffungskosten des kleineren Anlagegutes für ihre Folgebewertung irrelevant. Ist die Maschine hingegen überdimensioniert, und liegen die Wiederbeschaffungskosten des kleineren, für die verbliebenen Nutzungsmöglichkeiten ausreichenden Anlagegutes über ihrem typisierten Restbuchwert, dann darf die Teilwertabschreibung nicht etwa unterlassen werden; denn ob eine Teilwertabschreibung erforderlich ist, hängt nicht von den Wiederbeschaffungskosten, sondern von den Umsatzerwartungen ab, die bei dauerhafter Unterbeschäftigung einer Maschine unzweifelhaft gesunken sind.

Obwohl der BFH offiziell das Substitutionswerttheorem befolgt, entscheidet er in seinem Urteil vom 17. September 1987 implizit nach Ertragsgesichtspunkten, indem er bei Überdimensionierung eines Anlagegutes eine Fehlmaßnahme anerkennt und die Wiederbeschaffungskosten nur für die Bemessung des niedrigeren Teilwerts heranzieht.[705] Wenn nun die Wiederbeschaffungskosten des kleineren Anlagegutes nicht objektiviert ermittelt werden können bzw. den typisierten Restbuchwert der minderausgelasteten Maschine über-

---

704 Vgl. oben Erstes Kapitel B.IV.2.b)aa)ccc).
705 Vgl. oben Erstes Kapitel B.IV.2.b)aa)ccc).

schreiten, oder wenn es womöglich gar kein kleineres Anlagegut gibt, das für die Nutzung im Unternehmen richtig dimensioniert wäre, so folgt daraus lediglich, daß sich die Wiederbeschaffungskosten in diesem Fall nicht als Maßstab der Teilwertabschreibung eignen und deshalb andere Hilfskriterien herangezogen werden müssen.

Als Hilfskriterium kann z.b. der Auslastungsgrad dienen unter der Voraussetzung, daß ein lineares Verhältnis zwischen dem prozentualen Rückgang von der normalen zur tatsächlichen Auslastung und dem Rückgang der Umsatzerwartungen besteht.[706] Da sich die mit einer Maschine verbundenen Umsatzerwartungen an den Veräußerungserlösen der mit ihrer Hilfe erstellten Fertigerzeugnisse orientieren, kommt ferner die Größenordnung, in der die Veräußerungsmengen bzw. -preise zurückgehen, als Maßstab der Teilwertabschreibung in Betracht. Um den Objektivierungsanforderungen des Steuerbilanzrechts zu genügen, müssen die Berechnungsgrundlagen der Teilwertabschreibung sowie etwaige getroffene Annahmen offengelegt werden.

dd) Erhöhte Ausgabenerwartungen an späteren Abschlußstichtagen

Eine Teilwertabschreibung kann nicht nur durch geringere Umsätze, sondern auch durch erhöhte Ausgaben begründet werden, doch wird diese Begründung in Rechtsprechung und Literatur kaum genannt. Wenn *Westhoff* den Ansatz eines niedrigeren Teilwerts befürwortet, weil die Kosten der Weiternutzung in krassem Mißverhältnis zu den Kosten einer rentierlichen Anlage stehen[707], so erfaßt diese Umschreibung u.a. auch den Sachverhalt, daß die Reparaturkosten der Maschine oder die Löhne der an ihr beschäftigten Arbeiter unvorhergesehen stark angestiegen sind. Allerdings deutet seine Schlußfolgerung, die Anlage stillzulegen[708], auf eine extrem negative Kostenentwicklung hin, während erhöhte Ausgaben im Rahmen der einnahmenorientierten Teilwertkonzeption schon dann eine Teilwertabschreibung erforderlich machen, wenn sie noch durch entsprechende Umsätze gedeckt sind, für eine Stillegung also kein Anlaß besteht.

---

706 Zur Diskussion dieses Hilfskriteriums im Schrifttum vgl. oben Erstes Kapitel B.IV.2.b)bb)bbb).
707 Vgl. oben Erstes Kapitel B.IV.2.b)bb)ddd).
708 Vgl. *Westhoff* (Teilwert, 1949), S. 139.

Die Unwirtschaftlichkeit, d.h. der Tatbestand, daß der gleiche Ertrag mit einem geringeren Aufwand erzielt werden kann[709], gilt ebenfalls nicht in dieser allgemeinen Form für eine GoB-adäquate Teilwertabschreibung. Sofern die Ausgabenerwartungen am Abschlußstichtag mit den im Anschaffungs- oder Herstellungszeitpunkt gehegten Ausgabenerwartungen übereinstimmen, besteht auch dann kein Grund zur Teilwertabschreibung, wenn eine andere Maschine zur Erzielung des gleichen Ertrags weniger Kosten verursacht, weil sich die im Investitionskalkül enthaltenen Determinanten des Vermögenswertes nicht verschlechtert haben. Die geringere Kostenbelastung der Konkurrenzunternehmen wirkt sich demnach zunächst nicht auf die Folgebewertung der Maschine aus. Erst wenn die niedrigen Kosten der Nachfolgeanlage den Ersatzzeitpunkt der Maschine vorverlagern oder wenn die mit der Maschine verbundenen Ertragserwartungen zurückgehen, weil die niedrigen Kosten der Konkurrenzunternehmen auf die Veräußerungspreise der Fertigerzeugnisse durchschlagen[710], muß der Abschlußstichtagswert nach dem Realisationsprinzip herabgesetzt werden. Dann liegt jedoch entweder eine AfaA wegen Nutzungsdauerverkürzung oder eine Teilwertabschreibung aufgrund rückläufiger Umsätze vor.

d) Teilwertzuschreibungen

Gemäß § 6 Abs. 1 Nr. 1 Satz 4 EStG darf der Teilwert abnutzbarer Anlagegüter den letzten Bilanzansatz überschreiten, sofern er nicht höher ist als der Betrag, der sich nach Abzug der Absetzungen gemäß § 7 von den Anschaffungs- oder Herstellungskosten ergibt. Nach dem Realisationsprinzip kommt eine solche Teilwertzuschreibung nur in Frage, wenn verminderte Umsatz- bzw. gestiegene Ausgabenerwartungen in einem früheren Geschäftsjahr durch AfaA oder Teilwertabschreibung berücksichtigt wurden und die Voraussetzungen hierfür nun ganz oder teilweise entfallen sind.[711]

Wird beispielsweise mit einem dauerhaften Rückgang der Nachfrage nach einem auf einer Spezialmaschine gefertigten Produkt gerechnet, dann sinken dadurch die mit Hilfe der Spezialmaschine voraussichtlich erzielbaren Um-

---

709 Vgl. oben Erstes Kapitel B.IV.2.b)bb)ddd).
710 Vgl. die entsprechenden Beispiele im Schrifttum, oben Erstes Kapitel B.IV.2.b)bb) ddd) u. B.IV.2.b)cc)bbb).
711 Vgl. die entsprechende Begründung der handelsrechtlichen Zuschreibung, oben Erstes Kapitel A.III.2.c)bb).

sätze, so daß bei leistungsabhängiger AfA eine AfaA, ansonsten eine Teilwertabschreibung durchgeführt und der restliche Vermögenswert nach der ursprünglich gewählten AfA-Methode auf die Restnutzungsdauer verteilt werden muß. Die AfaA bzw. Teilwertabschreibung kann mit Hilfe der Zuschreibung rückgängig gemacht werden, wenn die Nachfrageentwicklung falsch eingeschätzt wurde und eine Verbesserung der Umsatzerwartungen, etwa anhand der Auftragseingänge, nachgewiesen werden kann. Da sowohl der Zuschreibungsbetrag als auch der Vermögenswert nach Zuschreibung festliegt, muß die AfA in der Zuschreibungsperiode die Differenz zwischen beiden Größen auffangen;[712] in den Folgejahren richtet sich die Absetzung des Vermögenswertes dann wieder nach der im Anschaffungs- oder Herstellungszeitpunkt der Maschine festgelegten Methode.

Für die Zuschreibung besteht handels- und steuerrechtlich ein Wahlrecht. Diese Wahlrechte können nicht unabhängig voneinander ausgeübt werden[713]: Eine Zuschreibung in der Handelsbilanz bei gleichzeitiger Wertbeibehaltung in der Steuerbilanz widerspricht dem Verhältnis der vorsichtigen handelsrechtlichen zur vollen steuerrechtlichen Ausschüttungsbemessung, während eine Wertbeibehaltung in der Handelsbilanz bei gleichzeitiger Zuschreibung in der Steuerbilanz mit § 5 Abs. 1 Satz 2 EStG konfligiert, der die Inanspruchnahme eines steuerrechtlichen Wahlrechts bei der Gewinnermittlung grundsätzlich nur in Übereinstimmung mit der Handelsbilanz zuläßt.

---

712 Die gleiche Funktion erfüllt die planmäßige Abschreibung im Handelsrecht, vgl. Zeile 1 der Abb. 25c1) im Anhang.
713 Vgl. *Meincke* (in: *Littmann/Bitz/Hellwig*), Tz. 196 zu § 6 EStG.

Zweites Kapitel

**Handels- und steuerrechtliche Folgebewertungsprobleme
im Falle eines positiven oder negativen Geschäftswerts[1]**

A. Die bilanzielle Behandlung des Goodwills

I. Besonderheiten des Aktivums "derivativer Geschäftswert"

*1. Die Bedeutung der bisherigen Folgebewertungsanalyse für den
Geschäftswert*

Die Analyse der Folgebewertung abnutzbarer Einzelvermögensgegenstände
hat ergeben: In einer Handelsbilanz, die der Ermittlung des ausschüttbaren
Gewinns dient, übernehmen planmäßige und außerplanmäßige Abschreibungen gemeinsam die Aufgabe, das in den Anschaffungs- oder Herstellungskosten enthaltene Einnahmenüberschußpotential so abzubauen, daß die Gewinne
in den künftigen Nutzungsjahren umsatzproportional realisiert werden. Der
gleiche Grundgedanke prägt die steuerrechtliche Folgebewertung, er wird nur
im Rahmen von AfA und AfaA mit Rücksicht auf die besonderen Anforderungen steuerlicher Massenverfahren teilweise durch Objektivierungs- und Vereinfachungserwägungen überlagert.

Indem das Einkommensteuergesetz die betriebsgewöhnliche Nutzungsdauer
des Geschäftswerts mit fünfzehn Jahren angibt, ordnet es den Geschäftswert
implizit als abnutzbares Wirtschaftsgut ein. Demnach müßten die im Ersten
Kapitel dieser Arbeit aufgestellten Folgebewertungsgrundsätze auch für den
Geschäftswert gelten. Im Schrifttum wird indes mitunter die Auffassung vertreten, § 7 Abs. 1 Satz 3 EStG fingiere nur, daß der Geschäftswert ein Wirtschaftsgut sei, tatsächlich erfülle der Geschäftswert jedoch nicht die Voraussetzungen, die handelsrechtlich an das Vorliegen eines Vermögensgegenstandes und damit steuerrechtlich an das Vorliegen eines Wirtschaftsgutes gestellt
werden.[2] Wenn der Geschäftswert trotz fehlender Vermögensgegenstandsei-

---

1 Der Geschäfts- oder Firmenwert wird in dieser Arbeit bei positivem Vorzeichen als
  Goodwill oder Geschäftswert, bei negativem Vorzeichen als Badwill oder negativer
  Geschäftswert bezeichnet.
2 Vgl. *Söffing, G.* (Firmenwert, 1988), S. 600; *Tiedchen* (Vermögensgegenstand, 1991),
  Fn. 42 S. 169.

genschaft angesetzt werden dürfte, dann müßte seine Aktivierung (und damit auch seine (Folge-)Bewertung) auf einem Sekundärzweck des Jahresabschlusses beruhen, der nicht durch die an der Ausschüttungsbemessungsfunktion orientierten handelsrechtlichen GoB präzisiert wird. Um entscheiden zu können, ob die gesetzlichen Folgebewertungsvorschriften des Geschäftswerts nach den GoB oder einem noch zu spezifizierenden Sekundärzweck auszulegen sind, muß deshalb zunächst die Rechtsnatur des Aktivums "derivativer Geschäftswert" geklärt werden.

2. Sinn und Zweck des Geschäftswerts

a) Die Stellung des Geschäftswerts auf der Aktivseite der Bilanz

Der Geschäftswert wird in § 255 Abs. 4 Satz 1 HGB definiert als "Unterschiedsbetrag ..., um den die für die Übernahme eines Unternehmens bewirkte Gegenleistung den Wert der einzelnen Vermögensgegenstände ... abzüglich der Schulden im Zeitpunkt der Übernahme übersteigt." Aus der Definition erhellt, daß der Geschäftswert die Vorteile verkörpert, die aus dem Zusammenwirken der einzelnen Vermögensgegenstände im Unternehmen resultieren. Hierunter fallen Werte (wie z.B. die Organisation, die Management- und Belegschaftsqualität, die Geschäftsbeziehungen), die nicht hinreichend konkretisiert sind, um einzelne selbständige Vermögensgegenstände zu bilden, die aber im Rahmen des Kaufpreises für das gesamte Unternehmen entgolten werden.[3] Der Geschäftswert setzt sich folglich aus verschiedenen Bestandteilen zusammen und hat je nach seiner Zusammensetzung und der Bedeutung der einzelnen Determinanten im konkreten Sachverhalt einen die Besonderheiten des erworbenen Unternehmens berücksichtigenden, individuellen Charakter, der ihn von den Geschäftswerten anderer Unternehmen unterscheidet. Da sich der Geschäftswert aufgrund seiner spezifischen Eigenschaften und der gesonderten Regelung von den anderen Bilanzpositionen abhebt, fällt es der aktuellen Handelsrechtsliteratur schwer, ihn in die bestehenden Grundstrukturen der Aktivseite einzugliedern, wie die Tatsache zeigt, daß er von einigen Autoren

---

3   Zu den Geschäftswertkomponenten vgl. RFH-Urteil v. 29. Juli 1931, Sp. 1817; OFH-Urteil v. 28. Juni 1949, Sp. 20; BFH-Urteil v. 16. September 1970, S. 176.

als Vermögensgegenstand[4], von anderen als Bilanzierungshilfe[5] oder Wert eigener Art[6] klassifiziert wird. Nur unter die RAP, die die dritte Aktivenkategorie neben Bilanzierungshilfen und Vermögensgegenständen bilden, wird der Geschäftswert - soweit ersichtlich - seit Inkrafttreten des Bilanzrichtlinien-Gesetzes nicht mehr subsumiert, u.a. mit der Begründung, daß er die gesetzlich vorgeschriebene Anforderung, innerhalb einer bestimmten Zeit nach dem Abschlußstichtag Aufwand zu werden[7], nicht erfülle.[8] Ein weites Verständnis der RAP, das auch die Abgrenzungsposten im dynamischen Sinne umfaßt und eine Verteilung der Geschäftswertausgaben auf mehrere Perioden im Interesse einer vergleichbaren Gewinnermittlung befürwortet[9], läßt sich weder mit dem Wortlaut des § 250 Abs. 1 Satz 1 HGB noch mit dem Sinn und Zweck einer durch Realisations- und Imparitätsprinzip geprägten Bilanzierung vereinbaren.

Die Bezeichnung des Geschäftswerts als "Wert eigener Art" ist wenig aussagefähig, weil sie nur seine Andersartigkeit hervorhebt, ohne Aufschluß über die Bedeutung der handelsrechtlichen GoB für seine bilanzielle Behandlung zu geben. Da der Gesetzgeber die Aktivierung des Geschäftswerts ausdrücklich zuläßt, ohne eine zusätzliche Aktivenkategorie i.S.d. "Wertes eigener Art" einzuführen, muß der Geschäftswert entweder die Kriterien des Vermögensgegenstandes oder der Bilanzierungshilfe erfüllen.[10]

b) Der Geschäftswert als Bilanzierungshilfe?

Der Wortlaut des Handelsgesetzbuchs enthält sowohl Indizien, die den Ge-

---

4   Vgl. *Pankow/Schmidt-Wendt* (in: Beck'scher Bilanzkommentar, 1990), Tz. 511 zu § 255 HGB; *Moxter* (Probleme, 1992), S. 860; *Egger* (Bilanzierungshilfen, 1987), S. 62-63; in diesem Sinne schon BFH-Urteil v. 26 Februar 1975, S. 14.
5   Vgl. *Ordelheide/Hartle* (Rechnungslegung, 1986), S. 14; *Förschle/Kropp* (Wechselwirkungen, 1986), S. 155; *Crezelius* (in: o.V., 1986/87), S. 398; *Ballwieser* (in: Beck'sches HdR B131), Rz. 3; *Hofbauer* (in: BoHR), Rn. 80 zu § 255 HGB; *Treiber* (in: Beck'sches HdR B211), Rz. 62; *Söffing, G.* (Firmenwert, 1988), S. 600; *Veit* (Firmenwert, 1989), S. 1093; *Knop/Küting* (in: HdR, 1990), Tz. 409 zu § 255 HGB; *Richter* (in: HdJ Abt. II/9, 1990), Rn. 3.
6   Vgl. *Glade* (Rechnungslegung, 1986), Tz. 47 zu § 266 HGB; *ADS* (Rechnungslegung, 1987), Tz. 296 zu § 255 HGB; *Siepe* (Teilwertansatz, 1992), S. 613.
7   Vgl. § 250 Abs. 1 Satz 1 HGB.
8   Vgl. *Küppers* (Firmenwert, 1986), S. 1635; *Tiedchen* (Vermögensgegenstand, 1991), S. 171.
9   Vgl. *Müller-Dahl* (Bilanzierung, 1981), S. 280; *Müller, W.* (Firmenwert, 1961), S. 442 bezeichnet den Geschäftswert ebenfalls als Rechnungsabgrenzungsposten.
10 A.A. *Tiedchen* (Vermögensgegenstand, 1991), S. 171, die den "Wert eigener Art" als Notlösung des Zuordnungsproblems akzeptiert.

schäftswert als Bilanzierungshilfe klassifizieren (z.B. das Aktivierungswahlrecht und die Abschreibung über maximal vier Jahre in § 255 Abs. 4 Satz 1 und 2 HGB) als auch Anhaltspunkte, die auf seine Zugehörigkeit zu den Vermögensgegenständen hinweisen (z.b. die planmäßige Abschreibung gemäß § 255 Abs. 4 Satz 3 HGB und die Gliederungsvorschrift des § 266 HGB, die den Geschäftswert unter der Rubrik "immaterielle Vermögensgegenstände" aufführt).[11] Aus den widersprüchlichen Hinweisen des Gesetzestextes kann erst dann auf die Rechtsnatur des Geschäftswerts geschlossen werden, wenn der Sinn und Zweck feststeht, den ein Vermögensgegenstand bzw. eine Bilanzierungshilfe im Rahmen der Ermittlung des entziehbaren Gewinns hat.

Bilanzierungshilfen sollen die Aktivierung von Werten, die nach dem handelsrechtlichen Primärzweck nicht als Vermögensgegenstand angesetzt werden dürfen[12], ermöglichen, um einen Sekundärzweck zu erfüllen und dadurch den Eintritt von Härtefällen zu vermeiden. Der Sekundärzweck kann z.b. darin bestehen, eine bilanzielle Überschuldung des Unternehmens[13] oder einen Verlusteintritt in Höhe von 50 % des Grundkapitals[14], der bei Aktiengesellschaften die Einberufungspflicht der Hauptversammlung nach sich zieht[15], zu verhindern. Da die Überschuldung den Tatbestand umschreibt, daß "das Vermögen ... nicht mehr die Schulden deckt"[16], bestehen grundsätzliche Bedenken hinsichtlich der Fähigkeit einer als Nichtvermögensgegenstand qualifizierten Bilanzierungshilfe, eine Schuldendeckung zu gewährleisten, die definitionsgemäß nur mit Hilfe von Vermögensgegenständen erreicht werden kann.[17] Abgesehen von diesen grundsätzlichen Bedenken eignet sich der Geschäftswert jedoch schon deshalb nicht dafür, die Überschuldung oder die Einberufungspflicht der Hauptversammlung abzuwenden, weil es sich um rechtsformspezifische Aufgaben handelt und die Geschäftswertvorschrift rechtsformunspezi-

11 Zur Zweideutigkeit des Gesetzeswortlauts in bezug auf die Geschäftswertzuordnung vgl. *Söffing, G.* (Firmenwert, 1988), S. 597-598; *Richter* (in: HdJ Abt. II/9, 1990), Rn. 4.
12 Vgl. *Moxter* (Bilanzrecht, 1986), S. 69; *Busse von Colbe* (Bilanzierungshilfe, 1986), S. 87; *Söffing, G.* (Firmenwert, 1988), S. 599-600.
13 Vgl. *Dziadkowski* (Aktivierungsunfähigkeit, 1980), S. 1516; *Chmielewicz* (Vereinheitlichung, 1980), S. 38; *Dziadkowski* (Bilanzhilfsposten, 1982), S. 1338; *Richter* (in: HdJ Abt. II/9, 1990), Rn. 2.
14 Vgl. *Veit* (Bilanzierung, 1984), S. 67-68.
15 Vgl. § 92 Abs. 1 AktG.
16 § 92 Abs. 2 Satz 2 AktG.
17 Vgl. *Veit* (Bilanzierung, 1984), S. 67; *Moxter* (Bilanzrecht, 1986), S. 70; ähnlich *Veit* (Funktionen, 1992), S. 103.

fisch - d.h. für alle Kaufleute - gilt.[18] Als Zweck einer Bilanzierungshilfe, die nicht nur Kapital-, sondern auch Personengesellschaften dient, kommt beispielsweise die Erleichterung von Ausschüttungen in Frage, denn sie schützt die Interessen von Minderheitsgesellschaftern aller Art. Obwohl die Interpretation als Ausschüttungshilfe dem Geschäftswertverständnis vor Inkrafttreten des Bilanzrichtlinien-Gesetzes entspricht[19], kann sie im Rahmen des geltenden Handelsbilanzrechts nicht überzeugen. Das liegt an der veränderten Bilanzkonzeption: Denn während eine der Konkursvorsorge dienende Fortführungsbilanz, die objektivierungsbedingt nur das Zerschlagungsvermögen aktiviert[20], durch den Ansatz eines Geschäftswerts, der den elementaren Ausschüttungsansprüchen bei Unternehmensfortführung Rechnung trägt, sinnvoll ergänzt werden kann, wird die vorsichtige, objektivierte Ausschüttungsbemessungsfunktion des geltenden Rechts durch die Aktivierung eines die Ausschüttungsmöglichkeiten erweiternden Geschäftswerts konterkariert. Für eine Ausschüttungshilfe bleibt in einer gläubigerschützenden Gewinnermittlung kein Raum, darauf weisen auch die Ausschüttungssperren bei den Bilanzierungshilfen für Kapitalgesellschaften hin.[21] Im geltenden Handelsbilanzrecht kann der Geschäftswert folglich keinen der traditionellen Zwecke einer Bilanzierungshilfe erfüllen.

c) Der Geschäftswert als immaterieller Vermögensgegenstand des Anlagevermögens?

Der Geschäftswert verkörpert zwar einen wirtschaftlichen Vermögenswert, weil seine verschiedenen Bestandteile zur Umsatzerzielung im Unternehmen beitragen. Fraglich ist jedoch, ob er auch den Objektivierungsanforderungen, die an einen Vermögensgegenstand gestellt werden, genügt. Als Vermögensgegenstand gilt nämlich nur, was nach objektiven Kriterien einen feststellbaren wirtschaftlichen Wert hat. Dieses Kriterium der selbständigen Bewertbarkeit verlangt, daß der wirtschaftliche Vermögenswert von anderen abgegrenzt werden kann und einer greifbaren Zugangs- und Folgebewertung zugänglich

---

18 Nach Ansicht von *Veit* (Firmenwert, 1989), S. 1093-1094 kann der Geschäftswert je nach Rechtsform des bilanzierenden Unternehmens verschiedene Zwecke erfüllen.

19 Vgl. *Moxter* (Bilanzlehre, 1974), S. 66; *Moxter* (Geschäftswertbilanzierung, 1979), S. 747.

20 Vgl. *Moxter* (Einfluß, 1978), S. 1631; *Moxter* (Aktivierungsgrenzen, 1978), S. 823.

21 Vgl. §§ 269 Satz 2 u. 274 Abs. 2 Satz 3 HGB.

ist.[22] Strikt abgrenzbar i.S.v. einzeln (ohne Rückgriff auf andere Vermögensgegenstände) bewertbar ist der Geschäftswert nicht, denn schon die Definition
in § 255 Abs. 4 Satz 1 HGB weist ihn als Saldogröße aus dem Kaufpreis des
Unternehmens und den Wertansätzen der einzelnen Vermögensgegenstände
abzüglich der Schulden aus.[23] Welches Maß an Einzelbewertbarkeit der handelsrechtliche Jahresabschlußzweck fordert, steht nicht eindeutig fest. Es erscheint allerdings nicht sinnvoll, die Einzelbewertbarkeit so eng zu fassen,
daß nur einzelverkehrsfähige Vermögenswerte angesetzt werden dürfen[24],
denn bei fortgeführter Unternehmenstätigkeit können auch nicht einzelveräu-
ßerbare Werte zur Ermittlung des entziehbaren Gewinns beitragen;[25] unter diesem Gesichtspunkt genügt die Übertragbarkeit mit dem ganzen Unternehmen
als Kriterium für einen Vermögensgegenstand nach geltendem Recht.[26] Wenn
die Einzelbewertbarkeit im ausschüttungsstatischen Jahresabschluß grundsätzlich nicht so eng ausgelegt wird, dann ist es denkbar, daß der Gesetzgeber
sie im speziellen Fall des Geschäftswerts durch die ausdrückliche Erlaubnis,
eine reine Saldogröße zu aktivieren, noch weiter zurückdrängen wollte. Denn
diese Zurückdrängung macht es möglich, den Geschäftswert als immateriellen
Vermögensgegenstand zu bezeichnen und dadurch die lt. Gesetzesbegründung
erstrebte Angleichung der handels- und steuerrechtlichen Geschäftswertvorschriften[27] auch im Hinblick auf die Rechtsnatur zu vollziehen; im Steuerbilanzrecht wird der Geschäftswert nämlich seit Jahrzehnten als immaterielles
Wirtschaftsgut behandelt.[28]

Das weite Verständnis der Abgrenzbarkeit beeinflußt auch das Kriterium
greifbarer Zugangsbewertung, denn die Anschaffungskosten des Geschäftswerts können nicht unabhängig von den Zugangswerten der einzelnen Vermögensgegenstände und Schulden ermittelt werden. Da das Gesetz nur den ent-

---

22 Vgl. *Moxter* (Bilanzrechtsprechung, 1993), S. 11-12; *Moxter* (Selbständige Bewertbar-
    keit, 1987), S. 1848-1849.
23 Vgl. in diesem Sinne *Tiedchen* (Vermögensgegenstand, 1991), S. 166.
24 In diesem Sinne vgl. *Richter* (in: HdJ Abt. II/2, 1990), Rn. 67; a.A. vgl. *Crezelius* (in:
    o.V., 1986/87), S. 398 u. *Großfeld* (in: *Helmrich*, 1986), S. 439.
25 Vgl. *Moxter* (Selbständige Bewertbarkeit, 1987), S. 1848.
26 Vgl. in diesem Sinne BFH-Urteil v. 26. Februar 1975, S. 14; *Kußmaul* (in: HdR,
    1990), Tz. 187 zu II.
27 Vgl. Bundestags-Drucksache 10/4268, S. 101 u. 147.
28 Vgl. in diesem Sinne z.B. RFH-Urteil v. 29. Juli 1931, Sp. 1818; BFH-Urteil v. 18. Ja-
    nuar 1967, S. 335; BFH-Urteil v. 25. Januar 1979, S. 370; gegen die Bezeichnung des
    Geschäftswerts als immaterielles Wirtschaftsgut vgl. *Pfeiffer* (Begriffsbestimmung,
    1984), S. 337, *Müller, W.* (Firmenwert, 1961), S. 442 u. *Schneeloch* (Behandlung,
    1987), S. 2414.

geltlich erworbenen (derivativen) Geschäftswert für aktivierungsfähig erklärt, wird die Werthaltigkeit der dem Geschäftswert zugeordneten Anschaffungskosten formal durch ihre Einbindung in den Unternehmenskaufpreis gewährleistet.[29] Problematischer ist es, die (noch vorhandene) Werthaltigkeit an späteren Abschlußstichtagen festzustellen, weil es keine zuverlässigen Anhaltspunkte gibt, nach denen der jährliche Wertverzehr eines Geschäftswerts berechnet werden kann.[30] Wie die detaillierten Abschreibungsvorschriften in § 255 Abs. 4 Satz 2 und 3 HGB zeigen, will der Gesetzgeber dieses Problem offenbar nicht auf der ersten Bilanzierungsstufe lösen, indem er dem Geschäftswert die Eigenschaft, Vermögensgegenstand zu sein, aberkennt, sondern erst auf der nachgeordneten Bewertungsebene, indem er typisierte Anhaltspunkte zur Berechnung des Wertverzehrs kodifiziert.[31]

II. Ansatz und Bewertung des Geschäftswerts im Handelsrecht

1. Der Einfluß des Anschaffungswertprinzips auf die Interpretation des Aktivierungswahlrechts

Der Eindruck, daß der Gesetzgeber die partielle Zurückdrängung von Vorsichts- und Objektivierungserwägungen, die mit der Qualifikation des Geschäftswerts als Vermögensgegenstand einhergeht, durch besonders vorsichtige, objektivierte Geschäftswertansatz- und -bewertungsvorschriften tendenziell wettmachen will, wird durch das Aktivierungswahlrecht in § 255 Abs. 4 Satz 1 HGB bestätigt. Es räumt dem Bilanzierenden die Möglichkeit ein, den Geschäftswert trotz seiner Vermögensgegenstandseigenschaft nicht zu aktivieren und dadurch sowohl das Vermögen vorsichtig zu ermitteln als auch Folgebewertungsprobleme zu umgehen. Im Schrifttum wird mitunter die Auffassung vertreten, das Wahlrecht erlaube neben Aktivierung und Nichtaktivierung auch die teilweise Aktivierung eines Geschäftswerts.[32] Diese Auslegung

---

29 Vgl. *Ballwieser* (in: Beck'sches HdR B134), Rz. 3; *Kußmaul* (in: HdR, 1990), Tz. 186 zu II.

30 Vgl. *Moxter* (Bilanzrechtsprechung, 1985), S. 157; *Wagner/Schomaker* (Abschreibung, 1987), S. 1367; *Ballwieser* (in: Beck'sches HdR B134), Rz. 4; *Moxter* (Probleme, 1992), S. 857-858.

31 Auf die Bewertungsbesonderheiten des Nichtrechts "Geschäftswert" verweist *Moxter* (Vermögensgegenstände, 1986), S. 249.

32 Vgl. *Küppers* (Firmenwert, 1986), S. 1638; *Hofbauer* (in: BoHR), Tz. 82 zu § 255 HGB; *ADS* (Rechnungslegung, 1987), Tz. 298 zu § 255 HGB; *Knop/Küting* (in: HdR, 1990), Tz. 422 zu § 255 HGB; *Pankow / Schmidt-Wendt* (in: Beck'scher Bilanzkommentar, 1990), Tz. 517 zu § 255 HGB.

widerspricht jedoch der Definition, die den Geschäftswert als (vollständigen) Unterschiedsbetrag zwischen dem Unternehmenskaufpreis und den Wertansätzen der einzelnen Vermögensgegenstände abzüglich der Schulden bezeichnet und damit zugleich seinen Zugangswert festlegt. Ebenso wie die Anschaffungskosten eines Gebäudes seinen Ausgabengegenwert verkörpern, repräsentieren die Anschaffungskosten eines Unternehmens den Betrag, der durch die künftigen, mit Hilfe des Unternehmens erzielbaren Einnahmenüberschüsse voraussichtlich amortisiert wird. Da die Anschaffungskosten des Geschäftswerts einen Bestandteil des Unternehmenskaufpreises bilden, ist ihre Werthaltigkeit i.S.d. Realisationsprinzips grundsätzlich gesichert, für eine Verminderung der Anschaffungskosten etwa mit der Begründung, einige Geschäftswertkomponenten seien in ihrer Gegenwertigkeit fragwürdiger als andere[33] und deshalb von der Aktivierung auszunehmen, läßt das geltende Handelsbilanzrecht keinen Raum.

Es erscheint folglich GoB-konform, den Geschäftswert entweder gar nicht oder in Höhe des vollen Unterschiedsbetrages zu aktivieren. Da er eine Restgröße darstellt, werden seine Anschaffungskosten bei gegebenem Unternehmenskaufpreis durch die Wertsumme der einzelnen Vermögensgegenstände nach Abzug der Schulden beeinflußt, deren Ermittlung gewisse unvermeidliche Ermessensspielräume bietet. Im Einzelfall kann es zu Verschiebungen zwischen den Zugangswerten der Einzelvermögensgegenstände und den Anschaffungskosten des Geschäftswerts kommen.[34] Sie können jedoch im Zugangszeitpunkt nicht zu einer Überbewertung führen, weil der Unternehmenskaufpreis die Wertobergrenze bildet. Sofern an späteren Abschlußstichtagen eine Überbewertung droht, weil Folgebewertungsunterschiede zwischen dem Geschäftswert und den betreffenden Einzelvermögensgegenständen bestehen, muß sie durch eine außerplanmäßige Abschreibung abgewendet werden.

2. Die Folgebewertung

a) Die planmäßige Abschreibung über die voraussichtliche Nutzungsdauer

§ 255 Abs. 4 Satz 2 und 3 HGB sieht vor, jedem Geschäftsjahr einen bestimmten Teil der Anschaffungskosten des Geschäftswerts als Aufwand zu belasten;

---

33 Zur unterschiedlichen Gegenwertigkeit einzelner Geschäftswertkomponenten vgl. *Küppers* (Firmenwert, 1986), S. 1635.
34 Vgl. *Wöhe* (Bilanzierung, 1980), S. 93.

der Geschäftswert ist folglich ein abnutzbarer Vermögensgegenstand. Die in Satz 3 geregelte planmäßige Abschreibung über die voraussichtliche Nutzungsdauer stellt zwar das Pendant zu der für alle abnutzbaren Anlagegegenstände geltenden Vorschrift des § 253 Abs. 2 Satz 2 HGB dar, wirft jedoch bei der Bestimmung der Abschreibungsplandeterminanten zwei geschäftswertspezifische Probleme auf: Erstens kann die Nutzungsdauerschätzung aufgrund des individuellen Charakters eines Geschäftswerts weder durch eigene noch durch branchentypische Erfahrungswerte objektiviert werden, und zweitens ist die Prognose des Umsatzverlaufs noch schwieriger als bei anderen abnutzbaren Anlagegegenständen, weil beim Geschäftswert noch nicht einmal technische Daten oder Anhaltspunkte über den Nutzungsumfang als Schätzgrundlagen zur Verfügung stehen.[35] Da sich eine so stark ermessensbehaftete Folgebewertung nicht mit dem handelsrechtlichen Jahresabschlußzweck vereinbaren läßt, wird man die Bedeutung des § 255 Abs. 4 Satz 3 HGB in Übereinstimmung mit dem Gesetzgeber[36] grundsätzlich darauf beschränken, die steuerrechtliche AfA-Regelung in das Handelsrecht zu übertragen und dadurch eine einheitliche Behandlung des Geschäftswerts in beiden Bilanzrechtsgebieten zu gewährleisten.[37]

Gegen diese Auslegung der handelsrechtlichen Abschreibungsvorschrift wird mitunter eingewandt, die Geschäftswert-AfA über 15 Jahre sei aus rein fiskalischen Erwägungen in das Einkommensteuergesetz aufgenommen worden, entspreche folglich nicht dem Steuerbilanzzweck und könne deshalb für das Handelsbilanzrecht keine Bedeutung haben.[38] Zwar kann man nicht bestreiten, daß die Nutzungsdauer mit 15 Jahren höher als in Literaturvorschlägen[39] oder früheren Gesetzesreformplänen[40] vorgesehen ausgefallen ist, nicht zuletzt mit dem Ziel, Steuermindereinnahmen zu begrenzen.[41] Doch muß man bedenken, daß es sich bei der AfA-Regelung in § 7 Abs. 1 Satz 3 EStG um eine Typisie-

---

35 Vgl. *Moxter* (Goodwill, 1981), Sp. 690; *Moxter* (Bilanzrechtsprechung, 1985), S. 156-157; *Moxter* (Probleme, 1992), S. 857-858.
36 Vgl. Bundestags-Drucksache 10/4268, S. 101.
37 Vgl. *Glade* (Rechnungslegung, 1986), Tz. 127 zu § 253 HGB; *Söffing, G.* (Firmenwert, 1988), S. 606-607; *Zeitler* (Firmenwert, 1988), S. 304; *Moxter* (Probleme, 1992), S. 858. Zu Bedenken hinsichtlich der Gleichsetzung von 15jähriger und voraussichtlicher Nutzungsdauer vgl. *Wagner/Schomaker* (Abschreibung, 1987), S. 1366.
38 Vgl. *Wagner/Schomaker* (Abschreibung, 1987), S. 1366.
39 Vgl. *Döllerer* (EG-Richtlinie, 1981/82), S. 375; *Piltz* (Geschäftswert, 1981), S. 36.
40 Vgl. Steuerreformkommission (Gutachten, 1971), Rz. 235 zu V; Bundestags-Drucksache VII/1470, S. 32.
41 Vgl. Bundestags-Drucksache 10/4268, S. 147.

rung handelt, die den Geschäftswert erst als abnutzbares Anlagegut qualifiziert, indem sie die objektivierte Ermittlung eines Wertverzehrs über einen bestimmten Zeitraum sicherstellt und ihn dadurch von der Bilanzposition "Beteiligungen" unterscheidet, die als Kaufpreis von Unternehmensanteilen ähnliche Komponenten wie der Geschäftswert enthält, aber mangels im Einkommensteuergesetz ermessensfrei festgelegter AfA zum nicht abnutzbaren Anlagevermögen gehört.[42] Da die lineare AfA über 15 Jahre verglichen mit der Alternative, ohne geschäftswertspezifische Folgebewertungsvorschrift gar keine objektivierte AfA vornehmen zu können, grundsätzlich die vorsichtigere Bilanzierungsweise darstellt und aus dem Steuerbilanzzweck nicht zwingend eine kürzere Geschäftswertnutzungsdauer abgeleitet werden kann, wird man § 7 Abs. 1 Satz 3 EStG als steuerbilanzzweckkonforme Vorschrift einstufen und ihre Übertragung in das Handelsrecht zulassen.

b)   Die vorsichtsbetonte planmäßige Abschreibung über maximal vier Jahre

Als Alternative zu der dem Steuerbilanzrecht entnommenen planmäßigen Abschreibung nach Satz 3 bietet § 255 Abs. 4 Satz 2 HGB die Möglichkeit, den Geschäftswert nach rein handelsrechtlichen Gesichtspunkten deutlich vorsichtiger - d.h. "in jedem folgenden Geschäftsjahr zu mindestens einem Viertel" - abzuschreiben. Da der Geschäftswert nach teleologischer Auslegung zum abnutzbaren Anlagevermögen gehört und abnutzbare Anlagegegenstände planmäßig abgeschrieben werden müssen, kann es sich bei der Geschäftswertabschreibung in Höhe von mindestens 25 % nur um eine besondere Form der planmäßigen Abschreibung handeln[43], die nach Vorsichts- und Objektivierungserwägungen den Rahmen absteckt, in dem sich die Abschreibungsplandeterminanten bewegen können. Die gesetzliche Formulierung läßt verschiedene Kombinationsmöglichkeiten der Abschreibungsplandeterminanten zu: Der Geschäftswert kann entweder linear, degressiv oder progressiv über eine Nutzungsdauer von zwei bis vier Jahren oder im ersten Geschäftsjahr voll abgeschrieben werden. Ob alle Kombinationsmöglichkeiten zulässig sind, hängt von ihrer Vereinbarkeit mit den handelsrechtlichen GoB ab. Unter diesem Ge-

---

42   Gegen die Abnutzbarkeit des Geschäftswerts unter Hinweis auf die Nichtabnutzbarkeit der Beteiligung vgl. *Doralt* (Firmenwert, 1976), S. 81-82.
43   A.A. vgl. z.B. *ADS* (Rechnungslegung, 1987), Tz. 315 u. 319-320 zu § 255 HGB, *Pankow/Schmidt-Wendt* (in: Beck'scher Bilanzkommentar, 1990), Tz. 519-520 zu § 255 HGB, *Knop/Küting* (in: HdR, 1990), Tz. 445 u. 447 zu § 255 HGB, die die Abschreibung nach Satz 2 der Vorschrift als pauschal bezeichnen und sie von der planmäßigen Abschreibung nach Satz 3 deutlich abgrenzen.

sichtspunkt scheidet die progressive Abschreibung aus, denn sie darf im Rahmen einer vorsichtsbetonten Gewinnermittlung unter der Annahme linearer Ausgaben nur bei nachweisbar progressivem Umsatzverlauf durchgeführt werden.[44] Die Schwierigkeit, das Nochvorhandensein eines Geschäftswerts an späteren Abschlußstichtagen festzustellen, legt eher die Wahl einer besonders vorsichtigen Abschreibungsmethode, d.h. der degressiven Abschreibung, nahe. Da es keine objektiven Anhaltspunkte für den Degressionsgrad der Umsatzerwartungen eines Geschäftswerts gibt, die Gesamtaufwendungen und mit ihnen die planmäßigen Abschreibungen also nicht exakt bemessen werden können, läßt § 255 Abs. 4 Satz 2 HGB alle Varianten degressiver Abschreibung zu, die zu einem jährlichen Abschreibungsbetrag von mindestens 25 % der Anschaffungskosten führen; der Gesetzgeber legt so gesehen ein typisiertes Degressionsmaß fest. Aus Vereinfachungsgründen kann der Bilanzierende statt der degressiven die lineare Geschäftswertabschreibung wählen und dem Vorsichtsprinzip durch eine entsprechend kürzer bemessene Nutzungsdauer Rechnung tragen.

Gemäß der teleologischen Auslegung des § 255 Abs. 4 Satz 2 und 3 HGB kann der Geschäftswert bei Betonung des Maßgeblichkeitsgedankens über 15 Jahre, bei Vorsichtsdominanz über maximal vier Jahre planmäßig abgeschrieben werden. Eine dazwischen liegende Folgebewertungsvariante, wie z.B. die lineare Abschreibung über zehn Jahre, kommt nur in Frage, wenn ihre Berechnungsgrundlagen intersubjektiv nachgeprüft werden können.[45] Diese Objektivierungshürde dürfte beim Geschäftswert nur in Ausnahmefällen zu nehmen sein, etwa bei Erwerb eines Unternehmens, das Chemikalien produziert und das aufgrund eines staatlich festgelegten, ab dem 1. Januar 2003 in Kraft tretenden Produktionsverbots vor Ablauf der 15-Jahres-Frist stillgelegt werden muß. Hingegen darf die planmäßige Geschäftswertabschreibung in der Handelsbilanz nicht über einen längeren Zeitraum erfolgen als die AfA in der Steuerbilanz[46]: Da es grundsätzlich keine objektiven Kriterien für die Nutzungsdauerbestimmung des aus verschiedenen Komponenten zusammengesetzten Geschäftswerts gibt, greift in diesem Fall die allgemeine Regel, wo-

---

44   Vgl. oben Erstes Kapitel A.I.1.
45   Vgl. *Moxter* (Probleme, 1992), S. 858.
46   Vgl. *Treiber* (in: Beck'sches HdR B211), Rz. 100; *Moxter* (Probleme, 1992), S. 858;
     a.A. *Ballwieser* (Geschäftswert, 1990), S. 88.

nach das Steuerrecht Vorsichtserwägungen soweit zurückdrängt, wie es das Handelsrecht gerade noch zuläßt.[47]

c) Außerplanmäßige Abschreibung und Zuschreibung

Als abnutzbarer Anlagegegenstand muß der Geschäftswert grundsätzlich auch außerplanmäßig ab- bzw. zugeschrieben werden können. Da § 255 Abs. 4 HGB die außerplanmäßige Ab- und Zuschreibung nicht regelt, gelten die alle abnutzbaren Anlagegegenstände betreffenden Vorschriften in § 253 Abs. 2 Satz 3 und Abs. 5 HGB auch für den Geschäftswert. Zur Beantwortung der Frage, wann ein Geschäftswert außerplanmäßig ab- bzw. zugeschrieben werden muß oder darf und wie die entsprechenden Beträge zu ermitteln sind, kann deshalb grundsätzlich auf die Ausführungen im Ersten Kapitel dieser Arbeit und die dazugehörigen Schaubilder verwiesen werden.[48] Graduelle Unterschiede können sich freilich aufgrund der beim Geschäftswert verstärkt auftretenden Objektivierungsprobleme ergeben. Da § 255 Abs. 4 Satz 2 HGB dem Bilanzierenden sehr vorsichtige planmäßige Abschreibungsmöglichkeiten bietet, wird in vielen Fällen der Notwendigkeit einer außerplanmäßigen Abschreibung vorgebeugt. Dennoch kann z.B. eine Korrektur der linearen Abschreibung über vier Jahre erforderlich werden, wenn der Geschäftswert am Ende des zweiten Geschäftsjahres nicht mehr vorhanden ist. Schwerer nachweisbar als die Nutzungsdauerverkürzung, die zu einem abrupten Nutzungsende führt, dürften - vor allem bei dem kurzen Abschreibungszeitraum - verminderte Umsatz- bzw. gestiegene Ausgabenerwartungen sein. Sofern der Nachweis im Einzelfall erbracht werden kann, muß die mit der außerplanmäßigen Abschreibung verbundene Neufestlegung der künftigen planmäßigen Abschreibung wieder die 25 %-Regel beachten, so daß sich die Nutzungsdauer des Geschäftswerts u.U. aus verfahrenstechnischen Gründen verkürzt.

Eine größere Bedeutung kommt der außerplanmäßigen Abschreibung allerdings bei linearer Geschäftswertabschreibung über 15 Jahre zu, denn je länger der Abschreibungszeitraum ist, desto größer ist die Gefahr, daß ein außergewöhnliches Ereignis die Nutzungsdauer des Geschäftswerts auf einen Zeitraum von weniger als 15 Jahren verkürzt oder die mit seiner Nutzung verbundenen Umsatz- bzw. Ausgabenerwartungen negativ beeinflußt. Entspre-

---

47   Vgl. oben Problemstellung.
48   Vgl. oben Erstes Kapitel A.III.2. sowie die Schaubilder 12, 15-22 u. 25 im Anhang.

chend den Objektivierungsanforderungen, die im Rahmen der planmäßigen Geschäftswertabschreibung an eine individuelle Nutzungsdauerschätzung gestellt werden, wird man eine Nutzungsdauerverkürzung nur dann anerkennen, wenn das vorverlegte Nutzungsende, z.B. durch ein zu einem bestimmten Termin in Kraft tretendes Produktionsverbot, intersubjektiv nachprüfbar ist.

Um das Nachweisproblem bei verminderten Umsatzerwartungen zu entschärfen, erscheint es ratsam, die wichtigsten Geschäftswertbestandteile im Abschreibungsplan aufzuführen[49], damit für die Werthaltigkeitsprüfung an kommenden Abschlußstichtagen auf objektive Anhaltspunkte zurückgegriffen werden kann. Sind alle oder einzelne Geschäftswertkomponenten entfallen, so muß der Geschäftswert ausgebucht bzw. auf den niedrigeren beizulegenden Wert abgeschrieben werden, der sich aus einer Schätzung der verbliebenen Umsatzalimentierungsfähigkeit gemäß dem Realisationsprinzip ergibt. Sofern einzelne Komponenten nur vorübergehend keine Umsätze erzielen, etwa weil ein zeitlich befristetes Handelsembargo die Geschäftsbeziehungen unterbricht, sind die Voraussetzungen eines Wahlrechts zur außerplanmäßigen Abschreibung erfüllt. Da es beim Geschäftswert aber noch schwieriger als bei den materiellen Einzelwirtschaftsgütern sein dürfte, Anhaltspunkte für den Wiederanstieg der Umsatzerwartungen nach Ablauf des Unterbrechungszeitraums zu finden, wird man aus Vorsichtsgründen im Zweifel von einer dauerhaften Wertminderung und damit von einer Abschreibungspflicht ausgehen.

Eine Zuschreibung kann erfolgen, wenn der Grund für die außerplanmäßige Geschäftswertabschreibung entfallen ist, so z.B. wenn die am Abschlußstichtag beendet geglaubten Geschäftsbeziehungen durch ein unvorhergesehenes Ereignis nach dem Abschlußstichtag gerettet werden und wenn dadurch die mit dem Geschäftswert verbundenen Umsatzerwartungen wieder steigen. Da die vorsichts- und objektivierungsbedingt hohen Anforderungen an den Nachweis gestiegener Umsatzerwartungen beim Geschäftswert besonders schwer zu erfüllen sind und für die Zuschreibung nur ein Wahlrecht besteht, dürfte sie in diesem Fall kaum praktische Bedeutung erlangen.

Zurückhaltend wird man auch gestiegene Ausgabenerwartungen als Grund einer außerplanmäßigen Geschäftswertabschreibung beurteilen, weil sowohl die intersubjektiv nachprüfbare Zurechnung von Ausgaben zu einzelnen Ge-

---

49 Vgl. ähnlich *Zeitler* (Firmenwert, 1988), S. 305.

schäftswertbestandteilen als auch ihre betragsmäßige Fixierung und der Nachweis ihrer negativen Veränderung am Abschlußstichtag erhebliche Objektivierungsprobleme bereitet. Falls diese Probleme im Einzelfall gelöst werden können, etwa wenn besondere Ausgaben zur Pflege der im Rahmen des Geschäftswerts aktivierten Kundenbeziehungen anfallen und diese Ausgaben nachweislich unerwartet ansteigen, dann muß ebenso wie bei anderen abnutzbaren Anlagegegenständen eine außerplanmäßige Abschreibung durchgeführt werden.

III. Ansatz und Bewertung des Geschäftswerts im Steuerrecht

1. Der Einfluß der handelsrechtlichen GoB auf den Ansatz und die Zugangsbewertung in der Steuerbilanz

Wenn der Geschäftswert handelsrechtlich als Vermögensgegenstand anerkannt wird, muß er steuerrechtlich als Wirtschaftsgut eingestuft werden, denn wann ein Vermögensgegenstand bzw. ein Wirtschaftsgut vorliegt, entscheidet sich nach den gleichen Kriterien, den GoB.[50] Die Aktivierungspflicht des Geschäftswerts in der Steuerbilanz folgt aus dem Maßgeblichkeitsprinzip: Da das Maßgeblichkeitsprinzip in seiner Eigenschaft als einkommensteuerrechtliche Vorschrift Handels- und Steuerbilanz verknüpfen soll, ohne die handelsrechtlichen Möglichkeiten zur Bildung stiller Reserven ins Steuerbilanzrecht zu übernehmen, werden die im HGB gewährten Aktivierungswahlrechte nach gefestigter Rechtsprechung als steuerrechtliche Aktivierungspflichten interpretiert.[51] Ebenso wie in der Handelsbilanz gilt auch in der Steuerbilanz das Anschaffungswertprinzip, wonach der Geschäftswert grundsätzlich in Höhe des kompletten Unterschiedsbetrages zwischen dem Unternehmenskaufpreis und den Wertansätzen der einzelnen Wirtschaftsgüter abzüglich der Schulden angesetzt werden muß. In diesem Sinne entscheidet der BFH, wenn er den Wunsch des Steuerpflichtigen, die Abfindungszahlung an einen lästigen Gesellschafter aus dem (unzweifelhaft vorhandenen) Geschäftswert abzuspalten und als Aufwand zu berücksichtigen, mit der Begründung ablehnt, daß die Gegenwertigkeit des Unternehmenskaufpreises auch den Abfindungsbetrag umfasse.[52] Der Unternehmenskaufpreis bildet folglich die Summe der Zugangswerte aller mit dem Unternehmen erworbenen und in der Bilanz anzu-

---

50 Vgl. BFH-Urteil v. 26. Februar 1975, S. 14.
51 Vgl. BFH-Urteil v. 3. Februar 1969, S. 293-294.
52 Vgl. BFH-Urteil v. 2. Mai 1961, S. 366; BFH-Urteil v. 12. Juni 1975, S. 808.

setzenden Wirtschaftsgüter und Schulden, er sagt aber nichts über die Verteilung der Zugangswerte auf die Objekte aus. Abgrenzungsprobleme zwischen den Anschaffungskosten des Geschäftswerts und den Anschaffungskosten einzelner immaterieller Wirtschaftsgüter haben die Rechtsprechung immer wieder beschäftigt[53], ohne daß es ihr gelungen wäre, allgemeingültige Abgrenzungskriterien zu entwickeln. Deshalb liegt es nahe, die handelsrechtliche Lösung zu übernehmen, die im Zugangszeitpunkt, in dem keine Überbewertungsgefahr besteht, auf fragwürdige Abgrenzungsversuche verzichtet und an späteren Abschlußstichtagen erkennbare Fehlzuordnungen im Rahmen der außerplanmäßigen Folgebewertung korrigiert.

2. Die Geschäftswert-AfA

a) Die Bedeutung der (Nicht-)Abnutzbarkeit des Geschäftswerts im Lichte der Einheitstheorie

Wie schon erwähnt[54], deutet § 7 Abs. 1 Satz 3 EStG durch die Formulierung "als betriebsgewöhnliche Nutzungsdauer des Geschäfts- oder Firmenwerts ... gilt ein Zeitraum von fünfzehn Jahren" an, daß der Geschäftswert zum abnutzbaren Anlagevermögen gehört. *Mathiak* und *Borst* halten die gesetzlich vorgeschriebene Abnutzbarkeit für eine Fiktion, die sich schon aus dem Gebrauch des Wortes "gilt" ergebe und den wahren Charakter des Geschäftswerts als nicht abnutzbares Anlagegut, der ihres Erachtens bis 1985 zweifelsfrei dem Gesetzestext entnommen werden konnte, nicht verändere.[55] *Schreiber* spricht zwar nicht von einer Fiktion, sondern von einer unwiderlegbaren gesetzlichen Vermutung, kommt aber zum gleichen Ergebnis, der faktischen Nichtabnutzbarkeit des Geschäftswerts.[56] Sie dient als Grundlage für die These, daß die Einheitstheorie nach Inkrafttreten des Bilanzrichtlinien-Gesetzes fortbestehe;[57] wenn die seit Jahrzehnten praktizierte Geschäftswertinterpretation gemäß der Einheitstheorie aufgegeben werden solle, dann müsse diese Absicht außerdem

---

53   Vgl. BFH-Urteil v. 1. August 1968, S. 67; BFH-Urteil v. 5. August 1970, S. 805; BFH-Urteil v. 17. März 1977, S. 597-598; BFH-Urteil v. 25. Januar 1979, S. 370-371; BFH-Urteil v. 25. November 1981, S. 190; BFH-Urteil v. 24. November 1982, S. 114; BFH-Urteil v. 7. November 1985, S. 177.

54   Vgl. oben Zweites Kapitel A.I.1.

55   Vgl. *Mathiak* (Rechtsprechung, 1986), S. 290; *Borst* (Behandlung, 1986), S. 2171.

56   Vgl. *Schreiber* (in: *Blümich*), Tz. 629-630 zu § 5 EStG.

57   Vgl. *Mathiak* (Rechtsprechung, 1986), S. 290; *Borst* (Behandlung, 1986), S. 2171; *Schreiber* (in: *Blümich*), Tz. 629 zu § 5 EStG.

explizit im Gesetz[58] bzw. in den Gesetzesmaterialien[59] kundgetan werden. Ob diese Auffassung den Sinn und Zweck der Geschäftswert-AfA im Rahmen vorsichtiger und objektivierter Gewinnermittlung beachtet, kann erst nach Untersuchung der Einheitstheorie festgestellt werden.

Die Einheitstheorie wurde zu Beginn der 30er Jahre vom RFH entwickelt[60] und besagt, daß die entgeltlich erworbenen Geschäftswertfaktoren, die im Zeitablauf abnehmen, durch selbstgeschaffene, neue Faktoren ersetzt werden mit der Folge, daß der Geschäftswert als einheitliches (d.h. aus derivativen und originären Faktoren bestehendes) Wirtschaftsgut nicht abnutzbar ist.[61] Da der Gesetzgeber den Geschäftswert von 1934 bis 1985 als Beispiel eines nicht abnutzbaren Anlagegutes in § 6 Abs. 1 Nr. 2 EStG erwähnt, gibt die Einheitstheorie in diesem Zeitraum nach Ansicht der höchstrichterlichen Rechtsprechung das gesetzlich abgesicherte Geschäftswertverständnis wieder.[62] Trotz ihrer jahrzehntelangen Gültigkeit erfreut sich die Einheitstheorie jedoch keineswegs allgemeiner Anerkennung. Seit jeher wird kritisiert, daß durch die Saldierung der im Zeitablauf schwindenden derivativen Geschäftswertkomponenten mit neu entstandenen ein originärer Geschäftswert berücksichtigt werde, der - abgesehen von diesem Saldierungsfall - übereinstimmend als nicht aktivierungsfähig gelte.[63] Außerdem widerspreche die der Einheitstheorie zugrunde liegende Geschäftswertkonzeption dem Handelsbilanzrecht, das deutlich zwischen derivativem und originärem Geschäftswert trenne und dementsprechend eine planmäßige Abschreibung des (derivativen) Geschäftswerts vorschreibe.[64] Die Widersprüche treten nach der EStG-Novelle 1969 noch stärker hervor, denn sie kodifiziert sowohl das Aktivierungsverbot für nicht entgeltlich erworbene immaterielle Wirtschaftsgüter des Anlagevermögens als auch das Maßgeblichkeitsprinzip, während die (unverändert)

---

58 Vgl. *Mathiak* (Rechtsprechung, 1986), S. 290.
59 Vgl. *Schreiber* (in: *Blümich*), Tz. 630 zu § 5 EStG.
60 Vgl. RFH-Urteil v. 29. Juli 1931, Sp. 1817-1818; RFH-Urteil v. 30. September 1931, S. 340.
61 Vgl. z.B. BFH-Urteil v. 15. April 1958, S. 331; BFH-Urteil v. 28. Oktober 1976, S. 74; BFH-Urteil v. 1. April 1982, S. 621.
62 Vgl. BFH-Urteil v. 29. Juli 1982, S. 651.
63 Vgl. *Hast* (Grundsätze, 1934), S. 286; *Spitaler* (Lehre, 1959/60), S. 448; *Wöhe* (Bilanzierung, 1980), S. 106; *Stripf* (Abschreibung, 1980), S. 319.
64 Vgl. *Spitaler* (Lehre, 1959/60), S. 448-449; zur Kritik an der Unvereinbarkeit der Einheitstheorie mit dem Maßgeblichkeitsprinzip vgl. *Haver* (Geschäftswert, 1965), S. 298 u. *Bühler/Scherpf* (Bilanz, 1971), S. 468; für die Abweichung der steuerrechtlichen von der handelsrechtlichen Folgebewertung des Geschäftswerts vgl. *Becker* (Rechtsprechung, 1931), Sp. 1417-1419.

gesetzlich festgelegte Nichtabnutzbarkeit des Geschäftswerts vom BFH weiterhin mit der Saldierung derivativer und originärer Geschäftswertbestandteile begründet wird und zu einer grundlegenden Abweichung vom Handelsbilanzrecht führt.[65] Möglicherweise als Reaktion auf die kritischen Stellungnahmen im Schrifttum lehnen einige Finanzgerichte in den 60er und 70er Jahren die Einheitstheorie ab.[66] Der BFH behält zwar seine Rechtsprechung bei, verlagert aber den Schwerpunkt seiner Argumentation von der inhaltlichen Begründung der Einheitlichkeit auf die Feststellung, daß § 6 Abs. 1 Nr. 2 EStG den Geschäftswert im Rahmen der nicht abnutzbaren Wirtschaftsgüter erwähne und daß der Gesetzeswortlaut angesichts der unbestrittenen Flüchtigkeit der derivativen Geschäftswertbestandteile nur mit Hilfe der Einheitstheorie erklärt werden könne;[67] "solange diese Vorschrift in Kraft" sei, könne die handelsrechtliche "Abschreibungsregelung ... nicht für steuerliche Zwecke übernommen werden."[68]

b) *Zweck und Grenzen des § 7 Abs. 1 Satz 3 EStG*

Angesichts dieses Entwicklungsstandes der Einheitstheorie mutet die Streichung des Geschäftswerts aus § 6 Abs. 1 Nr. 2 EStG im Bilanzrichtlinien-Gesetz verbunden mit der Nutzungsdauerfestlegung und dem Wunsch des Gesetzgebers, die handels- und steuerrechtlichen Geschäftswertvorschriften weitgehend aufeinander abzustimmen, so an, als solle den Kritikpunkten an der bisherigen Geschäftswertbilanzierung Rechnung getragen und die gesetzliche Basis für die Abschaffung der Einheitstheorie bereitet werden.[69] Die Gesetzesmaterialien weisen demnach recht deutlich auf das Ende der Einheits-

---

65 Vgl. *Stripf* (Auswechselungstheorie, 1975), S. 1337.
66 Vgl. FG Hamburg, Urteil v. 14. Mai 1962, S. 106; FG Baden-Württemberg, Urteil v. 15. Mai 1968, S. 400; FG Rheinland-Pfalz, Urteil v. 26. November 1969, S. 116; FG Münster, Urteil v. 5. März 1970, S. 331-332; FG Rheinland-Pfalz v. 7. November 1978, S. 135.
67 Vgl. BFH-Urteil v. 2. Februar 1972, S. 382; BFH-Urteil v. 21. Juli 1982, S. 759.
68 BFH-Urteil v. 21. Juli 1982, S. 760 (beide Zitate).
69 Vgl. im Ergebnis ebenso *Herrmann/Heuer/Raupach* (Einkommensteuer), Anm. 2e u. 862 zu § 6 EStG; *Brandenberg* (Abschreibung, 1986), S. 1792; *ur* (Geschäftswert, 1986), S. 90; *Crezelius, Knepper, Döllerer* (in: o.V., 1986/87), S. 399-401; *Diers* (Abschreibung, 1987), S. 1065; *Wagner/Schomaker* (Abschreibung, 1987), S. 1368; *Schneeloch* (Behandlung, 1987), S. 2418; o.V. (Firmenwert Fach 3b, 1987), S. 3442-3443; *Mayer-Wegelin* (in: *Hartmann/Böttcher/Nissen/Bordewin*), Rz. 266 zu § 6 EStG; *Döllerer* (Handelsbilanz, 1987), S. 13; *Zeitler* (Firmenwert, 1988), S. 304; *Söffing, G.* (Firmenwert, 1988), S. 612; *Tillmann* (Geschäftswert, 1989), S. 42; *Ballwieser* (Geschäftswert, 1990), S. 189; *Richter* (in: HdJ Abt. II/9, 1990), Rn. 41 u. 51.

theorie hin, während es für die tatsächliche Nichtabnutzbarkeit des Geschäftswerts keine gesetzlichen Anhaltspunkte mehr gibt. Da die Einheitstheorie nicht gesetzlich geregelt war, setzt ihre Aufgabe auch keinen entsprechenden Hinweis im Gesetzestext voraus; vielmehr "fällt eine durch Gesetzesauslegung entwickelte Theorie mit ihrer gesetzlichen Grundlage"[70]

Folgt demnach aus der teleologischen Interpretation der Geschäftswertvorschriften das Ende der Einheitstheorie, so besteht kein Grund mehr, die AfA des Geschäftswerts unter anderen Gesichtspunkten zu würdigen als die AfA-Vorschriften der abnutzbaren Einzelwirtschaftsgüter. Die Absetzungsmethode des Geschäftswerts wird nicht gesondert geregelt, für ihn kommt ebenso wie für die anderen immateriellen Anlagewerte nur die lineare AfA gemäß § 7 Abs. 1 Satz 1 EStG in Frage. Geschäftswertspezifisch ist nur die Festlegung der Nutzungsdauer. Wie schon erwähnt[71], gewährleistet erst die vorgegebene Nutzungsdauer in Verbindung mit der gleichfalls eindeutig festgelegten Absetzungsmethode eine objektivierte Folgebewertung und damit die Qualifikation des Geschäftswerts als vollwertiges Wirtschaftsgut des abnutzbaren Anlagevermögens. Die Vorgabe einer typisierten (d.h. unabhängig vom konkreten Sachverhalt bestimmten) Nutzungsdauer von 15 Jahren paßt zu der die wirtschaftliche Betrachtungsweise zurückdrängenden Objektivierungs- und Vereinfachungsdominanz, die alle Vorschriften des § 7 EStG prägt und Steuerstreitigkeiten vermeiden hilft.

Einige Autoren halten nicht die Abnutzbarkeit, sondern die Länge der Nutzungsdauer für eine Fiktion, die durch das Wort "gilt" in § 7 Abs. 1 Satz 3 EStG gekennzeichnet werde.[72] Offen ist zunächst die Reichweite dieser Fiktion: Gilt sie immer[73], oder kann ausnahmsweise von ihr abgewichen werden, etwa wenn der Geschäftswert nachweislich nur zehn Jahre zur Verfügung steht, weil nach Ablauf dieses Zeitraums ein Produktionsverbot in Kraft tritt und das Unternehmen deshalb stillgelegt werden muß? Würde man in diesem Fall an der 15jährigen Nutzungsdauer festhalten, dann wäre der Geschäftswert und mit ihm das gesamte in der Steuerbilanz ausgewiesene Vermögen über-

70 *Wagner/Schomaker* (Abschreibung, 1987), Fn. 44 S. 1368.
71 Vgl. oben Zweites Kapitel A.I.2.c).
72 Vgl. *Döllerer* (Handelsbilanz, 1987), S. 13; *Wagner/Schomaker* (Abschreibung, 1987), Fn. 44 S. 1368; *Herrmann/Heuer/Raupach* (Einkommensteuer), Anm. 198b zu § 7 EStG.
73 Vgl. in diesem Sinne *Beckermann* (in: *Dankmeyer/Giloy*), Rdnr. 67 zu § 7 EStG.

bewertet; Überbewertungen verstoßen aber gegen den Steuerbilanzzweck. Da die typisierte Nutzungsdauer von 15 Jahren den Zweck hat, den beim Geschäftswert normalerweise mangels objektiver Anhaltspunkte schwer bestimmbaren Absetzungszeitraum ermessensfrei festzulegen, erscheint es vertretbar, den Geschäftswert über einen kürzeren Zeitraum abzusetzen, wenn es dafür ausnahmsweise objektive Anhaltspunkte gibt. Diese teleologische Auslegung des § 7 Abs. 1 Satz 3 EStG paßt zu dem die übrigen AfA-Vorschriften betreffenden Interpretationsergebnis, wonach sich die Normierung der Absetzungen in den Grenzen des Vorsichtsprinzips bewegt und die stark typisierten Absetzungsmethoden ggf. durch eine entsprechend vorsichtig bemessene Nutzungsdauer flankiert werden.[74] Mit Rücksicht auf die besondere Bedeutung, die der Nutzungsdauertypisierung für die Folgebewertung des Geschäftswerts zukommt, müssen allerdings besonders hohe Anforderungen an den Nachweis der kürzeren Nutzungsdauer gestellt werden. Sie dürften im oben geschilderten Sachverhalt beispielsweise nicht erfüllt sein, so lange noch objektiv und mit recht hoher Wahrscheinlichkeit mit einer Aufhebung des Produktionsverbots oder einer Verschiebung seines Inkrafttretens gerechnet werden kann. Oftmals wird sich eine den 15-Jahres-Zeitraum unterschreitende Nutzungsdauer des Geschäftswerts deshalb erst an einem späteren Abschlußstichtag hinreichend konkretisieren, so daß sie nicht im Rahmen der planmäßigen, sondern im Rahmen der außerplanmäßigen Folgebewertung berücksichtigt werden muß.

3. Die AfaA

Als Anlagegut, das linear abgesetzt wird, gehört der Geschäftswert nunmehr zu den Wirtschaftsgütern, die in den Anwendungsbereich der AfaA fallen. Die Bedeutung der AfaA für die Folgebewertung des Geschäftswerts wird im Schrifttum unterschiedlich beurteilt. Die meisten Autoren erörtern nur die Auswirkungen der Abnutzbarkeit des Geschäftswerts auf die Teilwertabschreibung, ohne die durch die Abnutzbarkeit erst möglich gewordene Inanspruchnahme der AfaA überhaupt zu erwähnen[75], offenbar weil sie den Einsatzbereich der AfaA neben der Teilwertabschreibung für vernachlässigbar

---

74   Vgl. oben Erstes Kapitel B.I.
75   Vgl. z.B. *Söffing, G.* (Firmenwert, 1988), S. 611-613; *Richter* (in: HdJ Abt. II/9, 1990), Rn. 41 u. 51; *Claßen* (in: *Lademann/Söffing/Brockhoff*), Anm. 19 zu § 7 EStG.

gering halten.[76] Im Unterschied dazu schätzt *Moxter* die AfaA als dominante außerplanmäßige Folgebewertungsmöglichkeit des Geschäftswerts ein, die die Teilwertabschreibung weitgehend verdrängt.[77] Beiden Auffassungen liegt offenbar der Gedanke zugrunde, daß sich die Anwendungsbereiche von AfaA und Teilwertabschreibung weitgehend überschneiden, was letztlich dazu führt, daß eine der beiden Varianten außerplanmäßiger Folgebewertung die andere (nahezu) überflüssig macht.

Zu einem anderen Ergebnis gelangt man jedoch, wenn man die für die abnutzbaren Einzelwirtschaftsgüter erarbeiteten Interpretationsergebnisse soweit auf den Geschäftswert überträgt, wie es die geschäftswertspezifischen Vorschriften des Einkommensteuergesetzes zulassen. D.h.: Auch für den Geschäftswert gelten die im Ersten Kapitel dieser Arbeit vorgestellten Abgrenzungskriterien zwischen AfaA und Teilwertabschreibung, wonach die Ursachen einer außerplanmäßigen Folgebewertung nur dann durch eine AfaA erfaßt werden, wenn sie bei entsprechender Information im Zugangszeitpunkt die AfA-Bemessung beeinflußt hätten.[78] Von den fünf Sachverhaltsgestaltungen, denen eine AfaA bei abnutzbaren Einzelwirtschaftsgütern Rechnung trägt[79], können drei beim Geschäftswert nicht greifen: Da der Geschäftswert nicht nach Maßgabe der Leistung abgesetzt werden darf und ein potentieller Restverkaufserlös aus Vorsichts- und Objektivierungserwägungen unberücksichtigt bleiben muß, kann eine AfaA nicht durch gesunkene Umsatzerwartungen, unerwartet anfallende Ausgaben oder eine Restverkaufserlösminderung begründet werden. Eine AfaA auf den Geschäftswert kommt nur dann in Frage, wenn die AfA in einem früheren Geschäftsjahr versehentlich bzw. aus nichtsteuerlichen Gründen unterlassen wurde oder wenn sich die Nutzungsdauer verkürzt.

---

76 *Herrmann/Heuer/Raupach* (Einkommensteuer), Anm. 198c zu § 7 EStG erwähnen nur die Teilwertabschreibung als Möglichkeit, den nach AfA erhaltenen Restbuchwert zu unterschreiten.
77 Vgl. *Moxter* (Probleme, 1992), S. 859.
78 Vgl. oben Erstes Kapitel B.III.3. u. B.V.1.b).
79 Vgl. oben Erstes Kapitel B.III.3.

4. Die Teilwertabschreibung des Geschäftswerts

a) Die Auswirkungen der Einheitstheorie auf die Teilwertabschreibung

Im Unterschied zur AfaA, die erst durch die Absetzbarkeit des Geschäftswerts im Rahmen des Bilanzrichtlinien-Gesetzes möglich geworden ist, verfügt die Teilwertabschreibung über eine langjährige, durch die Einheitstheorie geprägte Tradition. Nach altem Recht liegt die Bedeutung der Einheitstheorie nämlich weniger in der Erklärung der formalen Nichtabnutzbarkeit des Geschäftswerts, die dem Gesetzeswortlaut zweifelsfrei entnommen werden kann, als vielmehr darin, die Möglichkeiten der Teilwertabschreibung über den Gesetzeswortlaut hinaus zu beschneiden.[80]

Durch die Interpretation des Geschäftswerts als einheitliches Wirtschaftsgut kann der Verlust einzelner derivativer Geschäftswertkomponenten oder ihre unerwartet geringe Gegenwertigkeit so lange keine Teilwertabschreibung begründen, wie neu entstandene originäre Geschäftswertkomponenten diese negative Entwicklung ausgleichen.[81] Dementsprechend erkennt die höchstrichterliche Rechtsprechung eine Teilwertabschreibung nur an, wenn der einheitliche Geschäftswert gemindert ist[82] oder wenn eine Fehlmaßnahme vorliegt.[83] Eine Fehlmaßnahme ist dadurch gekennzeichnet, daß die Vorteile, die ein Steuerpflichtiger durch den Erwerb eines Unternehmens zu erlangen hoffte und die ihn zur Vergütung eines Geschäftswerts veranlaßt haben, nicht eingetreten sind. Da die so verstandene Fehlmaßnahme ausschließlich die derivativen Geschäftswertkomponenten berücksichtigt, kann sie nach Ansicht des BFH nur am Ende der ersten Periode zur Teilwertabschreibung des Geschäftswerts führen[84], ohne gegen die Einheitstheorie zu verstoßen, wenn man

---

80 Zur Beschränkung der Teilwertabschreibungsmöglichkeiten durch die Einheitstheorie vgl. *Spitaler* (Lehre, 1959/60), S. 448; *Hörstmann* (Sonderstellung, 1962/63), S. 150; *Deubner* (Aktivierung, 1971), S. 3.

81 Vgl. z.B. RFH-Urteil v. 14. Oktober 1942, Sp. 476.

82 Vgl. BFH-Urteil v. 15. April 1958, S. 331; BFH-Urteil v. 13. September 1973, S. 847; BFH-Urteil v. 28. Oktober 1976, S. 74; BFH-Urteil v. 9. Februar 1977, S. 413; BFH-Urteil v. 20. April 1977, S. 608; BFH-Urteil v. 12. August 1982, S. 654; BFH-Urteil v. 13. April 1983, S. 668; BFH-Urteil v. 10. April 1990, S. 227.

83 Vgl. RFH-Urteil v. 30. September 1931, S. 340; BFH-Urteil v. 2. Februar 1972, S. 382; BFH-Urteil v. 28. Oktober 1976, S. 74; BFH-Urteil v. 9. Februar 1977, S. 413; BFH-Urteil v. 24. April 1980, S. 692; BFH-Urteil v. 29. Juli 1982, S. 652; BFH-Urteil v. 12. August 1982, S. 654; BFH-Urteil v. 13. April 1983, S. 668.

84 Vgl. BFH-Urteil v. 18. Januar 1967, S. 335; BFH-Urteil v. 9. Februar 1977, S. 413; a.A. FG Berlin, Urteil v. 10. Mai 1985, S. 112.

unterstellt, daß in der kurzen Zeitspanne, die seit dem Unternehmenserwerb vergangen ist, noch keine originären Geschäftswertfaktoren entstanden sein können; bei einer an späteren Abschlußstichtagen erkannten Fehlmaßnahme geht die Einheitstheorie hingegen grundsätzlich von einer Kompensation durch zwischenzeitlich geschaffene originäre Geschäftswertbestandteile aus, so daß eine Teilwertabschreibung nicht in Frage kommt.[85]

Den Autoren, die nach Inkrafttreten des Bilanzrichtlinien-Gesetzes für den Fortbestand der Einheitstheorie plädieren, geht es darum, die engen Grenzen, in denen sich die Teilwertabschreibung des Geschäftswerts bislang bewegt, auch in Zukunft beibehalten zu können.[86] Sie begründen diese Absicht u.a. damit, daß der in der Teilwertdefinition genannte Erwerber des Unternehmens den Geschäftswert als Ganzes, d.h. incl. seiner originären Bestandteile, sehe[87] und daß eine nicht durch die Einheitstheorie beschränkte Zulässigkeit der Teilwertabschreibung regelmäßig die typisierte Nutzungsdauer von 15 Jahren unterlaufe.[88]

b) Die Teilwertabschreibung gemäß dem Realisationsprinzip

Wie schon im Zusammenhang mit der Geschäftswert-AfA erörtert[89], weist die Änderung der einkommensteuerrechtlichen Vorschriften in Verbindung mit der Entwicklung der Einheitstheorie in den letzten Jahren darauf hin, daß sich die Folgebewertung nicht mehr auf den einheitlichen, sondern nur noch auf den derivativen Geschäftswert beziehen soll. Dadurch erweitert sich der Anwendungsbereich für die Teilwertabschreibung des Geschäftswerts: Er umfaßt nunmehr ebenso wie bei den abnutzbaren Einzelwirtschaftsgütern alle Formen des außergewöhnlichen Wertverzehrs i.S.d. Realisationsprinzips, sofern sie nicht schon durch eine AfaA berücksichtigt worden sind.[90] Die Bedenken hinsichtlich einer Aushöhlung der Nutzungsdauervorgabe durch die Teilwertab-

---

85 Vgl. *Moxter* (Geschäftswertbilanzierung, 1979), S. 745; *Piltz* (Geschäftswert, 1981), S. 41; *Zeitler* (Firmenwert, 1988), S. 304-305.
86 Vgl. *Bundesminister der Finanzen* (Behandlung, 1986), S. 532; *Glanegger* (in: *Schmidt*, 1993), Tz. 60b zu § 6 EStG; *Kieschke* (Anmerkungen, 1986), S. 695; *Wittig* (in: *Blümich*), Tz. 912 u. 1032 zu § 6 EStG.
87 Vgl. *Glanegger* (in: *Schmidt*, 1993), Tz. 60a zu § 6 EStG.
88 Vgl. *Borst* (Behandlung, 1986), S. 2171; *Bundesminister der Finanzen* (Behandlung, 1986), S. 532; *Söffing, M.* (in: *Lademann/Söffing/Brockhoff*), Anm. 499 zu § 6 EStG; *Mayer-Wegelin* (in: *Hartmann/Böttcher/ Nissen/Bordewin*), Rz. 157 zu § 6 EStG.
89 Vgl. oben Zweites Kapitel A.III.2.b).
90 Vgl. oben Erstes Kapitel B.V.2.b).

schreibung überzeugen nicht, wenn man den Sinn und Zweck der Steuerbilanz in der Ermittlung des entziehbaren Gewinns sieht: Erstens darf die betriebsgewöhnliche Nutzungsdauer des Geschäftswerts ebenso wie die betriebsgewöhnliche Nutzungsdauer der abnutzbaren Einzelwirtschaftsgüter bei außergewöhnlichem (Vermögens-)Wertverzehr unterschritten werden; zweitens muß die Notwendigkeit einer solchen Nutzungsdauerverkürzung anhand objektiver Kriterien nachweisbar sein, von einer regelmäßigen Unterschreitung der gesetzlich vorgeschriebenen Nutzungsdauer kann folglich nicht die Rede sein; und drittens wird eine Nutzungsdauerverkürzung durch die AfaA, nicht durch die Teilwertabschreibung erfaßt.

Die Teilwertabschreibung berücksichtigt den dauerhaften Rückgang der mit dem Geschäftswert verbundenen Umsatzerwartungen und zwar nicht nur dann, wenn sich im Anschaffungsjahr herausstellt, daß die Werthaltigkeit einzelner Geschäftswertkomponenten bei der Kalkulation des Unternehmenskaufpreises überschätzt wurde (in der ersten Periode entdeckte Fehlmaßnahme), sondern auch, wenn die überhöhten Umsatzerwartungen des Anschaffungszeitpunktes erst an einem späteren Abschlußstichtag entdeckt werden oder wenn die im Anschaffungszeitpunkt korrekte Umsatzprognose aufgrund eines außergewöhnlichen Ereignisses während der Nutzungsdauer revidiert werden muß. Eine Teilwertabschreibung des Geschäftswerts kann z.B. durch den kriegsbedingten Rückgang von Geschäftsbeziehungen oder durch den Wechsel des Managements begründet werden, sofern der derivative Geschäftswert u.a. für den Kundenstamm und die Managementqualität vergütet wurde. Sollten die zur Pflege der Kundenbeziehungen erforderlichen laufenden Ausgaben nachweislich höher sein als ursprünglich erwartet, dann muß auch dieser Sachverhalt durch eine Teilwertabschreibung berücksichtigt werden.

Die Ermittlung des niedrigeren Teilwerts ist beim Geschäftswert allerdings noch etwas schwieriger als bei anderen abnutzbaren Anlagegütern, weil es keine am Markt ablesbaren Wiederbeschaffungskosten als Werthaltigkeitsindiz gibt und weil selbst objektive Schätzkriterien, wie z.B. das Ende langjähriger Geschäftsbeziehungen, aufgrund der Vielzahl der wertmäßig nicht voneinander isolierbaren Geschäftswertkomponenten keinen unmittelbaren Rückschluß auf die Umsatzverminderung erlauben.[91] Das Problem, den niedrigeren Teilwert des Geschäftswerts zu beziffern, wurde vom BFH nach altem Recht durch die Verwendung der direkten oder der indirekten Methode gelöst.[92] Bei der direkten Methode wird der Geschäftswert durch die Kapitalisierung des sog. Übergewinns ermittelt[93], während er sich nach der indirekten Methode aus der um einen 50%igen Risikoabschlag geminderten Differenz von Ertrags- und Substanzwert ergibt.[94] Beide Berechnungsmethoden des Geschäftswerts beruhen also auf diversen, in der Unternehmensbewertung früher gebräuchlichen Schätzgrößen und weichen im Ergebnis stark voneinander ab. Da sie den gesamten im Unternehmen vorhandenen Geschäftswert erfassen, mögen sie zwar für die Ermittlung des die Anschaffungskosten unterschreitenden Geschäftswerts im Sinne der Einheitstheorie bedingt geeignet erscheinen, über den niedrigeren Teilwert des derivativen Geschäftswerts sagen sie jedoch nichts aus. Er kann ebenso wie der niedrigere beizulegende Wert im Handelsrecht nur durch eine Schätzung des der restlichen Umsatzalimentierungsfähigkeit angemessenen Restbuchwertes bestimmt werden.

Am Handelsbilanzrecht orientieren sich auch die Möglichkeiten einer Geschäftswertzuschreibung: Wenn ausnahmsweise die hohen Anforderungen erfüllt sind, die die handelsrechtlichen GoB an den Nachweis einer überflüssig gewordenen außerplanmäßigen Abschreibung des Geschäftswerts stellen, dann muß in der Steuerbilanz zugeschrieben werden, sofern in der Handelsbilanz eine Zuschreibung vorgenommen wird.[95]

---

91 Zu den Objektivierungsmöglichkeiten der Teilwertermittlung bei abnutzbaren Einzelwirtschaftsgütern vgl. oben Erstes Kapitel B.V.2.c)cc)bbb).
92 Vgl. BFH-Urteil v. 11. Oktober 1960, S. 510; BFH-Urteil v. 19. Februar 1965, S. 250 zum Bewertungsrecht; BFH-Urteil v. 31. Oktober 1967, S. 234; BFH-Urteil v. 28. Oktober 1976, S. 75 u. 76; BFH-Urteil v. 8. Dezember 1976, S. 411-412; BFH-Urteil v. 16. November 1977, S. 105; BFH-Urteil v. 25. Januar 1979, S. 303-304; BFH-Urteil v. 24. April 1980, S. 690; BFH-Urteil v. 13. April 1983, S. 668; die Urteile verweisen z.T. auf die Ausführungen von *Leissle* (Geschäftswert, 1953), Sp. 649-651.
93 Vgl. z.B. BFH-Urteil v. 28. Oktober 1976, S. 74 u. 75.
94 Vgl. z.B. BFH-Urteil v. 31. Oktober 1967, S. 234.
95 Zum Verhältnis von handels- und steuerrechtlicher Wahlrechtsausübung bei Zuschreibung vgl. oben Erstes Kapitel B.V.2.d)

B. Die bilanzielle Behandlung des negativen Geschäftswerts

I. Die Bilanzierungsprobleme beim derivativen Badwill

1. Die Entstehung eines derivativen Badwills

Im Unterschied zum derivativen Goodwill wird der derivative Badwill nicht gesetzlich definiert. Aus § 255 Abs. 4 Satz 1 HGB kann jedoch im Umkehrschluß gefolgert werden, daß der derivative Badwill den Unterschiedsbetrag bezeichnet, um den der Unternehmenskaufpreis den Wert der einzelnen Vermögensgegenstände abzüglich der Schulden unterschreitet.[96] Ein derivativer Badwill entsteht z.B., wenn der Erwerber (1.) einen unter dem sog. Substanzwert liegenden Kaufpreis entrichtet, (2.) das Unternehmen trotz vorhandenem positiven Substanzwert unentgeltlich übernimmt oder (3.) im Extremfall sogar eine Zuzahlung vom Veräußerer als Anreiz für die Übernahme des Unternehmens erhält. Obwohl der Veräußerer in diesen Fällen einen Verlust realisiert[97], kann sein Verhalten dennoch wirtschaftlich sinnvoll sein, wenn er bei Unternehmensfortführung mit noch höheren Verlusten rechnen mußte. Umgekehrt wird sich ein rational handelnder Erwerber nur für den Kauf eines Unternehmens interessieren, mit dem er - wenigstens in ferner Zukunft - Gewinne zu erwirtschaften hofft.[98] Die unterschiedliche Einschätzung der künftigen Unternehmensentwicklung kann beispielsweise darauf zurückzuführen sein, daß der Erwerber effizientere und/oder kostengünstigere Sanierungsmaßnahmen kennt als der Veräußerer oder daß es ihm - evtl. durch Eingliederung des erworbenen Unternehmens in einen Unternehmensverbund - besser gelingt, die Unrentierlichkeit zu beheben bzw. die zu ihrer Überwindung erforderlichen finanziellen Belastungen zu verkraften.

Da beim Unternehmenskauf die zugegangenen Vermögensgegenstände und Schulden einzeln mit ihren Zeitwerten angesetzt werden müssen, das Unternehmen in der Hand des Erwerbers jedoch nur über ein Eigenkapital in Höhe des Kaufpreises verfügt, verbleibt der derivative Badwill als Restbetrag, der

---

96 Vgl. in diesem Sinne *Knop/Küting* (in: HdR, 1990), Tz. 440 zu § 255 HGB; *Pankow/Schmidt-Wendt* (in: Beck'scher Bilanzkommentar, 1990), Tz. 516 zu § 255 HGB; *Piltz* (Bewertung, 1983), S. 13.
97 Vgl. *Piltz* (Bewertung, 1983), S. 13.
98 Vgl. *Westhoff* (Teilwert, 1949), S. 43.

nach den Regeln der doppelten Buchführung ebenfalls im Jahresabschluß berücksichtigt werden muß.

Beispiel: Wenn die Zeitwertsumme der Vermögensgegenstände 500 GE und die Zeitwertsumme der Schulden 300 GE beträgt, so ergibt sich ein Unterschiedsbetrag von 200 GE. Ob er ganz oder teilweise einen derivativen Badwill bzw. einen Teil des derivativen Badwills bildet, hängt von den Bedingungen der Unternehmensübereignung ab: (1.) Zahlt der Erwerber für das Unternehmen 50 GE, dann repräsentiert der Unterschiedsbetrag in dieser Höhe das vom Erwerber aufgebrachte Eigenkapital, so daß nur die restlichen 150 GE auf den derivativen Badwill entfallen. (2.) Sofern das Unternehmen unentgeltlich den Eigentümer wechselt, entspricht der gesamte Unterschiedsbetrag von 200 GE dem derivativen Badwill. (3.) Falls der Erwerber noch zusätzlich 100 GE für die Unternehmensübereignung erhält, steigt die Summe der Aktiva und damit der Unterschiedsbetrag, so daß der derivative Badwill 300 GE beträgt.

In Bilanzrechtsprechung und -schrifttum werden drei grundsätzliche Möglichkeiten der bilanziellen Berücksichtigung eines derivativen Badwills genannt: die Abschreibung einzelner Vermögensgegenstände bzw. die Zuschreibung einzelner Schuldposten (insbesondere Rückstellungen), die Bildung eines Passivums und der Ausweis als Ertrag.

2. Möglichkeiten der bilanziellen Badwill-Erfassung nach Ansicht von Rechtsprechung und Schrifttum

a) Die Abschreibung der Aktivpositionen

Die Autoren, die sich mit den Auswirkungen des derivativen Badwills im Handelsbilanzrecht befassen, ziehen die Abschreibung der vorhandenen Vermögensgegenstände gegenüber einer Passivierung oder Gewinnrealisierung vor.[99] Sie orientieren sich an der höchstrichterlichen Rechtsprechung, die schon 1924 aus dem Vorliegen eines das Bilanzreinvermögen unterschreitenden Unternehmensgesamtwertes auf einen falschen Ansatz der einzelnen Wirtschaftsgüter in der Steuerbilanz schließt und deshalb eine Abschreibung auf

---

99 Vgl. *ADS* (Rechnungslegung, 1987), Tz. 312 zu § 255 HGB; *Knop/Küting* (in: HdR, 1990), Tz. 440 zu § 255 HGB; *Pankow/Schmidt-Wendt* (in: Beck'scher Bilanzkommentar, 1990), Tz. 516 zu § 255 HGB; *Hofbauer* (in: BoHR), Tz. 87 zu § 255 HGB.

den niedrigeren gemeinen Wert[100], in den Folgejahren auf den niedrigeren Teilwert[101] befürwortet.

Mit der Teilwertdefinition begründet *Piltz* die Verteilung des derivativen Badwills auf die einzelnen Wirtschaftsgüter: Seiner Meinung nach stellt der Unternehmenserwerb zu einem unter dem Substanzwert liegenden Preis eine der seltenen Gelegenheiten dar, bei denen der Wortlaut des § 6 Abs. 1 Nr. 1 Satz 3 EStG greifen kann, so daß in diesem Fall der Teilwert der Wirtschaftsgüter aus dem Gesamtkaufpreis des Unternehmens abgeleitet werden muß.[102] Beim derivativen Badwill wird folglich die Teilwertsumme der Einzelobjekte durch den niedrigen Ertragswert nach oben begrenzt. Zu einem ähnlichen Ergebnis gelangt die Rechtsprechung, indem sie sich auf § 6 Abs. 1 Nr. 7 EStG beruft, der den Ansatz der Wirtschaftsgüter bei Unternehmenserwerb "mit dem Teilwert, höchstens jedoch mit den Anschaffungs- oder Herstellungskosten" vorsieht: Sie interpretiert den relativ niedrigen Gesamtkaufpreis als Anschaffungskosten des Unternehmens, der die Wertobergrenze für die Summe der mit den Anschaffungskosten bewerteten Einzelobjekte bildet.[103]

Den derivativen Badwill im Rahmen der Bewertung der einzelnen Wirtschaftsgüter zu berücksichtigen, erweist sich nach Ansicht von *Heinze/Roolf* nur dann als unproblematisch, wenn seine Entstehung nachweislich auf bestimmte Wirtschaftsgüter zurückgeführt werden kann[104] und deren Buchwerte hoch genug sind, um den gesamten Badwill zu erfassen. Im Regelfall läßt sich jedoch keine kausale Beziehung zwischen dem Auftreten eines negativen Geschäftsworts und dem Wertansatz eines einzelnen Wirtschaftsgutes herstellen, weil der negative ebenso wie der positive Geschäftswert "aus dem Zusammenwirken aller im Betrieb arbeitenden Faktoren ... resultiert."[105] Da das Zurechnungsproblem dann nicht logisch gelöst werden kann, liegt es nahe, den derivativen Badwill nach dem Prinzip des unzureichenden Grundes gleichmä-

---

100 Vgl. RFH-Urteil v. 15. Oktober 1924, S. 7.
101 Vgl. z.B. RFH-Urteil v. 23. März 1938, S. 640; BFH-Urteil v. 19. Februar 1981, S. 731.
102 Vgl. *Piltz* (Bewertung, 1983), S. 16; ähnlich *Haase* (Abschreibungen, 1990), S. 490.
103 Vgl. BFH-Urteil v. 19. Februar 1981, S. 731; BFH-Urteil v. 31. Mai 1972, S. 697; gl.A. *Siegel/Bareis* (Schimäre, 1993), S. 1481.
104 Vgl. *Heinze/Roolf* (Behandlung, 1976), S. 215.
105 *Piltz* (Geschäftswert, 1981), S. 35; vgl. ähnlich *Heinze/Roolf* (Behandlung, 1976), S. 216 u. *Tittel* (Firmenwert, 1949), S. 83.

ßig - z.B. im Verhältnis der Zeitwerte[106] - auf die Aktivpositionen zu verteilen.[107] In diesem Zusammenhang wird die badwillbedingte Herabsetzbarkeit des Umlaufvermögens unterschiedlich beurteilt: Während der RFH den derivativen Badwill nur auf das Anlagevermögen verteilen möchte[108] und *Heinze/Roolf* darauf hinweisen, daß der gewinnmindernde Effekt einer Abschreibung des Umlaufvermögens meist schon im nächsten Jahr durch die Realisierung eines entsprechend höheren Veräußerungsgewinns wieder aufgehoben werde[109], vertritt der BFH die Auffassung, die Einbeziehung des Umlaufvermögens in das Verteilungsverfahren des derivativen Badwills sei grundsätzlich "nicht zu beanstanden"[110] und könne auch nicht mit dem Hinweis auf den baldigen gewinnerhöhenden Abgang der Umlaufgüter abgelehnt werden. In seinem die Grunderwerbsteuer betreffenden Urteil vom 11. Dezember 1974 geht der BFH sogar so weit, die vollwertigen Wirtschaftsgüter des Umlaufvermögens, wie die Kasse und das Bankguthaben, wegen eines derivativen Badwills anteilig herabzusetzen.[111] Das Schrifttum schließt zwar eine badwillbedingte Abschreibung des Vorratsvermögens nicht aus[112], lehnt aber eine Herabsetzung der Geldbestände mit der Begründung ab, daß deren Werthaltigkeit durch das Auftreten eines derivativen Badwills nachweislich nicht beeinträchtigt werde.[113] Anstelle der gleichmäßigen Badwillverteilung auf Anlage- und Vorratsvermögen erwägen einige Autoren, vorrangig die Anlagegegenstände abzuschreiben und erst wenn diese Abschreibungsmöglichkeiten erschöpft sind, die Buchwerte des Vorratsvermögens zu mindern. Dadurch werde den besonderen Werthaltigkeitsrisiken, denen das Anlagevermögen aufgrund seiner langen Verweildauer im Unternehmen ausgesetzt sei, Rechnung getragen[114] und außerdem ein langfristig gewinnmindernder Effekt

---

106 Vgl. *ADS* (Rechnungslegung, 1987), Tz. 117 zu § 255 HGB; *Richter* (in: HdJ Abt. II/9, 1990), Rn. 25.
107 Vgl. BFH-Urteil v. 11. Dezember 1974, S. 418; *Herrmann/Heuer/Raupach* (Einkommensteuer), Anm. 1240 zu § 6 EStG i.V.m. Anm. 347 zu § 16 EStG.
108 Vgl. RFH-Urteil v. 23. März 1938, S. 640; ähnlich RFH-Urteil v. 30. November 1938, S. 251.
109 Vgl. *Heinze/Roolf* (Behandlung, 1976), S. 215.
110 BFH-Urteil v. 19. Februar 1981, S. 731; vgl. ähnlich FG Düsseldorf, Urteil v. 16. Mai 1968, S. 457.
111 Vgl. BFH-Urteil v. 11. Dezember 1974, S. 418.
112 Vgl. z.B. *Piltz* (Bewertung, 1983), S. 19 u. 20.
113 Vgl. *Piltz* (Bewertung, 1983), S. 20; im Ergebnis gleich *Richter* (in: HdJ Abt. II/9, 1990), Fn. 46 S. 19.
114 Vgl. *Richter* (in: HdJ Abt. II/9, 1990), Rn. 25; *ADS* (Rechnungslegung, 1987), Tz. 312 i.V.m. Tz. 117 zu § 255 HGB; *Herrmann/Heuer/Raupach* (Einkommensteuer), Anm. 1240 zu § 6 EStG.

erzielt[115], der beim abnutzbaren Anlagevermögen erst im Zeitpunkt erschöpfter Abschreibungsmöglichkeiten und beim nicht abnutzbaren Anlagevermögen (abgesehen vom Veräußerungsfall) gar nicht ende.

b) Der derivative Badwill als selbständiges Passivum

Die Berücksichtigung des derivativen Badwills im Rahmen der Wertansätze einzelner Aktivpositionen stößt an ihre Grenzen, wenn der derivative Badwill die Wertsumme der (abschreibungsfähigen) Aktiva übersteigt.

Beispiel: Das zu 50 GE erworbene Unternehmen enthält Aktiva in Höhe von 500 GE, die zu 80 % auf ein Bankguthaben entfallen, und Passiva in Höhe von 300 GE, so daß ein derivativer Badwill von 150 GE entsteht. Sofern eine Wertminderung des Bankguthabens in diesem Zusammenhang als nicht sinnvoll erachtet wird, reicht das Abschreibungsvolumen nicht aus, um den gesamten negativen Geschäftswert zu erfassen; der nicht mehr verteilbare Restbetrag kann nur noch durch die Bildung eines Passivums vermögensmindernd bilanziert werden.[116]

Beide Formen der Badwillberücksichtigung, die Abschreibung und die Passivierung, ergänzen einander, weil die Passivierung erst greift, nachdem die Verteilungsmöglichkeiten erschöpft sind.[117] Zur Konkurrenz zwischen ihnen kommt es jedoch, wenn einige Autoren für eine Passivierung des gesamten Badwills anstelle der Verteilung auf einzelne Aktiva plädieren und ihre Auffassung durch eine entsprechende Kritik an Begründung und Durchführung einer badwillbedingten Abschreibung untermauern. So widerlegen *Tittel* und *Heinze/Roolf* die der Abschreibung inhärente Annahme, wonach die Entstehung eines derivativen Badwills auf die Überbewertung der einzelnen Vermögensgegenstände zurückzuführen sei[118], mit dem Hinweis, daß ein negativer Geschäftswert auch bei zutreffend bewerteten Aktiva vorliegen könne und erst

---

115 Vgl. *Piltz* (Bewertung, 1983), S. 18.
116 Vgl. Niedersächsisches Finanzgericht, Urteil v. 24. Oktober 1991, S. 17; gl. A. *Sauer* (Negativer Geschäftswert, 1974), S. 126; a.A. *Siegel/Bareis* (Schimäre, 1993), S. 1485, die eine Gewinnrealisierung befürworten mit der (offenbar das Fortführungsprinzip aufgebenden) Begründung, daß die finanziellen Mittel zunächst zur Schuldentilgung verwendet und die verbleibenden Vermögenswerte dann entnommen werden können; vgl. ferner die ähnlichen Zahlenbeispiele bei *Piltz* (Bewertung, 1983), S. 21 u. *Mathiak* (Rechtsprechung, 1982), S. 82.
117 Vgl. so ausdrücklich Niedersächsisches Finanzgericht, Urteil v. 24. Oktober 1991, S. 16-17 u. *Piltz* (Bewertung, 1983), S. 21.
118 Vgl. in diesem Sinne *Schindele* (Frage, 1966), S. 261; *Maas* (Existenzberechtigung, 1976), S. 553.

die außerplanmäßige Abschreibung falsche Wertansätze in der Bilanz sowie zu niedrige planmäßige Abschreibungen in künftigen GVR induziere.[119] *Tittel* lehnt auch die Begründung der badwillbedingten Abschreibung mit der Teilwertdefinition ab, denn wenn der positive Geschäftswert trotz der vom Gesetzeswortlaut geforderten Bewertung der einzelnen Wirtschaftsgüter "im Rahmen des Gesamtkaufpreises" nicht auf die verschiedenen Aktivpositionen verteilt zu werden brauche, müsse dasselbe für den negativen Geschäftswert gelten.[120] Zu dem gleichen Ergebnis gelangen *Heinze/Roolf*, die den selbständigen Ansatz eines realisierten (positiven oder negativen) Geschäftswerts gemäß dem Einzelbewertungsprinzip für erforderlich halten.[121]

Nach Auffassung der gerade erwähnten Autoren ähnelt der derivative Badwill dem Grunde nach einer Drohverlustrückstellung[122], weil seine Passivierung die erwarteten Sanierungsverluste antizipiert, ist aber der Höhe nach insofern konkretisierter, als er von Unternehmenskäufer und -verkäufer übereinstimmend geschätzt wurde, während die Drohverlustrückstellung regelmäßig nur auf einer Schätzung des Unternehmensinhabers beruht.[123] Einen Zusammenhang zwischen dem derivativen Badwill und künftigen Verlusten sieht zwar auch *Gail*; er beschränkt sich jedoch - ebenso wie *Piltz* - darauf, die Passivierungsmöglichkeiten zu erörtern, wenn kein Abschreibungsspielraum mehr besteht, prüft zunächst, welche Varianten der Rückstellungsbildung bisher übersehen wurden bzw. sich aufgrund der Badwillentstehung neu eröffnen und setzt schließlich den nach der Rückstellungsbildung ggf. verbleibenden negativen Geschäftswert als gesondertes Passivum an.[124] *Sauer* erwägt eine Passivierung ebenfalls erst nach Ausschöpfung des Abschreibungspotentials. Da dieser passivierte derivative Badwill nach seinem Verständnis den Unternehmensminderwert verkörpert, der nicht mehr im Rahmen der gesetzlichen Vorschriften auf die einzelnen Aktiva verteilt werden kann, stuft er ihn als Wertberichtigungsposten für das gesamte Betriebsvermögen ein.[125] Er lehnt sich damit an die vor Entwicklung des Teilwertbegriffs ergangene RFH-Rechtsprechung an, die - allerdings in bezug auf den originären Badwill - die Bildung

---

119 Vgl. *Tittel* (Firmenwert, 1949), S. 289; *Heinze/Roolf* (Behandlung, 1976), S. 215.
120 Vgl. *Tittel* (Firmenwert, 1949), S. 288.
121 Vgl. *Heinze/Roolf* (Behandlung, 1976), S. 217.
122 Zum gleichen Ergebnis gelangt *Bachem* (Berücksichtigung, 1993, S. 969; Schimäre, 1993, S. 1976).
123 Vgl. *Heinze/Roolf* (Behandlung, 1976), S. 215-216.
124 Vgl. *Gail* (Fragen, 1982/83), S. 306-307; *Piltz* (Bewertung, 1983), S. 21-25.
125 Vgl. *Sauer* (Negativer Geschäftswert, 1974), S. 126.

eines Wertberichtigungspostens befürwortet, wenn bestimmte "Werteinbußen ... sich für die einzelnen Aktivposten kaum begründen lassen, dagegen für das Unternehmen im ganzen augenfällig sind"[126] bzw. "wenn ein besonderer Umstand ... auf alle Bilanzaktiva gleichmäßig wertvermindernd wirkt"[127]

Die Passivierung eines derivativen Badwills im Zeitpunkt des Unternehmenskaufs zieht die Frage nach sich, wie dieses Passivum an den folgenden Abschlußstichtagen bewertet werden soll. *Sauer* schlägt eine Übertragung der für den positiven Geschäftswert kodifizierten Folgebewertungsvorschriften auf die Passivseite vor, was - für die Rechtslage vor Inkrafttreten des Bilanzrichtlinien-Gesetzes - eine fünfjährige Auflösungsfrist des negativen Geschäftswerts in der Handelsbilanz und ein Verbot seiner planmäßigen Auflösung in der Steuerbilanz bedeutete.[128] Demgegenüber vertreten *Heinze/Roolf* die Ansicht, daß das Passivum handels- und steuerrechtlich bis zu einer etwaigen Veräußerung oder Liquidation des Unternehmens unverändert beibehalten werden müsse, weil erst ein solcher Realisierungsvorgang zeige, ob der derivative Badwill sich inzwischen verflüchtigt habe oder noch existiere.[129] Diese Bilanzierungsweise entspreche dem Vorsichtsprinzip, dem auf der Aktivseite der Handelsbilanz durch eine rasche Abschreibung des derivativen Goodwills Rechnung getragen werde; hingegen verstoße eine analog zur Abschreibungsfrist vorgenommene Auflösung des negativen Geschäftswerts gegen Vorsichts- und Objektivierungserwägungen, weil sie der gesetzlich verbotenen Aktivierung eines originären positiven Geschäftswerts gleichkomme.[130]

Seit der Entwicklung der Teilwertkonzeption in der zweiten Hälfte der 20er Jahre zieht die höchstrichterliche Rechtsprechung[131] - und ihr folgend die herrschende Literaturmeinung[132] - eine passive Berücksichtigung des derivativen Badwills nicht mehr in Erwägung. Gegen die Passivierung wird mitunter eingewandt, daß ihr im Unterschied zur Aktivierung des derivativen Goodwills

126 RFH-Urteil v. 13. Januar 1920, S. 140.
127 RFH-Urteil v. 15. Oktober 1924, S. 7.
128 Vgl. *Sauer* (Negativer Geschäftswert, 1974), S. 128.
129 Vgl. *Heinze/Roolf* (Behandlung, 1976), S. 217.
130 Vgl. *Heinze/Roolf* (Behandlung, 1976), S. 217.
131 Vgl. z.B. RFH-Urteil v. 23. März 1938, S. 640 u. RFH-Urteil v. 30. November 1938, S. 251.
132 Vgl. z.B. *Glanegger* (in: *Schmidt*, 1993), Tz. 60d zu § 6 EStG; *Knobbe-Keuk* (Unternehmenssteuerrecht, 1993), S. 97; *Mayer-Wegelin* (in: *Hartmann/Böttcher/Nissen/Bordewin*), Rz. 245 zu § 6 EStG.

die gesetzliche Grundlage fehle.[133] Der BFH erhärtet dieses formale Argument durch den Hinweis, daß der derivative Badwill die Anforderungen, die bilanzrechtlich an eine Schuld - d.h. an eine Verbindlichkeit, eine Rückstellung oder einen RAP - gestellt werden, nicht erfülle und deshalb nicht passiviert werden könne.[134] Nach der Begründung zu urteilen, hält die Rechtsprechung eine Passivierung des derivativen Badwills nicht für nachrangig im Vergleich zur Aktivenabschreibung, sondern mangels Erfüllung der gesetzlichen Voraussetzungen für unmöglich. Als problematisch erweist sich diese Auffassung allerdings, wenn ein derivativer Badwill bilanziell erfaßt werden muß, das Abschreibungsvolumen auf der Aktivseite hierfür aber nicht ausreicht. Bis ein solcher Sachverhalt zur höchstrichterlichen Entscheidung ansteht, bleibt offen, ob der BFH in diesem Sonderfall - dem Niedersächsischen Finanzgericht[135] folgend - seinen Passivenkatalog erweitern oder den derivativen Badwill ertragswirksam berücksichtigen würde.

c) *Die erfolgswirksame Bilanzierung des derivativen Badwills*

Die dritte grundsätzliche Möglichkeit, die den derivativen Badwill als Ertrag ausweist, wird im Schrifttum selten erwähnt. *Sauer* zieht sie in Erwägung, wenn der Gesellschafter einer Personengesellschaft zu einem den Wert seines Kapitalkontos unterschreitenden Betrag abgefunden wird, obwohl sein Anteil am Betriebsvermögen des Unternehmens den Wert des Kapitalkontos mindestens deckt.[136] Da die Minderabfindung in diesem Fall nicht durch einen entsprechend geringeren Vermögenswert gerechtfertigt ist, wird der ausscheidende Gesellschafter sie nur akzeptieren, wenn er sich davon einen betrieblichen Vorteil, wie z.B. eine anderweitige lukrativere Investition seines bislang im Unternehmen gebundenen Kapitals, verspricht[137] oder wenn er dem Anteilserwerber eine Schenkung machen will.[138]

---

133 Vgl. *Söffing, G.* (Firmenwert, 1988), S. 596.
134 Vgl. BFH-Urteil v. 19. Februar 1981, S. 731.
135 Vgl. Niedersächsisches Finanzgericht, Urteil v. 24. Oktober 1991, S. 17-18.
136 Vgl. *Sauer* (Negativer Geschäftswert, 1974), S. 127.
137 Vgl. *Sauer* (Negativer Geschäftswert, 1974), S. 127.
138 Vgl. *Lenski* (Behandlung, 1939), S. 604; *Tittel* (Firmenwert, 1949), S. 287.

3. Die gesetzeszweckadäquate Berücksichtigung des derivativen Badwills in Handels- und Steuerbilanz

a) Gewinnrealisierungsmöglichkeiten

Wie ein derivativer Badwill bilanziell berücksichtigt werden soll, wird weder im Handelsgesetzbuch noch im Einkommensteuergesetz explizit geregelt. Der Bilanzierende kann sich folglich - anders als beim derivativen Goodwill - nicht damit begnügen, eine bestimmte Vorschrift teleologisch auszulegen, sondern muß auf die handelsrechtlichen GoB sowie die allgemeinen gesetzlichen Regelungen zurückgreifen, um eine gesetzeszweckadäquate Bilanzierung des derivativen Badwills sicherstellen zu können.

Grundsätzlich gibt es zwar drei Erfassungsmöglichkeiten - die Abschreibung, die Passivierung und die Gewinnrealisierung -, bilanzrechtlich kommt jedoch nur die Variante in Frage, deren spezielle Voraussetzungen der derivative Badwill erfüllt. Im Rahmen der Ermittlung eines unbedenklich entziehbaren Gewinns werden besonders hohe Anforderungen an die Gewinnrealisierung gestellt: Da § 252 Abs. 1 Nr. 4 HGB das Realisationsprinzip aus dem Vorsichtsprinzip ableitet[139], gilt ein Gewinn erst dann als realisiert, wenn er dem Grunde nach "so gut wie sicher"[140] geworden ist. Das ist der Fall, wenn der Anspruch auf die Leistung des Vertragspartners durch den Umsatzakt oder einen vergleichbaren Vorgang soweit erstarkt ist[141], daß er "nicht mehr durch das eigene Unvermögen zur Leistungserbringung gefährdet wird"[142] und von dem zur Leistung Verpflichteten nicht mehr bestritten werden kann.[143]

Der Unternehmenserwerb ist im Regelfall ein nicht umsatzinduziertes Anschaffungsgeschäft, das erfolgsneutral behandelt wird: Dem Eigenkapital in Höhe des Kaufpreises steht der Substanzwert - d.h. der Saldo aus den zu Zeitwerten angesetzten Einzelvermögensgegenständen und Schulden - sowie u.U. ein positiver Geschäftswert gegenüber, der gemäß § 266 Abs. 2 HGB auf der Aktivseite der Bilanz ausgewiesen werden darf. Wenn nun der Kaufpreis des

---

139 Vgl. oben Problemstellung.
140 *Woerner* (Grundsatzfragen, 1984), S. 494; *Knobbe-Keuk* (Unternehmenssteuerrecht, 1993), S. 247.
141 Zur Quasisicherheit des Anspruchs auf Gegenleistung vgl. BFH-Urteil v. 11. Dezember 1985, S. 596; BFH-Urteil v. 27. Februar 1986, S. 553.
142 *Hommel* (Grundsätze, 1992), S. 28.
143 Vgl. *Burkhardt* (Realisation, 1989), S. 496.

Unternehmens ausnahmsweise den Substanzwert unterschreitet, d.h. wenn ein derivativer Badwill vorliegt, dann entscheidet die Vereinbarkeit seiner Entstehungsursachen mit den bilanzrechtlichen Gewinnrealisierungsvoraussetzungen, ob er ertragswirksam berücksichtigt werden darf. Ist der derivative Badwill beispielsweise darauf zurückzuführen, daß der Bilanzierende ein verlustträchtiges Unternehmen, das er rasch zu sanieren hofft, zu einem sehr niedrigen Kaufpreis erwirbt, so liegt diesem Anschaffungsvorgang zwar ein erwarteter, aber kein realisierter Gewinn zugrunde[144]: Da im Zugangszeitpunkt des Unternehmens noch nicht feststeht, ob und - wenn ja - wann der Sanierungserfolg eintritt, verkörpert der derivative Badwill keinen so gut wie sicheren Gewinn. Außerdem stehen die mit den Sanierungsmaßnahmen verbundenen Kosten einer Gewinnrealisierung in Höhe des Unterschiedsbetrages entgegen. Doch selbst wenn das Unternehmen in der Hand des Erwerbers aufgrund besonderer Synergieeffekte voraussichtlich von Anfang an florieren wird, darf der derivative Badwill nicht als Ertrag berücksichtigt werden; denn die Tatsache, daß der Unternehmensveräußerer einen Verlust in Höhe des negativen Geschäftswerts in Kauf nimmt, weil er bei Unternehmensfortführung noch höhere Verluste befürchtet, macht deutlich, daß es sich hierbei nicht um einen durch den Markt bestätigten (realisierten) Gewinn handelt, sondern um einseitige Gewinnerwartungen des Unternehmenserwerbers.

Gemäß den handelsrechtlichen GoB ist der Gewinn erst dann so gut wie sicher, wenn der derivative Badwill nach übereinstimmender Beurteilung von Unternehmensveräußerer und -erwerber keine künftigen Belastungen mehr enthält, also z.B. wenn der Veräußerer einen gutgehenden Betrieb unter Wert verkauft, weil er rasch Geld für neue Investitionen benötigt. Da für das Steuerbilanzrecht in Ermangelung einer spezifischen Vorschrift die gleichen Gewinnrealisierungsgrundsätze gelten wie für das Handelsbilanzrecht, erhöht der derivative Badwill in diesen Fällen auch den steuerpflichtigen Gewinn.

---

144 Vgl. *Moxter* (Probleme, 1992), S. 856.

b) *Die Grenzen einer badwillbedingten Pflicht zur Wertherabsetzung der einzelnen Aktivpositionen*

aa) *Die Begründung einer außerplanmäßigen Abschreibung mit dem derivativen Badwill*

Kann der derivative Badwill demnach im Regelfall nicht ertragswirksam erfaßt werden, weil noch etwaige mit dem Unternehmenserwerb verbundene Verlustrisiken bestehen, so bleibt nur die Möglichkeit, ihn entweder durch eine außerplanmäßige Abschreibung der Vermögensgegenstände oder durch die Bildung eines Passivums zu berücksichtigen. Deshalb muß untersucht werden, inwiefern der derivative Badwill die Anforderungen der gesetzlichen Abschreibungs- bzw. Passivierungsvorschriften erfüllt. Da ein durch den Unternehmenserwerb realisierter negativer Geschäftswert nach den Regeln der doppelten Buchführung im Jahresabschluß erfaßt werden muß, genügt es, seine Kompatibilität mit den als Pflicht formulierten Vorschriften zu prüfen; die einem (Abschreibungs- bzw. Passivierungs-)Wahlrecht innewohnende Option, einen bestimmten Sachverhalt nicht bilanziell abzubilden, wird dem Charakter des derivativen Badwills nicht gerecht.

Gemäß § 253 Abs. 3 Satz 1 und 2 HGB müssen Vermögensgegenstände des Umlaufvermögens auf einen "niedrigeren Wert ..., der sich aus einem Börsen- oder Marktpreis am Abschlußstichtag ergibt" oder hilfsweise auf den die Anschaffungs- oder Herstellungskosten unterschreitenden niedrigeren beizulegenden Wert abgeschrieben werden. Für Anlagegegenstände beschränkt § 253 Abs. 2 Satz 3 HGB die Pflicht zum Ansatz des niedrigeren beizulegenden Wertes auf den Fall einer voraussichtlich dauernden Wertminderung. Gemeinsam ist allen Arten von Vermögensgegenständen die Zugangsbewertung mit den Anschaffungs- oder Herstellungskosten, die das erworbene oder selbst geschaffene Nettoeinnahmenpotential in den Grenzen des Realisationsprinzips verkörpern. Im Rahmen der einnahmenorientierten Betrachtungsweise des Jahresabschlusses müssen die Anschaffungs- oder Herstellungskosten (beim abnutzbaren Anlagevermögen ggf. die nach planmäßiger Abschreibung erreichten Restbuchwerte) außerplanmäßig abgeschrieben werden, wenn sich die ihrer Kalkulation zugrunde liegenden Umsatz- bzw. Ausgabenerwartungen durch ein unvorhergesehenes Ereignis verschlechtert haben. Da mit den einzelnen Vermögensgegenstandsarten verschiedene Verwendungszwecke verfolgt werden, wird der nach außerplanmäßiger Abschreibung zu erreichende Abschlußstichtagswert in wirtschaftlicher Betrachtungsweise aus verschiedenen Blickwinkeln bestimmt.[145]

Das Anlagevermögen trägt durch seine Verwendungsfähigkeit im Unternehmen zur Umsatzerzielung bei. Um eine außerplanmäßige Abschreibung einzelner Anlagegegenstände begründen zu können, muß der derivative Badwill folglich ihre Nutzbarkeit vermindern. Eine solche Nutzungsbeeinträchtigung liegt beispielsweise vor, wenn die durch den negativen Geschäftswert verkörperte schlechte Unternehmenslage zu Produktionsumstellungen bzw. -einschränkungen führt, in deren Folge die Bebauungspläne für ein Reservegrundstück aufgegeben oder bestimmte Maschinen und Gebäude nur noch teilweise ausgelastet werden. Anders als beim Anlagevermögen hängt beim Umlaufvermögen die Fähigkeit, Erträge zu erwirtschaften, grundsätzlich nicht von den Nutzungs-, sondern von den Veräußerungsmöglichkeiten ab. Dementsprechend rechtfertigt der derivative Badwill eine außerplanmäßige Abschreibung, wenn die durch den Erwerb realisierten Verlustrisiken des Unternehmens den Absatz der Fertigerzeugnisse infolge geringerer Werbemaßnahmen beeinträchtigen. Wie die Beispiele zeigen, kann der derivative Badwill grundsätzlich bei allen Arten von Vermögensgegenständen eine Pflicht zur außerplanmäßigen Abschreibung gemäß den handelsrechtlichen GoB begründen.

---

145 Vgl. oben Erstes Kapitel B.V.1.b).

bb) Der Einfluß des derivativen Badwills auf die Höhe des niedrigeren beizulegenden Wertes

Die Abschreibungshöhe richtet sich jedoch nicht nach dem Badwillbetrag. Sie wird beim abnutzbaren Anlagevermögen mit Hilfe des ursprünglich festgelegten und eines fiktiven, vollkommene Voraussicht unterstellenden Abschreibungsplans als Differenz zwischen dem bislang bilanzierten und dem bei vollkommener Voraussicht erreichten Restbuchwert bestimmt;[146] hilfsweise können bei nicht voll ausgelasteten Anlagegegenständen die Wiederbeschaffungskosten des entsprechend kleineren Anlagegutes herangezogen werden.[147] Beim nicht abnutzbaren Anlagevermögen richtet sich der Abschreibungsumfang zwar ebenfalls nach der Verminderung der erwarteten Nutzungserträge, da es in diesem Fall jedoch keine unternehmensinternen Anhaltspunkte in Form von Abschreibungsplänen für die Ermittlung des niedrigeren beizulegenden Wertes gibt, wird man objektivierungsbedingt auf Marktpreise zurückgreifen, also z.B. auf den Quadratmeterpreis unbebauter Grundstücke. Beim Umlaufvermögen muß schließlich die Differenz zwischen den Anschaffungs- oder Herstellungskosten und dem niedrigeren Nettoverkaufserlös außerplanmäßig abgeschrieben werden, wobei aus Objektivierungsgründen nicht das für den Veräußerungszeitpunkt erwartete Preisniveau, sondern das Preisniveau am Abschlußstichtag zugrunde gelegt wird.[148]

Die badwillbedingten außerplanmäßigen Abschreibungen stimmen demnach betragsmäßig allenfalls zufällig mit dem derivativen Badwill überein. Diese Tatsache macht deutlich, daß die außerplanmäßigen Pflichtabschreibungen nicht den durch den Unternehmenserwerb realisierten negativen Geschäftswert selbst, sondern nur dessen Auswirkungen auf die in den Vermögensgegenständen enthaltene Umsatzalimentierungsfähigkeit erfassen. Sofern die Auswirkungen erst an einem späteren Abschlußstichtag erkannt werden oder sich womöglich erst als Folge von Sanierungsmaßnahmen ergeben, muß der derivative Badwill insofern in der Eröffnungsbilanz berücksichtigt und die badwillbedingte außerplanmäßige Abschreibung zusätzlich am späteren Abschlußstichtag durchgeführt werden. Sind die Auswirkungen hingegen schon im Erwerbszeitpunkt des Unternehmens absehbar, dann mindern sie den Sub-

---

146 Vgl. oben Erstes Kapitel A.III.2.a)aa) u. b)bb).
147 Vgl. oben Erstes Kapitel B.V.2.c)cc)bbb).
148 Zu den Möglichkeiten und Grenzen des Abschlußstichtagsprinzips bei der Verlustantizipation vgl. *Moxter* (Beschränkung, 1992), S. 169.

stanzwert und damit auch die Differenz zum niedrigeren Unternehmenskaufpreis. Dieser Sachverhalt dürfte gemeint sein, wenn das Schrifttum beim Auftreten eines derivativen Badwills zu einer Überprüfung der Wertansätze einzelner Vermögensgegenstände rät.[149] Der nach einer solchen Überprüfung noch verbleibende Unterschiedsbetrag schmälert zwar die Gewinnaussichten des ganzen Unternehmens, kann aber - da die Umsatz- bzw. Ausgabenerwartungen der einzelnen Aktivpositionen unverändert geblieben sind - nicht anhand objektiver Kriterien auf die Vermögensgegenstände verteilt werden. Er erfüllt folglich nicht die Voraussetzungen, an die eine außerplanmäßige Pflichtabschreibung im Rahmen des handelsrechtlichen Jahresabschlußzwecks geknüpft wird.

cc) Die Unzulänglichkeiten der Teilwertabschreibung

Im Steuerbilanzrecht übernimmt die Teilwertabschreibung die Funktion, den Wertansatz der einzelnen Wirtschaftsgüter des Anlage- und Umlaufvermögens gemäß den verschlechterten Umsatz- bzw. Ausgabenerwartungen zu korrigieren.[150] Da die Teilwertabschreibungsvorschriften des § 6 Abs. 1 Nr. 1 Satz 1-2 und Nr. 2 Satz 1-2 EStG ebenso wie die außerplanmäßigen Pflichtabschreibungen des § 253 HGB nach den handelsrechtlichen GoB ausgelegt werden, können auch sie allenfalls die Auswirkungen des derivativen Badwills auf die in den Einzelobjekten verkörperte Umsatzalimentierungsfähigkeit und nicht ihn selbst erfassen. Wenn die Rechtsprechung den derivativen Badwill durch eine Teilwertabschreibung der einzelnen Aktiva berücksichtigen möchte, obwohl es keine objektiven Anhaltspunkte für seine Verteilung auf die Wirtschaftsgüter gibt[151], dann stimmt sie nicht mit der teleologischen Teilwertauslegung überein, die die Pflicht zur Wertherabsetzung eines Wirtschaftsgutes nur in den Grenzen der einzelbewertungsgeprägten Gewinnermittlungsgrundsätze anerkennt.

---

149 Vgl. oben Zweites Kapitel B.I.2.a).
150 Vgl. oben Erstes Kapitel B.V.1.b). Zur außerplanmäßigen Folgebewertung des abnutzbaren Anlagevermögens zieht das Einkommensteuergesetz neben der Teilwertabschreibung grundsätzlich noch die AfaA heran. Sie kommt jedoch von vornherein für die Berücksichtigung eines derivativen Badwills nicht in Frage, weil ihre Aufgabe darin besteht, zu niedrige AfA-Belastungen vergangener Perioden nachzuholen, und ein solcher Nachholbedarf im Zugangszeitpunkt eines unrentierlichen Unternehmens - in dem der Erwerber die AfA der abnutzbaren Anlagegüter erstmalig ermittelt - gar nicht gegeben sein kann.
151 Vgl. oben Zweites Kapitel B.I.2.a).

c) Der derivative Badwill als Passivum

aa) Die Abgrenzung der Passivierungsmöglichkeiten

Angesichts der engen Grenzen, in denen der derivative Badwill ertragswirksam berücksichtigt werden darf, und der Unmöglichkeit, ihn durch eine (Teilwert-)Abschreibung der einzelnen Wirtschaftsgüter vollständig abzubauen, bleibt nun zu prüfen, inwieweit der derivative Badwill den Anforderungen der bilanzrechtlichen Passivierungsvorschriften genügt. § 266 Abs. 3 HGB nennt als Passivpositionen neben dem Eigenkapital nur Verbindlichkeiten, Rückstellungen und RAP; Wertberichtigungen, die das Aktiengesetz 1965 als indirekte (weil auf der Passivseite berücksichtigte) Abschreibungsform anerkannte und auf die sowohl im Gliederungsschema als auch in der Abschreibungsregelung hingewiesen wurde[152], werden hingegen nicht mehr erwähnt. Ob die Nichterwähnung einem Ansatzverbot für Wertberichtigungen gleichkommt[153], ist in der Literatur umstritten. Im Zusammenhang mit den Erfassungsmöglichkeiten des derivativen Badwills braucht diese Frage nicht abschließend beantwortet zu werden: Da sich die Wertberichtigung nur in formaler, nicht in materieller Hinsicht von der Abschreibung unterscheidet, könnte sie - selbst wenn sie zulässig wäre - den derivativen Badwill nur in den gleichen Grenzen erfassen wie die außerplanmäßige Abschreibung und würde keine darüber hinausgehenden Möglichkeiten eröffnen.

Aus § 246 Abs. 1 Satz 1 HGB ergibt sich i.V.m. den §§ 246 Abs. 1 Satz 1-2 und 250 Abs. 2 HGB eine Passivierungspflicht für Verbindlichkeiten, Verbindlichkeits-, Drohverlust- und bestimmte Aufwandsrückstellungen sowie für RAP. Über das Maßgeblichkeitsprinzip erstrecken sich die handelsrechtlichen Passivierungspflichten auch auf die Steuerbilanz[154], sofern das Einkommensteuergesetz keine abweichende Regelung enthält.[155] Die folgenden Erörterun-

---

152 Vgl. §§ 151 Abs. 1, 154 Abs. 1 u. 2 AktG 1965.
153 Vgl. in diesem Sinne *Hofbauer* (in: BoHR), Tz. 137 zu § 253 HGB; *Federmann* (Bilanzierung, 1990), S. 297; a.A. *ADS* (Rechnungslegung, 1987), Tz. 307 zu § 253 HGB.
154 Vgl. BFH GrS-Beschluß v. 3. Februar 1969, S. 293.
155 Rückstellungen für Patentverletzungsrisiken und Jubiläumszahlungen, deren Bildung § 5 Abs. 3 u. 4 EStG an engere Voraussetzungen knüpft als die handelsrechtlichen GoB, kommen zur Erfassung des derivativen Badwills ohnehin nicht in Frage und können deshalb vernachlässigt werden.

gen zur Subsumtion des derivativen Badwills unter die Passivierungsvorschriften gelten deshalb für beide Bilanzrechtsgebiete.

bb) Der derivative Badwill - ein Grund zur Rückstellungsbildung?

Rückstellungen für ungewisse Verbindlichkeiten unterscheiden sich von den
Verbindlichkeiten dadurch, daß sie dem Grunde bzw. dem Grunde bzw. der Höhe nach ungewiß
sind, während Verbindlichkeiten dem Grunde und meist auch der Höhe nach
feststehen.[156] Da gewisse und ungewisse Verbindlichkeiten an die Passivie-
rungsfähigkeit eines Tatbestands die gleichen Bedingungen knüpfen, kann ihre Eignung zur Badwillerfassung simultan geprüft werden. Im Rahmen der
wirtschaftlichen Betrachtungsweise des Bilanzrechts setzt die Entstehung einer Verbindlichkeit eine wirtschaftliche Vermögensbelastung voraus.[157] Die
wirtschaftliche Vermögensbelastung erstarkt jedoch erst dann zur Verbindlichkeit, wenn sie greifbar - d.h. hinreichend konkretisiert - ist.[158] Die Greif-
barkeit wird durch zwei Kriterien näher bestimmt: Erstens muß eine objektivierte Mindestwahrscheinlichkeit für den Belastungseintritt bestehen, m.a.W.
der Kaufmann muß am Abschlußstichtag ernsthaft mit künftigen Ausgaben
rechnen können;[159] und zweitens muß es sich um eine Verpflichtung gegenüber Dritten (Außenverpflichtung) handeln, weil Außenverpflichtungen in typisierender Betrachtungsweise einen größeren Verpflichtungsdruck ausüben
als Verpflichtungen des Kaufmanns gegenüber sich selbst (Innenverpflichtungen).[160] Nach den Grundsätzen der bilanzrechtlichen Gewinnermittlung tritt
die Passivierungspflicht ein, wenn die greifbare wirtschaftliche Last nicht
durch zugehörige künftige Umsätze kompensiert wird und dadurch bedingt ein
künftiger Aufwandsüberschuß zu erwarten ist.[161]

Von den umfangreichen Voraussetzungen, an die das geltende Recht eine Anerkennung der Verbindlichkeit(-srückstellung) knüpft, dürfte der derivative
Badwill zumindest das Kriterium der wirtschaftlichen Vermögensbelastung
regelmäßig erfüllen: In allen Fällen, in denen eine erfolgswirksame Badwillerfassung mit der Begründung abgelehnt wird, der Gewinn sei angesichts der

---

156 Vgl. *Hüttemann* (Grundsätze, 1970), S. 18-19.
157 Vgl. *Moxter* (Passivierungszeitpunkt, 1992), S. 429.
158 Vgl. *Moxter* (Passivierungszeitpunkt, 1992), S. 430.
159 Vgl. *Eibelshäuser* (Rückstellungsbildung, 1987), S. 863.
160 Vgl. *Moxter* (Passivierungszeitpunkt, 1992), S. 430.
161 Vgl. *Moxter* (Passivierungszeitpunkt, 1992), S. 432.

dem Unternehmen innewohnenden Risiken noch nicht so gut wie sicher[162], liegt eine wirtschaftliche Last vor. Ob sie mit hinreichender Wahrscheinlichkeit zu künftigen Ausgaben führt, mag allerdings zumindest dann fraglich sein, wenn der Unternehmenserwerber keine Sanierungsmaßnahmen durchführt, sei es weil er sie für überflüssig hält, sei es weil er befürchtet, die gesamtwirtschaftlich verursachte schlechte Unternehmenslage nicht aus eigener Kraft überwinden zu können. Die Klassifizierung des derivativen Badwills als Verbindlichkeit(-srückstellung) scheitert jedoch spätestens am Außenverpflichtungsprinzip, denn die auf dem erworbenen Unternehmen ruhende Belastung stellt grundsätzlich eine reine Innenverpflichtung dar. Sofern in dem Unterschiedsbetrag zwischen Substanz- und Ertragswert ausnahmsweise eine Verpflichtung gegenüber Dritten, z.B. eine Sozialplanverpflichtung, enthalten ist, muß sie ausgesondert und - je nach Sicherheitsgrad - als Verbindlichkeit oder Rückstellung für ungewisse Verbindlichkeiten passiviert werden.

Da der derivative Badwill dem Außenverpflichtungsprinzip nicht genügt, wird man prüfen, ob das Bilanzrecht nicht auch ein Rückstellungsgebot für Innenverpflichtungen kennt. § 249 Abs. 1 Nr. 1 HGB beschränkt das Rückstellungsgebot für Innenverpflichtungen allerdings auf im Geschäftsjahr unterlassene Instandhaltungsaufwendungen, die innerhalb von drei Monaten, und auf im Geschäftsjahr unterlassene Abraumbeseitigungsaufwendungen, die innerhalb von zwölf Monaten nachgeholt werden. Als Innenverpflichtung kann deshalb nur der Teil des derivativen Badwills erfaßt werden, der nachweislich darauf zurückzuführen ist, daß der Veräußerer notwendige Reparaturen oder Abraumbeseitigungsmaßnahmen aufgrund der schlechten Unternehmenslage nicht durchgeführt hat[163], die der Erwerber innerhalb der gesetzlich vorgeschriebenen Fristen nachholen will und deren Kosten er sich durch eine Zahlung des Veräußerers bzw. einen Abschlag vom Unternehmenskaufpreis vergüten läßt. Für den Badwillbetrag, der nach Aussonderung der Sozialplanlast und der zu passivierenden Innenverpflichtungen verbleibt, muß weiter nach einer geeigneten Berücksichtigungsmöglichkeit gesucht werden.

Hierfür könnte z.B. die Bildung einer Rückstellung für drohende Verluste aus schwebenden Geschäften in Frage kommen. Ihre Aufgabe besteht darin, einen Verpflichtungsüberschuß (Aufwandsüberschuß), der am Abschlußstichtag aus

---

162 Vgl. oben Zweites Kapitel B.I.3.a).
163 Zu Reparaturrückständen bei schlechter Unternehmenslage vgl. *Klocke* (in: Unternehmensbewertung, 1987/88), S. 204.

einem beiderseits wirtschaftlich noch nicht erfüllten Rechtsgeschäft droht, zu passivieren, um künftige GVR verlustfrei zu halten.[164] Der derivative Badwill entsteht zwar durch ein Rechtsgeschäft, den Unternehmenskauf; da der Kaufvertrag jedoch mit Einigung und Übergabe des Unternehmens erfüllt ist, am Abschlußstichtag folglich kein schwebendes Geschäft mehr vorliegt, können die in ihm enthaltenen Verlustrisiken nicht mit Hilfe einer Drohverlustrückstellung antizipiert werden.

cc) Die Unvereinbarkeit mit den Passivierungsvoraussetzungen eines RAP

Von den gesetzlich kodifizierten Passivierungspflichten steht somit nur noch der RAP für die Berücksichtigung des derivativen Badwills zur Verfügung. Die §§ 250 Abs. 2 HGB und 5 Abs. 5 Satz 1 Nr. 2 EStG knüpfen die Bildung eines passiven RAP an Einnahmen vor dem Abschlußstichtag, soweit sie Ertrag für eine bestimmte Zeit nach diesem Tag darstellen. Als Einnahmen gelten nicht nur Zahlungsmittelzugänge, sondern alle Vermögensmehrungen. Aus dem Kriterium der bestimmten Zeit wird abgeleitet, daß es sich um Einnahmen aus zeitbezogenen gegenseitigen Leistungspflichten[165] handelt, die noch nicht ertragswirksam verbucht werden dürfen, weil die eigene Leistung des Bilanzierenden noch aussteht. Da der derivative Badwill durch einen Kaufpreisnachlaß oder gar eine Zahlung des Unternehmensveräußerers an den Erwerber zustande kommt, kann er als Einnahme i.S.e. Vermögensmehrung interpretiert werden. Die Subsumtion des derivativen Badwills unter die passiven RAP scheitert jedoch am Fehlen einer noch zu erbringenden eigenen Leistung: Gegenseitige Leistungsverpflichtungen bestehen im Zusammenhang mit dem derivativen Badwill nur beim Unternehmenskauf und sind am Abschlußstichtag beiderseits erfüllt.

dd) Die Passivierung des derivativen Badwills gemäß den
   handelsrechtlichen GoB

Die Untersuchung der bilanzrechtlichen Berücksichtigungsmöglichkeiten eines derivativen Badwills hat ergeben, daß eine Gewinnrealisierung nur in Frage kommt, wenn nach übereinstimmender Beurteilung beider Vertragsparteien ein gutgehendes Unternehmen den Eigentümer wechselt. In allen ande-

---

164 Vgl. *Eibelshäuser* (Rückstellungsbildung, 1987), S. 864; *Euler, R.* (Rückstellungen, 1990), S. 1049.
165 Vgl. in diesem Sinne z.B. BFH-Urteil v. 22. Juli 1982, S. 656.

ren Fällen muß geprüft werden, ob der Substanzwert falsch ermittelt wurde, sei es daß bestehende Schulden oder Vermögenswertminderungen einzelner Aktiva versehentlich nicht bilanziert wurden, sei es daß gewisse Schulden oder Vermögenswertminderungen erst durch die im derivativen Badwill abgebildete schlechte Unternehmenslage entstanden sind. Sofern nach Überprüfung und etwaiger Korrektur des Substanzwertes immer noch ein derivativer Badwill vorliegt, ergibt sich das Problem, ihn nach den Regeln der doppelten Buchführung erfassen zu müssen, obwohl er weder die Gewinnrealisierungsgrundsätze noch die Voraussetzungen der einzelnen gesetzlich kodifizierten Abschreibungs- und Passivierungspflichten erfüllt. Hinsichtlich der bilanziellen Berücksichtigung des derivativen Badwills besteht demnach eine Gesetzeslücke[166], die mit Hilfe der handelsrechtlichen GoB geschlossen werden muß.[167]

Der derivative Badwill setzt sich aus einer Vielzahl von die schlechte Unternehmenslage kennzeichnenden Faktoren, wie z.B. einem schlechten Ruf, einem unfähigen Management etc., zusammen, die einzeln zwar nicht hinreichend konkretisiert sind, aber in ihrer Gesamtheit eine durch den Unternehmenserwerb objektivierte Vermögensbelastung darstellen. Er bildet so gesehen das Gegenstück zum derivativen Goodwill, der verschiedene positive Faktoren umfaßt, die nur beim Unternehmenskauf als Gesamtheit zu einem Vermögensgegenstand erstarken. Da der positive Geschäftswert im geltenden Bilanzrecht als Vermögensgegenstand anerkannt wird, obwohl das Objektivierungskriterium der selbständigen Bewertbarkeit dadurch eine bei anderen Vermögensgegenständen nicht übliche Ausdehnung erfährt[168], erscheint es gerechtfertigt, den negativen Geschäftswert als Schuld zu qualifizieren, wenngleich er das Außenverpflichtungsprinzip allenfalls in dem (leicht abgewandelten) Sinne erfüllt, daß er durch ein Rechtsgeschäft, den Unternehmenskauf, zugegangen ist. Während das Vorsichtsprinzip jedoch für den derivativen Goodwill nur ein Aktivierungswahlrecht vorsieht, fordert es im Interesse einer gläubigerschützenden Ausschüttungsbemessung für den derivativen Badwill regelmäßig eine Passivierungspflicht, denn nur so wird eine Gewinnrealisierung bei Erwerb des Unternehmens vermieden.

---

166 Vgl. ähnlich Niedersächsisches Finanzgericht, Urteil v. 24. Oktober 1991, S. 17.
167 Zur Lückenschließung durch GoB vgl. *Beisse* (Rechtsfragen, 1990), S. 509.
168 Vgl. *Moxter* (Probleme, 1992), S. 855 sowie die Ausführungen oben Zweites Kapitel A.I.2.c).

Die selbständige Passivierung des derivativen Badwills zieht die Frage nach seiner GoB-adäquaten Folgebewertung nach sich. Da die Auflösung des Passivums zur Gewinnrealisierung führt, müssen auch bei der Folgebewertung die strengen Gewinnrealisierungsgrundsätze beachtet werden.[169] Der derivative Badwill darf folglich erst dann aufgelöst werden, wenn die mit der schlechten Unternehmenslage verbundenen Belastungen nachweislich nicht mehr bestehen. Ein entsprechender Nachweis wird spätestens beim Verkauf des Unternehmens zu einem den Substanzwert deckenden oder gar überschreitenden Preis erbracht, kann aber auch früher erfolgen, sofern die Ursachen des derivativen Badwills bekannt und an einem späteren Abschlußstichtag nach objektiver Beurteilung weggefallen sind.[170] Hingegen kann die von *Sauer* erwogene Möglichkeit, den negativen Geschäftswert über den gesetzlich kodifizierten Abschreibungszeitraum des positiven Geschäftswerts sukzessive aufzulösen[171], nicht akzeptiert werden, weil sie den derivativen Badwill unabhängig von der tatsächlichen Unternehmensentwicklung gewinnwirksam werden läßt und damit gegen das Vorsichtsprinzip verstößt.

II. Die Bilanzierungsprobleme beim originären Badwill

1. Die Feststellung der Unternehmensunrentierlichkeit

a) Definitionsversuche der Unternehmensunrentierlichkeit als Ausgangsbasis für die Ermittlung

Nachdem die bilanzielle Erfassung des derivativen Badwills geklärt ist, stellt sich die Frage, ob die Unrentierlichkeit eines Unternehmens auch dann im Jahresabschluß berücksichtigt werden kann, wenn sie nicht durch einen Unternehmenserwerb realisiert ist, d.h. wenn sie einen originären Badwill bildet. Der originäre Goodwill darf gemäß § 255 Abs. 4 i.V.m. § 248 Abs. 2 HGB nicht aktiviert werden, weil er nicht die Vorsichts- und Objektivierungsanforderungen erfüllt, die im Rahmen der Ausschüttungsbemessungsfunktion an einen Vermögensgegenstand gestellt werden. Beim originären Badwill könnte zwar das Vorsichtsprinzip für eine bilanzielle Berücksichtigung sprechen, doch wäre sie mit erheblichen Objektivierungsproblemen verbunden. Umstritten ist sowohl, wann Unternehmensunrentierlichkeit vorliegt, als auch, wie sie

---

169 Vgl. *Moxter* (Probleme, 1992), S. 858.
170 Vgl. *Moxter* (Probleme, 1992), S. 858.
171 Vgl. oben Zweites Kapitel B.I.2.b).

objektiv beziffert werden kann. Nach Ansicht der Rechtsprechung ist ein Unternehmen unrentierlich, wenn es "weniger wert ist als die Wiederbeschaffungskosten der ihm gewidmeten Gegenstände."[172] Diese Definition orientiert sich wesentlich an der Erfassung der Unternehmensunrentierlichkeit mit Hilfe der Teilwertabschreibung: Denn wenn der Teilwert als Wert des einzelnen Gegenstandes im Rahmen einer wirtschaftlichen Einheit definiert und auf dieser Basis seine grundsätzliche Übereinstimmung mit den Wiederbeschaffungskosten vermutet wird[173], dann widerlegt die Unternehmensunrentierlichkeit im oben definierten Sinne diese Vermutung und begründet den Ansatz eines niedrigeren Teilwerts.[174] Daneben existiert eine vornehmlich im Schrifttum vertretene, stärker am betriebswirtschaftlichen Rentabilitätsbegriff ausgerichtete Definition, wonach ein Unternehmen unrentierlich sein soll, wenn sich das Verhältnis des Unternehmensertrags zum eingesetzten Kapital[175] stark verschlechtert hat, d.h. wenn eine angemessene Verzinsung des Eigenkapitals nicht mehr gewährleistet ist.[176] Einige Autoren versuchen, mit Hilfe dieser Konzeption die Unternehmensunrentierlichkeit nicht nur dem Grunde, sondern auch der Höhe nach zu bestimmen, indem sie die Normalverzinsung festlegen und aus der prozentualen Abweichung zwischen tatsächlicher und Normalverzinsung nach verschiedenen Methoden die Höhe der Teilwertabschreibung herleiten.[177] Ihre Bemühungen sind jedoch bisher von der höchstrichterlichen Rechtsprechung nicht anerkannt worden.

---

172 RFH-Urteil v. 11. Januar 1929, S. 222.
173 Vgl. oben Erstes Kapitel B.IV.1.b)aa).
174 Zur Unternehmensunrentierlichkeit als Teilwertabschreibungsgrund vgl. z.B. RFH-Urteil v. 14. Dezember 1926, Sp. 111; RFH-Urteil v. 11. Januar 1929, S. 222; RFH-Urteil v. 20. März 1930, S. 360; RFH-Urteil v. 12. September 1933, S. 860; BFH-Urteil v. 15. Mai 1952, S. 170.
175 Vgl. *Maaßen* (Einfluß, 1965), S. 175; *Piltz* (Bewertung, 1983), S. 68; ähnlich *Westhoff* (Teilwert, 1949), S. 42.
176 Vgl. RFH-Urteil v. 8. November 1933, S. 297; *Horch* (Begriff, 1970), S. 44; *Ehmcke* (in: *Blümich*), Tz. 690 zu § 6 EStG; so der Umkehrschluß aus den Ausführungen bei *Herrmann/Heuer/Raupach* (Einkommensteuer), Anm. 606 zu § 6 EStG u. *Glanegger* (in: *Schmidt*, 1993), Tz. 59a zu § 6 EStG.
177 Vgl. *Maaßen* (Einfluß, 1965), S. 175 i.V.m. S. 174; *Schindele* (Frage, 1966), S. 264 in bezug auf die Vermögensteuer; *Piltz* (Teilwert, 1991/92), S. 158-160; zur Kritik *Breitwieser* (Teilwert, 1973), S. 249-250.

b) Ermittlungskriterien

Statt auf vorliegende Berechnungen über das Verhältnis zwischen Gesamtkapital und Gewinnen zurückzugreifen[178], beurteilt der RFH die Rentierlichkeit eines Unternehmens anhand verschiedener Indikatoren, wie z.b. der Umsatzentwicklung[179], dem Stand der Börsenkurse, der Höhe der Gewinnausschüttungen[180] oder dem Investitionsvolumen.[181] Der BFH begnügt sich ebenfalls mit einer verbalen Beschreibung der Unternehmensunrentierlichkeit. Er stellt dabei auf die Entwicklung GVR-bezogener Größen ab, wie z.b. stagnierende oder zurückgehende Umsätze und Gewinne[182], rückläufige Ertragsverhältnisse[183] oder nachhaltige Verluste.[184] Ferner erkennt die Rechtsprechung objektivierungsbedingt nur erhebliche und dauerhafte Ertragsminderungen als Kennzeichen eines originären Badwills an;[185] der Zeitraum, dessen Ablauf dauerhafte von vorübergehenden Ertragsminderungen trennt, wird in typisierender Betrachtungsweise mit fünf[186] Jahren angegeben. Darüber hinaus macht der BFH die Anerkennung der Unternehmensunrentierlichkeit in einigen (allerdings zum Bewertungsrecht ergangenen) Urteilen davon abhängig, daß objektiv nachprüfbare Maßnahmen zur Unternehmensstillegung getroffen wurden.[187] Das Schrifttum wertet die Stillegungsabsicht für das Einkommensteuerrecht zwar als Indiz einer nachhaltigen Unternehmensunrentierlichkeit[188], bei dessen Vorliegen das Fortführungsprinzip aufgegeben werden muß und die einzelnen Wirtschaftsgüter mit dem Liquidationswert anzusetzen sind;[189] es weist aber darauf hin, daß die Fortführung eines unrentierlichen Unternehmens durchaus wirtschaftlich sinnvoll sein kann[190] und eine badwillbedingte Teilwertabschreibung angesichts der in der Teilwertdefinition

---

178 Vgl. RFH-Urteil v. 25. Juli 1934, Sp. 1281-1282.
179 Vgl. RFH-Urteil v. 25. Juli 1934, Sp. 1282.
180 Vgl. RFH-Urteil v. 9. September 1930, Sp. 2049.
181 Vgl. RFH-Urteil v. 24. Januar 1935, S. 414.
182 Vgl. BFH-Urteil v. 13. April 1983, S. 668; BFH-Urteil v. 5. Februar 1988, S. 432.
183 Vgl. BFH-Urteil v. 25. Juni 1985, S. 24.
184 Vgl. BFH-Urteil v. 2. März 1973, S. 476 zum Bewertungsrecht.
185 Vgl. so ausdrücklich RFH-Urteil v. 20. März 1930, S. 360; BFH-Urteil v. 29. April 1958, S. 69; BFH-Urteil v. 2. März 1973, S. 473; BFH-Urteil v. 13. April 1983, S. 668; BFH-Urteil v. 17. September 1987, S. 490.
186 Vgl. BFH-Urteil v. 29. Juli 1982, S. 652.
187 Vgl. BFH-Urteil v. 2. März 1973, S. 476; BFH-Urteil v. 17. November 1987, S. 435; BFH-Urteil v. 30. November 1988, S. 185; BFH-Urteil v. 20. September 1989, S. 207.
188 Vgl. *Piltz* (Bewertung, 1983), S. 77.
189 Vgl. *Euler, R.* (Verlustantizipation, 1991), S. 208.
190 Vgl. *Piltz* (Bewertung, 1983), S. 67; *Maaßen* (Teilwert, 1968), S. 29.

enthaltenen Fortführungsannahme nicht an Stillegungspläne geknüpft werden darf.[191]

Indem die Rechtsprechung den originären Badwill durch eine Erfolgsanalyse ermittelt, macht sie deutlich, daß es sich bei ihm um einen von betriebsindividuellen Gesichtspunkten abhängigen Tatbestand handelt, der nicht nach einem für alle Unternehmen gleichermaßen gültigen Verfahren exakt berechnet werden kann. Aufgrund der betriebsindividuellen Ermittlungsweise kann nur eine dauerhafte und erhebliche Unternehmensunrentierlichkeit bilanziell berücksichtigt werden: Denn erstens wird im Rahmen einer Erfolgsanalyse, die eine fundierte Prognose der künftigen Erfolgsentwicklung ermöglichen soll, nur mit dauerhaften (d.h. einen bestimmten Trend anzeigenden) Erfolgskomponenten gearbeitet[192], und zweitens fehlen präzise Kriterien für die Abgrenzung schwach rentierlicher von geringfügig unrentierlichen Unternehmen, so daß bestenfalls eine erhebliche Unternehmensunrentierlichkeit zweifelsfrei feststellbar ist.

Gemäß § 252 Abs. 1 Nr. 2 HGB gilt generell (d.h. auch bei Unternehmensunrentierlichkeit) das Fortführungsprinzip, sofern ihm "nicht tatsächliche oder rechtliche Gegebenheiten entgegenstehen." Wenn diese Bedingung für die Unternehmensfortführung erfüllt ist, kann die bilanzielle Erfassung der Unternehmensunrentierlichkeit im geltenden Bilanzrecht folglich nicht von der Stillegungsabsicht abhängig gemacht werden. Man könnte freilich erwägen, aus Vorsichtsgründen das Fortführungsprinzip aufzugeben, weil trotz der gegenwärtigen Fortführungsabsicht mit einer Unternehmensstillegung an einem späteren Abschlußstichtag gerechnet werden muß, falls die geplanten Maßnahmen zur Überwindung der Unternehmensunrentierlichkeit nicht greifen. Die Bilanzierung unter Zerschlagungsgesichtspunkten ist jedoch so extrem vorsichtig, daß die mit ihr beabsichtigte gläubigerschützende Wirkung leicht ins Gegenteil umschlägt und aufgrund der negativen Darstellung der Unternehmenslage nach außen erst den Ruin herbeiführt.[193] Für die Prüfung der bilanziellen Erfaßbarkeit eines originären Badwills gelten demnach ebenfalls die

---

191 Vgl. *Piltz* (Bewertung, 1983), S. 80; *Ehmcke* (in: *Blümich*), Tz. 690 zu § 6 EStG.
192 Vgl. *Moxter* (GoU, 1983), S. 98; zu den Möglichkeiten und Grenzen der Extrapolierbarkeit von Bilanzgewinnen vgl. *Moxter* (Gewinnermittlung, 1982), S. 183.
193 Vgl. *Moxter* (Unternehmenszusammenbruch, 1980), S. 349; *Döllerer* (Grenzen, 1977/78), S. 135.

an der Ermittlung einer Ausschüttungsrichtgröße orientierten handelsrechtlichen GoB.

2. Die Berücksichtigung der Unternehmensunrentierlichkeit im geltenden Bilanzrecht

a) Die Erfassungsmöglichkeiten im Rahmen der handelsrechtlichen Abschreibungsvorschriften

Seit der Entwicklung des Teilwerts ordnen Rechtsprechung[194] und Schrifttum[195] die Unternehmensunrentierlichkeit - soweit ersichtlich - übereinstimmend als Teilwertabschreibungsgrund ein; nur in den 20er Jahren wurde gelegentlich die Bildung eines Passivums erwogen.[196] Im geltenden Bilanzrecht kann die Unternehmensunrentierlichkeit nur dann eine Abschreibung begründen, wenn sie die Anforderungen erfüllt, die im Rahmen der Ausschüttungsstatik an die Anwendung der gesetzlichen Abschreibungsvorschriften gestellt werden. Wie im Zusammenhang mit dem derivativen Badwill erwähnt[197], setzt die handelsrechtliche Abschreibungspflicht eine Beeinträchtigung der Umsatzalimentierungsfähigkeit des abzuschreibenden Vermögensgegenstandes voraus. Da der originäre Badwill die Belastungen des Unternehmens verkörpert, die nicht verursachungsgerecht einzelnen Vermögensgegenständen zugeordnet werden können, kann er nur die Umsatzalimentierungsfähigkeit eines derivativen Geschäftswerts schmälern, weil es sich beim derivativen Geschäftswert um die Chancen des Unternehmens handelt, denen ebenfalls die Zuordnungsfähigkeit zu einzelnen Vermögensgegenständen fehlt; für eine durch die Unternehmensunrentierlichkeit ausgelöste Abschreibungspflicht einzelner Vermögensgegenstände, die nicht schon im Rahmen der Einzelbewertung hergestellt werden konnte, gibt es hingegen keine objektiven Anhaltspunkte.

---

194 Vgl. z.B. RFH-Urteil v. 23. Januar 1929, S. 197; RFH-Urteil v. 20. März 1930, S. 360; BFH-Urteil v. 15. Mai 1952, S. 170.
195 Vgl. z.B. *Ehmcke* (in: *Blümich*), Tz. 690 zu § 6 EStG; *Söffing, M.* (in: *Lademann/ Söffing/Brockhoff*), Anm. 392 zu § 6 EStG.
196 Vgl. RFH-Urteil v. 13. Januar 1920, S. 139; RFH-Urteil v. 15. Oktober 1924, S. 7; *Lion* (Bilanzsteuerrecht, 1923), S. 45; *Auler* (Unternehmungsminderwert, 1927), S. 843.
197 Vgl. oben Zweites Kapitel B.I.3.b)aa).

Neben den Abschreibungspflichten können auch Abschreibungswahlrechte zur Erfassung des originären Badwills herangezogen werden, weil er - im Unterschied zum derivativen Badwill - buchungstechnisch nicht zwangsläufig in Erscheinung treten muß. Die Abschreibung der Anlagegegenstände bei vorübergehender Wertminderung und die Abschreibung des Umlaufvermögens, mit der künftige Wertschwankungen antizipiert werden dürfen[198], eröffnen jedoch keine zusätzlichen Berücksichtigungsmöglichkeiten für den originären Badwill; denn sie setzen ebenso wie die Abschreibungspflicht eine Beeinträchtigung der von dem einzelnen Vermögensgegenstand verkörperten Umsatzerwartungen voraus, die der originäre Badwill als Ausdruck der Umsatzminderungen, die das gesamte Unternehmen betreffen, nicht verursachen kann. Erst § 253 Abs. 4 HGB, der Abschreibungen im Rahmen vernünftiger kaufmännischer Beurteilung zuläßt, setzt das Einzelbewertungsprinzip außer Kraft, indem er die Bildung stiller Reserven bei allen Aktivpositionen unabhängig von ihren Umsatzerwartungen ermöglicht, um gemäß dem Vorsichtsprinzip den ausschüttbaren Gewinn zu schmälern und dadurch finanziell für künftige Perioden vorzusorgen.[199] Bei Unternehmensunrentierlichkeit kann folglich immer dann nach § 253 Abs. 4 HGB abgeschrieben werden, wenn keine kausale Beziehung zu einzelnen Vermögensgegenständen, aber ein badwillbedingter Vorsorgebedarf, z.B. für künftige Sanierungsmaßnahmen, besteht. Die vernünftige kaufmännische Beurteilung steckt dabei nicht nur die Höhe der Abschreibung, sondern auch ihre Verteilung auf die einzelnen Vermögensgegenstände ab. Unter Vorsorgegesichtspunkten wird man die Abschreibung in Höhe der erwarteten Kosten bemessen und sie im Interesse einer langfristigen Wirkung vornehmlich dem Anlagevermögen sowie hilfsweise dem Umlaufvermögen belasten. Nur eine Abschreibung der Geldkonten muß nach den handelsrechtlichen GoB unterbleiben: Da ihr Wert - anders als der Wert der übrigen Vermögensgegenstände - völlig ermessensfrei festgestellt werden kann, würde die Abschreibung zu einem vorsätzlich falschen, willkürlichen Wertansatz führen, der sowohl gegen das Realisations- als auch gegen das Objektivierungsprinzip verstößt.

---

198 Vgl. § 253 Abs. 2 Satz 3 u. Abs. 3 Satz 3 HGB.
199 Vgl. *Moxter* (Realisationsprinzip, 1984), S. 1785; a.A. z.B. *Großfeld* (Bilanzrecht, 1990), Rdnr. 229.

b) Die Folgebewertungsgrenzen im Steuerbilanzrecht

Im Steuerbilanzrecht scheitert die Erfassung der Unternehmensunrentierlichkeit mit Hilfe von AfaA bzw. Teilwertabschreibung daran, daß sich nicht objektiv ermitteln läßt, ob und - wenn ja - in welchem Umfang der originäre Badwill eine AfA-Korrektur des einzelnen abnutzbaren Anlagegutes erforderlich macht bzw. die Umsatzalimentierungsfähigkeit eines bestimmten Wirtschaftsgutes vermindert.[200] Eine der außerplanmäßigen Abschreibung in § 253 Abs. 4 HGB vergleichbare Vorschrift findet sich nicht im Einkommensteuergesetz. Die handelsrechtliche Regelung kann auch nicht mit Hilfe des Maßgeblichkeitsprinzips ins Steuerbilanzrecht übertragen werden, denn sie enthält nur einen im Rahmen der GoB zulässigen Unterbewertungsspielraum, den das Einkommensteuergesetz mit Rücksicht auf den Steuerbilanzzweck, die Ermittlung des vollen Gewinns[201], nicht anerkennt. Es besteht demnach keine Möglichkeit, den originären Badwill durch die Folgebewertung der Wirtschaftsgüter in der Steuerbilanz zu berücksichtigen.

c) Die Erfassungsmöglichkeiten im Rahmen der handelsrechtlichen Passivierungsvorschriften

Was die Erfassungsmöglichkeiten der Unternehmensunrentierlichkeit durch die (handels- und steuerrechtlichen) Passivierungspflichten betrifft, so kann auf das den derivativen Badwill betreffende Untersuchungsergebnis verwiesen werden: Wenn schon der am Markt bestätigte (derivative) Badwill den speziellen Objektivierungsanforderungen der Verbindlichkeiten, Rückstellungen und passiven RAP nicht genügt[202], dann hat der originäre Badwill, dessen Feststellung bereits mit einem erheblichen Ermessensspielraum verbunden ist, von vornherein keine Chance, diese Objektivierungshürden zu nehmen. Neben den Passivierungspflichten kennt das Handelsgesetzbuch zwei Passivierungswahlrechte: die Rückstellung für unterlassene Instandhaltungen, die vier bis zwölf Monate nach Ablauf des Geschäftsjahrs nachgeholt werden[203], und die Rückstellung "für ihrer Eigenart nach genau umschriebene, dem Geschäftsjahr oder einem früheren Geschäftsjahr zuzuordnende Aufwendungen ..., die am

---

200   Zur Beachtung des Einzelbewertungsprinzips beim Teilwertansatz vgl. FG Rheinland-Pfalz, Urteil v. 23. April 1975, S. 458.
201   Vgl. BFH GrS-Beschluß v. 3. Februar 1969, S. 293.
202   Vgl. oben Zweites Kapitel B.I.3.c)aa)-cc).
203   Vgl. § 249 Abs. 1 Satz 3 HGB.

Abschlußstichtag wahrscheinlich oder sicher, aber hinsichtlich ihrer Höhe oder des Zeitpunkts ihres Eintritts unbestimmt sind".[204] Da sich der Einfluß des originären Badwills auf die Instandhaltungspolitik des Unternehmens schwer feststellen läßt, kommt dem erstgenannten Passivierungswahlrecht für die Erfassung der Unternehmensunrentierlichkeit wenig Bedeutung zu. Wichtiger erscheint in diesem Zusammenhang das Rückstellungswahlrecht für genau umschriebene Aufwendungen; denn seine Entstehungsgeschichte - insbesondere die geplante Beschränkung auf Großreparaturaufwendungen - weist darauf hin, daß § 249 Abs. 2 HGB die Möglichkeit bietet, für außergewöhnlich hohe Aufwendungen, die in einem künftigen Geschäftsjahr erwartet werden, vorzusorgen, indem er die Gewinne in den Vorperioden über das nach den handelsrechtlichen GoB erforderliche Maß hinaus durch Rückstellungsbildung kürzt, um auf diese Weise später noch benötigte Beträge vor der Ausschüttung zu bewahren.[205] Bei Unternehmensunrentierlichkeit muß beispielsweise dann mit außergewöhnlich hohen Aufwendungen für die Zukunft gerechnet werden, wenn umfangreiche Sanierungsmaßnahmen geplant sind oder Entlassungen bevorstehen, die mit hohen Abfindungsansprüchen der Arbeitnehmer einhergehen. Die Aufwandsrückstellung nach § 249 Abs. 2 HGB erfaßt die gleichen durch die Unternehmensunrentierlichkeit induzierten Aufwendungen wie die Abschreibung gemäß § 253 Abs. 4 HGB, unterscheidet sich von ihr aber u.a. dadurch, daß sie der Höhe nach nicht durch das Abschreibungsvolumen der Vermögensgegenstände begrenzt wird. Da beide Vorschriften den ausschüttbaren Gewinn aus Vorsorgegründen mindern wollen, erfüllt ihre Inanspruchnahme nur dann unmittelbar den verfolgten Zweck, wenn das unrentierliche Unternehmen noch einen Gewinn erwirtschaftet. Befindet sich das Unternehmen bereits in der Verlustzone, so besteht in der Periode, für die der Jahresabschluß erstellt wird, regelmäßig keine Ausschüttungsgefahr mehr; in dieser Situation erhöht eine Rückstellungsbildung bzw. Abschreibung den Geschäftsjahrsverlust, der seinerseits die künftige Ausschüttungsspanne beeinflußt.

d) Die Passivierungsgrenzen im Steuerbilanzrecht

Da handelsrechtliche Passivierungswahlrechte nach dem Maßgeblichkeitsprinzip zum Passivierungsverbot in der Steuerbilanz führen[206], gibt es im Einkom-

---

204 § 249 Abs. 2 HGB.
205 Vgl. in diesem Sinne Bundestags-Drucksache 10/4268, S. 99.
206 Vgl. in diesem Sinne BFH GrS-Beschluß v. 3. Februar 1969, S. 293.

mensteuerrecht keine Möglichkeit, die mit dem originären Badwill verbundenen Vermögensbelastungen passivisch zu berücksichtigen. Eine Gesetzeslücke, die mit Hilfe der handelsrechtlichen GoB ausgefüllt werden müßte, kann beim originären Badwill angesichts seiner dem Grunde und der Höhe nach mangelnden Konkretisierbarkeit nicht anerkannt werden. Es entspricht der bilanzrechtlichen Ausschüttungsbemessungsfunktion, eine Last von so unbestimmter Wesensart im Handelsbilanzrecht nur in engen Grenzen auf freiwilliger Basis und im Steuerbilanzrecht gar nicht berücksichtigen zu können.

Thesenförmige Zusammenfassung

1. Die Grundlage für die Analyse der handels- und steuerrechtlichen Folgebewertungsprobleme bildet das geltende Bilanzrechtssystem. Das Handelsbilanzrecht wird durch Vermögens- und Gewinnermittlungsprinzipien geprägt, die auf die Ermittlung eines vorsichtigen, objektivierten Gewinns (Vermögensüberschusses) als Primärzweck des Jahresabschlusses hinweisen. Diese Fundamentalgrundsätze ordnungsmäßiger Bilanzierung gelten über das Maßgeblichkeitsprinzip auch für die Steuerbilanz. Trotz der Primärzweckidentität und der Bemühungen des Gesetzgebers, Handels- und Steuerbilanz einander anzugleichen, verfügt das Steuerbilanzrecht nach wie vor über eigenständige, vom Handelsrecht begrifflich abweichende Folgebewertungsvorschriften. Bei ihrer Interpretation müssen sowohl steuerspezifische Zielsetzungen als auch die handelsrechtlichen GoB beachtet werden.

2. Planmäßige Abschreibungen haben in der Handelsbilanz die Aufgabe, das im Anschaffungswert verkörperte Einnahmenüberschußpotential in den einzelnen Nutzungsjahren so abzubauen, daß der mit Hilfe des abnutzbaren Anlagegegenstandes erwirtschaftete Gewinn in Abhängigkeit vom Umsatz realisiert wird.

3. Änderungen der planmäßigen Abschreibungen werden im Schrifttum bei Nutzungsdauerverkürzung bzw. -verlängerung, beim Wechsel der Abschreibungsmethode sowie bei Erhöhung bzw. Verminderung der Abschreibungsbemessungsgrundlage erörtert. Außerplanmäßige Abschreibungen erfolgen nach Ansicht der Literatur erst dann, wenn der niedrigere beizulegende Wert, der beim abnutzbaren Anlagevermögen je nach Bewertungssituation entweder den Wiederbeschaffungskosten, dem Einzelveräußerungspreis oder dem Ertragswert entspreche, gesunken ist.

4. Nach Gesetzeswortlaut und handelsrechtlichen GoB darf nur aus Vorsichtsgründen vom Abschreibungsplan abgewichen werden. Außerplanmäßige Abschreibungen haben hier die Aufgabe, bei verkürzter Nutzungsdauer, gesunkenen Umsatz- bzw. gestiegenen Ausgabenerwartungen oder einem verminderten Restverkaufserlös die planmäßigen Abschreibungsbeträge nachzuholen, die man bei vollkommener Information im Zugangszeitpunkt des Anlagegegenstandes früheren Perioden belastet hätte. Sie sollen zu einem Vermögenswert führen, der die überhöhten Gewinnausschüttungen der Vorjahre kompensiert und gewährleistet, daß die künftigen Gewinne proportional zum tatsächlichen Umsatzverlauf realisiert werden. Gesunkene Wiederbeschaffungskosten können allenfalls zur Objektivierung des niedrigeren beizulegenden Wertes herangezogen werden.

5. Die AfA wird nach gesetzlich festgelegten Methoden ermittelt, die aus Objektivierungs- und Vereinfachungsgründen von den mit dem einzelnen Anlagegegenstand verbundenen Umsatz- und Ausgabenerwartungen weitgehend abstrahieren. Aufgrund des engen Regelungszusammenhangs mit der AfA fällt der AfaA die Aufgabe zu, solche am Abschlußstichtag verfügbaren Informationen zu berücksichtigen, die - wenn sie im Zugangszeitpunkt des abnutzbaren Anlagegutes bekannt gewesen wären - zu einer vorsichtigeren AfA-Bemessung geführt hätten. Die AfaA holt die wegen unvollkommener Information zu niedrig bemessene AfA der Vorperioden im Rahmen der Objektivierungs- und Vereinfachungsdominanz der AfA-Vorschriften nach.

6. Verminderte Umsatz- bzw. erhöhte Ausgabenerwartungen werden von der AfaA im allgemeinen nicht berücksichtigt: Da diese Erwartungsgrößen die Bemessung der AfA grundsätzlich nicht beeinflussen, löst ihr Rückgang auch keinen durch die AfaA zu deckenden Korrekturbedarf der AfA aus. Gleichwohl müssen sie im Steuerbilanzrecht erfaßt werden, um eine Überbewertung zu vermeiden, wenn sie die durch den Zugangswert bzw. den typisierten Restbuchwert repräsentierte Umsatzalimentierungsfähigkeit des Wirtschaftsgutes dauerhaft schmälern.

7. Die Entstehungsgeschichte des Teilwerts zeigt, daß sich eine einnahmenorientierte Bilanzierung durchaus mit der Zielsetzung des Teilwerts vereinbaren läßt, die darin besteht, den Wert des Wirtschaftsgutes im Rahmen des fortgeführten Unternehmens zu ermitteln. Nur die praktische Umsetzung der Teilwertkonzeption mit Hilfe des Substitutionswerttheorems steht einer GoB-adäquaten Folgebewertung grundsätzlich entgegen. Wie die Analyse der zum abnutzbaren Anlagevermögen ergangenen Urteile jedoch veranschaulicht, liegen der scheinbar am Substitutionswerttheorem orientierten Argumentationsweise der höchstrichterlichen Rechtsprechung implizit Ertragserwägungen zugrunde; gesunkene Wiederbeschaffungskosten haben nur noch die Bedeutung eines einnahmenadäquaten Objektivierungsmaßstabs.

8. AfaA und Teilwertabschreibung sorgen im Steuerbilanzrecht gemeinsam für eine den handelsrechtlichen GoB entsprechende Folgebewertung des abnutzbaren Anlagevermögens.

9. Da es sich bei dem derivativen Geschäftswert um einen abnutzbaren immateriellen Anlagegegenstand handelt, müssen seine handelsrechtlichen Folgebewertungsvorschriften einnahmenorientiert ausgelegt werden. Im Steuerbilanzrecht führt die Anlehnung der Geschäftswertinterpretation an die handelsrechtlichen GoB zur Aufgabe der Einheitstheorie und zum gleichen Verhältnis zwischen AfaA und Teilwertabschreibung wie bei den abnutzbaren Einzelwirtschaftsgütern.

10. Derivativer und originärer negativer Geschäftswert sollen nach h.L. durch eine (Teilwert-)Abschreibung der einzelnen Aktivpositionen bilanziell erfaßt werden. Die Analyse der Bilanzierungsmöglichkeiten im Rahmen der handelsrechtlichen GoB ergibt jedoch, daß ein derivativer Badwill handels- und steuerrechtlich passiviert werden muß, während zur Berücksichtigung des originären Badwills in der Handelsbilanz ein Abschreibungs- bzw. ein Passivierungswahlrecht zur Verfügung steht, das in der Steuerbilanz nach herrschendem Verständnis des Maßgeblichkeitsprinzips nicht greift.

ANHANG

In den folgenden Beispielen wird mit reellen Zahlen gerechnet, deren Ergebnisse zu ganzen Zahlen ab- bzw. aufgerundet werden, je nachdem, ob die erste Stelle nach dem Komma eine Ziffer zwischen 1 und 4 oder eine Ziffer zwischen 5 und 9 enthält. Sofern sich Auf- und Abrundungen in einem Beispiel nicht ausgleichen, treten Differenzen auf, die sich aufgrund der wechselseitigen Abhängigkeit der einzelnen Tabellenwerte voneinander nicht befriedigend beseitigen lassen; deshalb wird auf einen Ausgleich dieser Differenzen verzichtet. In den Tabellen werden folgende Abkürzungen verwendet:

AHK	Anschaffungs- oder Herstellungskosten
apm.Abschr.	außerplanmäßige Abschreibung
Gesamtaufw.	Gesamtaufwand
p_1-p_9	Periode 1-9
Planänd.	Planänderung
pm.Abschr.	planmäßige Abschreibung
RBW	Restbuchwert
t_0	Anschaffungs- oder Herstellungszeitpunkt
t_1-t_9	Abschlußstichtage 1-9
Zuschr.	Zuschreibung

Abb. 1: Planmäßige Abschreibung bei linearen Umsätzen und Ausgaben

	Summe	P1 t_0	P2 t_1	P3 t_2	P4 t_3	P5 t_4	t_5
Umsätze	5X	X	X	X	X	X	
Ausgaben	100	20	20	20	20	20	
pm.Abschr.	100	20	20	20	20	20	
AHK/RBW		100	80	60	40	20	0
Gesamtaufw.	200	40	40	40	40	40	
Gewinn	5X-200	X-40	X-40	X-40	X-40	X-40	

Zu Erläuterungen vgl. Erstes Kapitel A.I.1.

Abb. 2: Planmäßige Abschreibung bei degressiven Umsätzen und linearen Ausgaben

	Summe	P1 t_0	P2 t_1	P3 t_2	P4 t_3	P5 t_4	t_5
Umsätze	4X	X	0,9X	0,8X	0,7X	0,6X	
Ausgaben	100	20	20	20	20	20	
pm.Abschr.	100	30	25	20	15	10	
AHK/RBW		100	70	45	25	10	0
Gesamtaufw.	200	50	45	40	35	30	
Gewinn	4X-200	X-50	0,9X-45	0,8X-40	0,7X-35	0,6X-30	

Zu Erläuterungen vgl. Erstes Kapitel A.I.1.

Abb. 3: Planmäßige Abschreibung bei linearen Umsätzen und progressiven Ausgaben

	Summe	P_1	P_2	P_3	P_4	P_5	
		t_0	t_1	t_2	t_3	t_4	t_5
Umsätze	5X	X	X	X	X	X	
Ausgaben	200	20	30	40	50	60	
pm.Abschr.	100	40	30	20	10	0	
AHK/RBW		100	60	30	10	0	0
Gesamtaufw.	300	60	60	60	60	60	
Gewinn	5X-300	X-60	X-60	X-60	X-60	X-60	

Zu Erläuterungen vgl. Erstes Kapitel A.I.1.

Abb. 4: Planmäßige Abschreibung unter Berücksichtigung von Restverkaufserlös und Abbruchkosten in p_6

	Summe	P_1	P_2	P_3	P_4	P_5	P_6	
		t_0	t_1	t_2	t_3	t_4	t_5	t_6
Umsätze	5,3X	X	X	X	X	X	0,3X	
Ausgaben	101	20	20	20	20	20	1	
pm.Abschr.	100	18	18	18	18	18	10	
AHK/RBW		100	82	64	46	28	10	0
Gesamtaufw.	201	38	38	38	38	38	11	
Gewinn	5,3X-201	X-38	X-38	X-38	X-38	X-38	0,3X-11	

Zu Erläuterungen vgl. Erstes Kapitel A.I.1.

Abb. 5: Planmäßige Abschreibung unter Berücksichtigung eines Netto-Restverkaufserlöses von 20 GE

	Summe	P_1 (t_0)	P_2 (t_1)	P_3 (t_2)	P_4 (t_3)	P_5 (t_4)	t_5
Umsätze	5X	X	X	X	X	X	
Ausgaben	100	20	20	20	20	20	
pm.Abschr.	80	16	16	16	16	16	
AHK/RBW		100	84	68	52	36	20
Gesamtaufw.	180	36	36	36	36	36	
Gewinn	5X-180	X-36	X-36	X-36	X-36	X-36	

Zu Erläuterungen vgl. Erstes Kapitel A.I.1.

Abb. 6: In p_2 erkannte Nutzungsdauerverkürzung von 5 auf 4 Perioden gemäß Literatur

	Summe	P_1 (t_0)	P_2 (t_1)	P_3 (t_2)	P_4 (t_3)	P_5 (t_4)	t_5
pm.Abschr.	100		20	20	20	20	20
AHK/RBW		100	80	60	40	20	0
Planänd.	100		20	27	27	27	0
AHK/RBW		100	80	53	27	0	0

Zu Erläuterungen vgl. Erstes Kapitel A.II.1.b)aa).

Abb. 7: In p_2 erkannte Nutzungsdauerverlängerung
von 5 auf 9 Perioden gemäß Literatur

	Summe	p_1	p_2	p_3	p_4	p_5	..	p_9
		t_0	t_1	t_2	t_3	t_4	t_5	..	t_9
pm.Abschr.	100	20	20	20	20	20	0		0
AHK/RBW		100	80	60	40	20	0	0	0
Planänd.	100	20	10	10	10	10	10	10	
AHK/RBW		100	80	70	60	50	40	..	0

Zu Erläuterungen vgl. Erstes Kapitel A.II.1.b)aa).

Abb. 8: Wechsel von der linearen zur degressiven
Abschreibungsmethode in p_2 gemäß Literatur

	Summe	p_1	p_2	p_3	p_4	p_5
		t_0	t_1	t_2	t_3	t_4	t_5
pm.Abschr.	100	20	20	20	20	20	
AHK/RBW		100	80	60	40	20	0
Planänd.	100	20	30	25	15	10	
AHK/RBW		100	80	50	25	10	0

Zu Erläuterungen vgl. Erstes Kapitel A.II.1.b)bb).

Abb. 9: Wechsel von der degressiven zur linearen
Abschreibungsmethode in p_2 gemäß Literatur

	Summe	t_0	t_1	t_2	t_3	t_4	t_5
		P_1	P_2	P_3	P_4	P_5	
pm.Abschr.	100		30	25	20	15	10
AHK/RBW		100	70	45	25	10	0
Planänd.	100		30	18	18	18	18
AHK/RBW		100	70	53	35	18	0

Zu Erläuterungen vgl. Erstes Kapitel A.II.1.b)bb).

Abb. 10: Planänderung wegen verminderter Bezugsgröße
in t_1 gemäß Literatur

	Summe	t_0	t_1	t_2	t_3	t_4	t_5
		P_1	P_2	P_3	P_4	P_5	
pm.Abschr.	100		20	20	20	20	20
AHK/RBW		100	80	60	40	20	0
Planänd.	80		20	15	15	15	15
AHK/RBW		100	80/60	45	30	15	0

Zu Erläuterungen vgl. Erstes Kapitel A.II.1.b)cc).

Abb. 11: Planänderung wegen gestiegener Bezugsgröße
in t_1 gemäß Literatur

	Summe	t_0	t_1	t_2	t_3	t_4	t_5
		P_1	P_2	P_3	P_4	P_5	
pm.Abschr.	100		20	20	20	20	20
AHK/RBW		100	80	60	40	20	0
Planänd.	120		20	25	25	25	25
AHK/RBW		100	80/100	75	50	25	0

Zu Erläuterungen vgl. Erstes Kapitel A.II.1.b)cc).

Abb. 12: In p_2 erkannte Nutzungsdauerverkürzung von 5 auf 4 Jahre

a) Ausgangsfall:

	Summe	p_1 (t_0)	p_2 (t_1)	p_3 (t_2)	p_4 (t_3)	p_5 (t_4)	t_5
Umsätze	5X	X	X	X	X	X	
Ausgaben	100	20	20	20	20	20	
pm.Abschr.	100	20	20	20	20	20	
AHK/RBW		100	80	60	40	20	0
Gesamtaufw.	200	40	40	40	40	40	
Gewinn	5X-200	X-40	X-40	X-40	X-40	X-40	

b) Planmäßige Abschreibung bei vollkommener Information:

	Summe	p_1 (t_0)	p_2 (t_1)	p_3 (t_2)	p_4 (t_3)	p_5 (t_4)	t_5
Umsätze	4X	X	X	X	X	0	
Ausgaben	80	20	20	20	20	0	
pm.Abschr.	100	25	25	25	25	0	
AHK/RBW		100	75	50	25	0	0
Gesamtaufw.	180	45	45	45	45	0	
Gewinn	4X-180	X-45	X-45	X-45	X-45	0	

c) Tatsächlicher Abschreibungsverlauf:

	Summe	p_1 (t_0)	p_2 (t_1)	p_3 (t_2)	p_4 (t_3)	p_5 (t_4)	t_5
pm.Abschr.	95	20	25	25	25	0	
apm.Abschr.	5	0	5	0	0	0	
AHK/RBW		100	80	50	25	0	0
Gesamtaufw.	180	40	50	45	45	0	
Gewinn	4X-180	X-40	X-50	X-45	X-45	0	

Zu Erläuterungen vgl. Erstes Kapitel A.III.2.a)aa).

Abb. 13: Wechsel von der linearen zur degressiven Abschreibung in
p_2 wegen künftig degressivem Umsatzverlauf bei konstanter
Umsatzsumme

a) Ausgangsfall:

	Summe	P_1	P_2	P_3	P_4	P_5	
		t_0	t_1	t_2	t_3	t_4	t_5
Umsätze	5X	X	X	X	X	X	
Ausgaben	100	20	20	20	20	20	
pm.Abschr.	100	20	20	20	20	20	
AHK/RBW		100	80	60	40	20	0
Gesamtaufw.	200	40	40	40	40	40	
Gewinn	5X-200	X-40	X-40	X-40	X-40	X-40	

b) Abschreibungsplanänderung in p_2:

	Summe	P_1	P_2	P_3	P_4	P_5	
		t_0	t_1	t_2	t_3	t_4	t_5
Umsätze	5X	X	1,4X	1,2X	0,8X	0,6X	
Ausgaben	100	20	20	20	20	20	
pm.Abschr.	100	20	36	28	12	4	
AHK/RBW		100	80	44	16	4	0
Gesamtaufw.	200	40	56	48	32	24	
Gewinn	5X-200	X-40	1,4X-56	1,2X-48	0,8X-32	0,6X-24	

Zu Erläuterungen vgl. Erstes Kapitel A.III.2.b)aa).

Abb. 14: Wechsel von der linearen zur degressiven Abschreibung in p_2 wegen künftig progressivem Ausgabenverlauf bei konstanter Ausgabensumme

a) Ausgangsfall:

	Summe		p_1		p_2		p_3		p_4		p_5	
		t_0		t_1		t_2		t_3		t_4		t_5
Umsätze	5X		X		X		X		X		X	
Ausgaben	100		20		20		20		20		20	
pm.Abschr.	100		20		20		20		20		20	
AHK/RBW		100		80		60		40		20		0
Gesamtaufw.	200		40		40		40		40		40	
Gewinn	5X-200		X-40		X-40		X-40		X-40		X-40	

b) Abschreibungsplanänderung in p_2:

	Summe		p_1		p_2		p_3		p_4		p_5	
		t_0		t_1		t_2		t_3		t_4		t_5
Umsätze	5X		X		X		X		X		X	
Ausgaben	100		20		12		16		24		28	
pm.Abschr.	100		20		28		24		16		12	
AHK/RBW		100		80		52		28		12		0
Gesamtaufw.	200		40		40		40		40		40	
Gewinn	5X-200		X-40		X-40		X-40		X-40		X-40	

Zu Erläuterungen vgl. Erstes Kapitel A.III.2.b)aa).

Abb. 15: Außerplanmäßige Abschreibung und Methodenwechsel bei in p_2 erkannter dauerhafter Umsatzminderung

a) Ausgangsfall:

	Summe	t_0	P1 t_1	P2 t_2	P3 t_3	P4 t_4	P5 t_5
Umsätze	5X		X	X	X	X	X
Ausgaben	100		20	20	20	20	20
pm.Abschr.	100		20	20	20	20	20
AHK/RBW		100	80	60	40	20	0
Gesamtaufw.	200		40	40	40	40	40
Gewinn	5X-200		X-40	X-40	X-40	X-40	X-40

b) Planmäßige Abschreibung bei vollkommener Information:

	Summe	t_0	P1 t_1	P2 t_2	P3 t_3	P4 t_4	P5 t_5
Umsätze	4X		X	0,9X	0,8X	0,7X	0,6X
Ausgaben	100		20	20	20	20	20
pm.Abschr.	100		30	25	20	15	10
AHK/RBW		100	70	45	25	10	0
Gesamtaufw.	200		50	45	40	35	30
Gewinn	4X-200		X-50	0,9X-45	0,8X-40	0,7X-35	0,6X-30

c) Tatsächlicher Abschreibungsverlauf:

	Summe	t_0	P1 t_1	P2 t_2	P3 t_3	P4 t_4	P5 t_5
pm.Abschr.	90		20	25	20	15	10
apm.Abschr.	10		0	10	0	0	0
AHK/RBW		100	80	45	25	10	0
Gesamtaufw.	200		40	55	40	35	30
Gewinn	4X-200		X-40	0,9X-55	0,8X-40	0,7X-35	0,6X-30

Zu Erläuterungen vgl. Erstes Kapitel A.III.2.b)bb).

Abb. 16: Außerplanmäßige Abschreibung bei in p_2 erkannter dauerhafter Umsatzminderung

a) Ausgangsfall:

	Summe	P1 t_0	t_1	P2 t_2	P3 t_3	P4 t_4	P5 t_5
Umsätze	5X	X	X	X	X	X	
Ausgaben	100	20	20	20	20	20	
pm.Abschr.	100	20	20	20	20	20	
AHK/RBW		100	80	60	40	20	0
Gesamtaufw.	200	40	40	40	40	40	
Gewinn	5X-200	X-40	X-40	X-40	X-40	X-40	

b) Planmäßige Abschreibung bei vollkommener Information:

	Summe	P1 t_0	t_1	P2 t_2	P3 t_3	P4 t_4	P5 t_5
Umsätze	3X	X	0,5X	0,5X	0,5X	0,5X	
Ausgaben	100	20	20	20	20	20	
pm.Abschr.	100	47	13	13	13	13	
AHK/RBW		100	53	40	27	13	0
Gesamtaufw.	200	67	33	33	33	33	
Gewinn	3X-200	X-67	0,5X-33	0,5X-33	0,5X-33	0,5X-33	

c) Tatsächlicher Abschreibungsverlauf:

	Summe	P1 t_0	t_1	P2 t_2	P3 t_3	P4 t_4	P5 t_5
pm.Abschr.	73	20	13	13	13	13	
apm.Abschr.	27	0	27	0	0	0	
AHK/RBW		100	80	40	27	13	0
Gesamtaufw.	200	40	60	33	33	33	
Gewinn	3X-200	X-40	0,5X-60	0,5X-33	0,5X-33	0,5X-33	

Zu Erläuterungen vgl. Erstes Kapitel A.III.2.b)bb).

Abb. 17: Außerplanmäßige Abschreibung bei in p_2 erkannter dauerhafter Umsatzminderung, die zu einer die Summe der Gesamtaufwendungen unterschreitenden Umsatzsumme führt

a) Ausgangsfall:

	Summe	p_1	p_2	p_3	p_4	p_5	
		t_0	t_1	t_2	t_3	t_4	t_5
Umsätze	**300**	60	60	60	60	60	
Ausgaben	100	20	20	20	20	20	
pm.Abschr.	100	20	20	20	20	20	
AHK/RBW		100	80	60	40	20	0
Gesamtaufw.	**200**	40	40	40	40	40	
Gewinn	100	20	20	20	20	20	

b) Planmäßige Abschreibung bei vollkommener Information:

	Summe	p_1	p_2	p_3	p_4	p_5	
		t_0	t_1	t_2	t_3	t_4	t_5
Umsätze	**180**	60	30	30	30	30	
Ausgaben	100	20	20	20	20	20	
pm.Abschr.	100	60	10	10	10	10	
AHK/RBW		100	40	30	20	10	0
Gesamtaufw.	**200**	80	30	30	30	30	
Gewinn	- 20	- 20	0	0	0	0	

c) Tatsächlicher Abschreibungsverlauf:

	Summe	p_1	p_2	p_3	p_4	p_5	
		t_0	t_1	t_2	t_3	t_4	t_5
pm.Abschr.	60	20	10	10	10	10	
apm.Abschr.	40	0	40	0	0	0	
AHK/RBW		100	80	30	20	10	0
Gesamtaufw.	200	40	70	30	30	30	
Gewinn	- 20	20	- 40	0	0	0	

Zu Erläuterungen vgl. Erstes Kapitel A.III.2.b)bb).

Abb. 18: Bilanzielle Berücksichtigung einer in p_2 erkannten vorübergehenden (d.h. nur p_3 betreffenden) Umsatzminderung

a) Ausgangsfall:

	Summe	p_1		p_2		p_3		p_4		p_5	
		t_0	t_1		t_2		t_3		t_4		t_5
Umsätze	5X	X		X		X		X		X	
Ausgaben	50	10		10		10		10		10	
pm.Abschr.	100	20		20		20		20		20	
AHK/RBW		100	80		60		40		20		0
Gesamtaufw.	150	30		30		30		30		30	
Gewinn	5X-150	X-30		X-30		X-30		X-30		X-30	

b) Planmäßige Abschreibung bei vollkommener Information:

	Summe	p_1		p_2		p_3		p_4		p_5	
		t_0	t_1		t_2		t_3		t_4		t_5
Umsätze	4,5X	X		X		0,5X		X		X	
Ausgaben	50	10		10		10		10		10	
pm.Abschr.	100	23		23		7		23		23	
AHK/RBW		100	77		53		47		23		0
Gesamtaufw.	150	33		33		17		33		33	
Gewinn	4,5X-150	X-33		X-33		0,5X-17		X-33		X-33	

c) Tatsächlicher Abschreibungsverlauf unter Beibehaltung der ursprünglichen Restbuchwerte in t_3 und t_4:

	Summe	p_1		p_2		p_3		p_4		p_5	
		t_0	t_1		t_2		t_3		t_4		t_5
pm.Abschr.	97	20		23		13		20		20	
apm.Abschr.	3	0		3		0		0		0	
AHK/RBW		100	80		53		40		20		0
Gesamtaufw.	150	30		37		23		30		30	
Gewinn	4,5X-150	X-30		X-37		0,5X-23		X-30		X-30	

d) Tatsächlicher Abschreibungsverlauf unter Beibehaltung der ursprünglichen planmäßigen Abschreibung in p_3 und p_4:

	Summe	t_0	t_1 (p_1)	t_2 (p_2)	t_3 (p_3)	t_4 (p_4)	t_5 (p_5)
pm.Abschr.	97		20	23	**20**	**20**	13
apm.Abschr.	3		0	3	0	0	0
AHK/RBW	100	100	80	53	33	13	0
Gesamtaufw.	150		30	37	30	30	23
Gewinn	4,5X-150		X-30	X-37	0,5X-30	X-30	X-23

e) Beibehaltung des ursprünglichen Abschreibungsplans:

	Summe	t_0	t_1 (p_1)	t_2 (p_2)	t_3 (p_3)	t_4 (p_4)	t_5 (p_5)
pm.Abschr.	100		20	20	20	20	20
AHK/RBW	100	100	80	60	40	20	0
Gesamtaufw.	150		30	30	30	30	30
Gewinn	4,5X-150		X-30	X-30	0,5X-30	X-30	X-30

Zu Erläuterungen vgl. Erstes Kapitel A.III.2.b)cc).

Abb. 19: Außerplanmäßige Abschreibung und Methodenwechsel bei in p_2 erkannter dauerhafter Ausgabenerhöhung

a) Ausgangsfall:

	Summe	p_1 t_0	p_2 t_1	p_3 t_2	p_4 t_3	p_5 t_4	t_5
Umsätze	5X	X	X	X	X	X	
Ausgaben	100	20	20	20	20	20	
pm.Abschr.	100	20	20	20	20	20	
AHK/RBW		100	80	60	40	20	0
Gesamtaufw.	200	40	40	40	40	40	
Gewinn	5X-200	X-40	X-40	X-40	X-40	X-40	

b) Planmäßige Abschreibung bei vollkommener Information:

	Summe	p_1 t_0	p_2 t_1	p_3 t_2	p_4 t_3	p_5 t_4	t_5
Umsätze	5X	X	X	X	X	X	
Ausgaben	200	20	30	40	50	60	
pm.Abschr.	100	40	30	20	10	0	
AHK/RBW		100	60	30	10	0	0
Gesamtaufw.	300	60	60	60	60	60	
Gewinn	5X-300	X-60	X-60	X-60	X-60	X-60	

c) Tatsächlicher Abschreibungsverlauf:

	Summe	p_1 t_0	p_2 t_1	p_3 t_2	p_4 t_3	p_5 t_4	t_5
pm.Abschr.	80	20	30	20	10	0	
apm.Abschr.	20	0	20	0	0	0	
AHK/RBW		100	80	30	10	0	0
Gesamtaufw.	300	40	80	60	60	60	
Gewinn	5X-300	X-40	X-80	X-60	X-60	X-60	

Zu Erläuterungen vgl. Erstes Kapitel A.III.2.b)dd).

Abb. 20: Außerplanmäßige Abschreibung bei in p_2 erkannter dauerhafter Ausgabenerhöhung

a) Ausgangsfall:

	Summe	P1 t_0	P2 t_1	P3 t_2	P4 t_3	P5 t_4	t_5
Umsätze	5X	X	X	X	X	X	
Ausgaben	100	20	20	20	20	20	
pm.Abschr.	100	20	20	20	20	20	
AHK/RBW		100	80	60	40	20	0
Gesamtaufw.	200	40	40	40	40	40	
Gewinn	5X-200	X-40	X-40	X-40	X-40	X-40	

b) Planmäßige Abschreibung bei vollkommener Information:

	Summe	P1 t_0	P2 t_1	P3 t_2	P4 t_3	P5 t_4	t_5
Umsätze	5X	X	X	X	X	X	
Ausgaben	180	20	40	40	40	40	
pm.Abschr.	100	36	16	16	16	16	
AHK/RBW		100	64	48	32	16	0
Gesamtaufw.	280	56	56	56	56	56	
Gewinn	5X-280	X-56	X-56	X-56	X-56	X-56	

c) Tatsächlicher Abschreibungsverlauf:

	Summe	P1 t_0	P2 t_1	P3 t_2	P4 t_3	P5 t_4	t_5
pm.Abschr.	84	20	16	16	16	16	
apm.Abschr.	16	0	16	0	0	0	
AHK/RBW		100	80	48	32	16	0
Gesamtaufw.	280	40	72	56	56	56	
Gewinn	5X-280	X-40	X-72	X-56	X-56	X-56	

Zu Erläuterungen vgl. Erstes Kapitel A.III.2.b)dd).

Abb. 21: Außerplanmäßige Abschreibung bei in p2 erkannter dauerhafter Ausgabenerhöhung, die zu einer die Umsatzsumme überschreitenden Summe der Gesamtaufwendungen führt

a) Ausgangsfall:

	Summe	P1	P2	P3	P4	P5	
		t0	t1	t2	t3	t4	t5
Umsätze	300	60	60	60	60	60	
Ausgaben	100	20	20	20	20	20	
pm.Abschr.	100	20	20	20	20	20	
AHK/RBW		100	80	60	40	20	0
Gesamtaufw.	200	40	40	40	40	40	
Gewinn	100	20	20	20	20	20	

b) Planmäßige Abschreibung bei vollkommener Information:

	Summe	P1	P2	P3	P4	P5	
		t0	t1	t2	t3	t4	t5
Umsätze	300	60	60	60	60	60	
Ausgaben	220	20	50	50	50	50	
pm.Abschr.	100	60	10	10	10	10	
AHK/RBW		100	40	30	20	10	0
Gesamtaufw.	320	80	60	60	60	60	
Gewinn	-20	-20	0	0	0	0	

c) Tatsächlicher Abschreibungsverlauf:

	Summe	P1	P2	P3	P4	P5	
		t0	t1	t2	t3	t4	t5
pm.Abschr.	60	20	10	10	10	10	
apm.Abschr.	40	0	40	0	0	0	
AHK/RBW		100	80	30	20	10	0
Gesamtaufw.	320	40	100	60	60	60	
Gewinn	- 20	20	- 40	0	0	0	

Zu Erläuterungen vgl. Erstes Kapitel A.III.2.b)dd).

Abb. 22: Bilanzielle Berücksichtigung einer in p_2 erkannten vorübergehenden (d.h. nur p_3 betreffenden) Ausgabenerhöhung

a) Ausgangsfall:

	Summe	P1	P2	P3	P4	P5	
		t_0	t_1	t_2	t_3	t_4	t_5
Umsätze	5X	X	X	X	X	X	
Ausgaben	50	10	10	10	10	10	
pm.Abschr.	100	20	20	20	20	20	
AHK/RBW		100	80	60	40	20	0
Gesamtaufw.	150	30	30	30	30	30	
Gewinn	5X-150	X-30	X-30	X-30	X-30	X-30	

b) Planmäßige Abschreibung bei vollkommener Information:

	Summe	P1	P2	P3	P4	P5	
		t_0	t_1	t_2	t_3	t_4	t_5
Umsätze	5X	X	X	X	X	X	
Ausgaben	60	10	10	20	10	10	
pm.Abschr.	100	22	22	12	22	22	
AHK/RBW		100	78	56	44	22	0
Gesamtaufw.	160	32	32	32	32	32	
Gewinn	5X-160	X-32	X-32	X-32	X-32	X-32	

c) Tatsächlicher Abschreibungsverlauf unter Beibehaltung der ursprünglichen Restbuchwerte in t_3 und t_4:

	Summe	P1	P2	P3	P4	P5	
		t_0	t_1	t_2	t_3	t_4	t_5
pm.Abschr.	98	20	22	16	20	20	
apm.Abschr.	2	0	2	0	0	0	
AHK/RBW		100	80	56	40	20	0
Gesamtaufw.	160	30	34	36	30	30	
Gewinn	5X-160	X-30	X-34	X-36	X-30	X-30	

d) Tatsächlicher Abschreibungsverlauf unter Beibehaltung der ursprünglichen planmäßigen Abschreibung in p_3 und p_4:

	Summe	P_1 t_0	P_2 t_1	P_3 t_2	P_4 t_3	P_5 t_4	t_5
pm.Abschr.	98	20	22	20	20	16	
apm.Abschr.	2	0	2	0	0	0	
AHK/RBW		100	80	56	36	16	0
Gesamtaufw.	160	30	34	40	30	26	
Gewinn	5X-160	X-30	X-34	X-40	X-30	X-26	

e) Beibehaltung des ursprünglichen Abschreibungsplans:

	Summe	P_1 t_0	P_2 t_1	P_3 t_2	P_4 t_3	P_5 t_4	t_5
pm.Abschr.	100	20	20	20	20	20	
AHK/RBW		100	80	60	40	20	0
Gesamtaufw.	160	30	30	40	30	30	
Gewinn	5X-160	X-30	X-30	X-40	X-30	X-30	

Zu Erläuterungen vgl. Erstes Kapitel A.III.2.b)dd).

Abb. 23: Außerplanmäßige Abschreibung bei in p_2 gewährter Anschaffungspreisminderung von 20 GE

a) Ausgangsfall:

	Summe	P1 / t_0	P2 / t_1	P3 / t_2	P4 / t_3	P5 / t_4	t_5
Umsätze	5X	X	X	X	X	X	
Ausgaben	100	20	20	20	20	20	
pm.Abschr.	100	20	20	20	20	20	
AHK/RBW		100	80	60	40	20	0
Gesamtaufw.	200	40	40	40	40	40	
Gewinn	5X-200	X-40	X-40	X-40	X-40	X-40	

b) Planmäßige Abschreibung bei vollkommener Information:

	Summe	P1 / t_0	P2 / t_1	P3 / t_2	P4 / t_3	P5 / t_4	t_5
Umsätze	5X	X	X	X	X	X	
Ausgaben	100	20	20	20	20	20	
pm.Abschr.	80	16	16	16	16	16	
AHK/RBW		80	64	48	32	16	0
Gesamtaufw.	180	36	36	36	36	36	
Gewinn	5X-180	X-36	X-36	X-36	X-36	X-36	

c) Tatsächlicher Abschreibungsverlauf:

	Summe	P1 / t_0	P2 / t_1	P3 / t_2	P4 / t_3	P5 / t_4	t_5
pm.Abschr.	84	20	16	16	16	16	
apm.Abschr.	16	0	16	0	0	0	
AHK/RBW		100	80	48	32	16	0
Gesamtaufw.	200	40	52	36	36	36	
Gewinn	5X-200	X-40	X-52	X-36	X-36	X-36	

Zu Erläuterungen vgl. Erstes Kapitel A.III.2.c)aa).

Abb. 24: Bilanzielle Berücksichtigung nachträglicher (d.h. in t_1 anfallender) Anschaffungs- oder Herstellungskosten

a) Ausgangsfall:

	Summe	P_1 t_0	P_2 t_1	P_3 t_2	P_4 t_3	P_5 t_4	t_5
Umsätze	5X	X	X	X	X	X	
Ausgaben	100	20	20	20	20	20	
pm.Abschr.	100	20	20	20	20	20	
AHK/RBW		100	80	60	40	20	0
Gesamtaufw.	200	40	40	40	40	40	
Gewinn	5X-200	X-40	X-40	X-40	X-40	X-40	

b) Tatsächlicher Abschreibungsverlauf:

	Summe	P_1 t_0	P_2 t_1	P_3 t_2	P_4 t_3	P_5 t_4	t_5
Umsätze	5X	X	X	X	X	X	
Ausgaben	100	20	20	20	20	20	
pm.Abschr.	120	20	25	25	25	25	
AHK/RBW		100	80/100	75	50	25	0
Gesamtaufw.	220	40	45	45	45	45	
Gewinn	5X-220	X-40	X-45	X-45	X-45	X-45	

Zu Erläuterungen vgl. Erstes Kapitel A.III.2.c)aa).

Abb. 25: Zuschreibung

a) Ausgangsfall:

	Summe	P1	P2	P3	P4	P5	
		t0	t1	t2	t3	t4	t5
Umsätze	5X	X	X	X	X	X	
Ausgaben	100	20	20	20	20	20	
pm.Abschr.	100	20	20	20	20	20	
AHK/RBW		100	80	60	40	20	0
Gesamtaufw.	200	40	40	40	40	40	
Gewinn	5X-200	X-40	X-40	X-40	X-40	X-40	

b) Nutzungsdauerverkürzung von 5 auf 4 Perioden in p_2:

	Summe	P1	P2	P3	P4	P5	
		t0	t1	t2	t3	t4	t5
Umsätze	4X	X	X	X	X	0	
Ausgaben	80	20	20	20	20	0	
pm.Abschr.	95	20	25	25	25	0	
apm.Abschr.	5	0	5	0	0	0	
AHK/RBW		100	80	50	25	0	0
Gesamtaufw.	180	40	50	45	45	0	
Gewinn	4X-180	X-40	X-50	X-45	X-45	0	

c) Nutzungsdauerverlängerung von 4 auf 5 Perioden in p_4:

	Summe	P1	P2	P3	P4	P5	
		t0	t1	t2	t3	t4	t5
Umsätze	5X	X	X	X	X	X	
Ausgaben	100	20	20	20	20	20	

c1) Zuschreibung:

	Summe	P1	P2	P3	P4	P5	
		t0	t1	t2	t3	t4	t5
pm.Abschr.	100	20	25	25	10	20	
apm.Abschr.	5	0	5	0	0	0	
Zuschr.	5	0	0	0	5	0	
AHK/RBW		100	80	50	25	20	0
Gesamtaufw.	200	40	50	45	25	40	
Gewinn	5X-200	X-40	X-50	X-45	X-25	X-40	

c2) Wertbeibehaltung:

	Summe	P1 (t0)	P2 (t1)	P3 (t2)	P4 (t3)	P5 (t4)	(t5)
pm.Abschr.	95	20	25	25	25	0	
apm.Abschr.	5	0	5	0	0	0	
AHK/RBW		100	80	50	25	0	0
Gesamtaufw.	200	40	50	45	45	20	
Gewinn	5X-200	X-40	X-50	X-45	X-45	X-20	

Zu Erläuterungen vgl. Erstes Kapitel A.III.2.c)bb).

Abb. 26: Außerplanmäßige Abschreibung bei in p_2 erkanntem Wegfall des Netto-Restverkaufserlöses von 20 GE

a) Ausgangsfall:

	Summe	p_1 t_0	p_2 t_1	p_3 t_2	p_4 t_3	p_5 t_4	t_5
Umsätze	5X	X	X	X	X	X	
Ausgaben	100	20	20	20	20	20	
pm.Abschr.	80	16	16	16	16	16	
AHK/RBW		100	84	68	52	36	20
Gesamtaufw.	180	36	36	36	36	36	
Gewinn	5X-180	X-36	X-36	X-36	X-36	X-36	

b) Planmäßige Abschreibung bei vollkommener Information:

	Summe	p_1 t_0	p_2 t_1	p_3 t_2	p_4 t_3	p_5 t_4	t_5
Umsätze	5X	X	X	X	X	X	
Ausgaben	100	20	20	20	20	20	
pm.Abschr.	100	20	20	20	20	20	
AHK/RBW		100	80	60	40	20	0
Gesamtaufw.	200	40	40	40	40	40	
Gewinn	5X-200	X-40	X-40	X-40	X-40	X-40	

c) Tatsächlicher Abschreibungsverlauf:

	Summe	p_1 t_0	p_2 t_1	p_3 t_2	p_4 t_3	p_5 t_4	t_5
pm.Abschr.	96	16	20	20	20	20	
apm.Abschr.	4	0	4	0	0	0	
AHK/RBW		100	84	60	40	20	0
Gesamtaufw.	200	36	44	40	40	40	
Gewinn	5X-200	X-36	X-44	X-40	X-40	X-40	

Zu Erläuterungen vgl. Erstes Kapitel A.III.2.c)cc).

Abb. 27: Lineare Abschreibung bei degressiven Umsätzen und Ausgaben

	Summe	p_1	p_2	p_3	p_4	p_5	
		t_0	t_1	t_2	t_3	t_4	t_5
Umsätze	4X	X	0,9X	0,8X	0,7X	0,6X	
Ausgaben	100	30	25	20	15	10	
pm.Abschr.	100	20	20	20	20	20	
AHK/RBW		100	80	60	40	20	0
Gesamtaufw.	200	50	45	40	35	30	
Gewinn	4X-200	X-50	0,9X-45	0,8X-40	0,7X-35	0,6X-30	

Zu Erläuterungen vgl. Erstes Kapitel B.I.2.

Abb. 28: Lineare Abschreibung bei progressiven Umsätzen und Ausgaben

	Summe	p_1	p_2	p_3	p_4	p_5	
		t_0	t_1	t_2	t_3	t_4	t_5
Umsätze	6X	X	1,1X	1,2X	1,3X	1,4X	
Ausgaben	140	20	24	28	32	36	
pm.Abschr.	100	20	20	20	20	20	
AHK/RBW		100	80	60	40	20	0
Gesamtaufw.	240	40	44	48	52	56	
Gewinn	6X-240	X-40	1,1X-44	1,2X-48	1,3X-52	1,4X-56	

Zu Erläuterungen vgl. Erstes Kapitel B.I.2.

Abb. 29: Degressive Abschreibung bei starker Umsatzdegression
zu Beginn der Nutzungsdauer und linearen Ausgaben

	Summe	P_1		P_2		P_3		P_4		P_5	
		t_0	t_1		t_2		t_3		t_4		t_5
Umsätze	5X	3X		0,5X		0,5X		0,5X		0,5X	
Ausgaben	50	10		10		10		10		10	
pm.Abschr.	100	80		5		5		5		5	
AHK/RBW		100	20		15		10		5		0
Gesamtaufw.	150	90		15		15		15		15	
Gewinn	5X-150	3X-90		0,5X-15		0,5X-15		0,5X-15		0,5X-15	

Zu Erläuterungen vgl. Erstes Kapitel B.I.2.(1.).

Abb. 30: Degressive Abschreibung bei starker Ausgabenprogression
zu Beginn der Nutzungsdauer und linearen Umsätzen

	Summe	P_1		P_2		P_3		P_4		P_5	
		t_0	t_1		t_2		t_3		t_4		t_5
Umsätze	5X	X		X		X		X		X	
Ausgaben	200	0		50		50		50		50	
pm.Abschr.	100	60		10		10		10		10	
AHK/RBW		100	40		30		20		10		0
Gesamtaufw.	300	60		60		60		60		60	
Gewinn	5X-300	X-60		X-60		X-60		X-60		X-60	

Zu Erläuterungen vgl. Erstes Kapitel B.I.2.(1.).

Abb. 31: Umsatzadäquate Entwicklung der Ausgaben bei einem
Leistungsvolumen von 4 Einheiten

	Summe	t_0	t_1	t_2	t_3	t_4	t_5
		P_1	P_2	P_3	P_4	P_5	
Umsätze	4X	X	0,8X	0,6X	0,9X	0,7X	
Ausgaben	40	10	8	6	9	7	
pm.Abschr.	80	20	16	12	18	14	
AHK/RBW		80	60	44	32	14	0
Gesamtaufw.	120	30	24	18	27	21	
Gewinn	4X-120	X-30	0,8X-24	0,6X-18	0,9X-27	0,7X-21	

Zu Erläuterungen vgl. Erstes Kapitel B.I.2.(2.).

Abb. 32: Umsatzadäquate Entwicklung der Ausgaben bei einem
Leistungsvolumen von 6 Einheiten

	Summe	t_0	t_1	t_2	t_3	t_4	t_5
		P_1	P_2	P_3	P_4	P_5	
Umsätze	6X	X	1,4X	1,1X	1,3X	1,2X	
Ausgaben	60	10	14	11	13	12	
pm.Abschr.	120	20	28	22	26	24	
AHK/RBW		120	100	72	50	24	0
Gesamtaufw.	180	30	42	33	39	36	
Gewinn	6X-180	X-30	1,4X-42	1,1X-33	1,3X-39	1,2X-36	

Zu Erläuterungen vgl. Erstes Kapitel B.I.2.(2.).

LITERATURVERZEICHNIS

Adler, Hans/Düring, Walther/Schmaltz, Kurt (Rechnungslegung, 1987):
Rechnungslegung und Prüfung der Unternehmen, Kommentar zum HGB,
AktG, GmbHG, PublG nach den Vorschriften des Bilanzrichtlinien-Ge-
setzes, 5. Aufl., Stuttgart 1987, Loseblatt-Sammlung

Albach, Horst (Bewertung, 1963): Zur Bewertung von Wirtschaftsgütern mit
dem Teilwert, in: WPg, 16. Jg. (1963), S. 624-631

Aufermann, Ewald (Grundzüge, 1959): Grundzüge Betriebswirtschaftlicher
Steuerlehre, 3. Aufl., Wiesbaden 1959

Auler, Wilhelm (Unternehmungsminderwert, 1927): Der Unternehmungs-
mehr- und -minderwert in der Bilanz, in: ZfB, 4. Jg. (1927), S. 839-850

Baetge, Jörg (Bilanzen, 1992): Bilanzen, 2. Aufl., Düsseldorf 1992

Ballwieser, Wolfgang (Abschreibung, 1986): Abschreibung, in: Ulrich
Leffson/Dieter Rückle/Bernhard Großfeld (Hrsg.), Handwörterbuch un-
bestimmter Rechtsbegriffe im Bilanzrecht des HGB, Köln 1986,
S. 29-38

Ballwieser, Wolfgang (Geschäftswert, 1990): Geschäftswert, in: Walther
Busse von Colbe (Hrsg.), Lexikon des Rechnungswesens, München 1990,
S. 187-189

Ballwieser, Wolfgang (Maßgeblichkeitsprinzip, 1990): Ist das Maßgeblichkeitsprinzip überholt? In: BFuP, 42. Jg. (1990), S. 477-498

Ballwieser, Wolfgang (in: Beck'sches HdR B 131): Allgemeine Grundsätze, in:
Edgar Castan/Gerd Heymann/Eberhard Müller/Dieter Ordelheide/
Eberhard Scheffler (Hrsg.), Beck'sches Handbuch der Rechnungslegung,
München, Loseblatt-Sammlung

Ballwieser, Wolfgang (in: Beck'sches HdR B 134): Aktivierungs- und Passivierungswahlrechte, in: Edgar Castan/Gerd Heymann/Eberhard Mül-
ler/Dieter Ordelheide/ Eberhard Scheffler (Hrsg.), Beck'sches Handbuch
der Rechnungslegung, München, Loseblatt-Sammlung

Baumbach, Adolf/Duden, Konrad/Hopt, Klaus J. (Handelsgesetzbuch, 1989): Handelsgesetzbuch, 28. Aufl., München 1989

Becker, Enno (Einkommensteuergesetz, 1929): Einkommensteuergesetz, 2. Teil, §§ 19-25, Stuttgart 1929

Becker, Enno (Rechtsprechung, 1931): Zur Rechtsprechung, in: StuW I, 10. Jg. (1931), Sp. 1405-1426

Beckermann, Hartmut (in: Dankmeyer/Giloy): Kommentierung zu § 7 EStG in: Udo Dankmeyer/Jörg Giloy (Hrsg.), Einkommensteuergesetz, Kommentar, Neuwied-Frankfurt, Loseblatt-Sammlung

Beisse, Heinrich (Verhältnis, 1984): Zum Verhältnis von Bilanzrecht und Betriebswirtschaftslehre, in: StuW, 61. (14.) Jg. (1984), S. 1-14

Beisse, Heinrich (Generalnorm, 1988): Die Generalnorm des neuen Bilanzrechts, in: Brigitte Knobbe-Keuk/Franz Klein/Adolf Moxter (Hrsg.), Handelsrecht und Steuerrecht, Festschrift für Georg Döllerer, Düsseldorf 1988, S. 25-44

Beisse, Heinrich (Maßgeblichkeitsprinzip, 1988): Das Maßgeblichkeitsprinzip sichern und pflegen, in: Blick durch die Wirtschaft, 31. Jg. (1988), Nr. 14, S. 7 u. Nr. 19, S. 7

Beisse, Heinrich (Bedeutung, 1989): Die steuerrechtliche Bedeutung der neuen deutschen Bilanzgesetzgebung, in: StVj, 1. Jg. (1989), S. 295-310

Beisse, Heinrich (Grundsatzfragen, 1990): Grundsatzfragen der Auslegung des neuen Bilanzrechts, in: BB, 45. Jg. (1990), S. 2007-2012

Beisse, Heinrich (Rechtsfragen, 1990): Rechtsfragen der Gewinnung von GoB, in: BFuP, 42. Jg. (1990), S. 499-514

Biergans, Enno (Überlegungen, 1984): Überlegungen zur personellen Zurechnung von Betriebsausgaben und Werbungskosten, in: FR, 39. (66.) Jg. (1984), S. 297-305

Biergans, Enno (Einkommensteuer, 1992): Einkommensteuer, 6. Aufl., München 1992

Blümich, Walter/Schachian, Herbert (Einkommensteuergesetz, 1925): Das Einkommensteuergesetz vom 10. August 1925, Berlin 1925

Böcking, Hans-Joachim (Bilanzrechtstheorie, 1988): Bilanzrechtstheorie und Verzinslichkeit, Wiesbaden 1988

Böcking, Hans-Joachim (Grundsatz, 1989): Der Grundsatz umsatzbezogener Gewinnrealisierung beim Finanzierungsleasing, in: ZfbF, 41. Jg. (1989), S. 491-515

Boessmann, Günter (Teilwertproblem, 1954): Zum Teilwertproblem. Ist der Teilwert ein objektiver oder ein subjektiver Wert im Bilanzsinne? Dissertation, Mainz 1954

Borst, Günther (Behandlung, 1986): Die steuerliche Behandlung des Geschäftswertes, Praxiswertes und geschäftswertähnlicher Wirtschaftsgüter nach dem Bilanzrichtlinien-Gesetz, in: BB, 41. Jg. (1986), S. 2170-2173

Brandenberg, Bernwart (Abschreibung, 1986): Abschreibung des Praxiswerts und firmenwertähnlicher Wirtschaftsgüter nach Änderung der §§ 6 und 7 EStG durch das Bilanzrichtlinien-Gesetz, in: DB, 39. Jg. (1986), S. 1791-1793

Brandis, Peter (in: Blümich): Kommentierung zu § 7 EStG, in: Walter Blümich (Begr.), EStG, KStG, GewStG, hrsg. von Klaus Ebling/Wolfgang Freericks, München, Loseblatt-Sammlung

Breitwieser, Otto (Teilwert, 1973): Der Teilwert bei der ertragsteuerlichen Bewertung des beweglichen Anlagevermögens und der Beteiligungen, in: StBp, 13. Jg. (1973), S. 248-255

Brezing, Klaus (Einfluß, 1970): Der Einfluß außenwirtschaftlicher Datenveränderungen auf die steuerliche Bilanzierung, BB, Beilage 5, 25. Jg. (1970), S. 49-53

Brezing, Klaus (Bewertung, 1972/73): Die Bewertung von Beteiligungen in der Steuerbilanz, in: StbJb 1972/73, S. 339-374

Brezing, Klaus (in: HdJ Abt. I/12, 1988): Niedrigere Wertansätze in der Steuerbilanz, in: Klaus von Wysocki/Joachim Schulze-Osterloh (Hrsg.),

Handbuch des Jahresabschlusses in Einzeldarstellungen, Abt. I/12 1988, Köln, Loseblatt-Sammlung

Brönner, Herbert/Bareis, Peter (Bilanz, 1991): Die Bilanz nach Handels- und Steuerrecht, 9. Aufl., Stuttgart 1991

Brunnengräber, Hans (Problematik, 1959): Die Problematik der aktienrechtlichen Niederstwertvorschrift bei vergleichender Heranziehung englischer und amerikanischer Stellungnahmen zum "cost or market principle, whichever is the lower", Dissertation, Münster 1959

Bühler, Ottmar (Teilwert, 1948): Soll der "Teilwert" verschwinden? In: BB, 3. Jg. (1948), S. 285-287

Bühler, Ottmar/Scherpf, Peter (Bilanz, 1971): Bilanz und Steuer, 7. Aufl., München 1971

Bundesministerium für Wirtschaft und Finanzen (Hrsg.) (Gutachten, 1971): Gutachten der Steuerreformkommission, Bonn 1971

Bundesminister der Finanzen (Behandlung, 1986): BMF-Schreiben v. 20. November 1986 IV B 2 - S 2172 - 13/86, Betr.: Bilanzsteuerrechtliche Behandlung des Geschäfts- oder Firmenwerts, des Praxiswerts und sogenannter firmenwertähnlicher Wirtschaftsgüter, BStBl I 1986, S. 532-533

Bundesminister der Finanzen (AfA, 1992): BMF-Schreiben v. 3. Dezember 1992 IV A 7 - S 1551 - 122/92 IV B 6 - S 2353 - 89/92, Betr.: Absetzungen für Abnutzung (AfA); hier: Nutzungsdauer von PKW und Kombifahrzeugen, BStBl I 1992, S. 734

Bundesminister der Finanzen (Absetzungen, 1993): BMF-Schreiben v. 28. Mai 1993 - IV B 6 - S 2353 - 37/93 IV A 7 - S 1551 - 80/93, Betr.: Absetzungen für Abnutzung (AfA) bei Pkw und Kombifahrzeugen, BStBl I 1993, S. 483

Burkhardt, Dietrich (Grundsätze, 1988): Grundsätze ordnungsmäßiger Bilanzierung für Fremdwährungsgeschäfte, Düsseldorf 1988

Burkhardt, Dietrich (Realisation, 1989): Realisation von Währungserfolgsbeiträgen aus gegenläufigen Geschäften, in: WPg, 42. Jg. (1989), S. 495-498

Busse von Colbe, Walther (Bilanzierungshilfe, 1986): Bilanzierungshilfe, in: Ulrich Leffson/Dieter Rückle/ Bernhard Großfeld (Hrsg.), Handwörterbuch unbestimmter Rechtsbegriffe im Bilanzrecht des HGB, Köln 1986, S. 86-94

Canaris, Claus-Wilhelm (Systemdenken, 1983): Systemdenken und Systembegriff in der Jurisprudenz, 2. Aufl., Berlin 1983

Chmielewicz, Klaus (Vereinheitlichung, 1980): Vereinheitlichung der Rechnungslegung durch ein rechtsformenunabhängiges Rechnungslegungsgesetz, in: Marcus Bierich/Walther Busse von Colbe/Gert Laßmann/Marcus Lutter (Hrsg.), Rechnungslegung nach neuem Recht, ZfbF Sonderheft 10, Wiesbaden 1980, S. 15-52

Claßen, Andrea (in: Lademann/Söffing/Brockhoff): Kommentierung des § 7 EStG, in: Lademann/Söffing/Brockhoff (Hrsg.), Kommentar zum Einkommensteuergesetz, Stuttgart u.a., Loseblatt-Sammlung

Costede, Jürgen (Grundfragen, 1986): Grundfragen der Absetzungsbefugnis wegen Abnutzung, in: StuW, 16. (63.) Jg. (1986), S. 44-52

Crezelius, Georg (Bilanzrecht, 1988): Bilanzrecht, Köln 1988

Crezelius, Georg (in: o.V., 1986/87): Aussprache, in: Die Unternehmensbilanz auf dem Prüfstand des neuen Bilanzrechts - Handels- und Steuerrecht, JbFfSt 1986/87, S. 387-464

Deubner, Peter (Aktivierung, 1971): Die Aktivierung und Abschreibung des Geschäftswerts in der Steuerbilanz, Dissertation, Köln 1971

Diers, Fritz-Ulrich (Abschreibung, 1987): Die Abschreibung firmenwertähnlicher Wirtschaftsgüter, insbesondere von Güterfernverkehrskonzessionen nach Änderung der §§ 6 und 7 EStG durch das Bilanzrichtlinien-Gesetz, in: DB, 40. Jg. (1987), S. 1064-1065

Dietz, Horst (Normierung, 1971): Die Normierung der Abschreibung in Handels- und Steuerbilanz, Opladen 1971

Döllerer, Georg (Grundsätze, 1959): Grundsätze ordnungsmäßiger Bilanzierung, deren Entstehung und Ermittlung, in: BB, 14. Jg. (1959), S. 1217-1221

Döllerer, Georg (Maßgeblichkeit, 1969): Die Maßgeblichkeit der Handelsbilanz für die Steuerbilanz, in: BB, 24. Jg. (1969), S. 501-507

Döllerer, Georg (Gefahr, 1971): Maßgeblichkeit der Handelsbilanz in Gefahr, in: BB, 26. Jg. (1971), S. 1333-1335

Döllerer, Georg (Grenzen, 1977/78): Die Grenzen des Imparitätsprinzips, in: StbJb 1977/78, S. 129-152

Döllerer, Georg (EG-Richtlinie, 1981/82): Die Vierte EG-Richtlinie und das Steuerrecht, in: JbFfSt 1981/82, S. 369-388

Döllerer, Georg (in: o.V., 1986/87): Aussprache, in: Die Unternehmensbilanz auf dem Prüfstand des neuen Bilanzrechts - Handels- und Steuerrecht, JbFfSt 1986/87, S. 387-464

Döllerer, Georg (Handelsbilanz, 1987): Handelsbilanz und Steuerbilanz nach den Vorschriften des Bilanzrichtlinien-Gesetzes, in: BB, Beilage 12, 42. Jg. (1987)

Döllerer, Georg (Steuerbilanz, 1988): Steuerbilanz und Beutesymbol, in: BB, 43. Jg. (1988), S. 238 - 241

Döllerer, Georg (Klausel, 1991): Zur Klausel "Handelsbilanz ist gleich Steuerbilanz" in Gesellschaftsverträgen von Personenhandelsgesellschaften, in: ZGR-Sonderheft 10, Festschrift für Alfred Kellermann, Berlin u.a. 1991, S. 51-66

Döring, Ulrich (in: HdR, 1990): Kommentierung zu § 253 HGB, in: Karlheinz Küting/Claus-Peter Weber (Hrsg.), Handbuch der Rechnungslegung, 3. Aufl., Stuttgart 1990

Doralt, Werner (Firmenwert, 1976): Der Firmenwert in der Handels- und Steuerbilanz, Berlin 1976

Doralt, Werner (Teilwert, 1984): Der Teilwert als Anwendungsfall des Going-Concern-Prinzips, in: Arndt Raupach (Hrsg.), Werte und Wertermittlung im Steuerrecht, Köln 1984, S. 141-153

Dornemann, Heinrich (Abschreibung, 1962): Die Abschreibung auf den Teilwert bei Betriebsgrundstücken in der Rechtsprechung des Reichsfinanzhofs und des Bundesfinanzhofs, in: StBp, 2. Jg. (1962), S. 151-158

Drenseck, Walter (in: Schmidt, 1993): Kommentierung zu § 7 EStG, in: Ludwig Schmidt (Hrsg.), EStG, Kommentar, 12. Aufl., München 1993

Dziadkowski, Dieter (Aktivierungsunfähigkeit, 1980): Die Aktivierungsunfähigkeit handelsrechtlicher Bilanzierungshilfen in der Steuerbilanz, in: BB, 35. Jg. (1980), S. 1515-1520

Dziadkowski, Dieter (Bilanzhilfsposten, 1982): Bilanzhilfsposten (Bilanzierungshilfen) und Bewertungshilfen im künftigen Handelsbilanzrecht, in: BB, 37. Jg. (1982), S. 1336-1345

Egger, Anton (Bilanzierungshilfen, 1987): Bilanzierungshilfen, eine bilanzrechtliche Notwendigkeit? In: Erich Loitlsberger/Anton Egger/Eduard Lechner (Hrsg.), Rechnungslegung und Gewinnermittlung, Gedenkschrift für Karl Lechner, Wien 1987, S. 61-71

Ehmcke, Thorsten (in: Blümich): Kommentierung des § 6 EStG, in: Walter Blümich (Begr.), EStG, KStG, GewStG, hrsg. von Klaus Ebling/Wolfgang Freericks, München, Loseblatt-Sammlung

Eibelshäuser, Manfred (Anlagewerte, 1983): Immaterielle Anlagewerte in der höchstrichterlichen Finanzrechtsprechung, Wiesbaden 1983

Eibelshäuser, Manfred (Rückstellungsbildung, 1987): Rückstellungsbildung nach neuem Handelsrecht, in: BB, 42. Jg. (1987), S. 860-866

Euler, Roland (Grundsätze, 1989): Grundsätze ordnungsmäßiger Gewinnrealisierung, Düsseldorf 1989

Euler, Roland (Rückstellungen, 1990): Der Ansatz von Rückstellungen für drohende Verluste aus schwebenden Dauerrechtsverhältnissen, in: ZfbF, 42. Jg. (1990), S. 1036-1056

Euler, Roland (Verlustantizipation, 1991): Zur Verlustantizipation mittels des niedrigeren beizulegenden Wertes und des Teilwertes, in: ZfbF, 43. Jg. (1991), S. 191-212

Euler, Walter (Gemeiner Wert, 1984): Gemeiner Wert und Teilwert, in: Arndt Raupach (Hrsg.), Werte und Wertermittlung im Steuerrecht, Köln 1984, S. 155-168

Federmann, Rudolf (Bilanzierung, 1990): Bilanzierung nach Handelsrecht und Steuerrecht, 8. Aufl., Berlin 1990

Förschle, Gerhart/Kropp, Manfred (Wechselwirkungen, 1986): Wechselwirkungen zwischen Handels- und Steuerbilanz beim Anlagevermögen nach dem Bilanzrichtlinien-Gesetz, in: WPg, 39. Jg. (1986), S. 152-161

Fuisting, Bernhard (Steuern, 1904): Die Preußischen direkten Steuern, Erster Band, 6. Aufl., Berlin 1904

Gail, Winfried (Fragen, 1982/83): Ausgewählte Fragen des Bilanzsteuerrechts, in: StbJb 1982/83, S. 285-314

Glade, Anton (Rechnungslegung, 1986): Rechnungslegung und Prüfung nach dem Bilanzrichtlinien-Gesetz, Herne/ Berlin 1986

Glanegger, Peter (in: Schmidt, 1993): Kommentierung zu § 6 EStG, in: Ludwig Schmidt (Hrsg.), EStG, Kommentar, 12. Aufl., München 1993

Glanegger, Peter/Niedner, Hans Jochen/Renkl, Günter/ Ruß, Werner (HGB, 1990): HGB, Handelsrecht, Bilanzrecht, Steuerrecht, Kommentar, 2. Aufl., Heidelberg 1990

Gnam, Arnulf (AfA): Handbuch der Bilanzierung, Stichwort Absetzung für Abnutzung (AfA), Freiburg i. Br., Loseblatt-Sammlung, Stand: Juni 1985

Gottlob, Roman (Abschreibung, 1954): Die Abschreibung im deutschen Einkommensteuerrecht unter besonderer Berücksichtigung der Abschreibungsursachen und -methoden, Dissertation, Freiburg/Schweiz 1954

Grieger, Rudolf (Anmerkung, 1966): Anmerkung zu BFH-Urteil VI 64/65 U vom 29. Oktober 1965, in: BB, 21. Jg. (1966), S. 235

Groh, Manfred (Instandhaltung, 1974): Instandhaltung und Abschreibung, in: DStR, 12. Jg. (1974), S. 135-138

Groh, Manfred (Verluste, 1976): Künftige Verluste in der Handels- und Steuerbilanz, zugleich ein Beitrag zur Teilwertdiskussion, in: StuW, 6. (53.) Jg. (1976), S. 32-42

Großfeld, Bernhard (in: Helmrich, 1986): Äußerung lt. Protokoll der Öffentlichen Anhörung am 9.5.1985, in: Herbert Helmrich (Hrsg.), Bilanzrichtlinien-Gesetz, München 1986

Großfeld, Bernhard (Bilanzrecht, 1990): Bilanzrecht, 2. Aufl., Heidelberg 1990

Gübbels, Bernhard (Abschreibung, 1954): Die steuerliche Abschreibung unter besonderer Berücksichtigung der degressiven Methode, 3. Aufl., Köln 1954

Gübbels, Bernhard (Handbuch, 1966): Handbuch der steuerlichen Abschreibung, 4. Aufl., Köln 1966

Gümbel, Rudolf (Teilwert, 1987): Der Teilwert: Legaldefinition und Zurechnungsalgorithmus, in: ZfbF, 39. Jg. (1987), S. 131-145

Haase, Klaus D. (Abschreibungen, 1990): Abschreibungen wegen mangelnder Rentabilität, in: WISU, 19. Jg. (1990), S. 487-492

Handzik, Peter (in: Littmann/Bitz/Hellwig): Kommentierung zu § 7 EStG, in: Eberhard Littmann/Horst Bitz/Peter Hellwig (Hrsg.), Das Einkommensteuerrecht, Band I, Loseblatt-Sammlung

Hast, Karl (Grundsätze, 1934): Grundsätze ordnungsmäßiger Bilanzierung für Anlagegegenstände, Leipzig 1934

Haver (Geschäftswert, 1965): Der unzerstörbare Geschäftswert in der Steuerbilanz, in: BB, 20. Jg. (1965), S. 297-300

Heinze, Gerhard B./Roolf, Willy (Behandlung, 1976): Die Behandlung des derivativen negativen Geschäftswerts in der Handels- und Steuerbilanz sowie bei der Einheitsbewertung, in: DB, 29. Jg. (1976), S. 214-218

Helpenstein, Franz (Erfolgsbilanz, 1932): Wirtschaftliche und steuerliche Erfolgsbilanz, Berlin 1932

Herrmann, Carl/Heuer, Gerhard/Raupach, Arndt (Einkommensteuer): Einkommensteuer- und Körperschaftsteuergesetz, Kommentar, Köln, Loseblatt-Sammlung

Höffken, Ernst (Gedanken, 1970): Gedanken des Bundesfinanzhofs zur Teilwertermittlung im Lichte der Entscheidungstheorie, in: ZfbF, 22. Jg. (1970), S. 609-631

Hörstmann, Franz (Sonderstellung, 1962/63): Die Sonderstellung des Geschäftswerts im Steuerrecht, in: StbJb 1962/63, S. 147-178

Hofbauer, Max (in: BoHR): Kommentierung zu den §§ 253 und 255 HGB, in: Max Hofbauer/Peter Kupsch (Hrsg.), Bonner Handbuch Rechnungslegung, Bonn, Loseblatt-Sammlung

Hommel, Michael (Grundsätze, 1992): Grundsätze ordnungsmäßiger Bilanzierung für Dauerschuldverhältnisse, Wiesbaden 1992

Horch, Gerd (Begriff, 1970): Zum Begriff des Teilwerts, Dissertation, Bern 1970

Hüttemann, Ulrich (Grundsätze, 1970): Grundsätze ordnungsmäßiger Bilanzierung für Verbindlichkeiten, Düsseldorf 1970

Jacob, Herbert (Bewertungsproblem, 1961): Das Bewertungsproblem in den Steuerbilanzen, Wiesbaden 1961

Jacob, Herbert (Teilwertabschreibung, 1970): Teilwertabschreibung oder Verlustausgleich? In: WPg, 23. Jg. (1970), S. 61-68

Jakob, Wolfgang/Wittmann, Rolf (Zweck, 1988): Von Zweck und Wesen steuerlicher AfA, in: FR, 43. (70.) Jg. (1988), S. 540-553

John, Gerd (Bewertung, 1964): Die Bewertung von Grund und Boden und Gebäuden in der Steuerbilanz, Köln u.a. 1964

John, Gerd (Teilwert, 1981): Teilwert, in: HwStR, Zweiter Band, 2. Aufl., München/Bonn 1981, S. 1415-1417

Jüngling, Hanns (Teilwert, 1947): Der Teilwert im Rahmen der steuerlichen Wertbegriffe, in: StuW I, 24. Jg. (1947), Sp. 657-678

Jung, Willi (in: Handelsgesetzbuch, 1989): Kommentierung zu § 253 HGB, in: Ernst Heymann/Volker Emmerich (Hrsg.), Handelsgesetzbuch, Kommentar, Berlin 1989

Kaatz, P. (Anmerkung, 1958): Anmerkung zu BFH-Urteil I 239/54 U vom 14. Februar 1956, in: FR, 13. (40.) Jg. (1958), S. 565

Kessler, Wolfgang (Betrachtung, 1985): Einzelwirtschaftliche Betrachtung der Nießbrauchsbesteuerung, in: BB, 40. Jg. (1985), S. 1386-1393

Kieschke, Hans-Ulrich (Anmerkungen, 1986): Anmerkungen zu aktuellen Fragen des Bilanzsteuerrechts aus der Sicht der Verwaltung, in: WPg, 39. Jg. (1986), S. 692-698

Klocke, Herbert (in: Unternehmensbewertung, 1987/88): Anwendungsfälle der Unternehmensbewertung mit zivilrechtlicher Relevanz, in: Peter Hommelhoff/Herbert Klocke (Bearb.), Unternehmensbewertung, JbFfSt 1987/88, S. 192-237

Knepper, Karl Heinz (in: o.V., 1986/87): Aussprache, in: Die Unternehmensbilanz auf dem Prüfstand des neuen Bilanzrechts - Handels- und Steuerrecht, JbFfSt 1986/87, S. 387-464

Knobbe-Keuk, Brigitte (Einkommensbesteuerung, 1985): Die Einkommensbesteuerung der entgeltlichen Überlassung von Bodensubstanz, in: DB, 38. Jg. (1985), S. 144-149

Knobbe-Keuk, Brigitte (Unternehmenssteuerrecht, 1993): Bilanz- und Unternehmenssteuerrecht, 9. Aufl., Köln 1993

Knop, Wolfgang/Küting, Karlheinz (in: HdR, 1990): Kommentierung zu § 255 HGB, in: Karlheinz Küting/Claus-Peter Weber (Hrsg.), Handbuch der Rechnungslegung, 3. Aufl., Stuttgart 1990

Koch, Helmut (Niederstwertprinzip, 1957): Die Problematik des Niederstwertprinzips, in: WPg, 10. Jg. (1957), S. 1-6, 31-35, 60-63

Koch, Helmut (Problematik, 1960): Zur Problematik des Teilwertes, in: ZfhF, NF, 12. Jg. (1960), S. 319-353

Kolbeck, (Absetzungen, 1958): Absetzungen für Abnutzung nach dem Steuerreformgesetz 1958 (§ 7 EStG 1958), in: DStZ/A, 46. Jg. (1958), S. 226-230

Kosiol, Erich (Bilanzreform, 1949): Bilanzreform und Einheitsbilanz, 2. Aufl., Berlin u.a. 1949

Küppers, Christoph (Firmenwert, 1986): Der Firmenwert in Handels- und Steuerbilanz nach Inkrafttreten des Bilanzrichtlinien-Gesetzes - Rechtsnatur und bilanzpolitische Spielräume, in: DB, 39. Jg. (1986), S. 1633-1639

Kußmaul, Heinz (in: HdR, 1990): Bilanzierungsfähigkeit und Bilanzierungspflicht, in: Karlheinz Küting/Claus-Peter Weber (Hrsg.), Handbuch der Rechnungslegung, 3. Aufl., Stuttgart 1990

Lang, Joachim, Die Bemessungsgrundlage der Einkommensteuer, Köln 1988

Larenz, Karl (Methodenlehre, 1991): Methodenlehre der Rechtswissenschaft, 6. Aufl., Berlin u.a. 1991

Leffson, Ulrich (GoB, 1987): Die Grundsätze ordnungsmäßiger Buchführung, 7. Aufl., Düsseldorf 1987

Lehmann, Matthias (Teilwert-Konzept, 1990): Das Teilwert-Konzept und das Bilanzieren von Änderungen zwischen Entscheidungszeitpunkt und Bilanzstichtag, in: DB, 43. Jg. (1990), S. 2481-2486

Leissle, Fritz (Geschäftswert, 1953): Der betriebliche Geschäftswert und seine Bedeutung im Wirtschafts- und Steuerrecht, in: StuW I, 30. Jg. (1953), S. 641-652

Lenski (Behandlung, 1939): Zur einkommensteuerlichen Behandlung des Ausscheidens von Gesellschaftern aus Personengesellschaften, in: DStZ, 28. Jg. (1939), S. 601-606 u. 618-621

Lenzen, Hubert (Ersetzung, 1964): Zur Ersetzung des Teilwertbegriffs, in: WPg, 17. Jg. (1964), S. 346-352

Lion, Max (Bilanzsteuerrecht, 1923): Das Bilanzsteuerrecht, Zweite Auflage, Berlin 1923

Littmann, Eberhard (Einkommensteuerrecht, 1978): Das Einkommensteuerrecht, Band I, 12. Aufl., Stuttgart 1978

Luhmer, Alfred (Logik, 1985): Zur Logik des Teilwerts, in: ZfbF, 37. Jg. (1985), S. 1051-1069

Maas, Hans F. (Existenzberechtigung, 1976): Zur Existenzberechtigung des "negativen Geschäftswerts", in: DB, 29. Jg. (1976), S. 553-554

Maaßen, Kurt (Einfluß, 1965): Der Einfluß ungenügender Ertragslage auf den Teilwert von Wirtschaftsgütern des Betriebsvermögens, in: FR, 20. (47.) Jg. (1965), S. 174-177

Maaßen, Kurt (Teilwert, 1968): Der Teilwert im Steuerrecht, Köln 1968

Mathiak, Walter (Rechtsprechung, 1982): Rechtsprechung zum Bilanzsteuerrecht, in: StuW, 12. (59.) Jg. (1982), S. 81-86

Mathiak, Walter (Rechtsprechung, 1986): Rechtsprechung zum Bilanzsteuerrecht, in: StuW, 16. (63.) Jg. (1986), S. 287-292

Mayer-Wegelin, Eberhard (in: Hartmann/Böttcher/Nissen/ Bordewin): Kommentierung zu § 6 EStG, in: Alfred Hartmann/Conrad Böttcher/Karl-Heinz Nissen/Arno Bordewin (Hrsg.), Kommentar zum Einkommensteuergesetz, Wiesbaden, Loseblatt-Sammlung

Meincke, Jens Peter (in: Littmann/Bitz/Hellwig): Kommentierung zu § 6 EStG, in: Eberhard Littmann/Horst Bitz/Peter Hellwig (Hrsg.), Das Einkommensteuerrecht, Band I, Loseblatt-Sammlung

Mellwig, Winfried (Laudatio, 1983): Laudatio anläßlich der Verleihung der Ehrendoktorwürde an Georg Döllerer am 16. Juni 1983 in der Aula der Universität, hrsg. vom Dekan des Fachbereichs Wirtschaftswissenschaften der Johann Wolfgang Goethe-Universität Frankfurt am Main, Frankfurt/Main 1983

Mellwig, Winfried (Maßgeblichkeitsprinzip, 1989): Wechselbeziehungen zwischen Handels- und Steuerbilanz - Zur Problematik des Maßgeblichkeitsprinzips, in: Meinungsspiegel der BFuP, 41. Jg. (1989), S. 159-176

Mellwig, Winfried/Hastedt, Uwe-Peter (Gewinnrealisation, 1992): Gewinn-realisation bei Unbestimmbarkeit der Gegenleistung - dargestellt am Bei-spiel des Wärmelieferungsvertrags, in: DB, 45. Jg. (1992), S. 1589-1592

Meyer, Bernd (Nachholung, 1981): Ist die Nachholung von AfA bei den Ein-künften aus Vermietung und Verpachtung mit der Systematik des EStG vereinbar? In: FR, 36. (63.) Jg. (1981), S. 577-579

Mirre (Gemeiner Wert, 1913): Gemeiner Wert und Ertragswert, in: Zeitschrift des Deutschen Notarvereins, 13. Jg. (1913), S. 155-176

Mittelbach, Rolf (Teilwertabschreibung, 1959): Teilwertabschreibung und Absetzung für außergewöhnliche Abnutzung, in: Stbg, 2. Jg. (1959), S. 152-156 u. 176-179

Mittelbach, Rolf (Abgrenzung, 1978): Abgrenzung zwischen Erhaltungs- und Herstellungsaufwand bei Maschinen und Betriebsvorrichtungen, in: Inf, 32. Jg. (1978), S. 389-395

Mittelbach, Rolf (Absetzung, 1983): Absetzung wegen außergewöhnlicher Abnutzung bei den Einkünften aus Vermietung und Verpachtung, in: DStZ/A, 71. Jg. (1983), S. 507-515

Moench, D./Glier, J./Knobel, W./Werner, H. (Bewertungsgesetz, 1989): Be-wertungs- und Vermögensteuergesetz, Kommentar, Herne/Berlin 1989

Moxter, Adolf (Bilanzlehre, 1974): Bilanzlehre, Wiesbaden 1974

Moxter, Adolf (Aktivierungsgrenzen, 1978): Aktivierungsgrenzen bei "immateriellen Anlagewerten", in: BB, 33. Jg. (1978), S. 821-825

Moxter, Adolf (Einfluß, 1978): Der Einfluß der EG-Bilanzrichtlinie auf das Bilanzsteuerrecht, in: BB, 33. Jg. (1978), S. 1629-1632

Moxter, Adolf (Abschreibungen, 1978): Über dynamische Abschreibungen, in: WPg, 31. Jg. (1978), S. 478-482

Moxter, Adolf (Geschäftswertbilanzierung, 1979): Die Geschäftswertbilan-zierung in der Rechtsprechung des Bundesfinanzhofs und nach EG-Bi-lanzrecht, in: BB, 34. Jg. (1979), S. 741-747

Moxter, Adolf (Jahresabschlußaufgaben, 1979): Die Jahresabschlußaufgaben nach der EG-Bilanzrichtlinie: Zur Auslegung von Art. 2 EG-Bilanzrichtlinie, in: AG, 24. Jg. (1979), S. 141-146

Moxter, Adolf (Unternehmenszusammenbruch, 1980): Ist bei drohendem Unternehmenszusammenbruch das bilanzrechtliche Prinzip der Unternehmensfortführung aufzugeben? In: WPg, 33. Jg. (1980), S. 345-351

Moxter, Adolf (Vermögensermittlung, 1980): Steuerliche Gewinn- und Vermögensermittlung, in: Handbuch der Finanzwissenschaft, Band 2, 3. Aufl., Tübingen 1980, S. 203-237

Moxter, Adolf (Goodwill, 1981): Goodwill, in: Erich Kosiol (Hrsg.), HWR, 2. Aufl., Stuttgart 1981, Sp. 684-691

Moxter, Adolf (Gewinnermittlung, 1982): Betriebswirtschaftliche Gewinnermittlung, Tübingen 1982

Moxter, Adolf (GoU, 1983): Grundsätze ordnungsmäßiger Unternehmensbewertung, 2. Aufl., Wiesbaden 1983

Moxter, Adolf (Wirtschaftliche Gewinnermittlung, 1983): Wirtschaftliche Gewinnermittlung und Bilanzsteuerrecht, in: StuW, 13. (60.) Jg. (1983), S. 300-307

Moxter, Adolf (Bilanztheorie, 1984): Bilanzlehre, Bd. I, Einführung in die Bilanztheorie, 3. Aufl., Wiesbaden 1984

Moxter, Adolf (Realisationsprinzip, 1984): Das Realisationsprinzip - 1884 und heute, in: BB, 39. Jg. (1984), S. 1780-1786

Moxter, Adolf (Fremdkapitalbewertung, 1984): Fremdkapitalbewertung nach neuem Bilanzrecht, in: WPg, 37. Jg. (1984), S. 397-408

Moxter, Adolf (Bilanzrechtsprechung, 1985): Bilanzrechtsprechung, 2. Aufl., Tübingen 1985

Moxter, Adolf (System, 1985): Das System der handelsrechtlichen Grundsätze ordnungsmäßiger Bilanzierung , in: Gerhard Gross (Hrsg.), Der Wirtschaftsprüfer im Schnittpunkt nationaler und internationaler Entwicklungen, Festschrift für Klaus von Wysocki, Düsseldorf 1985, S. 17-28

Moxter, Adolf (Bilanzrecht, 1986): Bilanzlehre, Bd. II, Einführung in das neue Bilanzrecht, 3. Aufl., Wiesbaden 1986

Moxter, Adolf (Vermögensgegenstände, 1986): Immaterielle Vermögensgegenstände des Anlagevermögens, in: Ulrich Leffson/Dieter Rückle/ Bernhard Großfeld (Hrsg.), Handwörterbuch unbestimmter Rechtsbegriffe im Bilanzrecht des HGB, Köln 1986, S. 246-250

Moxter, Adolf (Ulrich Leffson, 1986): Ulrich Leffson und die Bilanzrechtsprechung, in: WPg, 39. Jg. (1986), S. 173-177

Moxter, Adolf (Gewinnkonzeption, 1987): Karl Lechners Gewinnkonzeption und das neue deutsche Bilanzrecht, in: Erich Loitlsberger/Anton Egger/ Eduard Lechner (Hrsg.), Rechnungslegung und Gewinnermittlung, Gedenkschrift für Karl Lechner, Wien 1987, S. 271-278

Moxter, Adolf (Selbständige Bewertbarkeit, 1987): Selbständige Bewertbarkeit als Aktivierungsvoraussetzung, in: BB, 42. Jg. (1987), S. 1846-1851

Moxter, Adolf (Sinn, 1987): Zum Sinn und Zweck des handelsrechtlichen Jahresabschlusses nach neuem Recht, in: Hans Havermann (Hrsg.), Bilanz- und Konzernrecht, Festschrift für Reinhard Goerdeler, Düsseldorf 1987, S. 361-374

Moxter, Adolf (Wirtschaftliche Betrachtungsweise, 1989): Zur wirtschaftlichen Betrachtungsweise im Bilanzrecht, StuW, 19. (66.) Jg. (1989), S. 232-241

Moxter, Adolf (Beschränkung, 1991): Beschränkung der gesetzlichen Verlustantizipation auf die Wertverhältnisse des Abschlußstichtags? In: Norbert Herzig (Hrsg.), Betriebswirtschaftliche Steuerlehre und Steuerberatung, Festschrift für Gerd Rose, Wiesbaden 1991, S. 165-174

Moxter, Adolf (Teilwertverständnis, 1991): Funktionales Teilwertverständnis, in: Dieter Rückle (Hrsg.), Aktuelle Fragen der Finanzwirtschaft und der Unternehmensbesteuerung, Festschrift für Erich Loitlsberger, Wien 1991, S. 473-481

Moxter, Adolf (Rückstellungen, 1991): Rückstellungen: Neuere höchstrichterliche Rechtsprechung, in: Jörg Baetge (Hrsg.), Rückstellungen in der Handels- und Steuerbilanz, Düsseldorf 1991, S. 1-13

Moxter, Adolf (Betriebswirtschaftslehre, 1992): Betriebswirtschaftslehre und Bilanzrecht, Dankrede anläßlich der Verleihung der Ehrendoktorwürde an Prof. Dr. Adolf Moxter, hrsg. vom Dekan des Fachbereichs Wirtschafts- und Sozialwissenschaften/Mathematik der Universität Trier, Trier 1992, S. 19-30

Moxter, Adolf (Passivierungszeitpunkt, 1992): Zum Passivierungszeitpunkt von Umweltschutzrückstellungen, in: Adolf Moxter/Hans-Peter Müller/ Rolf Windmöller/ Klaus von Wysocki (Hrsg.), Rechnungslegung, Festschrift für Karl-Heinz Forster, Düsseldorf 1992, S. 428-437

Moxter, Adolf (Bilanzauffassungen, 1993): Bilanzauffassungen, in: Waldemar Wittmann/Werner Kern/Richard Köhler/Hans-Ulrich Küpper/Klaus von Wysocki (Hrsg.), HWB, Teilband 1, 5. Aufl., Stuttgart 1993, Sp. 500-510

Moxter, Adolf (Probleme, 1993): Bilanzrechtliche Probleme beim Geschäfts- oder Firmenwert, in: Marcus Bierich/Peter Hommelhoff/Bruno Kropff (Hrsg.), Unternehmen und Unternehmensführung im Recht, Festschrift für Johannes Semler, Berlin u.a. 1993, S. 853-861

Moxter, Adolf (Bilanzrechtsprechung, 1993): Bilanzrechtsprechung, 3. Aufl., Tübingen 1993

Moxter, Adolf (Statische Bilanz, 1993): Statische Bilanz, in: Klaus Chmiele-wicz/Marcell Schweitzer (Hrsg.), HWR, 3. Aufl., Stuttgart 1993, Sp. 1852-1859

Müller, Erhard (Einzelbewertung, 1957): Einzelbewertung der Grundstücke und Gebäude bei der Teilwertabschreibung, in: BB, 12. Jg. (1957), S. 973-978

Müller, Jürgen (Stetigkeitsprinzip, 1989): Das Stetigkeitsprinzip im neuen Bilanzrecht, Wiesbaden 1989

Müller, Wolfgang (Firmenwert, 1961): Ist der "Firmenwert" überhaupt ein Wirtschaftsgut? In: FR, 16. (43.) Jg. (1961), S. 440-445

Müller-Dahl, Frank P. (Bilanzierung, 1981): Die Bilanzierung des Goodwill - betriebswirtschaftlich sowie handels- und steuerrechtlich unter Berücksichtigung des Vorentwurfs eines Bilanzrichtlinie-Gesetzes, in: BB, 36. Jg. (1981), S. 274-284

Naumann, Thomas K. (Fremdwährungsumrechnung, 1992): Fremdwährungs-umrechnung in Bankbilanzen nach neuem Recht, Düsseldorf 1992

Offerhaus, Klaus (Berücksichtigung, 1967): Die Berücksichtigung von Fehl-maßnahmen bei der Bewertung von Gebäuden, in: StBp, 7. Jg. (1967), S. 25-28

Ordelheide, Dieter (Periodengewinn, 1988): Kaufmännischer Periodengewinn als ökonomischer Gewinn, in: Michel Domsch/Franz Eisenführ/Dieter Ordelheide/Manfred Perlitz (Hrsg.), Unternehmungserfolg, Walther Busse von Colbe zum 60. Geburtstag, Wiesbaden 1988, S. 275-302

Ordelheide, Dieter (Kapital, 1989): Kapital und Gewinn. Kaufmännische Konvention als kapitaltheoretische Konzeption? In: Herbert Hax/Werner Kern/Hans-Horst Schröder (Hrsg.): Zeitaspekte in betriebswirtschaftlicher Theorie und Praxis, Stuttgart 1989, S. 21-41

Ordelheide, Dieter/Hartle, Joachim (Rechnungslegung, 1986): Rechnungsle-gung und Gewinnermittlung von Kapitalgesellschaften nach dem Bilanz-richtlinien-Gesetz, in: GmbHR, 77. Jg. (1986), S. 9-19 u. 38-42

o.V. (Anmerkung, 1981): Anmerkung zu BFH-Urteil vom 8. Juli 1980 VIII R 176/78, in: HFR, 21. Jg. (1981), S. 7

o.V. (Firmenwert, 1987): Geschäfts- oder Firmenwert, in: NWB 1987, Fach 3b, S. 3441-3444

Pankow, Max/Lienau, Alexander (in: Beck'scher Bilanzkommentar, 1986): Kommentierung zu § 253 HGB, in: Wolfgang Dieter Budde/Hermann Clemm/Max Pankow/Manfred Sarx (Hrsg.), Beck'scher Bilanzkom-mentar, München 1986

Pankow, Max/Lienau, Alexander/Feyel, Joachim (in: Beck'scher Bilanzkom-mentar, 1990): Kommentierung zu § 253 HGB, in: Wolfgang Dieter Budde/ Hermann Clemm/Max Pankow/Manfred Sarx (Hrsg.), Beck'scher Bilanzkommentar, 2. Aufl., München 1990

Pankow, Max/Schmidt-Wendt, Dietrich (in: Beck'scher Bilanzkommentar, 1990): Kommentierung zu § 255 HGB, in: Wolfgang Dieter Budde/

Hermann Clemm/Max Pankow/Manfred Sarx (Hrsg.), Beck'scher Bilanzkommentar, 2. Aufl., München 1990

Petzoldt, Rolf (Grundstücksübertragung, 1975): Grundstücksübertragung unter Nießbrauchsvorbehalt und Berechtigung zur Absetzung für Abnutzung, in: BB, 30. Jg. (1975), S. 1430-1433

Pfeiffer, Thomas (Begriffsbestimmung, 1984): Begriffsbestimmung und Bilanzfähigkeit des immateriellen Wirtschaftsgutes, in: StuW, 14. (61.) Jg. (1984), S. 326-339

Piechotta, Günter (Teilwertabschreibung, 1964): Die Teilwertabschreibung und die Absetzungen für außergewöhnliche technische oder wirtschaftliche Abnutzung in steuerlicher und betriebswirtschaftlicher Sicht, Dissertation, Berlin 1964

Piltz, Detlev Jürgen (Geschäftswert, 1981): Der Geschäftswert im Ertragsteuerrecht, in: Institut "Finanzen und Steuern" e.V., Heft 120, Bonn 1981

Piltz, Detlev Jürgen (Bewertung, 1983): Die Bewertung in der Steuerbilanz und Vermögensaufstellung bei unrentablen Unternehmen, in: Institut "Finanzen und Steuern" e.V., Heft 122, Bonn 1983

Piltz, Detlev Jürgen (Teilwert, 1991/92): Teilwert bei Unrentabilität des Unternehmens, in: StbJb 1991/92, S. 147-176

Plückebaum, Rudolf (Bewertung, 1962): Die Bewertung mit dem niedrigeren Teilwert und die außergewöhnliche Absetzung für Abnutzung, in: DB, 15. Jg. (1962), S. 1385-1389 u. 1417-1420

Reiche, Klaus (Absetzung, 1986): Absetzung für außergewöhnliche wirtschaftliche Abnutzung bei Gebäuden aufgrund Ertragsminderung, in: DStR, 24. Jg. (1986), S. 32-33

Reinhardt, Fritz (Rechnungswesen, 1935): Rechnungswesen, Buchführung und Abschluß- und Bilanzwesen, in: DStZ, 24. Jg. (1935), S. 1297-1305

Reinhardt, Fritz (Buchführung, 1936): Buchführung, Bilanz und Steuern, Band 1, Berlin 1936

Richter, Martin (in: HdJ Abt. II/2, 1990): Die immateriellen Anlagewerte, in: Klaus von Wysocki/Joachim Schulze-Osterloh (Hrsg.), Handbuch des Jahresabschlusses in Einzeldarstellungen, Abt. II/2, Köln 1990

Richter, Martin (in: HdJ Abt. II/9, 1990): Die Bilanzierungshilfen, in: Klaus von Wysocki/Joachim Schulze-Osterloh (Hrsg.), Handbuch des Jahresabschlusses in Einzeldarstellungen, Abt. II/9, Köln 1990

Rose, Gerd/Telkamp, Heinz-Jürgen (Abschreibung, 1977): Die planmäßige Abschreibung bzw. Absetzung für Abnutzung bei erworbenen Bauwerken, insbesondere bei Erwerb mit Abbruchsabsicht, in: FR, 32. (59.) Jg. (1977), S. 429-433

Sauer, Otto (Negativer Geschäftswert, 1974): Negativer Geschäftswert in der Steuerbilanz? In: FR, 29. (56.) Jg. (1974), S. 125-128

Schellenberger, Heinz (Streitfragen, 1980): Streitfragen bei Abschreibungen und Absetzungen, in: FR, 35. (62.) Jg. (1980), S. 25-34

Schildbach, Thomas (Zeitwert, 1990/91): Niedriger Zeitwert versus Teilwert und das Verhältnis von Handels- und Steuerbilanz, in: StbJb 1990/91, S. 31-50

Schildbach, Thomas (Jahresabschluß, 1992): Der handelsrechtliche Jahresabschluß, 3. Aufl., Herne/Berlin 1992

Schindele, Wilhelm (Bewertung, 1956): Die Bewertung von Betriebsgrundstücken mit Gebäuden in der steuerlichen Erfolgsbilanz, in: BB, 11. Jg. (1956), S. 1137-1138

Schindele, Wilhelm (Frage, 1966): Zur Frage der Teilwertermittlung für das bewegliche Anlagevermögen bei der Vermögensteuer, in: DStZ/A, 54. Jg. (1966), S. 259-264

Schmalenbach, Eugen (Grundlagen, 1919): Grundlagen dynamischer Bilanzlehre, in: ZfhF, 13. Jg. (1919), S. 1-60 u. 65-101

Schmalenbach, Eugen (Abschreibungen, 1949): Abschreibungen bei Preisveränderungen von Anlagegegenständen, in: ZfhF, NF, 1. Jg. (1949), S. 49-58

Schmalenbach, Eugen (Dynamische Bilanz, 1962): Dynamische Bilanz, 13. Aufl., bearb. v. Richard Bauer, Köln und Opladen 1962

Schmidt, Eberhard (Aktivitäten, 1991): Fehlgeleitete Aktivitäten bei der Teilwertermittlung, in: BB, 46. Jg. (1991), S. 1012-1013

Schmidt, Fritz (Bilanz, 1921): Die organische Bilanz im Rahmen der Wirtschaft, Leipzig 1921

Schmidt, Fritz (Tageswertbilanz, 1929): Die organische Tageswertbilanz, 3. Aufl., Leipzig 1929, unveränd. Nachdruck Wiesbaden 1951

Schneeloch, Dieter (Behandlung, 1987): Steuerliche Behandlung des Altgeschäftswertes, in: BB, 42. Jg. (1987), S. 2414-2419

Schneider, Dieter (Nutzungsdauer, 1961): Die wirtschaftliche Nutzungsdauer von Anlagegütern als Bestimmungsgrund der Abschreibungen, Köln und Opladen 1961

Schneider, Dieter (Problematik, 1969): Die Problematik betriebswirtschaftlicher Teilwertlehren, in: WPg, 22. Jg. (1969), S. 305-313

Schneider, Dieter (Verlustausgleich, 1970): Sofortiger Verlustausgleich statt Teilwertabschreibung - ein Problem der Steuerreform -, in: WPg, 23. Jg. (1970), S. 68-72

Schneider, Dieter (Gewinnermittlung, 1971): Gewinnermittlung und steuerliche Gerechtigkeit, in: ZfbF, 23. Jg. (1971), S. 352-394

Schneider, Dieter (Abschreibungsverfahren, 1974): Abschreibungsverfahren und Grundsätze ordnungsmäßiger Buchführung, in: WPg, 27. Jg. (1974), S. 365-376

Schneider, Dieter (Problem, 1974): Das Problem der risikobedingten Anlagenabschreibung, in: WPg, 27. Jg. (1974), S. 402-405

Schneider, Dieter (Steuerbilanzen, 1978): Steuerbilanzen, Wiesbaden 1978

Schnitzler, Hugo (Teilwert, 1936): Teilwert und gemeiner Wert im Einkommensteuergesetz und Reichsbewertungsgesetz, Dissertation, Emsdetten 1936

Schreiber, Jochem (in: Blümich): Kommentierung zu § 5 EStG, in: Walter Blümich (Begr.), EStG, KStG, GewStG, hrsg. von Klaus Ebling/Wolfgang Freericks, München, Loseblatt-Sammlung

Schulte, Karl-Werner (Imparitätsprinzip, 1979): Imparitätsprinzip und Niederstwertvorschrift, in: WPg, 32. Jg. (1979), S. 505-510

Seifried, Max (Verhältnis, 1951): Das Verhältnis zwischen Teilwert und gesetzlichem Höchstwert (§ 18 DMBG) für bewegliche Anlagen, StuW I, 28. Jg. (1951), Sp. 243-270

Seitrich, Peter (Wertverluste, 1985): Substanz- und Wertverluste als außergewöhnliche Abnutzung im Bereich der Überschußeinkünfte, in: FR, 40. (67.) Jg. (1985), S. 485-488

Selchert, Friedrich Wilhelm (Beurteilung, 1986): Die kaufmännisch vernünftige Beurteilung eines niedrigeren Wertansatzes in der Bilanz, in: DStR, 24. Jg. (1986), S. 283-289

Siepe, Günter (Teilwertansatz, 1992): Darf ein ertragsteuerlicher Teilwertansatz den handelsrechtlich gebotenen Wertansatz überschreiten? In: Adolf Moxter/Hans-Peter Müller/Rolf Windmöller/Klaus von Wysocki (Hrsg.), Rechnungslegung, Festschrift für Karl-Heinz Forster, Düsseldorf 1992, S. 607-624

Simon, Herman Veit (Bilanzen, 1899): Die Bilanzen der Aktiengesellschaften und der Kommanditgesellschaften auf Aktien, 3. Aufl., Berlin 1899

Söffing, Günter (Firmenwert, 1988): Der Geschäfts- oder Firmenwert, in: Brigitte Knobbe-Keuk/Franz Klein/Adolf Moxter (Hrsg.), Handelsrecht und Steuerrecht, Festschrift für Georg Döllerer, Düsseldorf 1988, S. 593-614

Söffing, Matthias (in: Lademann/Söffing/Brockhoff): Kommentierung zu § 6 EStG, in: Lademann/Söffing/Brockhoff (Hrsg.), Kommentar zum Einkommensteuergesetz, Stuttgart, Loseblatt-Sammlung

Spitaler, Armin (Lehre, 1959/60): Die Lehre von der Einheit des Geschäftswerts, in: StbJb 1959/60, S. 443-462

Stobbe, Thomas (Ausübung, 1991): Die Ausübung "steuerrechtlicher Wahlrechte" nach § 5 Abs. 1 Satz 2 EStG, in: StuW, 21. (68.) Jg. (1991),
S. 17-27

Streim, Hannes (Plädoyer, 1990): Ein Plädoyer für die Einheitsbilanz, in:
BFuP, 42. Jg. (1990), S. 527-545

Stripf, Ernst (Auswechselungstheorie, 1975): Ist die Einheits- oder Auswechselungstheorie bei der Bewertung des derivativen Geschäftswerts noch
vertretbar? In: DB, 28. Jg. (1975), S. 1336-1337

Stripf, Ernst (Abschreibung, 1980): Zur Abschreibung des derivativen Geschäftswertes in der Steuerbilanz, in: DB, 33. Jg. (1980), S. 318-319

Strobl, Elisabeth (Entwicklungen, 1984/85): Neue Entwicklungen beim Ver-
lustausweis aufgrund des Imparitätsprinzips, in: JbFfSt 1984/85,
S. 309-320

Strobl, Elisabeth (in: o.V., 1984/85): Aussprache, in: JbFfSt 1984/85,
S. 321-334

Strutz, Georg (Einkommensteuergesetz, 1927): Kommentar zum Einkommensteuergesetz vom 10. August 1925, Erster Band, Berlin 1927

Stuhrmann, Gerd (in: Hartmann/Böttcher/Nissen/Bordewin): Kommentierung
zu § 7 EStG, in: Alfred Hartmann/ Conrad Böttcher/Karl-Heinz Nissen/
Arno Bordewin, Kommentar zum Einkommensteuergesetz, Wiesbaden,
Loseblatt-Sammlung

Suhr, Gerhard (Auswirkungen, 1973/74): Auswirkungen der Rentabilität eines
Unternehmens auf die Bewertung von Wirtschaftsgütern des Anlagevermögens unter Berücksichtigung der neuesten Rechtsprechung des BFH,
in: StBp, 13. Jg. (1973), S. 268-274 u. 14. Jg. (1974), S. 1-5

Thiel, Jochen (Bilanzrecht, 1990): Bilanzrecht, 4. Aufl, Heidelberg 1990

Tiedchen, Susanne (Vermögensgegenstand, 1991): Der Vermögensgegenstand
im Handelsbilanzrecht, Köln 1991

Tiedtke, Klaus (Bilanzsteuerrecht, 1983): Einkommensteuer- und Bilanzsteuerrecht, Berlin/New York 1983

Tillmann, Bert (Geschäftswert, 1989): Geschäftswert bei Unternehmensände-
rung, in: GmbHR, 80. Jg. (1989), S. 41-51

Tipke, Klaus (Auslegung, 1985): Über teleologische Auslegung, Lückenfest-
stellung und Lückenausfüllung, in: Franz Klein/Klaus Vogel (Hrsg.), Der
Bundesfinanzhof und seine Rechtsprechung, Grundfragen - Grundlagen,
Festschrift für Hugo von Wallis, Bonn 1985, 133-150

Tittel, Herbert (Firmenwert, 1949): Firmenwert und stille Reserven beim Aus-
scheiden von Teilhabern aus Personengesellschaften, in: BFuP, 1. Jg.
(1949), S. 69-97 u. 282-298

Treiber, Klaus (in: Beck'sches HdR B211): Immaterielle Vermögensgegenstände, in: Edgar Castan/Gerd Heymann/ Eberhard Müller/Dieter Ordel-
heide/Eberhard Scheffler (Hrsg.), Beck'sches Handbuch der Rechnungslegung, München, Loseblatt-Sammlung

ur (Geschäftswert, 1986): Geschäftswert: Teilwertabschreibung nach Aufgabe
der Einheitstheorie, in: FR, 41. (68.) Jg. (1986), S. 90-91

Veiel, Otto (Teilwertbegriff, 1944): Der Teilwertbegriff bei Betriebsanlage-
gütern und die kaufmännische Erfolgsrechnung, in: StuW, 21. Jg. (1944),
Sp. 397-454

Veit, Klaus-Rüdiger (Bilanzierung, 1984): Zur Bilanzierung von Organisati-
onsausgaben und Gründungsausgaben nach künftigem Recht, in: WPg,
37. Jg. (1984), S. 65-70

Veit, Klaus-Rüdiger (Firmenwert, 1989): Der derivative Firmenwert als Bilanzierungshilfe, in: DB, 42. Jg. (1989), S. 1093-1096

Veit, Klaus-Rüdiger (Funktionen, 1992): Die Funktionen von Bilanzierungshilfen, in: DB, 45. Jg. (1992), S. 101-104

Vodrazka, Karl (Wertuntergrenzen, 1968): Wertuntergrenzen für das bilanzielle Vermögen im Aktien- und Ertragsteuerrecht, in: Otto Hintner/Hanns
Linhardt (Hrsg.), Zur Besteuerung der Unternehmung, Festschrift für Peter Scherpf, Berlin 1968, S. 139-166

Wagner, Franz W./Schomaker, Helmut (Abschreibung, 1987): Die Abschreibung des Firmenwertes in Handels- und Steuerbilanz nach der Reform des Bilanzrechts, in: DB, 40. Jg. (1987), S. 1365-1372

Wall, Fritz (Teilwert, 1957): Der Teilwert, seine Problematik und seine Ersetzung durch den gemeinen Wert (EStG), in: WPg, 10. Jg. (1957), S. 545-551

Wassermeyer, Franz (Nießbrauch, 1983): Der Nießbrauch im Einkommensteuerrecht, in: FR, 38. (65.) Jg. (1983), S. 157-164

Werndl, Josef (in: Kirchhof/Söhn): Kommentierung der §§ 6 und 7 EStG, in: Paul Kirchhof/Hartmut Söhn (Hrsg.), Einkommensteuergesetz, Kommentar, Band 3, Heidelberg, Loseblatt-Sammlung

Westhoff, Josef (Teilwert, 1949): Der niedrigere Teilwert in Erfolgssteuerbilanzen und kritische Betrachtung der Verrechnung unrealisierter Wertminderungen nach dem Niederstwertprinzip, Dissertation, Köln 1949

Wittig (in: Blümich): Kommentierung zu § 6 EStG, in: Walter Blümich (Begr.), EStG, KStG, GewStG, hrsg. von Klaus Ebling/Wolfgang Freericks, München, Loseblatt-Sammlung

Wöhe, Günter (Bilanzierung, 1980): Zur Bilanzierung und Bewertung des Firmenwertes, in: StuW, 10. (57.) Jg. (1980), S. 89-108

Wölk, Armin (Generalnorm, 1992): Die Generalnorm für den Einzelabschluß von Kapitalgesellschaften, Frankfurt u.a. 1992

Wörner, Georg (Steuerbilanz, 1991): Handels- und Steuerbilanz nach neuem Recht, 4. Aufl., Landsberg/Lech 1991

Woerner, Lothar (Grundsatzfragen, 1984): Grundsatzfragen zur Bilanzierung schwebender Geschäfte, in: FR, 39. (66.) Jg. (1984), S. 489-496

Woerner, Lothar (in: o.V., 1984/85): Aussprache, in: JbFfSt 1984/85, S. 321-334

Wohlgemuth, Michael (in: HdJ Abt. I/11, 1990): Niedrigere Wertansätze in der Handelsbilanz, in: Klaus von Wysocki/Joachim Schulze-Osterloh

(Hrsg.), Handbuch des Jahresabschlusses in Einzeldarstellungen, Abt. I/11, Köln 1990

Wolf, Jakob (Steuerbilanz, 1988): Handels- und Steuerbilanz nach neuem Bilanzrecht, 2. Aufl., Stuttgart 1988

Zeitler, Franz-Christoph (Firmenwert, 1988): Der Firmenwert und verwandte immaterielle Wirtschaftsgüter in der Bilanz, in: DStR, 26. Jg. (1988), S. 303-308

Zitzlaff, Franz (Teilwert, 1938): Teilwert, in: StuW I, 17. Jg. (1938), Sp. 1061-1066

Zitzlaff, Franz (Entstehung, 1941): Zur Entstehung des Teilwertbegriffs, in: StuW I, 20. Jg. (1941), Sp. 193-196

Zitzlaff, Franz (Teilwertabschreibung, 1947): Die Teilwertabschreibung bei Wirtschaftsgütern des Anlagevermögens, insbesondere denen des § 131 Abs. 1 A II 1 bis 4 AktG, in: FR, 2. (29.) Jg. (1947), S. 85-88

Zitzlaff, Franz (Abnutzung, 1948): Muß bei abnutzbaren Wirtschaftsgütern eine außergewöhnliche Abnutzung abgesetzt werden? In: DStZ, 36. Jg. (1948), S. 131-133

Zitzlaff, Franz (Nochmals, 1948): Nochmals: Zur Teilwertabschreibung, in: FR, 3. (30.) Jg. (1948), S. 21-22

Zitzlaff, Franz (Teilwertfrage, 1949): Zur Teilwertfrage besonders bei Anlagegütern, in: StuW I, 26. Jg. (1949), Sp. 33-48

Zitzlaff, Franz (Abnutzung, 1950): Muß bei abnutzbaren Wirtschaftsgütern eine außergewöhnliche Abnutzung abgesetzt werden? In: DStZ/A, 38. Jg. (1950), S. 23-26

Zitzmann, Gerhard (Abschreibungsverbesserungen, 1986): Abschreibungsverbesserungen für Wirtschaftsgebäude und für Heizungs- und Warmwasseranlagen, in: BB, 41. Jg. (1986), S. 103-114

Zitzmann, Gerhard/Liebscher, Rainer (AfA-Lexikon): AfA-Lexikon, Bonn, Loseblatt-Sammlung

URTEILSVERZEICHNIS

Gericht und Datum	Aktenzeichen	Fundstelle
ROHG vom 03.12.1873	II Rep. 934/73	ROHGE 12, 15-23
PrOVG vom 27.11.1896	Rep.VI. 10/95	PrOVGSt 5, 270-299
PrOVG vom 17.05.1897	VI Rep.E.IX.84/96	PrOVGSt 6, 31-40
PrOVG vom 17.05.1897	VI Rep.E.XII.a. 37/96	PrOVGSt 6, 40-47
PrOVG vom 25.11.1899	V J.N.V.a. 49 - Rep.V.a. 44.50/99	PrOVGSt 8, 85-88
PrOVG vom 26.04.1900	VI J.N.XII.b. 7 - Rep.XII.b. 5/00	PrOVGSt 9, 87-91
PrOVG vom 02.07.1902	V J.N.V.A. 190 - Rep.V.A. 136/01	PrOVGSt 10, 294-309
PrOVG vom 30.12.1905	V J.N.V.A. 19 - Rep.V.A. 18/05	PrOVGSt 12, 310-317
RFH vom 13.01.1920	I A 232/19	RFHE 2, 135-140
RFH vom 15.10.1924	VI e A 174/24	RFHE 15, 5-8
RFH vom 04.11.1925	VI A 491/25	RFHE 17, 332-337
RFH vom 14.12.1926	VI A 575/26	StuW 1927, 109-114; RFHE 20, 87
RFH vom 21.09.1927	VI A 383/27	StuW 1927, 803-806
RFH vom 30.11.1927	VI A 759/27	StuW 1928, 71-75; RFHE 22, 211

Gericht und Datum	Aktenzeichen	Fundstelle
RFH vom 14.12.1927	VI A 761/27	RStBl 1928, 95
RFH vom 14.12.1927	VI A 802/27	StuW 1928, 98-101; RFHE 22, 309
RFH vom 14.03.1928	VI A 54/28	RStBl 1928, 182
RFH vom 08.05.1928	I A 453/27	StuW 1928, 973-976; RFHE 23, 238
RFH vom 09.05.1928	I A 190/28	StuW 1928, 1190-1191; RFHE 23, 244
RFH vom 07.09.1928	VI A 724/28	RStBl 1928, 334-335
RFH vom 19.09.1928	VI A 1143/28	StuW II 1929, 39-41
RFH vom 03.10.1928	VI A 1224/28	StuW II 1929, 131-133
RFH vom 10.10.1928	VI A 1216/28	StuW II 1929, 129-130
RFH vom 17.10.1928	VI A 924/28	StuW II 1928, 1441-1446
RFH vom 11.01.1929	VI A 1515/28	RStBl 1929, 221-223
RFH vom 23.01.1929	VI A 1071/28	RStBl 1929, 197
RFH vom 05.03.1929	I A a 521/28	StuW II 1929, 832-833
RFH vom 17.04.1929	VI A 594/27	StuW II 1929, 944-953
RFH vom 04.09.1929	VI A 1218/29	StuW II 1930, 157-158
RFH vom 25.09.1929	VI A 1085/28	StuW II 1929, 1707-1710
RFH vom 30.09.1929	I A 720/28	RStBl 1930, 92-95
RFH vom 18.12.1929	VI A 1849/29	RStBl 1930, 90-91

Gericht und Datum	Aktenzeichen	Fundstelle
RFH vom 12.03.1930	VI A 1039/29	RStBl 1930, 270-272
RFH vom 20.03.1930	VI A 370/30	RStBl 1930, 348-349
RFH vom 20.03.1930	VI A 371/30	RStBl 1930, 360-361
RFH vom 26.04.1930	I A a 60/29	RStBl 1930, 589-590
RFH vom 17.07.1930	VI A 1133/30	StuW II 1930, 1597-1598
RFH vom 09.09.1930	I A a 401/29	StuW II 1930, 2048-2050
RFH vom 04.11.1930	I A a 445/29	StuW II 1931, 744-746
RFH vom 05.11.1930	VI A 1576/30	StuW II 1931, 26-27
RFH vom 26.11.1930	VI A 320/29	StuW II 1931, 255-260
RFH vom 26.11.1930	VI A 2059/30	StuW II 1931, 283-285
RFH vom 09.01.1931	I A 245/30	RStBl 1931, 307-310
RFH vom 18.02.1931	VI A 2244/30	StuW II 1931, 589-590
RFH vom 10.03.1931	I A 244/30	RStBl 1931, 302-303
RFH vom 14.04.1931	VI A 786/31	StuW II 1931, 1058-1060
RFH vom 17.06.1931	VI A 1723/30	StuW II 1931, 1347-1349
RFH vom 01.07.1931	VI A 97/29	RStBl 1931, 741-742
RFH vom 09.07.1931	VI A 323/31	RStBl 1931, 819
RFH vom 29.07.1931	VI A 1265/29	StuW II 1931, 1816-1819; RFHE 29, 221
RFH vom 30.09.1931	VI A 837/31	RStBl 1932, 339-341

Gericht und Datum	Aktenzeichen	Fundstelle
RFH vom 02.03.1932	VI A 1070/31	StuW II 1932, 1196-1197
RFH vom 02.03.1932	VI A 2137/30	RStBl 1932, 533; RFHE 30, 175
RFH vom 13.07.1932	VI A 2147/31	StuW II 1932, 1789-1792
RFH vom 22.07.1932	I A 166/30	StuW II 1933, 253-255
RFH vom 30.08.1932	VI A 2231/31	RStBl 1933, 30-31
RFH vom 27.09.1932	I A 62/31	RStBl 1932, 1072-1074
RFH vom 10.11.1932	I A 31/32	StuW II 1933, 257-258
RFH vom 21.12.1932	VI A 477/32	StuW II 1933, 567-573
RFH vom 28.03.1933	I A 297/30	RStBl 1933, 1259-1262
RFH vom 26.07.1933	VI A 1169/32	RStBl 1933, 1116-1117; RFHE 34, 60
RFH vom 12.09.1933	I A 361/31	RStBl 1934, 859-860
RFH vom 08.11.1933	VI A 572/33	RStBl 1934, 296-297
RFH vom 29.06.1934	I A 317/33	StuW II 1934, 1366-1368
RFH vom 10.07.1934	I A 142/32	RStBl 1934, 1138-1142; RFHE 36, 315
RFH vom 25.07.1934	VI A 517/34	StuW II 1934, 1283-1284
RFH vom 25.07.1934	VI A 26,27/33	StuW II 1934, 1280-1283
RFH vom 19.12.1934	VI A 532/33	StuW II 1935, 344-348
RFH vom 19.12.1934	VI 804,805/34	StuW II 1935, 179-183

Gericht und Datum	Aktenzeichen	Fundstelle
RFH vom 24.01.1935	III A 406/33	StuW II 1935, 411-414
RFH vom 06.02.1935	VI A 322/34	StuW II 1935, 652-654
RFH vom 06.03.1935	VI A 890/34	StuW II 1935, 685-686
RFH vom 30.04.1935	I A 96/33	RStBl 1935, 857-860; RFHE 37, 334
RFH vom 26.06.1935	VI A 475/34	RStBl 1935, 1496-1497
RFH vom 07.07.1935	I A 56/35	RStBl 1935, 1237-1239
RFH vom 17.10.1935	VI A 435/35	StuW II 1935, 1697-1699
RFH vom 06.05.1936	VI A 128,129/35	RStBl 1936, 849-850
RFH vom 27.05.1936	VI A 221/36	RStBl 1936, 886-888; RFHE 39, 277
RFH vom 10.06.1936	I A 73/36	RStBl 1936, 723-725
RFH vom 22.07.1936	VI A 864/35	RStBl 1936, 1011
RFH vom 16.12.1936	VI A 587/35	RStBl 1937, 106-107; RFHE 40, 310
RFH vom 16.12.1936	VI A 589/35	RStBl 1937, 503; RFHE 40, 315
RFH vom 28.04.1937	VI A 142-144/37	RStBl 1937, 956-957; RFHE 41, 218
RFH vom 19.01.1938	VI 762/37	RStBl 1938, 187-188; RFHE 43, 111
RFH vom 19.01.1938	VI 533/36	RStBl 1938, 179-182; RFHE 43, 93

Gericht und Datum	Aktenzeichen	Fundstelle
RFH vom 03.02.1938	VI 546/37	StuW II 1938, 276-279; RFHE 43, 179
RFH vom 09.02.1938	VI 739/37	StuW II 1938, 363-366; RFHE 43, 268
RFH vom 23.03.1938	VI 704/37	RStBl 1938, 639-640
RFH vom 30.03.1938	VI 657/38	RStBl 1938, 770-772; RFHE 43, 292
RFH vom 30.03.1938	VI 630/37	RStBl 1938, 629; RFHE 44, 1
RFH vom 06.04.1938	VI 445/37	StuW II 1938, 468-469
RFH vom 27.04.1938	VI 99/38	StuW II 1938, 658-659
RFH vom 27.04.1938	VI 128/38	RStBl 1938, 646
RFH vom 22.06.1938	VI 198/38	RStBl 1939, 195-196
RFH vom 30.11.1938	VI 706/38	RStBl 1939, 257-258
RFH vom 30.11.1938	I 192/38	RStBl 1939, 480-482; RFHE 45, 232
RFH vom 30.11.1938	VI 704/38	RStBl 1939, 251-252
RFH vom 25.01.1939	VI 696/38	RStBl 1939, 497-498
RFH vom 15.02.1939	VI 841,842/38	RStBl 1939, 393-395
RFH vom 01.03.1939	VI 648/38	StuW II 1939, 531-534
RFH vom 01.03.1939	VI 125/39	RStBl 1939, 630-632; RFHE 46, 251

Gericht und Datum	Aktenzeichen	Fundstelle
RFH vom 08.03.1939	VI 97/39	StuW II 1939, 525-529
RFH vom 28.06.1939	VI 402/39	RStBl 1939, 1046-1047
RFH vom 25.10.1939	VI 605/39	RStBl 1940, 354-355
RFH vom 19.12.1939	I 54/39	RStBl 1940, 603
RFH vom 09.01.1940	I 9/39	RStBl 1940, 643-646
RFH vom 14.10.1942	VI 215/42	StuW II 1942, 474-476
RFH vom 02.06.1943	VI 333/42	RStBl 1943, 618-619
OFH vom 28.02.1948	I 10/47	StRK EStG § 4 R.4
OFH vom 28.06.1949	III 27/49	StuW 1950, 20-22
BFH vom 15.05.1952	IV 469/51 U	BStBl III, 169-170; BFHE 56, 436
BFH vom 15.05.1953	IV 468/52	StRK EStG § 6 Abs. 1 Ziff. 1 R. 68, 61-62
BFH vom 27.08.1953	IV 33/53	auszugsweise in FR 1957, 108-109
BFH vom 19.11.1953	IV 142/53	BStBl III 1954, 16-17; BFHE 58, 264
BFH vom 11.12.1953	IV 386/52 U	BStBl III 1954, 74-76; BFHE 58, 424
BFH vom 02.03.1954	I 133/53 S	BStBl III 1954, 129; BFHE 58, 573
BFH vom 11.02.1955	IV 102/53 U	BStBl III 1955, 165-172; BFHE 60, 429

Gericht und Datum	Aktenzeichen	Fundstelle
BFH vom 15.02.1955	I 54/54 U	BStBl III 1955, 172-173; BFHE 60, 448
BFH vom 16.08.1955	I 14/55 U	BStBl III 1955, 306-307; BFHE 61, 283
BFH vom 11.10.1955	I 117/54 U	BStBl III 1956, 11-12; BFHE 62, 27
BFH vom 26.01.1956	IV 566/54 U	BStBl III 1956, 113-114; BFHE 62, 305
BFH vom 14.02.1956	I 239/54 U	BStBl III 1956, 102; BFHE 62, 274
BFH vom 29.05.1956	I 39/56 S	BStBl III 1956, 226-228; BFHE 63, 76
BFH vom 03.07.1956	I 118/55 U	BStBl III 1956, 248-250; BFHE 63, 133
BFH vom 03.07.1956	I 344/55 U	BStBl III 1956, 250-251; BFHE 63, 137
BFH vom 17.07.1956	I 292/55 U	BStBl III 1956, 379-380; BFHE 63, 476
BFH vom 30.10.1956	I 185/56 U	BStBl III 1957, 5-7; BFHE 64, 13
BFH vom 24.01.1957	IV 380/55	StRK EStG § 6 Abs. 1 Ziff. 1 R. 45, 39-43
BFH vom 13.08.1957	I 18/57 U	BStBl III 1957, 349-350; BFHE 65, 304
BFH vom 08.10.1957	I 86/57 U	BStBl III 1957, 442-443; BFHE 65, 541

Gericht und Datum	Aktenzeichen	Fundstelle
BFH vom 15.04.1958	I 61/57 U	BStBl III 1958, 330-331; BFHE 67, 151
BFH vom 29.04.1958	I 313, 314/56	StRK EStG § 6 Abs. 1 Ziff. 1 R. 75, 66-70
BFH vom 26.08.1958	I 80/57 U	BStBl III 1958, 420-422; BFHE 67, 382
BFH vom 03.02.1959	I 163/57	StRK EStG § 7 R. 46, 78-82
BFH vom 02.06.1959	I 74/58 S	StRK EStG § 6 Abs. 1 Ziff. 1 R. 66, 56-60; BFHE 69, 162
BFH vom 23.10.1959	VI 131/58 U	BStBl III 1960, 3-4; BFHE 70, 5
BFH vom 01.03.1960	I 188/59 U	BStBl III 1960, 198-199; BFHE 70, 530
BFH vom 20.09.1960	I 108/60 U	BStBl III 1960, 461-462; BFHE 71, 565
BFH vom 11.10.1960	I 229/59 U	BStBl III 1960, 509-510; BFHE 71, 695
BFH vom 02.05.1961	I 33/60 S	BStBl III 1961, 365-366; BFHE 73, 267
BFH vom 23.06.1961	VI 161/60 U	BStBl III 1961, 401-403; BFHE 73, 370
BFH vom 11.07.1961	I 311/60 S	BStBl III 1961, 462-463; BFHE 73, 537
BFH vom 06.10.1961	VI 114/60	DB 1961, 1568

Gericht und Datum	Aktenzeichen	Fundstelle
BFH vom 04.01.1962	I 22/61 U	BStBl III 1962, 186-187; BFHE 74, 496
BFH vom 01.02.1962	IV 74/60 U	BStBl III 1962, 272-273; BFHE 75, 6
FG Hamburg vom 14.05.1962	V 28-29/61 (III)	EFG 1963, 105-106
BFH vom 25.09.1962	I 154/61	StRK EStG § 6 Abs. 1 Ziff. 1 R. 100, 87-90
BFH vom 22.11.1962	IV 38/61	StRK EStG § 7 R. 115, 156-157
BFH vom 14.12.1962	VI 270/61 S	BStBl III 1963, 89-91; BFHE 76, 247
BFH vom 10.01.1963	IV 214/58 S	BStBl III 1963, 261-264; BFHE 76, 713
BFH vom 29.01.1963	I 151/61 U	BStBl III 1963, 185-186; BFHE 76, 505
BFH vom 31.01.1963	IV 119/59 S	BStBl III 1963, 325-327; BFHE 77, 23
BFH vom 21.06.1963	VI 330/61 U	BStBl III 1963, 477-479; BFHE 77, 428
BFH vom 13.03.1964	IV 236/63 S	BStBl III 1964, 426-429; BFHE 79, 529
BFH vom 23.03.1964	VI 157/63	StRK EStG § 6 Abs. 1 Ziff. 1 R. 110, 96-97
BFH vom 22.04.1964	I 386/61 U	BStBl III 1964, 362-363; BFHE 79, 358

Gericht und Datum	Aktenzeichen	Fundstelle
BFH vom 03.12.1964	IV 422/62 S	BStBl III 1965, 323-324; BFHE 82, 214
BFH vom 10.12.1964	IV 328/61	StRK EStG § 6 Abs. 1 Ziff. 1 R. 136, 118-120
BFH vom 19.02.1965	III 342/61 U	BStBl III 1965, 248-251; BFHE 82, 1
BFH vom 13.04.1965	I 131/62	StRK EStG § 6 Abs. 1 Ziff. 1 R. 130, 113-117
BFH vom 23.04.1965	VI 327/64 U	BStBl III 1965, 382-383; BFHE 82, 370
BFH vom 20.05.1965	IV 49/65 U	BStBl III 1965, 503-505; BFHE 83, 5
BFH vom 29.07.1965	IV 164/63 U	BStBl III 1965, 648-650; BFHE 83, 413
BFH vom 29.10.1965	VI 64/65 U	BStBl III 1966, 88-89; BFHE 84, 240
BFH vom 11.01.1966	I 99/63	BStBl III 1966, 310-311; BFHE 85, 275
BFH vom 15.02.1966	I 103/63	BStBl III 1966, 468-470; BFHE 85, 496
BFH vom 22.08.1966	GrS 2/66	BStBl III 1966, 672-675; BFHE 86, 792
BFH vom 18.01.1967	I 77/64	BStBl III 1967, 334-335; BFHE 88, 198
BFH vom 21.02.1967	VI R 295/66	BStBl III 1967, 386-387; BFHE 88, 316

Gericht und Datum	Aktenzeichen	Fundstelle
BFH vom 21.02.1967	VI R 145/66	BStBl III 1967, 460-461; BFHE 88, 448
BFH vom 13.07.1967	IV 138/63	BStBl II 1968, 11-12; BFHE 90, 125
BFH vom 31.10.1967	II 148/63	BStBl II 1968, 233-234; BFHE 91, 127
BFH vom 07.12.1967	GrS 1/67	BStBl II 1968, 268-270; BFHE 91, 93
FG Baden-Württemberg vom 15.05.1968	V 86/67	EFG 1968, 400-401
FG Düsseldorf vom 16.05.1968	IX 30/65 K	EFG 1968, 456-457
BFH vom 16.07.1968	GrS 7/67	BStBl II 1969, 108-112; BFHE 94, 124
BFH vom 22.08.1968	IV R 234/67	BStBl II 1968, 801-803; BFHE 93, 378
BFH vom 06.11.1968	I 64/65	BStBl II 1969, 35-36; BFHE 93, 551
BFH vom 03.02.1969	GrS 2/68	BStBl II 1969, 291-294; BFHE 95, 31
BFH vom 07.05.1969	I R 47/67	BStBl II 1969, 464-466; BFHE 95, 437
BFH vom 23.09.1969	I R 71/67	BStBl II 1970, 87-89; BFHE 97, 169
BFH vom 09.10.1969	IV 166/64	BStBl II 1970, 205-207; BFHE 97, 533

Gericht und Datum	Aktenzeichen	Fundstelle
FG Rheinland-Pfalz vom 26.11.1969	III 1239/66	EFG 1970, 115-116
FG Münster vom 05.03.1970	I 1331/69	EFG 1970, 331-332
BFH vom 05.08.1970	I R 180/66	BStBl II 1970, 804-806; BFHE 100, 89
BFH vom 16.09.1970	I R 196/67	BStBl II 1971, 175-176; BFHE 101, 76
BFH vom 25.11.1970	I R 165/67	BStBl II 1971, 142-143; BFHE 100, 524
BFH vom 22.07.1971	IV R 74/66	BStBl II 1971, 800-802; BFHE 103, 63
BFH vom 28.09.1971	VIII R 73/68	BStBl II 1972, 176-177; BFHE 103, 468
BFH vom 02.02.1972	I R 96/70	BStBl II 1972, 381-382; BFHE 104, 442
BFH vom 19.05.1972	III R 21/71	BStBl II 1972, 748-750; BFHE 106, 228
BFH vom 31.05.1972	I R 49/69	BStBl II 1972, 696-697; BFHE 106, 71
BFH vom 19.10.1972	I R 244/70	BStBl II 1973, 54-55; BFHE 107, 214
BFH vom 25.10.1972	GrS 6/71	BStBl II 1973, 79-83; BFHE 107, 296
BFH vom 02.03.1973	III R 88/69	BStBl II 1973, 475-477; BFHE 109, 63

Gericht und Datum	Aktenzeichen	Fundstelle
BFH vom 22.03.1973	IV R 46/69	BStBl II 1973, 581-582; BFHE 109, 240
BFH vom 28.03.1973	I R 115/71	BStBl II 1973, 678-679; BFHE 109, 326
BFH vom 05.06.1973	VIII R 118/70	BStBl II 1973, 702-705; BFHE 109, 513
BFH vom 20.07.1973	III R 100-101/72	BStBl II 1973, 794-795; BFHE 110, 203
BFH vom 13.09.1973	IV R 5/70	BStBl II 1973, 846-848; BFHE 110, 280
BFH vom 11.12.1974	II R 30/69	BStBl II 1975, 417-418; BFHE 115, 140
BFH vom 07.02.1975	VI R 133/72	BStBl II 1975, 478-480; BFHE 115, 313
BFH vom 20.02.1975	IV R 241/69	BStBl II 1975, 412-414; BFHE 115, 133
BFH vom 26.02.1975	I R 72/73	BStBl II 1976, 13-16; BFHE 115, 243
FG Rheinland-Pfalz vom 23.04.1975	I 108/73	EFG 1975, 457-458
BFH vom 12.06.1975	IV R 129/71	BStBl II 1975, 807-809; BFHE 116, 335
BFH vom 13.10.1976	I R 79/74	BStBl II 1977, 540-543; BFHE 122, 37
BFH vom 28.10.1976	IV R 76/72	BStBl II 1977, 73-76; BFHE 120, 245

Gericht und Datum	Aktenzeichen	Fundstelle
BFH vom 08.12.1976	I R 215/73	BStBl II 1977, 409-412; BFHE 121, 402
BFH vom 09.02.1977	I R 130/74	BStBl II 1977, 412-414; BFHE 121, 436
BFH vom 17.03.1977	IV R 218/72	BStBl II 1977, 595-598; BFHE 122, 70
BFH vom 20.04.1977	I R 234/75	BStBl II 1977, 607-608; BFHE 122, 268
BFH vom 07.06.1977	VIII R 105/73	BStBl II 1977, 606-607; BFHE 122, 300
BFH vom 23.06.1977	IV R 17/73	BStBl II 1977, 825-827; BFHE 123, 140
BFH vom 18.08.1977	VIII R 93/74	BStBl II 1977, 835-836; BFHE 123, 180
BFH vom 16.11.1977	I R 212/75	BStBl II 1978, 103-105; BFHE 123, 564
BFH vom 02.12.1977	III R 58/75	BStBl II 1978, 164-165; BFHE 124, 172
BFH vom 17.01.1978	VIII R 31/75	BStBl II 1978, 335-337; BFHE 124, 441
BFH vom 14.02.1978	VIII R 176/73	BStBl II 1978, 343-345; BFHE 124, 450
BFH vom 12.06.1978	GrS 1/77	BStBl II 1978, 620-626; BFHE 125, 516
BFH vom 27.06.1978	VIII R 136/74	BStBl II 1979, 8-9; BFHE 126, 15

Gericht und Datum	Aktenzeichen	Fundstelle
BFH vom 27.06.1978	VIII R 12/72	BStBl II 1979, 38-40; BFHE 125, 528
FG Rheinland-Pfalz vom 07.11.1978	II 263-264/75	EFG 1979, 134-136
BFH vom 07.12.1978	I R 142/76	BStBl II 1979, 729-732; BFHE 128, 178
BFH vom 25.01.1979	IV R 56/75	BStBl II 1979, 302-305; BFHE 127, 32
BFH vom 25.01.1979	IV R 21/75	BStBl II 1979, 369-372; BFHE 127, 180
BFH vom 28.05.1979	I R 66/76	BStBl II 1979, 624-625; BFHE 128, 226
BFH vom 13.12.1979	IV R 30/77	BStBl II 1980, 346-348; BFHE 130, 142
BFH vom 30.01.1980	I R 89/79	BStBl II 1980, 327-329; BFHE 130, 28
BFH vom 24.04.1980	IV R 61/77	BStBl II 1980, 690-692; BFHE 131, 220
BFH vom 03.07.1980	IV R 31/77	BStBl II 1981, 255-258; BFHE 131, 229
BFH vom 08.07.1980	VIII R 176/78	BStBl II 1980, 743-744; BFHE 131, 310
BFH vom 28.10.1980	VIII R 34/76	BStBl II 1981, 161-163; BFHE 132, 41
BFH vom 19.02.1981	IV R 41/78	BStBl II 1981, 730-731; BFHE 133, 510

Gericht und Datum	Aktenzeichen	Fundstelle
BFH vom 21.10.1981	I R 68/77	nicht veröffentlicht
BFH vom 25.11.1981	I R 54/77	BStBl II 1982, 189-192; BFHE 134, 434
BFH vom 01.04.1982	IV R 2-3/79	BStBl II 1982, 620-622; BFHE 136, 83
BFH vom 21.07.1982	I R 177/77	BStBl II 1982, 758-761; BFHE 136, 381
BFH vom 22.07.1982	IV R 111/79	BStBl II 1982, 655-657; BFHE 136, 266
BFH vom 29.07.1982	IV R 49/78	BStBl II 1982, 650-652; BFHE 136, 270
BFH vom 12.08.1982	IV R 43/79	BStBl II 1982, 652-655; BFHE 136, 274
BFH vom 28.10.1982	IV R 73/81	BStBl II 1983, 106-109; BFHE 137, 32
BFH vom 24.11.1982	I R 123/78	BStBl II 1983, 113-114; BFHE 137, 59
BFH vom 13.04.1983	I R 63/79	BStBl II 1983, 667-668; BFHE 138, 541
BFH vom 19.07.1983	VIII R 160/79	BStBl II 1984, 56-59; BFHE 139, 244
BFH vom 25.08.1983	IV R 218/80	BStBl II 1984, 33-35; BFHE 139, 268
BFH vom 12.04.1984	IV R 137/80	BStBl II 1984, 489-491; BFHE 140, 573

Gericht und Datum	Aktenzeichen	Fundstelle
BFH vom 03.07.1984	IX R 45/84	BStBl II 1984, 709-711; BFHE 141, 518
BFH vom 22.08.1984	I R 198/80	BStBl II 1985, 126-129; BFHE 142, 370
FG Berlin vom 10.05.1985	III 798/82	EFG 1986, 111-113
BFH vom 25.06.1985	VIII R 274/81	BFH/NV 1986, 22-24
BFH vom 07.11.1985	IV R 7/83	BStBl II 1986, 176-178; BFHE 145, 194
BFH vom 11.12.1985	I B 49/85	BFH/NV 1986, 595-596
BFH vom 31.01.1986	VI R 78/82	BStBl II 1986, 355-357; BFHE 146, 176
BFH vom 27.02.1986	IV R 52/83	BStBl II 1986, 552-554; BFHE 146, 383
BFH vom 04.12.1986	IV R 162/85	BFH/NV 1987, 296-298
BFH vom 20.01.1987	IX R 103/83	BStBl II 1987, 491-492; BFHE 149, 448
BFH vom 10.03.1987	IX R 24/86	BStBl II 1987, 618-621; BFHE 149, 527
BFH vom 17.09.1987	III R 201-202/84	BStBl II 1988, 488-490; BFHE 152, 221
BFH vom 17.11.1987	II B 29/87	BFH/NV 1989, 435
BFH vom 16.12.1987	I R 68/87	BStBl II 1988, 338-342; BFHE 152, 250

Gericht und Datum	Aktenzeichen	Fundstelle
BFH vom 05.02.1988	III R 229/84	BFH/NV 1988, 432-433
BFH vom 20.05.1988	III R 151/86	BStBl II 1989, 269-271; BFHE 153, 566
BFH vom 27.07.1988	I R 104/84	BStBl II 1989, 274-276; BFHE 155, 56
BFH vom 30.11.1988	I R 114/84	BStBl II 1990, 117-119; BFHE 155, 337
BFH vom 30.11.1988	II R 237/83	BStBl II 1989, 183-185; BFHE 155, 140
BFH vom 12.04.1989	II R 213/85	BStBl II 1989, 545-546; BFHE 156, 507
BFH vom 12.04.1989	II R 121/87	BStBl II 1989, 547-549; BFHE 156, 510
BFH vom 09.08.1989	X R 131-133/87	BStBl II 1990, 50-53; BFHE 158, 321
BFH vom 11.08.1989	IX R 44/86	BStBl II 1990, 53-55; BFHE 158, 240
BFH vom 20.09.1989	II R 96/86	BStBl II 1990, 206-207; BFHE 159, 95
BFH vom 10.04.1990	VIII R 170/85	BFH/NV 1991, 226-227
BFH vom 26.07.1991	VI R 82/89	BStBl II 1992, 1000-1005; BFHE 165, 378
Niedersächsisches Finanzgericht vom 24.10.1991	XII 706/84	EFG 1993, 15-18

Gericht und Datum	Aktenzeichen	Fundstelle
BFH vom 20.04.1993	IX R 122/88	BStBl II 1993, 504-505

VERZEICHNIS DER GESETZESTEXTE, GESETZGEBUNGSMATERIALIEN UND STEUERRICHTLINIEN

Allgemeines Landrecht der Preußischen Staaten, Textausgabe, Nachdruck 1970

Gesetz zur Änderung des Einkommensteuergesetzes vom 29. März 1920. Vom 24. März 1921, RGBl. I 1921, S. 313-328

Bericht des 11. Ausschusses über den Entwurf eines Gesetzes zur Änderung des Einkommensteuergesetzes vom 29. März 1920 - Nr. 1205 der Drucksachen -, in: Verhandlungen des Reichstags, I. Wahlperiode 1920, Band 366, Berlin 1924, S. 1348-1390

Entwurf eines Einkommensteuergesetzes - Nr. 795 der Drucksachen -, in: Verhandlungen des Reichstags, III. Wahlperiode 1924, Band 400, Berlin 1925, S. 1-99

Einkommensteuergesetz vom 10. August 1925, RGBl. I 1925, S. 189-260

Einkommensteuergesetz (EStG) vom 16. Oktober 1934, RGBl. I 1934, S. 1005-1064

Begründung zum Einkommensteuergesetz vom 16. Oktober 1934 (RGBl. I S. 1005), in: RStBl 1935, S. 33-60

Gesetz zur Neuordnung von Steuern vom 16. Dezember 1954, BGBl. I 1954, S. 373-392

Bundestags-Drucksache IV/2008 Entwurf eines Gesetzes zur Neuregelung der Absetzungen für Abnutzung bei Gebäuden vom 4. März 1964

Schriftlicher Bericht des Finanzausschusses zu Bundestags-Drucksache IV/2191 über den Entwurf eines Gesetzes zur Neuregelung der Absetzungen für Abnutzung bei Gebäuden - Drucksache IV/1892 - und über den Entwurf eines Gesetzes zur Änderung des Einkommensteuergesetzes - Drucksache IV/1894 - vom 28. März 1964

Bundestags-Drucksache 7/1470 Gesetzentwurf der Bundesregierung, Entwurf eines Dritten Steuerreformgesetzes vom 9. Januar 1974

Handelsgesetzbuch (ohne Seehandel) vom 10. Mai 1897 (RGBl. S. 219) (BGBl. III 4100-1) zuletzt geändert durch Gesetz vom 4. Juli 1980 (BGBl. I S. 836)

Aktiengesetz vom 6. September 1965 (BGBl. I S. 1089) zuletzt geändert durch das Gesetz vom 25. Oktober 1982 (BGBl. I S. 1425) und Gesetz vom März 1983

Bundestags-Drucksache 10/317 vom 26. August 1983 Entwurf eines Gesetzes zur Durchführung der Vierten Richtlinie des Rates der Europäischen Gemeinschaften zur Koordinierung des Gesellschaftsrechts (Bilanzrichtlinie-Gesetz)

Bundestags-Drucksache 10/4268 vom 18. November 1985 Beschlußempfehlung und Bericht des Rechtsausschusses (6. Ausschuß) zu dem von der Bundesregierung eingebrachten Entwurf eines Gesetzes zur Durchführung der Vierten Richtlinie des Rates der Europäischen Gemeinschaften zur Koordinierung des Gesellschaftsrechts (Bilanzrichtlinie-Gesetz) - Drucksache 10/317 - und zu dem von der Bundesregierung eingebrachten Entwurf eines Gesetzes zur Durchführung der Siebenten und Achten Richtlinie des Rates der Europäischen Gemeinschaften zur Koordinierung des Gesellschaftsrechts - Drucksache 10/3440

Gesetz zur steuerlichen Förderung des Wohnungsbaus und zur Ergänzung des Steuerreformgesetzes 1990, BGBl. I 1989, S. 2408-2420

Vermögensteuer-Richtlinien für die Vermögensteuer-Hauptveranlagung 1989 (VStR 1989) in der Fassung der Bekanntmachung vom 9. März 1989 (BStBl I 1989 Sondernummer 1)

Einkommensteuer-Richtlinien 1990 (EStR 1990) in der Fassung der Bekanntmachung vom 10. November 1990 (BStBl I Sondernummer 4)

Aktiengesetz vom 6. September 1965 (BGBl. I S. 1089) (BGBl. III 4121-1) zuletzt geändert durch Gesetz vom 30. November 1990 (BGBl. I S. 2570)

Handelsgesetzbuch (ohne Seehandel) vom 10. Mai 1897 (RGBl. S. 219) (BGBl. III 4100-1) zuletzt geändert durch Gesetz vom 21. Dezember 1992 (BGBl. I S. 2211)

Einkommensteuergesetz 1990 (EStG 1990) in der Fassung der Bekannt-machung vom 7. September 1990 (BGBl. I S. 1898, ber. 1991 I S. 808) zuletzt geändert durch Zinsabschlagsgesetz vom 9. November 1992 (BGBl. I S. 1853)

Sachregister